言語研究と言語学の進展シリーズ③

言語の獲得・進化・変化
心理言語学, 進化言語学, 歴史言語学

言語研究と言語学の
進展シリーズ ③

[監修] 西原哲雄・福田 稔
早瀬尚子・谷口一美

言語の
獲得・進化・変化

心理言語学, 進化言語学, 歴史言語学

遊佐典昭
[編]

遊佐典昭　杉崎鉱司　小野　創
藤田耕司　田中伸一　池内正幸
谷　明信　尾崎久男　米倉　綽
[著]

開拓社

「言語研究と言語学の進展シリーズ」の刊行にあたって

　20世紀以降の言語学に関わる分野の発展には急激な変化があり，アメリカ構造主義言語学，生成文法理論，そして近年の認知言語学や生物言語学（進化言語学を含む）などに及ぶ，さまざまな言語理論が提案されて発展を続けてきている．同時にコンピューターの技術革新やITの発展などにより，コーパス言語学をはじめとする新たな方法論が導入され，言語研究は急速な発達を遂げてきたといえる．英語や日本語というような個別の言語研究についても，共時的な観点や通時的な観点を含む多くのさまざまな角度からの分析が進められ，それらの成果の多くは，研究論文や研究書（兼概説書や論文集など）という形で広く世の中に公にされてきている．

　このように，言語理論研究においても個別言語研究においても，時代とともに次第に特殊化や細分化が進み，その結果，それらの研究内容が複雑になり，また多様化していった．現在では，それぞれの分野でとられる分析手法が異なるために，専門家であっても自分の研究分野における最新の成果を十分に理解するのが困難なことも珍しくはない．このような状況の中で，英語学や日本語学を含む言語学の研究を目指している学生や，大学で教鞭をとるそれぞれの専門分野の研究者たちに対して，言語全般，個別言語や各専門分野における基本的な内容を含みながらも，最新のそれぞれの（専門分野の）言語研究の成果を提示できることは，非常に意義深いことであると同時に，十分な必要性があると考えられる．

　そこで我々は，英語学，日本語学および言語学全般を研究し，関心を持つ学生や，研究者たちを読者の対象として，これらの読者の研究における上記で述べたニーズや必要性に対応すべく，『言語研究と言語学の進展シリーズ（全3巻）』の出版を企画した．そして，より多くの読者のニーズに答えるべく，以下のように，全9部門を全3巻（各巻3部構成）に分け，それぞれ1巻から3巻に3名の編集者，および，各部の執筆者は基本的に複数名を配置して，各分野の執筆をお願いした．

　また，各巻の内容は，次に挙げるような構成となっている．

　　第1巻　言語の構造と分析
　　　　　——統語論，音声学・音韻論，形態論——　　　　　（西原哲雄 編）

第 2 巻　言語の認知とコミュニケーション
　　　　　――意味論・語用論，認知言語学，社会言語学――　（早瀬尚子 編）
第 3 巻　言語の獲得・進化・変化
　　　　　――心理言語学，進化言語学，歴史言語学――　　（遊佐典昭 編）

　各巻の執筆者には，幸運にも，それぞれの分野を代表するような方々をお迎えすることもができた．読者の方々には，各自の専門分野に関わる巻，部から読み始めていただくとともに，関連する隣接分野の巻や部についてもぜひ，参照していただけるようにお勧めしたい．そのように活用していただくことにより，読者の専門とする分野の知識を豊かにしていただくだけでなく，英語学や日本語学を含む言語学研究の分野についての理解はよりいっそう深くなるものである，と監修者一同確信している．

2018 年 5 月

シリーズ監修者
西原哲雄・福田　稔・早瀬尚子・谷口一美

第 3 巻　言語の獲得・進化・変化

は し が き

　われわれ人間を特徴づけるものに人間言語がある．人間言語はヒトという種だけが獲得できるもので，ヒトならば特別な障害がなければ誰もが獲得できるものである．この意味で，言語は「人間とは何か」（「人間の本性（human nature）」）の研究対象の1つであり，言語学は人文学の一分野となる．同時に，人間言語は脳に生物学的基盤を有するため，生物学の研究対象ともなり，したがって言語学は自然科学の一部となる．この生物学的オリエンテーションを有する言語研究を「生物言語学（biolinguistics）」と呼ぶ．生物言語学は，言語学，生物学，心理学，脳科学，遺伝学，考古学，霊長類学，コンピュータサイエンスなど多くの分野を含む学際的領域である．したがって，生物言語学においてはこれらの分野間の境界は存在せず，個々の分類は便宜上に過ぎない．生成文法の創始者であるチョムスキーは早くから，言語学は「人間生物学（human biology）」に収まるべきものであると主張していた．人間生物学から人間言語の根源的特質を探求するには，「人文学」「自然科学」などといった区分は意味をなさないのである．したがって言語研究者は，自分の専門領域を越えて関連領域に目配りをする必要がある．事実，本書で紹介している言語の脳科学は，言語学者が脳科学者と共同研究した成果である．

　本巻は，生物言語学の一部である心理言語学，進化言語学，歴史言語学の最新の研究動向と進展を扱ったもので，第 I 部「最新の言語獲得研究と文処理研究の進展」，第 II 部「最新の言語進化研究と生物言語学の進展」，第 III 部「最新の比較言語研究と歴史言語学の進展」からなる．この3部に共通するトピックは，「言語の均一性・普遍性と多様性・変化」の記述と説明である．生物言語学では生物学同様に，現象面として具現化する多様性と，その背後に潜む普遍性・均一性を統合的に理解しようとする．

　本巻で扱っている言語の普遍性とは，生成文法がその誕生から主張している生得的・生物学的基盤を持った言語機能，あるいはその理論である普遍文法（Universal Grammar, UG）に関するものである．UG を生物学的実体としてとらえ，UG の具現形が脳に実在する個別言語知識（脳に内在する言語という意味で internalized-language, I-言語）であるととらえる．この観点からすると，言語進化研究とは人間が種レベルで UG を獲得しどのように変化したの

かを扱う，UG の系統発生研究である（第 II 部）．人間が初めて UG を獲得するという大変化と比較すると，人間言語の許容範囲内での小変化がある．そこで興味深いのは，普遍的メカニズムが具現化（音声化，外在化）すると，広範囲な言語の多様性や複雑性を生み出し，「発達的変化」，「共時的変化」，「通時的変化」として現れる点である．「発達的変化」とは，UG が個体レベルで I-言語へ発達することであり，言語獲得研究の重要な研究課題である．言語獲得研究には，母語獲得のみならず，第二言語獲得や継承語（heritage language）の保持・喪失なども含まれ，生物言語学から新たな展開が始まっている（第 I 部）．共時的変化とは，世界中の言語に見られる多様性であり，比較統語論を含め類型論研究の中心テーマである（第 I, II 部）．言語起源を UG の生物学進化と呼ぶのに対して，「通時的変化」は言語の文化進化（cultural evolution）と呼ばれ，第 III 部で実証的研究が紹介されている．文化進化が言語進化の観点から興味深いのは，ノルマン人の英国征服の影響のような外来的（extraneous）条件が与えられた時に，外在化とどのように関わるのかという問題であり今後の重要な研究課題である（Chomsky (2007)).[1] 第 II 部では，文化進化の背後にある認知能力と言語の生物進化の関係が議論されている．

本巻は，本シリーズ第 I, II 巻の内容を前提としているために基本と応用を分けずに執筆した．また本巻執筆の段階で，第 III 部執筆予定の尾崎久男氏がご逝去なされた．ご遺稿の取り扱いについてご家族から多大なご協力を頂いたことに感謝申し上げる．さらに，開拓社の川田賢氏にはいつもながら的確なアドバイスを頂き深くお礼申し上げたい．

最後に，人間の本質的な特徴である人間言語が人工知能（AI）で解明できるかという問題があるが，これは最近話題となっている特異点（singularity）問題と関連する．ここでの特異点とは，科学技術が進歩し 2045 年頃に従来の世界とは不連続な技術的特異点を指す．特異点問題がもし存在するならば人間社会を根本的に変えるパラダイムシフトとなる．言語が人間の本質の核だと考えると，特異点問題を言語の観点から考察する必要が生じるわけで，その点からも本巻が少しでも言語の理解に対して貢献できれば幸いである．[2]

2018 年 5 月　　　　　　　　　　　　　　　　　　　　　　　遊佐　典昭

---

[1] Chomsky, Noam (2007) "Biolinguistic Explorations: Design, Development, Evolution," *International Journal of Interdeciplinary Journal of Philosophical Studies* 15, 1-21.

[2] この問題に関して，チョムスキーは "The singularity is science fiction" と述べている．https://www.youtube.com/watch?v=8QIzYyDNJnw（2018 年 3 月 20 日）

第3巻　言語の獲得・進化・変化

目　次

「言語研究と言語学の進展シリーズ」の刊行にあたって　　v
はしがき　　vii

第Ⅰ部　最新の言語獲得研究と文処理研究の進展
遊佐典昭・杉崎鉱司・小野　創

第1章　はじめに ……………………………………………………………… 2

第2章　母語獲得における論理的問題と普遍文法 ………………………… 4

第3章　母語獲得における普遍文法の関与 ……………………………… 10
　3.1.　UGに含まれる原理の早期発現 ………………………………… 10
　3.2.　UGに含まれるパラメータの母語獲得への関与 ……………… 14
　3.3.　まとめ ……………………………………………………………… 22

第4章　母語獲得研究の進展 ……………………………………………… 23
　4.1.　構造依存性の獲得に関するさらなる研究 ……………………… 23
　4.2.　「パラメータ」の母語獲得への関与に関するさらなる研究 … 29

第5章　母語獲得研究に関する議論のまとめ …………………………… 33

第6章　文処理研究とは …………………………………………………… 34

第7章　最少付加の原則 …………………………………………………… 36
　7.1.　曖昧性と選好性 …………………………………………………… 36
　7.2.　選好性を説明する仮説 …………………………………………… 38

第8章　選好性に影響するその他の要因 ………………………………… 42

- 8.1. 動詞との関係 …………………………………………… 43
- 8.2. 文脈の効果 ……………………………………………… 45

第 9 章　日本語の研究 …………………………………………… 47
- 9.1. 構造の再構築 …………………………………………… 47
- 9.2. 格助詞からの予測メカニズム ………………………… 51

第 10 章　文法的依存関係 ……………………………………… 55
- 10.1. 距離の効果 ……………………………………………… 55
- 10.2. 文法的依存関係と干渉効果 …………………………… 58

第 11 章　文処理研究に関する議論のまとめ ………………… 63

第 12 章　生成文法に基づいた第二言語獲得研究 …………… 65

第 13 章　GenSLA …………………………………………………… 68
- 13.1. GenSLA の基本課題 …………………………………… 68
- 13.2. 生成文法の思考法からみた GenSLA ………………… 69
- 13.3. GenSLA と普遍文法 …………………………………… 70
- 13.4. 普遍文法の変遷から見た GenSLA …………………… 73

第 14 章　構造依存性 …………………………………………… 80
- 14.1. SLA における構造依存性の重要性 …………………… 80
- 14.2. 構造依存性と脳科学 …………………………………… 82

第 15 章　言語経験 ……………………………………………… 86
- 15.1. 幼児の言語獲得における社会性 ……………………… 86
- 15.2. 第二言語獲得における社会性 ………………………… 87
- 15.3. 外国語としての日本手話の獲得 ……………………… 88

第 16 章　GenSLA 研究のまとめと今後の展望 ………………… 91

第 17 章　むすびにかえて ……………………………………… 93

第 II 部　最新の言語進化研究と生物言語学の進展
藤田耕司・田中伸一・池内正幸

第 1 章　はじめに ……………………………………………… 96

第 2 章　言語進化研究の現状と展望 ………………………… 99

第 3 章　生成文法と生物言語学 ……………………………… 103
 3.1.　言語学と生物学 …………………………………… 103
 3.2.　普遍文法と言語進化 ……………………………… 107
 3.3.　第三要因の関与 …………………………………… 108
 3.4.　構造依存性と併合 ………………………………… 112
 3.5.　「併合のみ」の言語進化仮説 ……………………… 115
 3.6.　線形化，ラベル付けと内的併合 ………………… 120

第 4 章　統語演算システムの進化 …………………………… 125
 4.1.　線形文法から階層文法へ ………………………… 125
 4.2.　行動併合から統語併合へ ………………………… 128
 4.3.　サブアセンブリ型併合：回帰性の基盤 ………… 134
 4.4.　言語と運動のシンタクス ………………………… 137
 4.5.　言語と音楽のシンタクス ………………………… 138
 4.6.　汎用併合：併合の運動制御起源仮説 (1) ……… 141
 4.7.　「統合仮説」を巡って …………………………… 143

第 5 章　概念意図システムの進化 …………………………… 149
 5.1.　統語構造と概念構造 ……………………………… 149
 5.2.　概念併合 …………………………………………… 152

第 6 章　シンタクスとレキシコンの平行進化 ……………… 155
 6.1.　原型言語と原型語彙 ……………………………… 155
 6.2.　併合と語形成 ……………………………………… 156
 6.3.　言語進化の統合モデル …………………………… 158
 6.4.　言語併合：併合の運動制御起源仮説 (2) ……… 160

6.5. はたして普遍文法はあるのか ………………………………… 161

第 7 章　感覚運動システムの進化 ……………………………… 164
7.1. 依存すべき構造の性質：回帰性と 3 つの反対称性 …………… 164
7.2. 前駆体と人間言語をつなぐミッシングリンク：第三要因 ……… 170
7.3. 反対称性の生物学的意味 …………………………………… 173
7.4. 第三要因の帰結：現存の言語から言語起源に迫れるわけと方法 ……… 180
7.5. まとめ ………………………………………………………… 187

第 8 章　人類進化と言語の起源・進化 ………………………… 188
8.1. はじめに ……………………………………………………… 188
8.2. 言語早期発現仮説 …………………………………………… 190
  8.2.1. 出アフリカ ……………………………………………… 191
    8.2.1.1. 考古学・古人類学 ………………………………… 191
    8.2.1.2. 遺伝学 ……………………………………………… 193
    8.2.1.3. 古地質学・古気候学 ……………………………… 193
    8.2.1.4. さらなる遺伝学的証拠 …………………………… 194
  8.2.2. 人種の分岐 ……………………………………………… 195
  8.2.3. アフリカ内での拡散 ……………………………………… 197
  8.2.4. もっと前か？ …………………………………………… 198
8.3. おわりに ……………………………………………………… 200

第 9 章　むすびにかえて ………………………………………… 201

第 III 部　最新の比較言語研究と歴史言語学の進展
谷　明信・尾崎久男・米倉　綽

第 1 章　はじめに ………………………………………………… 206

第 2 章　中英語におけるフランス語の句の借用・翻訳借用について … 209

第 3 章　dépendre de の英語への導入 …………………………… 214
3.1. depend of と depend on の変異 ……………………………… 214
3.2. depend に対応するゲルマン・ロマンス諸語の表現 …………… 216

3.3.　depend と同義的な動詞表現 ·· 220
　　3.4.　まとめ ·· 222

第4章　l'approche de l'ennemi は of the enemy か to the enemy か？
·· 224
　　4.1.　現代フランス語の approcher に後続する前置詞 de ·························· 224
　　4.2.　approcher の語源と approcher に後続する前置詞 de ························ 225
　　4.3.　古フランス語原典の approcher の Caxton 作品における翻訳方法 ·········· 229
　　4.4.　古フランス語作品の異読に見る approcher の後続表現 ···················· 231
　　4.5.　まとめ ·· 235

第5章　Caxton における中フランス語
　　　　Composite Predicates の翻訳について ·································· 237
　　5.1.　Caxton 訳 *Paris and Vienne* について ······································ 237
　　5.2.　Composite Predicates について ·· 238
　　5.3.　Caxton 版 CP の概観 ·· 239
　　5.4.　Caxton 版 CP 動詞 ·· 241
　　5.5.　Caxton 版 CP 名詞 ·· 244
　　5.6.　各 CP 動詞に後続する CP 名詞 ·· 247
　　　　5.6.1.　Don の CP ·· 248
　　　　5.6.2.　Yeven の CP ·· 250
　　　　5.6.3.　Haven の CP ·· 250
　　　　5.6.4.　Maken の CP 名詞 ·· 252
　　　　5.6.5.　Taken の CP 名詞 ·· 254
　　5.7.　Caxton 版 CP は「なぞり」か ·· 254
　　5.8.　まとめ ·· 255

第6章　複合形容詞概観 ·· 257

第7章　現代英語における複合形容詞 ·· 259
　　7.1.　第2要素が動詞の現在分詞または過去分詞 ································ 260
　　　　7.1.1.　名詞＋現在分詞 ·· 260
　　　　7.1.2.　名詞＋過去分詞 ·· 260
　　　　7.1.3.　形容詞＋現在分詞 ·· 261
　　　　7.1.4.　形容詞＋過去分詞 ·· 262

7.1.5.　副詞＋現在分詞 ･･･ 262
　　7.1.6.　副詞＋過去分詞 ･･･ 262
　7.2.　第 2 要素が本来の形容詞 ･･･ 263
　　7.2.1.　名詞＋形容詞 ･･ 263
　　7.2.2.　形容詞＋形容詞 ･･ 264
　7.3.　まとめ ･･ 264

第 8 章　古英語および中英語における複合形容詞 ･････････････････ 266
　8.1.　古英語における複合形容詞 ･･･ 266
　　8.1.1.　名詞＋現在分詞 ･･･ 266
　　8.1.2.　名詞＋過去分詞 ･･･ 266
　　8.1.3.　形容詞＋現在分詞 ･･･ 267
　　8.1.4.　形容詞＋過去分詞 ･･･ 267
　　8.1.5.　副詞＋過去分詞 ･･･ 267
　　8.1.6.　名詞＋形容詞 ･･･ 268
　　8.1.7.　副詞＋形容詞 ･･･ 268
　　8.1.8.　形容詞＋形容詞 ･･･ 268
　　8.1.9.　まとめ ･･･ 269
　8.2.　中英語における複合形容詞 ･･･ 270
　　8.2.1.　名詞＋過去分詞 ･･･ 270
　　8.2.2.　副詞＋現在分詞 ･･･ 270
　　8.2.3.　副詞＋過去分詞 ･･･ 270
　　8.2.4.　名詞＋形容詞 ･･･ 271
　　8.2.5.　形容詞＋形容詞 ･･･ 271
　　8.2.6.　副詞＋形容詞 ･･･ 271
　8.3.　まとめ ･･ 271

第 9 章　初期近代英語における複合形容詞 ･････････････････････････ 272
　9.1.　複合形容詞の形態――第 2 要素が分詞形または本来の形容詞 ･･･････････ 272
　　9.1.1.　第 2 要素が分詞形 ･･･ 272
　　　9.1.1.1.　名詞＋現在分詞 ･･･ 273
　　　9.1.1.2.　名詞＋過去分詞 ･･･ 274
　　　9.1.1.3.　形容詞＋現在分詞 ･･･ 275
　　　9.1.1.4.　形容詞＋過去分詞 ･･･ 276
　　　9.1.1.5.　副詞＋現在分詞 ･･･ 278
　　　9.1.1.6.　副詞＋過去分詞 ･･･ 280
　　9.1.2.　第 2 要素が本来の形容詞 ･･･ 283

第 I 部

最新の言語獲得研究と文処理研究の進展*

遊佐典昭（宮城学院女子大学）
杉崎鉱司（関西学院大学）
小野　創（津田塾大学）

＊ 本研究は，JSPS 科学研究費補助金基盤研究（B）（課題番号 17H02364(遊佐)），同萌芽研究（課題番号 16K13266(遊佐)），同基盤研究（C）（課題番号 16K02764(杉崎)），同基盤研究（C）（課題番号 15K02529(小野)）の助成を受けたものである．第 I 部は，第 1 章，第 12 〜 16 章を遊佐が，第 2 〜 5 章を杉崎が，第 6 〜 11 章を小野が担当した．

第 1 章

はじめに

　人間以外の動物にいくらトレーニングをしても言語を獲得できないことが知られている．このことは，言語が「人間とは何か」という問いの根本にあることを示唆している．この問いに答えるために，言語研究は「言語とは何か」「言語はどのように獲得されるのか」「言語はどのように使用されるのか」「言語の脳内基盤は何か」「言語はどのようにして現在の形になったのか」という問題を設定している．これらは，言語記述・設計の問題，言語獲得の問題，言語使用の問題，言語の脳科学の問題，言語進化の問題と呼ばれている．第 I 部は，言語進化以外の4つの問題を扱う（「言語進化の問題」に関しては，第 II 部を参照のこと）．

　言語設計の問題とは，人間言語のみが有する言語の基本特性を探究することである．人間言語は，個々の人の脳に実在するもので，無限の言語表現を産出し，理解することを可能にしている．この言語使用の根本にあるのは，意味と音を結びつける演算システムである．このシステムの中で，人間に固有なものを探るのが言語設計の問題である．

　言語獲得の問題は，言語発達（成長）の問題である．人間の幼児はだれでも，自分の周りで使われている発話にふれることで，短期間のあいだにその言語が脳内で発達・成長する．生成文法は，人間の脳には生得的な言語機能（faculty of language）が備わっており，それが周りの環境から与えられる言語経験との相互作用を通して，個々の言語知識が脳内に成長すると仮定し，その実証的な研究が行われている．この実証的な研究が，「言語とは何か」という問いを実質的なものとしている．

　言語使用の問題は，言語知識の記述的解明が前提となる．我々人間は，脳に

内在する言語知識のおかげで，今まで聞いたこともない文を生み出し，文の意味を理解できるのである．このような「言語使用の創造的側面 (creative aspect of language use)」は人間言語の有する重要な性質であり，言語知識の解明に取り組むいかなる理論も，この側面を説明できるものでなければならない．脳内の言語知識が，言語を産出し理解するときにどのように使われるかという謎に挑むのが，言語運用の問題である．言語運用には，非言語的要因が関与するために，言語知識の直接の反映ではないが，言語知識を基盤としていることは明らかである．

　第 2, 3 章では，言語機能のなかで言語固有の側面である普遍文法が，言語獲得においてどのような役割を果たすかについて述べる．特に，普遍文法における原理とパラメータに関して，基本概念を紹介する．第 4 章では，人間言語に内蔵される併合が生み出す「構造依存性」を扱った母語獲得研究と，「パラメータ」の最近の研究について紹介し，第 5 章は言語獲得の議論に関するまとめである．第 6, 7, 8 章では，文をリアルタイムで処理するときの統語解析および，統語解析を実行する際に，ある特定の解析を好む「選好性」の原理，また動詞や文脈の影響が議論され，文処理研究の概要がまとめられている．第 12, 13 章では生成文法に基づく第二言語獲得研究の基本問題が扱われている．第 14 章では第二言語獲得における構造依存性の問題を脳科学から議論している．第 15 章では，第二言語獲得における言語経験の役割を社会性から扱った脳科学実験を紹介し，第 16 章は，第二言語獲得研究のまとめと今後の展望である．第 17 章は第 I 部のまとめである．

第 2 章

母語獲得における論理的問題と普遍文法

　人間は，生後の一定期間，外界から与えられる言語の情報にふれることによって，自然に言語の知識を身につけることができる．このようにして身につけた言語の知識を「母語知識」と呼び，母語知識を身につけた状態に至ることを「母語知識の獲得」あるいは「母語獲得」と呼ぶ．母語獲得は，人間に生まれ，遺伝的な疾患などの影響がなければ，ほぼ例外なく達成できるものであるが，それはなぜ可能であり，どのようにして達成されるものなのだろうか．
　母語獲得に関する最も重要な観察の 1 つは，ある個人が何語の知識を母語知識として身につけるのかという点が，後天的に，つまりその人が生後に接した言語の情報に基づいて決定されるという観察である．例えば，生後の一定期間，英語が話されている文化圏で成長した幼児は，両親が日本語の母語話者であったとしても，英語の知識を母語知識として獲得し，逆に両親が英語の母語話者であったとしても，その幼児が日本語の話されている文化圏で成長すれば，日本語の知識を母語知識として獲得する．この観察から，生後にまわりから何語の情報も与えられなかった幼児は何語の知識も獲得できないということが容易に推測できる．したがって，母語獲得において，生後に与えられる言語の情報（これを「言語経験」と呼ぶ）が不可欠であることは疑いのない事実であると考えられる．
　では，人間は，言語経験に対してどのような仕組みを用いることによって母語知識の獲得を達成しているのかについて考えてみよう．最も単純な可能性は，母語知識は模倣と大人による訂正を通して獲得されるという可能性であろう．つまり，幼児はまわりの大人が使用している表現を模倣することでそれを知識として蓄積し，誤った表現を用いた場合には大人がそれを訂正することで

成人の母語知識へと近づいていくという可能性であろう．しかし，この方法では，幼児が以下のような誤りを示すことを説明するのが困難である．

(1) 母親： お手々洗わないでゴハン食べたらバイキンも一緒にお腹に入るよ．
子（5歳）： …じゃ，これ食べたら死む？
母親： いや，死んじゃったりしないよ，大丈夫．
子： ホント？死まない？死まない？（涙目）

(広瀬 (2017: 34))

「死む」や「死まない」は，大人の日本語母語話者が使用する表現ではないので，まわりの大人が使用した表現を模倣した結果生じた誤りとは考えられない．また，上記の会話が示すように，このような誤った表現を幼児が発話しても，大人は言いたいことを理解できるため，それを訂正することは非常にまれである．それにもかかわらず，幼児は一定の期間これらの表現を使用した後，自然とこのような誤った表現を使用しなくなり，「死ぬ」「死なない」という正しい表現を発話できるようになる．このような観察から，母語知識の獲得は模倣と大人による訂正を通して達成されるのではなく，幼児の脳内に収められた内的なメカニズムによって支えられていると考えられる．

この内的メカニズムとは，具体的にどのようなものであると考えられるだろうか．まず，このメカニズムは，母語知識のみではなく，さまざまな種類の知識を身につける際に用いられる一般的な仕組みであるという可能性を検討しよう．このような知識一般の獲得に関与する仕組みに「類推」がある．類推とは，「似ている点をもとにして，これまでに経験したある現象に基づく情報を，別の現象へと一般化して適用する」というプロセスのことである．例えば，大学の売店において，先週の水曜日と今週の水曜日の両方ともお弁当が100円引きであったという経験をした大学生が，この状況が来週以降にも当てはまるものと一般化し，「毎週水曜日はお弁当が100円引きである」という知識を身につける場合がその具体例となる．

では，実際にこのような類推が母語獲得を支える主要な仕組みとなりうるかどうかを検討するために，以下のような日本語の文について考えてみることにしよう．

(2) a. ケンが3匹のカブトムシを捕まえた．
b. ケンがカブトムシを3匹捕まえた．

(3) a. ケンが3匹の犬と走った．
　　b. *ケンが犬と3匹走った．

　(2b) と (3b) のいずれにおいても，「3匹」という数量を表す表現（「数量詞」と呼ばれる）が，その修飾対象である名詞（「カブトムシ」と「犬」）と助詞（「を」と「と」）の直後に現れており，これらの文は表面的には非常に似た形式をもっている．しかしながら，(2b) の文が (2a) の文とほぼ同じ意味の文として可能であるのに対し，(3b) の文は，(3a) の文が可能であるにもかかわらず，非文法的である．もし母語獲得が類推によって支えられているのであれば，日本語を獲得中の幼児が (2a) と (2b) のような文を言語経験として与えられた際，「『3匹』のような数量詞はそれが修飾する名詞と助詞の直後に現れることができる」という情報を導き出して，それを (3a) と (3b) にもあてはめることによって，(3b) も可能であるという知識を身につけるという状況が生じうるはずである．しかし，実際には (3b) を可能な文とする日本語話者は存在しないため，(2b) と (3b) の文の間に見られる文法性の差は，類推が母語獲得を支える主要な内的メカニズムではないことを示す事実と言える．

　ここまでの議論をまとめると，母語知識の獲得は，生後与えられる言語経験を模倣により蓄積していくことのみによって，あるいは言語経験に対して類推のような一般的な操作を適用することのみによって達成されているとは考えにくい．これは，獲得された母語知識が，幼児が手にする言語経験よりも抽象的で豊かな内容を含むものであることを示唆する．言い換えれば，言語経験は，それに基づいて獲得された母語知識に比べて乏しい情報しか含んでおらず，言語経験と母語知識との間には質的な隔たりが存在するという状況が生じていると考えられる．このような状況は「刺激の貧困 (poverty of the stimulus)」と呼ばれる．そのような状況が存在するにもかかわらず母語獲得は可能であるため，それがなぜなのかという問いが生じ，その問いは「言語獲得の論理的問題 (logical problem of language acquisition)」あるいは「プラトンの問題 (Plato's problem)」と呼ばれる．後者の名称は，プラトンの対話篇『メノン』において，ソクラテスが幾何学の教育を受けたことがない召し使いの少年との対話の中で，その少年に幾何学の基本原理に関する知識が備わっていることを明らかにする様子が描かれていることに基づくものであり，「経験できることが限られているにもかかわらずなぜ豊かな知識を身につけることができるのか」という問いが母語獲得にも当てはまることを示す名称である．

　母語獲得を支える内的なメカニズムは，言語獲得の論理的問題に対して答え

ることができる必要がある．そのような内的なメカニズムとは，どのようなものであると考えられるだろうか．

　さまざまな言語に関して，その母語話者が持つ母語知識の性質を詳細に調べた結果，言語間の表面上の多様性にもかかわらず，どの言語知識にも共通して観察される属性が存在することが明らかとなっている．具体例として，先ほど議論した「3匹」のような数量詞を含む日本語の文についてもう一度考えてみよう．

　(4) a.　ケンが3匹のカブトムシを捕まえた．
　　　b.　ケンがカブトムシを3匹捕まえた．
　(5) a.　ケンが3匹の犬と走った．
　　　b. *ケンが犬と3匹走った．

　(4b)と(5b)は，いずれの文においても，数量詞「3匹」とそれが修飾する名詞との間には助詞が存在するだけであり，数量詞と名詞との表面的な距離においては全く同じであるにもかかわらず，その文法性は大きく異なっている．Miyagawa (1989)の理論的研究によれば，(4b)と(5b)の文法性の違いは，数量詞が修飾する名詞が伴っている助詞の種類から生じている．(4b)では，「カブトムシを」は目的格を示す格助詞「を」を伴っているが，(5b)においては，「犬と」は英語で表現すると "with dogs" となることからわかるように，(英語の前置詞に相当する)後置詞の「と」を伴っている．英語では，格は代名詞の場合にしか具現されないが，代名詞の場合にはhe (主格)/ him (目的格)のように，名詞の中に含まれた形で具現する．これを基に，日本語の格助詞も，構造的には名詞の一部を成す要素であり，独立した要素ではないと仮定しよう．後置詞に関しては，格助詞とは異なり，(英語と同様に)構造的に独立した要素であると考えた場合，格助詞を伴う名詞の直後に数量詞が存在する場合と，後置詞を伴う名詞の直後に数量詞が存在する場合の構造は，およそ(6)のようになる．

　(6) a.　名詞＋格助詞＋数量詞　　　b.　名詞＋後置詞＋数量詞

(6a)では，数量詞「3匹」とその修飾対象である名詞「カブトムシ」が構造的に見て同じ高さにあるのに対し，(6b)では，後置詞の存在によって，修飾対

象の名詞である「犬」が，数量詞よりも構造的に低い位置に存在しており，それが (5b) の文の非文法性の原因となっていると考えられる．つまり，日本語において，数量詞とその修飾対象となる名詞との関係を司る規則は，表面的な距離に基づくものではなく，構造に依存したものであると考えることができる．

英語においても，さまざまな現象が構造に依存した規則によって引き起こされている．代表的な現象の1つが，yes/no 疑問文における助動詞の文頭への移動である．具体例として，(7) と (8) の文を用いて，埋め込み文を伴った文における助動詞の移動について考えよう．

(7) a. Mickey Mouse will kiss the girl [who is happy].
b. Will Mickey Mouse ___ kiss the girl [who is happy]?
c. *Is Mickey Mouse will kiss the girl [who ___ happy]?

(8) a. The girl [who is happy] can see Mickey Mouse.
b. Can the girl [who is happy] ___ see Mickey Mouse?
c. *Is the girl [who ___ happy] can see Mickey Mouse?

(7a) の平叙文から yes/no 疑問文を形成する場合には，文頭へと移動する助動詞は，文頭から見て距離的に近い位置にある助動詞 will であり，距離的に遠い位置にある助動詞 is を移動してしまうと，(7c) が示すように非文となってしまう．一方で，(8a) の平叙文から yes/no 疑問文を形成する場合には，文頭へと移動する助動詞は，文頭から見て距離的に遠い位置にある助動詞 can であり，距離的に近い位置にある助動詞 is を移動してしまうと，(8c) が示すように非文となってしまう．したがって，文頭からの距離に基づいた規則では，(7) および (8) の両方においてどの助動詞が文頭へと移動するかを統一的に説明することができない．これらの文における助動詞の移動を統一的にとらえるためには，「主節にある助動詞（つまり埋め込まれていない文にある助動詞）を文頭へ移動する」という規則が関与していると考える必要があり，この規則は，「主節」という構造的な高さに言及する規則である．したがって，英語の母語話者の知識に含まれる yes/no 疑問文の規則は，(4) と (5) の文を用いて議論した日本語の数量詞を司る規則と同様に，文の持つ構造に依存した規則であると考えられる．

日本語と英語という類型的に大きく異なった言語に共通して観察される「規則が構造に依存する」という属性（「構造依存性 (structure dependence)」と呼ばれる）は，おそらくすべての言語で観察される普遍的属性の1つであると考

えられている．このようなすべての言語において具現される絶対的な普遍的属性に加えて，「X という属性を持つ言語は Y という属性も持つ」といった含意の形で述べられる普遍的属性も多数存在することが知られている．例えば，Cheng (1997) による研究では，さまざまな言語の比較に基づいて，「*wh* 疑問文において，英語のように文頭に *wh* 語が義務的に現れなければいけない言語では，日本語の「か」や「の」に相当するような文末に現れる疑問文標識が存在しない」という含意的普遍性が報告されている．生成文法理論と呼ばれる言語理論は，これら 2 種類の普遍的属性が存在するのは偶然によるものではなく，そのような属性をもたらすような内的メカニズムが人間に先天的に与えられていると考え，そのメカニズムのことを「普遍文法 (Universal Grammar, UG)」と呼ぶ．つまり，生成文法理論によれば，遺伝により人間に生得的に備わっている UG が，言語が必ず満たすべき性質と言語の異なりうる範囲を規定することによって獲得可能な言語の種類を狭く限定しており，母語獲得は，このような働きを持った UG と，生後外界から取り込まれる言語経験との相互作用によって達成される．この母語獲得モデルを図示すると (9) のようになる．

(9)　生成文法理論の母語獲得モデル

母語獲得が生得的な UG によって支えられているという仮説は，UG が抽象的かつ豊富な内容を含んでいると考えることにより，「母語獲得は刺激の貧困という状況があるにもかかわらず，なぜ可能なのか」という言語獲得の論理的問題に対して答えを与えることができる．つまり，言語獲得の論理的問題が，UG の存在を仮定する重要な根拠の 1 つを成している．では，そのような根拠に基づいて仮定される UG が実際に母語獲得に関与していることを裏付ける証拠はあるだろうか．次の章では，このような証拠を提示した代表的な母語獲得研究をいくつか概観することにしよう．

第 3 章

母語獲得における普遍文法の関与

　UG が母語獲得を支える生得的な一要因として機能しているのであれば，幼児の持つ母語知識は，最初期から UG の属性を満たす体系となっているはずである．すべての言語において具現される絶対的普遍性の背後にある UG の属性（「原理」と呼ばれる）については，それ自体がもともと備わっており，語彙を獲得するために必要な最小限の言語経験さえ取り込むことができれば，それらの原理はその効果を発揮できるはずである．そのため，幼児は観察しうる最初期から UG の原理にしたがうことが予測される．さらに，含意的普遍性を生み出すような，言語の可能な異なり方に対する制約（「パラメータ」と呼ばれる）が UG に含まれているのであれば，獲得過程の途中段階もすべて獲得可能な世界の言語のいずれかの特徴を示すはずであり，したがって獲得途中に見られる誤りや変化は，パラメータによって規定された範囲内でのみ起こるはずである．生成文法理論に基づく母語獲得研究は，これまでに，さまざまな言語における多様な現象の獲得過程を詳細に調べることを通して，これらの予測が妥当であることを示す証拠を多数蓄積してきた．本章では，そのような証拠の代表的な具体例として，英語獲得における構造依存性と空主語現象に関する研究，および英語における複合名詞の獲得について概観しよう．

3.1. UG に含まれる原理の早期発現

　第 2 章で述べたように，英語における yes/no 疑問文の形成には，構造に依存した規則が関与していると考えられる．例文をもう一度見てみよう．

(10) a. The girl [who is happy] can see Mickey Mouse.
   b. Can the girl [who is happy] ___ see Mickey Mouse?
   c. *Is the girl [who ___ happy] can see Mickey Mouse?

(10a) にある平叙文に相当する yes/no 疑問文は，文頭から見て距離的に遠い位置にある助動詞 "can" を文頭へと移動した (10b) であり，距離的に近い位置にある助動詞 "is" を移動してしまうと，(10c) が示す通り非文となる．この観察から，英語の yes/no 疑問文の形成を司る規則は，文頭から助動詞までの表面的な距離に基づくものではなく，「主節にある助動詞を文頭へ移動する」という構造に依存した規則であることがわかる．

Crain and Nakayama (1987) は，英語を母語とする幼児の持つ yes/no 疑問文の形成規則が構造依存性を満たすことを実証するために，3 種類の実験を実施している．その中の最初の実験に関して，そのデザインと結果を以下に述べる．

実験の対象となったのは，平均年齢 4 歳 7 か月である 30 名の英語を母語とする幼児である．これらの被験者は，3 歳 2 か月から 4 歳 7 か月までの 15 名（平均年齢 4 歳 3 か月；これをグループ 1 とする）と，4 歳 7 か月から 5 歳 11 か月までの 15 名（平均年齢 5 歳 3 か月；これをグループ 2 とする）の 2 グループに分けられた．

この実験で用いられたのは，「発話の引き出し法」(elicited production) である．まず，被験者のそばに 2 名の実験者が座る．一人は被験者に指示を与え，もう一人は人形（スターウォーズに出てくるジャバ・ザ・ハットの人形）を操る．幼児は何枚かの絵を提示され，その絵について質問をするよう，(11) の形式を持った指示を実験者から与えられる．(11) の if 以下は埋め込み文（主語を修飾する関係詞節）を伴っているので，幼児は主節あるいは関係詞節内の助動詞を前置することにより yes/no 疑問文を形成することが求められた．

(11) Ask Jabba if 〜
   (例) Ask Jabba if the boy who is watching Mickey Mouse is happy.

各幼児に対し，テスト文が 6 文ずつ与えられた．その結果，(12) の表に示される通り，60% の文が "Is the boy who is watching Mickey Mouse happy?" のような，正しく主節の助動詞が前置された yes/no 疑問文であり，残りの 40% は何らかの誤りを含む yes/no 疑問文であった．

(12) Crain and Nakayama (1987) による実験の結果

	文法的な yes/no 疑問文	非文法的な yes/no 疑問文
グループ1	31 文 (38%)	50 文 (62%)
グループ2	70 文 (80%)	17 文 (20%)
計	101 文 (60%)	67 文 (40%)

　これらの非文法的な疑問文を分類した結果，幼児の誤りに主要なパターンが存在することが判明した．具体的には，(13a) のような文頭に余分な助動詞を付加する誤り (prefix error) と，(13b) のような文の途中で短い yes/no 疑問文を用いて言い直す誤り (restarting error) の2種類が，非文法的な文全体の80%を占める主要な誤りであった．一方で，(13c) のような，文の最初に現れた助動詞を明らかに前置しており，構造に依存しない操作を適用したと思われる誤り (structure-independent error) は全く観察されなかった．

(13)　非文法的な yes/no 疑問文の種類：
　　a.　タイプ1：余分な助動詞を付加する誤り
　　　　*Is the boy who is watching Mickey Mouse is happy?
　　b.　タイプ2：言い直す誤り
　　　　*Is the boy who is watching Mickey Mouse, is he happy?
　　c.　タイプ3：構造に依存しない操作を適用したと思われる誤り
　　　　*Is the boy who ___ watching Mickey Mouse is happy?

(14) Crain and Nakayama (1987) の実験で観察された誤りの割合

	タイプ1	タイプ2	タイプ3
グループ1	30 文 (60%)	10 文 (20%)	0
グループ2	9 文 (53%)	5 文 (29%)	0
計	39 文 (58%)	15 文 (22%)	0

　幼児が発話した yes/no 疑問文全体の 40% が非文法的な文であったにもかかわらず，構造に依存せず，単に文の中で最初に現れた助動詞を移動したと思われる誤りはその中に全く含まれていなかった．この発見に基づき，Crain and Nakayama (1987) は，英語を母語とする幼児が身につけている yes/no 疑問文に関する規則が，観察しうる最初期から構造に依存する性質を備えたもので

あると結論づけている．

　英語における yes/no 疑問文の形成規則の場合には，構造依存性が文の構造に基づいてその文が可能となるかどうかを決定する規則に関与していることを見た．しかし，構造依存性は，UG の原理を反映した一般性の高い属性であるため，英語や他言語における他のさまざまな現象にも観察される．具体例として，英語における代名詞の意味解釈について考えよう．

(15) a. He danced while the Ninja Turtle ate pizza.
    b. While he ate pizza, the Ninja Turtle danced.

　(15a) の文では，代名詞 he は the Ninja Turtle の指し示す人物と同一の人物を指し示すことはできず，可能な解釈は「ニンジャタートルがピザを食べている間に誰か他の人物（男性）が踊った．」という1通りに限定される．その理由としては，この文の中で代名詞 he がその先行詞となるべき the Ninja Turtle よりも先に現れていることによるというのが1つの有力な可能性であるが，この可能性が正しくないことが (15b) の文によって示される．(15b) の文においても，代名詞 he は the Ninja Turtle よりも先に現れているが，この文は2通りの解釈を許容する多義的な文である．1つの解釈は，代名詞 he が文脈に現れている the Ninja Turtle 以外の男性を指し，「他の人物がピザを食べている間に，ニンジャタートルが踊った．」という解釈である．それに加えて，(15b) の文では，代名詞 he が the Ninja Turtle と同一の人物を指し示す解釈も可能であり，「ニンジャタートルがピザを食べながら踊った．」という解釈も持つ．代名詞 he が the Ninja Turtle よりも先に現れているにもかかわらず，(15b) の文においては後続する the Ninja Turtle が代名詞 he の先行詞となりうるため，英語の母語話者が持つ代名詞の先行詞の決定に関わる規則は，代名詞がその先行詞よりも先に現れているかどうかという左右関係に基づくものではないことがわかる．

　(15a) と (15b) を正しく区別するためには，先ほどの yes/no 疑問文の形成規則の場合と同様に，構造的な高さに言及する必要がある．(15a) では，代名詞が主節に存在し，その先行詞となるべき名詞が while で導かれた従属節の中に存在するため，代名詞のほうが構造的に高い位置に存在している．一方で，(15b) の場合には，代名詞が while で導かれた従属節の中に含まれており，その先行詞となるべき名詞が主節に存在しており，その先行詞のほうが代名詞よりも構造的に高い位置を占めている．したがって，代名詞とその先行詞との関係を司る規則は，「代名詞はその先行詞よりも構造的に高い位置に存在

してはならない」という構造的な高さに基づく規則であると考えられる．

Crain and McKee (1985) による研究は，この代名詞の解釈に関わる構造的規則を用いて，英語を母語とする幼児の持つ知識が構造依存性を満たすかどうかを実験により調査したものである．実験の対象となった被験者は 62 名の英語を母語とする幼児で，平均年齢は 4 歳 2 ヶ月である．用いられた実験方法は「真偽値判断法 (truth-value judgment task)」である．この実験では，被験者のそばに 2 名の実験者が座り，そのうちの一人（実験者 1）は被験者に指示を与え，もう一人（実験者 2）は Kermit the Frog の人形を操る．実験者 1 が被験者に対して，「ニンジャタートルがピザを食べながら踊り，ロボコップは一度は踊ることを考えたが，鉄製の装甲が重いので踊ることはしなかった．」という内容のお話を与える．そのお話の後，実験者 2 の操る人形が (15a) の文を被験者に聞かせる．幼児の課題は，人形が発した文が，与えられた状況に照らして正しいか間違っているかを判断し，その判断を人形に伝えることである．

得られた結果は以下の通りであった．2 通りの解釈を許容する (15b) の文に関しては，代名詞 he が the Ninja Turtle と同一の人物を指す解釈を可能とする反応が，反応数全体の 73% を占めていた．一方で，(15a) の文に関しては，代名詞 he が the Ninja Turtle と同一の人物を指す解釈が不可能であるとする反応が反応数全体の 84% であった．この結果は，英語を母語とする幼児が，4 歳頃までに，(15b) では代名詞 he が the Ninja Turtle の指し示す人物と同一の人物を指し示すことができるのに対し，(15a) ではこのような同一指示解釈が不可能であるという知識をすでに身につけていることを示すものである．したがって，英語を母語とする幼児は，代名詞の意味解釈の場合にも，yes/no 疑問文の形成の場合と同様に，早い段階から構造に依存した規則を身につけていると言える．この発見は，構造依存性を生み出すような UG の原理が生得的に備わっているという仮説のもっともらしさを高めるものである．

3.2. UG に含まれるパラメータの母語獲得への関与

3.1 節では，「幼児は観察しうる最初期から UG の原理にしたがう」という予測が妥当であることを示す証拠について議論した．では次に，「獲得の途中の段階で見られる誤りや変化は，パラメータによって規定された範囲内でのみ起こる」という予測について検討した代表的な研究について確認しよう．

英語を獲得中の幼児は，およそ 1 歳頃から 3 歳頃の発話において，(16) の

ような発話に加えて，(17) のような発話をすることが知られている．

 (16) a. I want doggie
    b. Gia ride truck
 (17) a. want more apples
    b. ride truck

(17) の文は，平叙文の主語が省略されている文であり，英語を母語とする成人が持つ母語知識に照らして，誤った文である．同時期に (16) のような主語を伴った文も観察されるため，この時期の幼児が示す誤りは，主語を表出させる場合とさせない場合があるという誤りと言える．(17) のように，平叙文の主語が表出されない現象は，「空主語 (null subject) 現象」と呼ばれる．

 (17) で省略されているのは，指し示す対象を持った主語であり，このような意味内容を持つ主語は幼児が発話する文に現れたり現れなかったりする一方で，同時期の幼児の発話において，意味内容を持たない主語は完全に欠如してしまっているようである．このような「虚辞」(expletive) には，there や天候・時間の it がある．

 (18) a. Outside cold
    b. Yes, is toys in there

(18a) は "It's cold outside." という意味を持つ幼児の発話であり，(18b) は "Yes, there are toys in there" という意味を持つ幼児の発話である．これらの虚辞は，(17) に例示される意味内容を持つ主語の省略と異なり，この時期には全く現れないことが観察されている (Hyams (1986))．

 Hyams (1986) による研究は，(17) や (18) に例示される英語を獲得中の幼児の発話の特徴が，成人のイタリア語・スペイン語の持つ特徴と合致することに注目した．イタリア語の例 (19b) は，代名詞の主語を含む (19a) の文に相当する意味を持ち，したがってイタリア語では意味内容を持つ主語の省略が可能であることがわかる．また，(20) の文は英語の "It rains today." に相当するイタリア語の文であり，イタリア語には虚辞が存在しないことを示している．

 (19) a. Lui / Lei mangia una mela
      he she eats an apple

b.　Mangia　una mela
　　　　　eats　　an apple
(20)　Piove oggi
　　　rains today

Hyams (1986) は，幼児の英語がイタリア語・スペイン語などの他言語の特徴を示すことを説明するために，Rizzi (1982) などの研究に基づき，UG の中に，およそ (21) のような，主語位置の特徴を司る「空主語パラメータ」(null-subject parameter) が存在すると仮定した．

(21)　空主語パラメータ：
　　　値 1　(a)　意味内容を持つ主語が省略可能である．
　　　　　　(b)　虚辞が存在しない．
　　　値 2　(a)　意味内容を持つ主語が義務的に表出される．
　　　　　　(b)　虚辞が存在する．

このパラメータは，意味内容を持つ主語が省略可能であるかどうかという性質と，虚辞が存在するか否かという性質とを密接に結びつけており，それによって意味内容を持つ主語が省略可能であるにもかかわらず虚辞を持つ言語や，意味内容を持つ主語が省略できないにもかかわらず虚辞を持たない言語を獲得可能な言語の種類から排除している．このように，言語の可能な異なり方がパラメータによってあらかじめ狭く限定されていると考えることによって，なぜ幼児が一定期間内に必ず母語を獲得できるかという問いに対して説明を与えやすくなる．

　Hyams (1986) は，空主語パラメータの存在を仮定し，さらに値 1 が言語経験に先立ってあらかじめ選択されている「デフォルト値 (default value)」であると考えることによって，幼児の英語に観察される主語の誤りに対して説明を与えた．この説明においては，英語に限らずどの言語を獲得する幼児も，空主語パラメータに関しては暫定的に値 1 が選択されており，言語経験に照らしてその値が獲得しようとしている言語に合致する場合にはその値を保持し，その値が目標言語に合致しない場合には，値 2 へと変更を行う．そのため，値 2 に相当する英語のような言語を獲得しようとしている幼児は，初期段階においては必然的にイタリア語・スペイン語に相当する値 2 から生じる特徴を示すことになる．

　この説明からは，さらに以下のような予測が導き出される．英語を獲得中の

幼児は，ある時点において，デフォルト値である値1から値2へと変更を行う．(21)で述べられている通り，空主語パラメータのそれぞれの値からは2つの性質が導き出されるため，この変更が起こった際には，大人の英語で見られる2つの性質が同時に現れるはずである．つまり，英語を獲得中の幼児は，虚辞を獲得するのとほぼ同時期に，意味内容を持つ主語の省略現象を示さなくなることが予測される．

　Hyams (1986) は，英語を獲得中の3名の幼児 (Eric, Gia, Kathryn) の獲得過程を分析し，この予測が妥当であると主張した．例えば，Gia と呼ばれる幼児は，およそ2歳3か月のころから (22) のような虚辞を含む文を発話し始めるが，その直前の2歳1か月頃まで意味内容を持つ主語の省略が観察された．

(22) a.　No, it's not raining.
　　 b.　There's no money.

空主語パラメータに基づく Hyams (1986) の説明が正しければ，獲得過程に見られる誤りさえも UG の属性を反映したものであり，したがって英語獲得過程に見られる空主語現象は，母語獲得に対する UG の関与の可能性をさらに高めるものと言える．しかし，英語を母語とする幼児が示す空主語については，さまざまな代案や修正案などが提案され，その妥当性についてはさらなる検討が必要となっており，実際にその後の研究でも新たな事実に基づいて議論が続けられている．例えば，Yang (2003) による研究では，空主語パラメータは①英語のように義務的に主語が表出される言語 ②イタリア語のように空主語のみを許容し，空目的語を許容しない言語 ③中国語・日本語のように空主語・空目的語の両方を許容する言語の3種類が導き出されるように3つの値を持ち，獲得の初期段階ではこれら3つの値が共存してそのすべての性質が表出していると仮定している．それにより，英語の獲得において比較的少数ながら空目的語を含む文も観察されるという事実に対し説明を与えている．このように，Hyams (1986) の説明の詳細は修正を余儀なくされるとしても，母語獲得過程からパラメータに対する証拠を提示できる可能性を指摘したという重要な点は着実にその後の研究に受け継がれており，その代表例として Snyder (2001) による研究がある．次に，この研究について概観しよう．

　英語や日本語においては，2つあるいはそれ以上の名詞を結合させて，より大きな名詞を作ることが可能である．このような，複数の名詞が結合することによって形成された名詞を複合名詞と呼び，複合名詞を形成する操作を名詞複

合と呼ぶ．複合名詞においては，通常，意味的な中心を担うのは最後の名詞であり，それゆえ「昆虫採集」は採集の一種を示し，「昆虫採集展示」は展示の一種を示す．

(23) a. 昆虫 + 採集 → 昆虫採集
　　 b. ［昆虫 + 採集］+ 展示 → 昆虫採集展示
(24) a. banana + box → banana box
　　 b. [banana + box] + storage → banana box storage

英語や日本語では複合名詞を比較的自由に生み出すことが可能である一方で，スペイン語などの言語においては，複合名詞は（非常に限られた場合を除いて）許容されない．例えば，(24a) に相当する複合名詞は，(25a) に示す通り不可能であり，同じ意味を表すためには，(25b) のように of に相当する前置詞を用いて，名詞＋前置詞句（box of bananas）という形式を用いる必要がある．

(25) a. *banana caja / *caja banana
　　 b. caja de bananas

このように，複合名詞を自由に形成できるか否か（つまり，名詞複合という操作を持つか否か）は言語によって異なるが，その異なり方を制約するパラメータはどのような性質を持つだろうか．Snyder (2001) は，多くの言語の比較を通して，少なくとも (26) のような構文が，名詞複合の有無と密接に関連することを明らかにした．

(26) verb-particle 構文：
　　 a. Ken picked the book up.
　　 b. Ken picked up the book.

verb-particle 構文とは，(26) のように，単一の文内に，動詞と，典型的には方向・場所を示す前置詞的な要素である particle（in/out/up/down/on/off など）を含む構文を指す．Snyder (2001) によれば，名詞複合を持つ言語の一部においてのみ verb-particle 構文が存在するという関係が成り立っており，名詞複合の存在は verb-particle 構文の存在にとって必要条件となっている．Snyder (2001) による言語間比較の一部を (27) に示す．

(27) Snyder (2001) による言語間比較：

言語	名詞複合	Verb-Particle 構文
英語	可	可
オランダ語	可	可
タイ語	可	可
日本語	可	不可
スペイン語	不可	不可
ロシア語	不可	不可
ジャワ語	不可	不可

　Snyder (2001) は，verb-particle 構文においては，particle が表面的には動詞と離れて存在することが可能であるにもかかわらず，意味解釈を受ける際には，(28) に示されるように particle と動詞が結合して一語になる必要があり，この結合を行う操作が名詞複合の操作と同一のものであると考えた．そして，このような複合語形成を行う操作が可能であるかどうかを定めるパラメータが，UG のパラメータの 1 つとして存在すると提案した．

(28) 　Ken picked the book up.
　　　→ 意味解釈：Ken [up + picked] the book.
(29) 　複合語形成パラメータ：
　　　複合語の形成を行う操作が {可能である・可能ではない}．

　この提案が正しければ，英語の獲得に関して次のような予測が成り立つ．verb-particle 構文を獲得するためには，(29) のパラメータの {可能である} の値が必要条件であるため，英語を母語とする幼児は，その値を選択することによって，verb-particle 構文が存在しうるという知識を獲得する．verb-particle 構文の形成に必要な他の知識（particle に関する語彙的な知識など）がすでに獲得されていれば，名詞複合と同時に verb-particle 構文の知識が獲得されることとなり，他の必要な知識がまだ獲得されていなければ，それらが獲得された時点で，verb-particle 構文の知識が幼児に生じることになる．したがって，英語を獲得中の幼児は，名詞複合を verb-particle 構文よりも先に獲得するか，それらをほぼ同時に獲得することとなり，verb-particle 構文を名詞複合よりも先に獲得する幼児は存在しないことが予測される．言い換えれば，名詞

複合を許容しないにもかかわらず verb-particle 構文を許容する言語が UG の
パラメータによって排除されているため，英語獲得の途中の段階においても，
verb-particle 構文のみが存在して名詞複合が存在しない段階が生じないことが
予測される．

　Snyder (2001) による研究は，verb-particle 構文の獲得に対するこのよう
な予測の妥当性を調べるため，CHILDES データベース (MacWhinney
(2000)) に収められている英語を母語とする幼児 10 名分の自然発話を分析し
た．(CHILDES データベースとは，一定期間にわたって定期的に録音された
親と子の自然な会話を，文字に起こして検索可能とした幼児発話データベース
である．) 複合名詞と verb-particle 構文のそれぞれに関して，各幼児による最
初のはっきりとした自発的な発話が観察された時点を，その獲得年齢とみなし
た．代表的な幼児の最初の発話の具体例とその年齢は (30) の通りである．

(30)　複合名詞と verb-particle 構文の最初の発話とその年齢：
　　a.　Adam:
　　　　複合名詞：　　tattoo man　　(2.26 歳)
　　　　verb-particle：　put dirt up　　(2.26 歳)
　　b.　Eve:
　　　　複合名詞：　　pig (=peg) toy　　　　(1.83 歳)
　　　　verb-particle：　write it down # my pencil　(1.83 歳)
　　c.　Sarah:
　　　　複合名詞：　　ribbon hat　　(2.59 歳)
　　　　verb-particle：　pull my eye out　(2.56 歳)

　10 名の幼児に関して，複合名詞と verb-particle 構文の獲得年齢の相関関係
を統計的に分析してみたところ，(31) のグラフが示す通り，それらには強い
相関関係があることが分かった．つまり，分析対象となった英語を母語とする
幼児 10 名は，名詞複合に関する知識と verb-particle 構文に関する知識を同時
に獲得していることが判明した．

(31) 複合名詞と verb-particle 構文の獲得年齢の相関関係

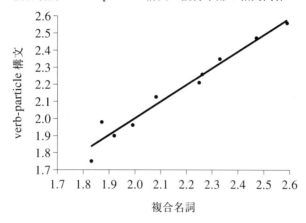

　なぜ名詞複合を verb-particle 構文よりも先に獲得する幼児が全く観察されなかったのかに関しては疑問が残るが，英語を母語とする幼児がそれら2つの性質を同時に獲得していたという結果は，複合語形成パラメータからの予測が妥当であることを示すものである．したがって，英語における名詞複合と verb-particle 構文の獲得は，母語獲得への UG の関与に対する証拠を提示するものと言える．

　パラメータは，その値から導かれる性質の多さによって，少なくとも3種類に分類される．言語間の根本的な違いに関与し，数多くの性質をもたらすパラメータは「マクロパラメータ」と呼ばれる．例えば，Baker (1996) によって提案された，その言語が「抱合語」（文を構成するさまざまな要素が動詞に編入され，一語のように振る舞う言語）であるかどうかを決定するパラメータがこれに当たる．その一方で，その値が1つの性質とのみ結びついているようなパラメータは「マイクロパラメータ」と呼ばれる．Hyams (1986) の扱った空主語パラメータや Snyder (2001) の提案する複合語形成パラメータは，言語間の根本的な違いに関与しているとは言い難いが，そこから複数の性質がもたらされることから，マクロパラメータとマイクロパラメータの中間に位置するパラメータと言えるだろう．母語獲得の観点からは，1つのパラメータの値からできる限り多くの性質が導かれる方が，幼児が言語経験から学ばなければいけないことが少なくなるという点で望ましいと言える．したがって，言語間の比較や母語獲得過程の分析を通して，マクロパラメータやそれに準ずるパラメータを発見していくことが，母語獲得の観点からは重要な研究課題とな

る．

　言語間の比較において注意しなければいけないのは，ある構文に対して，表面上似ているにもかかわらず，異なる性質を持った別の構文が存在する可能性が存在するという点である．そのため，さまざまなパラメータに関して，その反例と思われる言語が比較的容易に観察されてしまう．例えば，Son (2006) や Boeckx (2016) では，複合語形成パラメータに対する反例と思われる言語の存在が報告されている．このような場合に，詳しい分析がなされている単一の言語を対象に，その獲得過程を分析することでパラメータに関する提案の妥当性を検討できるため，母語獲得からのデータが非常に重要となる．英語の獲得過程は複合語形成パラメータから導かれる性質が同時に獲得されることを示しており，したがってその存在に対する証拠を提示していると考えられるので，上記のような反例をなすと思われる言語については，果たして本当の反例であるのか，それとも表面上似ている別の構文を持つ言語であるのかについて，慎重な理論的分析が必要となる．

3.3. まとめ

　第3章の議論をまとめよう．この章では，まず，「構造依存性」という属性を基に，「幼児は観察しうる最初期から UG の原理にしたがう」という予測の妥当性を検討した2つの実験研究を概観した．その後，「獲得の途中の段階で見られる誤りや変化は，パラメータによって規定された範囲内でのみ起こる」という予測について，英語の獲得の観点から検討を加えた2つの研究について議論した．成人の言語知識を分析することを通して得られた UG の原理やパラメータに関する提案をもとに母語獲得研究を行うという方向性は，UG に対する理論的見通しが大幅に変わった現在においても重要な研究の方向性の1つを成しており，近年のさまざまな研究にも受け継がれている．次節では，原理の早期発現やパラメータの関与に関するより近年の研究について概観することにしよう．

第4章

母語獲得研究の進展

　近年の理論的研究においては，言語の起源・進化の問題に正面から取り組むため，原理やパラメータのような UG に固有な属性をできる限り縮小し，これまで UG 固有と考えられていた属性を，徹底的に縮小された UG と，計算の効率性のような言語固有ではない一般法則（「第三要因」と呼ばれる）との相互作用から導き出す試みが行われている．「ミニマリスト・プログラム（極小主義）」(Minimalist Program, MP (Chomsky (1995) など))と呼ばれるこの枠組みにおいては，UG の属性を構造構築の操作に限定するという提案が採用されているため，近年の母語獲得研究においては，主要な方向性の1つとして，構造依存性の生得性やパラメータの妥当性をさまざまな観点から，特に意味的な現象に重点を置きながら検討する研究が進められている．それぞれの具体的な事例を以下で概観することにしよう．

4.1. 構造依存性の獲得に関するさらなる研究

　構造依存性は，代名詞の解釈に限らず，他のさまざまな意味的現象にも関与している．Gualmini and Crain (2005) は，英語における否定辞 not と選言 (disjunction) を示す接続詞 or との相互作用によって生じる意味的な現象を用いて，幼児の言語知識における構造依存性について調査を実施している．この現象を理解するために，(32) の例文を考えよう．

(32) a. The boy [who did not major in linguistics] learned French or Spanish.

b. The boy [who majored in linguistics] did not learn French or Spanish.

(32a) の文は，「言語学を専攻しなかった少年は，フランス語<u>か</u>スペイン語のどちらかを学んだ．」という意味であるのに対し，(32b) の文は，「言語学を専攻した少年はフランス語<u>も</u>スペイン語<u>も</u>どちらも学ばなかった．」という意味であり，接続詞 or があたかも and であるかのような解釈を受けている．どちらの文においても，否定辞 not は接続詞 or よりも先に現れており，これらの要素の表面的な順序については違いがないため，両者の解釈上の違いは，2つの要素の間の構造的な関係から生じていると考えられる．(32a) の文では，否定辞が関係詞節の中に含まれているのに対し，接続詞 or は主節に存在しており，両者は構造的な高さにおいて異なっている．一方，(32b) の文では，not も or も主節に存在しており，構造的高さにおいては同じと言える．この観察から，英語では以下のような解釈規則が存在していると考えられる．

(33)　接続詞 or の解釈に関する構造的規則：
否定辞 not と接続詞 or が同じ構造的高さに存在する場合にのみ，「A も B も〜ない」という解釈になる．

Gualmini and Crain (2005) の研究は，英語を母語とする幼児が (33) の構造的規則を満たすかどうかを調査することで，構造依存性の生得性に対する新たな証拠を提示することを試みている．2つの実験が実施されており，最初の実験では，英語を母語とする幼児が (32b) のような文に対して，成人と同様に and に相当する解釈を与えることができるかどうかが確認されている．被験者は3歳8ヶ月から6歳5ヶ月までの英語を母語とする幼児30名（平均年齢4歳9ヶ月）で，用いられた実験方法は「真偽値判断法」である．実験者2名のうちの1名が，幼児にお話を聞かせるが，その内容は例えば次のような内容である：くまのプーさんが元気のないイーヨーに対し，クッキーを与えるが，ケーキは甘すぎるという理由で与えない．このお話の後に，もう1名の実験者の操る人形が，以下の文を発する．被験者の幼児の作業は，この文がお話の内容に照らして合っているかどうかを判断することである．

(34)　I said that Winnie the Pooh would not let Eeyore eat the cookie or the cake.

もし英語を母語とする幼児の母語知識の中に，(33) の構造に基づく解釈規

則がすでに存在しているのであれば，(34) の文では not も or も Winnie the Pooh を主語とする節の中に存在し，構造的高さにおいては同じであるため，「プーさんはイーヨーにクッキー<u>も</u>ケーキ<u>も</u>食べさせなかった．」という解釈になり，お話に照らして「間違っている」という判断を与えるはずである．得られた結果は，総反応の 85% が正答であった．

　次の実験は，英語を母語とする幼児が (32a) のような文に対して，and に相当する解釈を正しく排除できるかどうかを確認するものである．被験者は 3 歳 5 ヶ月から 6 歳 5 ヶ月までの英語を母語とする幼児 35 名（平均年齢 4 歳 11 ヶ月）で，用いられた実験方法は最初の実験と同じく「真偽値判断法」である．実験者の 1 名が次のような内容のお話を聞かせる：力自慢のカラテマンが，「もし僕がいずれかのプーさんを持ち上げられなければ，そのプーさんに何かおいしいものをあげる」と約束し，実際に大きいプーさんを持ち上げることができなかったので，ハチミツかドーナツか悩んだ結果，大きいプーさんにドーナツを渡す．このお話の後に，もう 1 名の実験者の操る人形が，以下の文を発し，被験者の幼児は，この文がお話の内容に照らして合っているかどうかを判断した．

(35)　I predicted that the Karate Man would give the Pooh Bear he could not lift the honey or the donut.

　英語を母語とする幼児が成人と同質の母語知識をすでに持つのであれば，(35) の文では，not は or と異なり，関係詞節内に存在するため，(33) の規則が当てはまらず，「カラテマンは自分が持ち上げることのできなかったプーさんにハチミツ<u>か</u>ドーナッツを与えた．」という解釈になり，お話に照らして「合っている」と判断することが期待される．実験の結果，正答が総反応数の 80% を占めていた．

　以上のように，Gualmini and Crain (2005) は，2 つの実験の結果から，英語を母語とする幼児が持つ not と or に関する解釈規則が，観察しうる最初期から構造依存性を満たすことを明らかにし，構造依存性の生得性に対する新たな証拠を意味的な現象に基づいて提示した．

　これまで見てきた構造依存性に関する獲得研究は，いずれも英語を母語とする幼児を対象とした実験研究であった．しかし，この属性は UG の原理を反映したものであり，すべての言語において具現される性質であるため，他の言語の獲得においても同様にその早期発現が期待される．この点を確認した研究の 1 つとして，日本語を母語とする幼児を対象にした Sugisaki (2016) の実

験を概観しよう．

第2章で議論した通り，日本語において構造依存性が関与する主要な現象の1つに，数量詞とその先行詞の関係がある．関連する具体例を以下に繰り返す．

(36) a. ケンが3匹のカブトムシを捕まえた．
b. ケンがカブトムシを3匹捕まえた．
(37) a. ケンが3匹の犬と走った．
b. *ケンが犬と3匹走った．

Miyagawa (1989) の理論的研究によれば，(36b) と (37b) の文法性の違いは，数量詞が修飾する名詞が伴っている助詞が格助詞であるか後置詞であるかという違いから生じている．目的格を示す格助詞「を」を伴う (36b) では，(38a) の構造が示す通り，数量詞「3匹」とその修飾対象である名詞「カブトムシ」が同じ構造的高さに存在するのに対し，後置詞である「と」を伴う (37b) においては，(38b) の構造が示すように，後置詞の存在によって，修飾対象の名詞である「犬」が，数量詞よりも構造的に低い位置に存在している．したがって，数量詞とその先行詞との関係は，(39) に述べるような構造的規則によって制約されていると考えられる．

(38) ((6) の再掲)
a. 名詞＋格助詞＋数量詞   b. 名詞＋後置詞＋数量詞

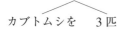

　　カブトムシを　3匹　　　　犬　　と　　3匹

(39) 数量詞とその先行詞との関係を規定する構造的制約：
数量詞は，それが修飾する先行詞と同じ構造的高さになければならない．

Sugisaki (2016) は，Otsu (1994) による先行研究に基づき，日本語を母語とする幼児が (39) の構造的制約に関する知識を持つかどうかを，以下のような実験を用いて調査している．被験者は3歳7ヶ月から5歳5ヶ月までの日本語を母語とする幼児31名であり，平均年齢は4歳7ヶ月である．用いられた調査方法は，写真選択法（picture selection task）である．各幼児は，(40) や (41) のような質問を実験者によって口頭で提示され，その答えとなる写真を2枚のうちから選択するように求められた．

(40) うさぎさんが 3 匹乗っかっている写真はどっちかな．
(41) かめさんに 2 匹乗っかっている写真はどっちかな．
(42) 実験に用いられた写真のサンプル：

(A) (B)

(40) の文においては，数量詞である「3 匹」の前にある名詞が主格の格助詞「が」を伴っているため，「うさぎさん」と結びついて「3 匹のうさぎさんが乗っかっている写真」に相当する解釈を生じるため，(A) の写真が正解となる．一方，(41) の文では，数量詞である「2 匹」の前にある名詞「かめさん」が英語の on に相当する後置詞「に」を伴っているため，「2 匹」はその直前にある「かめさん」と結びつくことができず，結果として文内に現れていないうさぎさんの数を示すこととなる．そのため，「かめさんにうさぎさんが 2 匹乗っかっている写真」に相当する解釈となり，(B) の写真が正解となる．Sugisaki (2016) は，日本語を母語とする幼児が与えられた質問に対して正しい写真を選べるか否かを調査することで，幼児の母語知識の中に (39) に述べた構造的制約が存在するか否かを確かめた．

得られた結果は，次の通りである．(40) のような格助詞を伴った名詞を含む文に対する正答率は 100% で，(41) のような後置詞を伴った名詞を含む文対する正答率は 87% であった．後者のほうがやや正答率は下がっており，それがなぜなのかという問いは残るが，それでもどちらの種類の文に関しても非常に高い正答率が得られたという結果は，日本語を母語とする幼児の知識の中に，すでに (39) の構造的規則が備わっていることを示すものと言える．したがって，この研究により，英語の獲得だけではなく日本語の獲得においても，観察しうる最初期から構造依存性が満たされていることが明らかとなり，この属性が UG の原理を反映したものであるという可能性がさらに高まったと考えられる．

これまでに議論してきた構造依存性に関する研究は，いずれも 4 歳から 5 歳の幼児を中心的な調査対象としたものであるが，その生得性に対してさらに

強力な証拠を提示するためには，より低い年齢の幼児を調査対象にする必要がある．近年では，実験方法を工夫することによって，3歳未満の幼児を対象に，構造に依存した知識を持つかどうかを調査しようと試みる研究が現れ始めている．

　Lukyanenko, Conroy and Lidz (2014) による研究は，英語を母語とする平均年齢2歳6ヶ月の幼児達が以下の2つの文の解釈を区別できるかどうかを調査したものである．

　(43) a.　She's patting Katie.
　　　 b.　She's patting herself.

(43a) の文では，代名詞 she が主語位置にあり，主語位置は目的語位置よりも構造的に高いと考えられることから，2.1節で議論した「代名詞はその先行詞よりも構造的に高い位置に存在してはならない」という制約により，代名詞 she は目的語位置にある Katie と同一人物を指し示すことはできず，「文脈上にいる Katie 以外の女性が Katie をたたいている．」という解釈となる．一方，(43b) は，目的語位置に再帰代名詞 herself を含んでいるため，主語位置の she は herself と同一人物を指すこととなり，「文脈上にいる女性が自分自身をたたいている．」という解釈になる．Lukyanenko, Conroy and Lidz (2014) は，英語を母語とする幼い幼児が代名詞の先行詞に関わる構造的制約にしたがい，(43a) に対して (43b) のような解釈を与えることがないかどうかを実験により確かめた．

　用いられた調査方法は，選好注視法（preferential looking method）と呼ばれる方法である．幼児の前に2台のモニターが置かれ，それぞれのモニターからは異なった動画が流される．例えば，片方のモニターでは，Anna という女性が Katie という女性の頭をたたいており，もう1つのモニターでは，Anna が Katie のそばに立ち，自分自身の頭をたたいている．スピーカーから (43a) や (43b) の文が音声で提示された際に，幼児がどちらのモニターの動画を長く見るかを調べるため，注視している時間が計測された．

　2歳4ヶ月から2歳9ヶ月までの英語を母語とする幼児32名を対象に実験を実施した結果，これらの幼児達は，(43a) の文が与えられた時のほうが (43b) の文が与えられた時よりも長い時間，Anna が Katie という女性の頭をたたいている動画を注視することが判明した．この結果は，これらの幼児達がすでに，(43a) のような文では she と Katie が同一指示にはなり得ないという知識を持つことを示唆するものである．

ただし，この実験では，用いられているテスト文の種類が限られており，幼児達が成人の持つ知識と同質の構造に基づく制約を用いたのか，それとも「代名詞はその先行詞よりも先に現れてはならない」という，成人の持つ知識とは異なった，左右関係に基づく制約を用いたのかを区別することは難しい．しかしながら，実験方法を工夫することによって，低年齢の幼児達の持つ知識における構造依存性を調べることができる可能性を開拓し，生得性に対するより強力な証拠を提示しうる手段を明らかにした点において，今後の研究に大きな影響力を持つ研究と考えられる．

ここまでの議論をまとめると，UG に固有の属性を構造構築の操作に限定する現在の理論的枠組みにおいては，幼児の言語知識において構造依存性という原理が満たされているか否かに関する研究が 1 つの主要なトピックとなっている．この問いに対する答えを明らかにするために，対象となる言語および言語現象を拡大しながら調査が実施されており，それに加えて，実験方法を工夫することで，より低年齢の幼児を対象とした研究も開始されている．

極小主義以前の枠組みでは，構造依存性以外のさまざまな属性が UG の原理として仮定され，それらの原理が母語獲得において早期発現するかどうかが数多くの研究において検討されてきた．これらの原理について，極小主義の枠組みでは，構造構築の操作と，計算の効率性のような言語固有ではない一般法則（「第三要因」）との相互作用から導き出す試みがなされている．その第三要因も人間に生得的に備わっていると考えられることから，原理の早期発現に関する研究は，UG の原理そのものの存在を確認したということではなく，ある現象が最小化された UG と第三要因との相互作用から導かれる現象であるという点を確認した作業として位置付けられることになると考えられる．したがって，これまで原理と考えられていた属性の早期発現に関する研究は，極小主義における新たな位置づけの基で重要な作業として継続されるべきものと言えるだろう．

4.2. 「パラメータ」の母語獲得への関与に関するさらなる研究

極小主義以前の枠組みでは，パラメータが存在する領域の可能性として，以下の 3 つが提案されていた．

(44) a. UG の原理や構造構築の操作などにパラメータが備わっている．
b. 語彙の内部にパラメータが備わっており，したがってパラメータ

は語彙部門内に存在する（Borer (1984), Fukui (1986), Chomsky (1995)）.
　　c. パラメータは文の構造と音韻とを結びつける音韻部門内に存在する（Chomsky (2010)）.

　縮小された UG を仮定する極小主義においては，文構造を構築するプロセスはすべての言語に共通であり，そこに言語間の違いは存在しないという立場に立ち，UG の原理や構造構築の操作などにパラメータが備わっているという (44a) の可能性は排除されている．したがって，言語間変異の源は，(44b) で述べられているように語彙部門の内部か，もしくは (44c) で述べられているように音韻部門内に存在するということになる．これら両方の部門内にパラメータが存在するのか，それともそのうちのいずれかの部門に限定されているのかについては，現在でも議論が続いており，母語獲得に関しても，これらの仮定の妥当性に貢献しうる研究が実施されている．具体例として，以下では Goro and Akiba (2004) による選言 (disjunction) を示す日本語の「か」の獲得に関する研究を取り上げる．

　4.1 節で議論したように，英語においては，否定辞 not と接続詞 or がどちらも主節にあり，構造的な高さが同じ場合，「A も B も〜ない」という解釈となる．したがって，(45) の文は，「ケンはアイスもケーキも食べなかったという意味になる．しかし，表面的にはこの文に相当する日本語の文 (46) は大きく異なった解釈を持つ．日本語を母語とする成人母語話者にとって，(46) の文は，アイスとケーキのどちらも食べなかったという意味ではなく，アイスかケーキのどちらか一方を食べて他方を食べなかったという意味になる．

(45)　Ken didn't eat ice cream or cake.
(46)　ケンはアイスかケーキを食べなかった．

　Goro and Akiba (2004) は，日本語を母語とする幼児が，(46) のような文に対して成人と同じ解釈を与えることができるかどうかを調べるため，3歳7ヶ月から6歳3ヶ月までの30名の幼児（平均年齢5歳4ヶ月）を対象に実験を実施した．用いられた調査方法は「真偽値判断法」である．まず，実験者の一人が，12匹の動物がケーキとニンジンとピーマンを食べることに挑戦するというお話を幼児に伝え，幼児達は各動物に対し，すべて食べることができた場合には金メダル，ケーキと1種類の野菜を食べることができた場合には青メダル，ケーキのみを食べて野菜がどちらも食べられなかった場合にはバツ

印のシールを貼りつけるという作業を行う．その後，最初の動物に戻り，実験者2の操る人形がメダルの色やバツ印を見て，各動物が何を食べたのかを，(47) のような文を用いて推測する．幼児の課題は，この人形の述べた文がメダルの色に照らして正しいかどうかを判断することである．

(47) ブタさんは青いメダルを持ってるよ．ということは，ブタさんはケーキを食べたけど，ニンジンかピーマンを食べなかったよ．

　青いメダルは2種類の野菜のうち1つしか食べることができなかった場合につけられるものなので，成人の母語話者にとっては，(47) の文は「合っている」と判断される．しかし，もし日本語を母語とする幼児が，日本語の「か」に対して英語の or と同様の性質を与えるのであれば，否定辞と同じ構造的な高さに存在するため，「ニンジンもピーマンも食べなかった」という解釈を与え，(47) のテスト文を「間違っている」と判断するはずである．得られた結果は，人形の発した (47) の文が「間違っている」という判断が総反応数の75% を占めており，日本語を母語とする成人と同じ判断は25% にとどまった．この結果は，日本語を母語とする幼児が日本語の「か」に対して英語の or と同じ性質を与えていることを示すものと考えられる．

　Goro and Akiba (2004) は，得られた結果を説明するために，次のような提案をしている．英語の or は同じ節の中にある否定辞の影響力の範囲内にとどまることができるが，日本語の「か」は，（音形には反映されない形で）その影響力の範囲外へと移動していくという語彙的性質を持つ．このように，語彙的な性質の中に，言語間変異を司るパラメータが存在し，英語の or に相当する性質がデフォルトとなっているため，日本語を母語として獲得しつつある幼児であっても，獲得初期においては，日本語の「か」に対して英語の or と同じ性質を付与する．この提案が正しければ，Goro and Akiba (2004) の実験によって得られた結果は，言語間変異に関与する属性は語彙の性質に限定される可能性を高めたと考えられる．

　上記のほかにも，「パラメータ」の位置付けを母語獲得のデータを基に分析し直す研究が現れている．具体例として，複合語形成パラメータを取り上げよう．Snyder (2001) は，複合名詞と verb-particle 構文を結びつけるパラメータを提案したが，Sugisaki and Snyder (2002) は，Stowell (1981) の提案に基づき，(48) のような前置詞残留現象 (P-stranding) が verb-particle 構文とパラメータによって結びついていると主張し，それを支持する英語獲得からの証拠を提示している．この主張が正しければ，名詞複合・verb-particle 構文・

前置詞残留のすべてが複合語形成パラメータから導かれることになる．Tokizaki (2013) は，名詞複合と前置詞残留との関係に注目し，これらはいずれもその言語の語が持つ典型的なストレス（強勢）の位置から導かれると分析した．この分析が正しければ，これまでは (44a) のような UG 内部のパラメータとして仮定されていた複合語形成パラメータが，(44c) のような音韻部門内に存在するパラメータとして再分析され，極小主義の枠組み内で新たな位置付けを得たと言える．

(48)　Who was Peter talking with?

今後も，極小主義の枠組みを踏まえ，パラメータの存在及びその存在する領域に関して母語獲得の観点から検討を加える研究が継続されていくことが期待される．

第 5 章

母語獲得研究に関する議論のまとめ

　生成文法理論と呼ばれる言語理論では,「刺激の貧困という状況が存在するにもかかわらず幼児が母語知識を獲得できるのはなぜか」という言語獲得の論理的問題に答えを与えるため,母語獲得には人間に生得的に与えられた母語獲得の仕組みである UG が関与しているという仮説を採用している.そして,この UG には,すべての言語が満たすべき性質である原理と,言語の可能な異なり方を定めたパラメータが含まれていると仮定する.これまでに実施された母語獲得研究は,これら 2 種類の属性が実際に母語獲得過程を制約していることを示す試みが 1 つの中心的なトピックとなっていた.UG に固有の内容を極限まで縮小する極小主義への理論的変遷に伴い,母語獲得研究においては,残された原理である構造依存性についてその生得性を確認する研究や,パラメータの存在の妥当性とその存在領域などを検討する研究が重要性を増していくものと考えられる.

第 6 章

文処理研究とは

　人間は，毎日多くの文を産出し，また見たり聞いたりして多くの文を理解している．当たり前のように実行しているこの認知処理には，どのような仕組みが備わっているのだろうか．第 2 章で議論されているように，人間には生得的な能力として人間言語を司る仕組み（文法）が備わっている．そして，その仕組みを巧みに利用して現実世界と情報のやり取りをしているのが，文処理（文産出と文理解）の仕組みであると捉えられる．そして文処理研究とは，その仕組みに潜んでいる多くの謎を解明することを目的としている．

　ここで文理解を例に，もう少し細かい処理の過程を考えてみよう．人間が文を理解する際，文字または音声を通して情報が入力される．知覚された文字や音声は，さらにやや大きな単位である単語として処理され，形態素の解析や品詞の同定等が行われる．その後，それらの情報は文構造の構築を経て，意味解釈に到達する．ここでは便宜上それぞれの処理が一列に順序よく並んでいるように書いたが，おそらく多くの処理が互いの処理に影響していることが伺える．また，それぞれの過程そのものが非常に複雑なものであることは明白であり，残念ながら本稿ではすべてを網羅的に扱うのは難しい．そのため，文処理の研究の中でも，主に文構造の構築（統語解析）に焦点を絞って議論を進めていくことにする．

　統語解析に関わる研究は，文法研究と密接な関わりがある．統語論の研究で提案されている構造に関する規則や，音韻や意味に対するインターフェースにまつわる規則の体系は，リアルタイムにどのように処理されているのだろうか（Phillips (1996), Kush (2013) など）．文法的依存関係に関わるとされる島の制約は，どこまで統語論の理論で説明されるべきことであり，どこからが文

処理上の制約によって説明されるべきことなのだろうか（Kluender and Kutas (1993), Sprouse, Fukuda, Ono and Kluender (2011) などの議論を参照のこと，また島の制約については 13.4 節を参照のこと）．このような研究課題をはじめとして，理論言語学的アプローチと実験的手法を用いた言語研究は，かつてないほど関連が深くなっている（Sprouse and Hornstein (2013), Phillips and Wagers (2007)）．実験的な手法によって得られた，範疇的（categorical）ではなく傾斜的な（gradient）効果は，どのように説明されるべきことなのかといった大きな論点がどんどん積み上げられてきている．過去のある一時期に散見された「理論的研究は，言語運用システム（performance system）のことは気にする必要はない」という雰囲気が，現在かなり消失していると言って良いのではないだろうか．文処理研究とこれまでの理論的研究は，人間言語という非常に複雑な仕組みに対して，手を携えて立ち向かうときであろう．

第 7 章

最少付加の原則

7.1. 曖昧性と選好性

しばしば統語論の導入で登場する (49a) は，統語的（構造的）曖昧性を示す例である．この文は，前置詞句（PP）with the binoculars が構造的にどの位置に付加されているかによって，2通りの解釈がある．まず (49b) は，「男の人が双眼鏡を使って男の子を見た」という解釈で，PP が構造的に動詞句（VP）に付加されていることから VP 接続または VP 付加（VP attachment）と呼ばれている．もう 1 つの (49c) は，「男の人が双眼鏡を持っている男の子を見た」という解釈で，PP が構造的に名詞句（NP）に付加されていることから NP 接続または NP 付加（NP attachment）と呼ばれている．

(49) a. The man saw the boy [with the binoculars].
　　 b. The man [saw [the boy] [with the binoculars]].
　　 c. The man [saw [the boy [with the binoculars]]].

文法規則の一部である句構造規則の観点から考えると，この文は 2 つの異なる統語構造を許し，全体的な曖昧性（global ambiguity）を持つ．

次に挙げる (50) は，文法的ではあるが理解するのが非常に難しいことで知られる文である．この文を初めて見た人は，理解するために何度も読み返すことが必要になり，理解するのに長い時間がかかることが多い．

(50) The florist sent the flowers was very pleased.

この文の主語は The florist (who was) sent the flowers（花を送られた花屋）の

部分なのだが，最初に読んだ時には The florist を主語，sent を主節の動詞と（誤って）読み進めてしまうことが知られている．そのような処理を進めていくと，the flowers の次には to the customer のような送り先を表現する語句が登場することを期待してしまう．しかし，実際に登場するのは was very pleased という述部である．先ほどまでの期待と大きく異なるこの動詞句を，読み手はどう扱ったら良いのかわからなくなってしまう．このように，ある時点で処理を誤ったために，その後の処理を順調に進めることができない状態，あたかも袋小路にはまってしまったような状態に陥ることがある．この状況から脱するためには，もともと処理を誤ったところへ引き返し，再度構造の構築をする必要が生じる．このような構造構築のやり直しは，文の理解の困難さ，読み時間の増大，または理解の誤りというような問題を引き起こす．処理が難しいこのような文は，ガーデンパス文または袋小路文（garden-path sentence）と呼ばれ，ガーデンパス文によって引き起こされる大きな処理負荷をガーデンパス効果という (Bever (1970), Rayner, Carlson and Frazier (1983))．

このガーデンパス文 (50) は，先ほどの (49) と異なり，文全体に関して構造的な曖昧性がある訳ではなく，許される構造は 1 つである．(50) に見られる曖昧性は，sent を主節の動詞として扱うか，それとも sent を who was が省略された埋め込み節の過去分詞として扱うかの選択についてである．このような曖昧性を局所的曖昧性（local ambiguity）または一時的曖昧性（temporary ambiguity）と呼ぶ．

ガーデンパス効果は，文処理の仕組みを解き明かすための非常に大きな手がかりを私たちに提供する．それは，人間に備わっている文解析器（文処理メカニズム）が漸増的（incremental または漸次的・逐次的とも呼ばれる）であるということである．(50) では，sent という語が入力された時点で，その語が主節の動詞であるのか埋め込み節の動詞であるのか，確定的な証拠は得られていない．文解析器は決定を先送りして文の最後まで待つことで，誤った処理を避けることが可能であるかもしれない．しかし，ガーデンパス効果の例が示すのは，文解析器は確定的な証拠が得られていないにもかかわらず決定を下していく（どちらかの選択肢を即時的に採用している）ということである．この漸増的な処理方法は，人間の文解析器の大きな特徴である．

7.2. 選好性を説明する仮説

　文解析器が漸増的であり，与えられた入力に基づき積極的に決定を下していくことを述べたが，一体どのような原則に基づいて決定を下しているのだろうか．先行研究で観察されている幾つかの選好性について，多くの原則[1]が提案されている．それぞれの提案は非常に興味深いが，ここでは代表的なものを紹介するにとどめる．まず，これまでの文処理研究で提案された仮説の1つである Frazier (1979, 1987) の「最少付加の原則」について考えてみよう．

　　(51)　最少付加の原則 (Principle of Minimal Attachment)
　　　　　現在の入力に照らして，文法的に可能である構造に対して，最小限必要な節点以上の節点を含む構造を想定してはいけない．

この原則によると，文解析器は統語構造を構築する際に，なるべく節点 (node) の数が少なくなるような構造を好む．つまり節点の数を指標とした経済性に基づいて，統語解析が行われる．

　この原則 (51) を使って (50) のガーデンパス文について考えてみよう．以下の (52a) に示した構造は，本来 (50) に対して付与されるべき構造である．一方 (52b) に示した構造は，袋小路に引き込まれてしまった場合の構造（途中まで）である．

　　(52)　a.　[$_{NP}$ [$_{NP}$ The florist] [$_{CP}$ [$_S$ sent the flowers]]] [$_{VP}$ was very pleased].
　　　　　b.　[$_{NP}$ The florist] [$_{VP}$ sent the flowers ...

2つの構造を比較すると，(52a) では関係節を含む複文構造になっているため，(52a) の主語部分に比べて (52b) のほうが節点の数が少ない．文解析器が最少付加の原則に従うと考えると，なぜ (52b) の構造が好まれるか理解できる．まず，sent という動詞要素が入力された際に一時的曖昧性が生まれる．sent を単文中の主節の動詞として分析する方が構造的に単純である（節点の数がより少ない）ため，その分析を採用して処理が進む．

　Rayner, Carlson and Frazier (1983) は，この最少付加の原則を支持する実験結果を示している．彼らは，人間がどのような情報に基づいて文構造を構築

---

[1] Late Closure の原則（遅い閉鎖の原則，Frazier (1978, 1987)）や Active Filler Strategy (Frazier and d'Arcais (1989), Frazier and Clifton (1989))，Minimal Chain Principle (De Vincenzi (1991)) などがある．

していくのかという問題に対して，最少付加の原則とそれに対抗する「もっともらしさ重視の仮説」を対比させる実験を実施している．もっともらしさ重視の仮説とは，人は文構造を当初構築する際に，その構造から生じる文の意味が，できるだけもっともらしい出来事を示すことを目指すという仮説である．以下は，Raynerらの実験で使われた刺激文の例である．

(53) a.　The florist | sent the flowers | was very pleased.
　　　b.　The performer | sent the flowers | was very pleased.

それぞれの仮説の予測について重要なのは，動詞 sent の扱いである．(52) で示したように，この sent (または sent the flowers 全体と考える方がわかりやすいかもしれない) の部分には一時的曖昧性がある．具体的には，sent the flowers までを読んだ時点で，その部分を関係代名詞などが省略された関係節の一部と考える選択肢 ((52a) で例示されている構造) と，sent the flowers を主節の動詞句と考える選択肢 ((52b) で例示されている構造) が存在する．この時点では，当該部分を主節の動詞句と考えるほうが構造的に単純であり，上で述べたとおり，最少付加の原則は，文解析器がその選択肢を選ぶことを予測する．

では，もっともらしさ重視の仮説の予測はどのようなものになるだろうか．sent the flowers を主節の動詞句と考える選択をした場合，(53a) では the florist sent the flowers (花屋が誰かに花を送る) という意味の出来事を表す文になる．花屋が花を送ることは花屋の仕事の一環であり，その出来事は，私たちの世界の知識に照らし合わせて，非常にありふれた，つまりもっともらしい出来事と考えられる．もっともらしさ重視の仮説によると，(53a) において the florist が sent the flowers の動作をした人と解釈することが好まれるので，sent the flowers を主節の動詞句と考える選択肢が選ばれる．

一方 (53b) はどうだろうか．もし sent the flowers を主節の動詞句と考えた場合，the performer sent the flowers (俳優が誰かに花を送る) という出来事を表す文になる．Raynerらの意図としては，俳優は花を送るよりも，(舞台公演の際などに) 花を送られる側の人物である．できるだけもっともらしい出来事を表すような文の構造を作ることが，もっともらしさ重視の仮説の特徴であるので，(53b) では，sent the flowers を関係節構造と考える選択肢を選ぶと予測される．つまり，文頭の名詞句の意味的な特徴によって，sent the flowers をどのような要素であると考えるか，選好性が変化するということになる．

Rayner らは，この 2 つの仮説の予測を検証する視線計測実験を実施した．この手法では，コンピュータ画面に文が呈示され，被験者がその文を読んでいる際の眼球の動きが記録される（この手法については，van Gompel et al. (2007) などの文献を参照のこと）．文を読んでいる時の視線は，しばらくどこかの単語にとどまる停留（fixation）と，すばやく次の単語などに視線を移動する跳躍眼球運動（saccade）を繰り返す．調べる対象となる語句に対する平均停留時間を条件ごとに計算する．[2] Rayner らの実験では，sent the flowers の一時的曖昧性が解消される領域として，was very pleased 部分の平均停留時間を条件間で比較している．

2 つの仮説の予測からどのような読み時間パターンが期待されるのかを整理してみよう．最少付加の原則に従うと，一時的曖昧性を持つ sent the flowers の部分を読んだ際に，(53a, b) のどちらの条件でもその部分を主節の動詞句として文構造を構築する．そして，一時的曖昧性が解消される was very pleased の部分に出会った時，その直前の sent the flowers が主節の動詞句ではなく，関係節内の動詞句として分析されるべきであったことが明確になる．言い換えると，(52b) のような構造を構築していたのに，それが誤りであることがわかり，(52a) の構造に再度文構造を構築し直さなければならなくなる．このような構造の再構築には負荷がかかると仮定すると，was very pleased の領域を読むのに時間がかかることが期待される．そして，このような読み時間の遅延は (53a, b) 両方の条件で起こると予測される．

では，もっともらしさ重視の仮説はどのような予測をするのだろうか．(53a) では，sent the flowers の部分は，花屋が花を送るのがもっともらしいことから，主節の動詞句として分析される．上で見たように，この選択肢は次の was very pleased を読むと誤りであることがわかる．構造の再構築には負荷がかかることを仮定すると，(53a) で読み時間の遅延を観察することが予測される．一方 (53b) では，sent the flowers を関係節内の動詞句と分析する選好性があると期待される．それは，俳優が花を送るという出来事よりも，俳優が花を送られるという出来事のほうがもっともらしいため，そのような意味を生み出す文構造を構築することが好まれるからである．そのような分析をしていた場合は，was very pleased の領域をとてもスムーズに読むことができる

---

[2] 正確には，いくつかの標準的な停留時間の計算方法があるが，紙幅の関係からその説明は他の参考資料に譲ることにする．van Gompel et al. (2007) や Rayner (2012) などを参照されたい．

と考えられる．sent the flowers の部分を関係節内の動詞句と考えていたということは，the performer (who was) sent the flowers の部分を「花を送られた役者は」という文の主語に対応する要素として考えるということである．そして，その主語と組み合わせる述語として was very pleased は構造的に問題を引き起こすことはない．

　まとめると，最少付加の原則は (53a, b) の両方で was very pleased の領域で読み時間の遅延を予測するのに対して，もっともらしさ重視の仮説は，(53a) では読み時間の遅延を予測するが，(53b) ではそのような遅延を予測しない．

　一時的曖昧性が解消される was very pleased の領域の読み時間を (53a, b) で比較したところ，差は観察されなかった．また Rayner らは，領域の長さによる違いを統制するために 1 文字あたりの読み時間を計算して，sent the flowers の領域における読み時間と，was very pleased の領域の読み時間を比較している．(53a, b) ともに，was very pleased の領域で大きく読み時間が伸びていることがわかった．このことは，この領域で構造の再構築による負荷が発生したことを強く示唆する．(53a, b) において読み時間のパターンに差が見られないこと，またどちらの条件においても was very pleased の領域で読み時間の遅延が起こることは，最少付加の原則の予測に合致する．どちらの条件においても，一時的曖昧性を持つ sent the flowers の部分は主節の動詞句として分析されたということを示す．もっともらしさ重視の仮説では最初の名詞句が the florist なのか the performer なのかで異なる選好性を見せることが期待されていたが，そのような傾向は読み時間パターンには観察されなかった．結論として，最少付加の原則を支持する実験結果が得られたということになる．

第 8 章

選好性に影響するその他の要因

　前章では,やや古典的ではあるが,これまでの統語解析研究に非常に大きな役割を果たしてきた最少付加の原則について取り上げた.最少付加の原則の特徴は,文解析器が統語的な情報に基づいて構造の構築をしていくというモジュール的な設計にある.具体的な提案として,節点の数といった純粋な統語的情報に従って,文解析器が処理を進めるという点である.[3] しかし,その後のさまざまな研究で,意味や語用論的情報,また韻律といった統語的ではない情報も,統語構造の構築に影響することが明らかになった (van Gompel (2013) のまとめを参照されたい).

　8.1 節では,統語構造の構築,具体的には前置詞句の付加について,動詞との繋がりの強さが影響しているという観察を紹介する.8.2 節では,文脈の情報が,構造に関する選好性に影響するという研究を紹介する.そのような研究の進展は,最少付加の原則のような非常に制限的な(モジュール化された)モデルが不十分であるということを支持するようにみえる.ただし,語用論的情報や韻律情報など,さまざまな情報が統語構造の構築に影響するというモデル(例えば,交互作用モデル(interactive model))は,非常に強力すぎて反証可能性が著しく低くなってしまうという問題を抱えることになる.この問題は,文処理全体の設計に関わるものであり,強力すぎるモデルに如何に制限をかけ

---

[3] 文を処理する際に,統語的な情報が逐次的に計算されることは明白である.また個別の言語の文法と文処理メカニズムがどのように関わりあっているか,統語的情報と音韻的情報,意味的情報,語用論的情報がどのように統語解析に影響を与えるのかについての近年の研究動向は,Frazier (2013) が詳しい.

ていくかは，重要な研究課題である．そのことを念頭に置いて，本節を読み進めていただきたい．

8.1. 動詞との関係

前節で取り上げた Rayner らの論文では，もう 1 つ VP 付加・NP 付加の現象についての実験が報告されている．(54a) は，with binoculars の部分が動詞 saw を修飾する VP 付加文，(54b) は，with a revolver の部分が直前の名詞 cop を修飾する NP 付加文である．これら 2 つの文の読み時間を調べると，with で始まる前置詞句の部分の読み時間が，(54b) にくらべて (54a) で速いという結果が報告されている．Rayner らは，この結果をもとに，最少付加の原則により VP 付加の構文が好まれていると主張している．[4]

(54) a. The spy saw the cop with binoculars.
b. The spy saw the cop with a revolver.

この結果について，Schütze and Gibson (1999) は，最少付加の原則以外の理由で (54a) の文の読み時間が速かったのではないか，という疑問を投げかけている．Schütze らは，(54a) の前置詞句の読み時間が速い理由が，統語構造の複雑さ以外にあると主張した．その主張は，Abney (1987, 1989) が提案している項選好方略 (Argument Preference Strategy, APS) という考えが元になっている．Abney の提案する APS の内容とは，主要部 (head) と関係を結ぶ句 XP がある場合，その句が主要部に対する修飾語 (modifier) の場合 (55a) に比べて，その句が主要部と項 (argument) の関係を結ぶ場合 (55b) に処理負荷が低いというものである．

(55) a. head XP [modifier]
b. head XP [argument]

Schütze らが用いている項という概念は，主要部によって関係をもつことが暗

---

[4] Rayner らは，動詞句の構造を (i) や (ii) のように考えている．この構造では (i) のほうが節点の数が少ない．

(i) [$_{VP}$ saw [$_{NP}$ the cop] [$_{PP}$ with binocular]]
(ii) [$_{VP}$ saw [$_{NP}$ [$_{NP}$ the cop] [$_{PP}$ with a revolver]]]

示されるものと定義され，それ以外のものが修飾語となる．[5,6]

Schütze らは，Rayner らが使用した刺激文の多くが，VP 付加文では前置詞句が動詞の項という関係，NP 付加文では前置詞句が名詞を修飾するという関係にあったと指摘する．例えば，(56a) の VP 付加文では，前置詞句 with enamel が動詞 painted の項という関係にある．直感的にも「塗る」という動作は，何か塗料が介在するのは当然であり，with enamel（エナメル塗料で）との関連が強いということができる．一方 (56b) の NP 付加文では，前置詞句 with cracks（ひびの入った）は名詞 wall を修飾する関係にある．「壁」という名詞は必ずしも「ひび」を暗示するものではないからである．

(56) a. The landlord painted the wall with enamel.
b. The landlord painted the wall with cracks.

この APS の考えに従うと，(56a) の読み時間が速かったのは，以下の理由による．動詞 painted と前置詞句 with enamel の関係は述語と項の関係であり，(56b) の wall と with cracks の関係は修飾の関係である．修飾の関係よりも項の関係のほうが文処理上の負荷が低いので，(56a) の読み時間が速かったということになる．

Schütze らは，APS の効果が VP 付加文・NP 付加文の処理にどう影響するかを調べるため，以下のような刺激文を使い実験を行なった．

(57) a. The company lawyers considered employee demands for a month, but they didn't act until a strike seemed imminent.
b. The company lawyers considered employee demands for a raise, but they didn't act until a strike seemed imminent.

この刺激文は，最少付加の原則による予測と APS による予測が異なるように

---

[5] ここでの項と修飾語という概念は，標準的に統語論の中で言われている項と付加詞（adjunct）という概念とややずれる場合が存在するが，主要部との結びつきの強さを反映したものとして捉えて良い．

[6] そもそもなぜ主要部と項の関係が強いことが処理負荷の低減につながるかという点について，Schütze and Gibson (1999) では，それぞれの語彙要素からの予測の効果の一種であると述べられている．つまり，上の例でいうと，saw という動詞は，その後「どうやってその行為を行ったのか」を示す要素が登場するだろうという予測を生み出す．PP でなければならない理由は存在しないが，PP [with binoculars] は行為の容態を示す代表的な要素ということができる．

設計されている．(57a) の前置詞句 for a month は動詞 considered と結びつき，VP 付加文である．そして，動詞と前置詞句の関係は修飾の関係である．一方 (57b) で前置詞句 for a raise は名詞 demands と結びつき，NP 付加文である．そして，この名詞と前置詞句の関係は項の関係である．最少付加の原則によると，NP 付加よりも VP 付加のほうが統語的に単純な構造になるので，VP 付加の文が好まれる．つまり，(57a) のほうが好まれるという予測になる．APS によると，前置詞句と結びつきを持つ主要部の関係が項の関係であることが好まれるので，(57b) のほうが好まれるという予測になる．

彼らの実施した自己ペース読文課題の実験の結果，(57a) の読み時間が (57b) に比べて遅かった．その結果は，APS の予測に合致するものである．つまり最少付加の原則以外の要因が，選好性の決定に大きく関わる場合があることが示されたということになる．

8.2. 文脈の効果

Crain and Steedman (1985) は，最少付加の原則が仮定する文処理における統語的情報のモジュール性に対して，文解析器の選好性が意味的な情報や，与えられている文脈によって大きく左右されることを示し，以下のような原則を提案した．

(58) 節約の原理 (Principle of Parsimony)
聞き手は，以下のような解釈を最ももっともらしいという解釈として採用する．その解釈は，他の解釈に比べて，未だ満たされてはいないが齟齬をきたさない前提や含意がより少ない．ただし，もっともらしさに関わる他の基準による違いがない場合に限る．

この原則によると，文解析器が (52b) の分析を採用したのは，それが最も単純な文構造の構築につながるからではなく，それが談話情報についての追加的な前提をほとんど必要としなかったからである．一方，関係節を含む (52a) の構造は，非常に多くの談話的前提を必要とする．まず，花屋が一人ではなく数名存在し，さらに花を送られた花屋とそうではない花屋が存在することを仮定する．その上で，花を送られた一人の花屋について話者が叙述するという状況になる．談話的に齟齬をきたさないように (52a) の解釈をするためには，このような状況を想像する必要があるが，その想定は非常に負荷がかかるので，そのような分析は文解析器によって回避されるというのが彼らの考え方で

ある.

　Crain らは，上で見たような複雑な談話的前提の必要性は冠詞 the によって生じていると論じている．例えば，(50) の the florist の部分を a florist または florists に変えると，必要な談話的前提が大きく変化する．これは不定冠詞や裸複数名詞の用法として「存在解釈」や「総称解釈」があるため，これにより複雑な談話的前提を必要としなくなる (Carlson (1977))．彼らは，被験者に刺激文を単語毎に呈示し，文を読み終わった後にその文が文法的であったかを判断させる課題を用いて実験を実施した．その結果，被験者が文を不適格であると判断する割合が (59a) に比べて (59b) で減少した．

(59)　a.　The children taught by the Berlitz method passed the test.
　　　b.　Children taught by the Berlitz method passed the test.

大きなガーデンパス効果が生じた場合は，被験者が文構造を正しく分析することが不可能となり，結果的に文を不適格であると判断する割合が増えると仮定すると，この結果は，(59b) のような文では，(59a) に比べてガーデンパス効果が減少したことを示す．つまり，名詞句内の冠詞を操作することでガーデンパス効果が減少するという結果は，談話的前提の複雑さが文解析器の選好性に影響を与えるという Crain らの主張を支持し，純粋に統語的な複雑さ以外にも文解析器の選好性に影響を与える要因があるということが明らかになった (Altmann and Steedman (1988), Tanenhaus et al. (1995), Trueswell and Tanenhaus (1991) 等も参照)．

第 9 章

日本語の研究

9.1. 構造の再構築

　さてここまで文解析器の性質について，英語を元にした研究の概要を述べてきたが，これまでに観察されている多くの原則（例えば漸増的な処理）は，英語という個別の言語だけに当てはまるものではなく，日本語のように類型論的に異なる言語にも当てはまる．ただし，英語のように語順が比較的固定されている言語に対して，日本語は主要部後置型言語であり，多くの語順の交替（かき混ぜ規則）を許し，また音韻的に表出しない空主語などが多く現れる．つまり，文解析器の振る舞いに大きく影響すると考えられる要因を多く備えている．日本語の処理に関して，文解析器がどのような情報に従って文構造を構築していくのか概観してみよう．

　関係節を含む (60a) のような文で関係節主要部「女の子」を読む際に，ガーデンパス効果が現れる (Mazuka and Itoh (1995)，井上 (2003))．日本語母語話者は，動詞「見かけた」が入力された時点で (60b) のような単文構造を仮定し，「洋子」と「お年寄り」を同一節内の要素と分析する．しかし，「女の子」が入力された時点でその分析が誤っていたことが明確になり，負荷がガーデンパス効果として現れる．

(60) a.　洋子がお年寄りを交差点で見かけた女の子に声をかけた．
　　 b.　[洋子が お年寄りを 交差点で 見かけた] …
　　 c.　洋子がお年寄りを交差点で見かけたタクシーに乗せた．

このようなガーデンパス効果は，日本語でも漸増的な処理が行われていること

を示す証拠である．ただし，ガーデンパス効果を生みだしている要因は一様ではない．

　Mazuka and Itoh (1995) は，関係節によるガーデンパス効果の中に差があるということを述べ，どのような要因がその差に影響するかを論じている．Mazuka らは実験的に検証をしていないのだが，(60a) は (60c) に比べて処理が易しいと述べている．そして，その差が生じている原因は，当初考えていた構造を関係節に分析し直す際の「やり直し」の内容だと主張している．

(61) a. 洋子が [RC e お年寄りを交差点で見かけた] 女の子に声をかけた．
　　　b. 洋子が お年寄りを [RC e e 交差点で見かけた] タクシーに乗せた．

先に述べたように，動詞「見かけた」までを読んだ時点では，(60b) のように単文の構造が構築されていると仮定する．しかし，その解釈は誤りで，最終的には (61a, b) のような構造を構築しなければならないことがわかる．括弧付きで RC と表記されている部分は (61a) では「女の子」を修飾する関係節，(61b) では「タクシー」を修飾する関係節である．

　Mazuka らは，(61a, b) の関係節の構造の違いに注目する．やや比喩的ではあるが，(61a) はもともと構築した (60b) から「洋子が」の部分を切り離すという処理を考える．そして，新たに「女の子がお年寄りを交差点で見かけた」という解釈を作る構造を作っている．一方 (61b) は，もともとの (60b) から「洋子が」「お年寄りを」の 2 つを切り離し，「洋子がタクシーを交差点で見かけた」という出来事を表現する構造を作り，「そのようなタクシーにお年寄りを乗せた」という解釈の文を作っている．つまり，(61a, b) の間には，どのような構造の作り変えが必要なのかという点で違いがあり，(61b) のほうが難しいという内省を元に，Mazuka らは多くの要素を切り離す必要がある場合に処理が難しいという提案を述べている．

　この提案に対して，Hirose and Inoue (1998) は異なる見解を述べている．まず，(60a) と (60c) の例文に対して，難易の差について認めつつ，Hirose らは構造の作り直しが生み出す処理の差が難易の差を生んでいるとは必ずしも言えないという．以下の例を考えてみよう．

(62) 洋子が幼児を [RC e e 公園で見かけた] ブランコに乗せた．

さきほど Mazuka らが難しいと述べた (61b) と (62) を比較する．この 2 つの文は構造的に同じものである．「洋子が幼児を公園で見かけた」という解釈の構造が一旦構築され，その後「ブランコ」が登場することによって，構造を

再分析する必要に迫られる．「洋子が」「幼児を」の2つの要素を切り離し，「洋子がブランコを公園で見かけ，そのブランコに幼児を乗せた」という解釈に到達する文の構造を作る必要がある．Hirose らは，Mazuka らが正しければ，処理の難しさは (61b) と (62) で同じであることが期待されると述べている．しかし Hirose らの観察によれば，(62) は (61b) ほどは難しく感じられない．つまり (61b) は，構造の作り直しの処理負荷以外の要因で難しいと感じられていることを示唆する．

　Hirose らの提案は以下の通りである．Mazuka らが紹介している (60c) の文について，「タクシーに」まで読んだ時点のことを考えてみよう．「タクシーに」が登場することによって，構造の作り直しの必要が生じるのだが，この時点では，どのような作り直しが必要なのかは，1つに決めることができない．多くの可能性があるのだが，最もあり得そうな選択肢は次の2つであると考える．

(63) a.　洋子が お年寄りを [RC e e 交差点で見かけた] タクシーに
　　　b.　洋子が [RC e お年寄りを 交差点で見かけた] タクシーに

最終的に文末まで読んだ場合には，(63a) の構造であると確定させることができるが，この時点では (63b) の構造の可能性も考えることができる．この構造では，「タクシーがお年寄りを交差点で見かけた」という解釈になっている．この曖昧性は，「タクシー」が出来事の動作主として機能することが可能であるという点に原因がある．Hirose らによると，「タクシー」が「洋子に見られた」ものであるのか（この場合の意味役割は，対象 (63a)），「お年寄りを見た」ものであるのか（この場合の意味役割は，動作主 (63b)）という意味役割の曖昧性があり，それに連動して構造的曖昧性が生じる．Hirose らは，そのような曖昧性が (61b) の文の難しさにつながっていると主張している．

　そのような意味役割の曖昧性が文の難しさにつながっていることを示す観察として，(62) がある．Hirose らは，(61b) に比べて (62) はそれほど難しくないと報告している．「ブランコ」は動作主として機能することがない名詞であり，(63b) に対応するような構造を考慮する必要がない．つまり，「ブランコが幼児を公園で見かけた」というような構造を考える必要がないので，大きな処理負荷が発生しない．

　Hirose らは意味役割の曖昧性が，Mazuka らが議論してきた関係節を含む構文の処理負荷に関係することを示すために，自己ペース読文課題 (self-paced reading task) (Just, Carpenter and Woolley (1982)) を用いた実験を実施している．代表的な刺激文の例を挙げる（"|" は，後述する自己ペース読文課題

で分かれて呈示される区切りを示す).

(64) a. 老人が｜捨て子を｜あちこち｜探した｜牧師に｜託した.
b. 老人が｜捨て子を｜あちこち｜探した｜施設に｜託した.

最終的には，(63a) にみられる構造が作られなければならない．つまり，「老人が捨て子を牧師に（または施設に）託した．その牧師（施設）は老人があちこち探した」という解釈につながるような構造である．(64a) は構造の作り直しを引き起こす名詞が「牧師」である．この名詞を読んだ時点で，「牧師が捨て子をあちこち探したのか（動作主解釈）」のか，「老人が牧師をあちこち探したのか（対象解釈）」のか，意味役割の曖昧性が引き起こす構造的曖昧性がある．一方，(64b) は「施設」という無生名詞が使われており，上で述べたような意味役割の曖昧性が生じない．

自己ペース読文課題とは，被験者が自分のキー押しによって呈示される刺激文を読み進めていき，その間の呈示時間を計測する手法である．刺激文は少しずつ（英語では単語単位，日本語では文節単位など）呈示され，それぞれの語句が呈示されている時間（被験者が次の語句に進むまでの時間）をその語句の読み時間として記録していく (Just, Carpenter and Woolley (1982))．各試行は，(65a) のように，ハイフンや下線の連続が呈示されて始まる．

(65) a. ＿＿＿＿＿＿＿＿＿＿＿＿＿＿＿＿＿＿＿＿＿
b. 老人が＿＿＿＿＿＿＿＿＿＿＿＿＿＿＿＿＿＿
c. ＿＿＿＿捨て子を＿＿＿＿＿＿＿＿＿＿＿＿＿
d. ＿＿＿＿＿＿＿＿＿あちこち＿＿＿＿＿＿＿＿
e. ＿＿＿＿＿＿＿＿＿＿＿＿＿探した＿＿＿＿＿
f. ＿＿＿＿＿＿＿＿＿＿＿＿＿＿＿＿施設に＿＿＿
g. ＿＿＿＿＿＿＿＿＿＿＿＿＿＿＿＿＿＿＿託した.

決められたキー（スペースバー）などを1度押すと，(65b) のように文頭の語句（単語・文節）が呈示される．被験者はその語句を読み終わったら，再度キーを押す．すると，(65c) のように次の語句が呈示される．(65b) が呈示されてから (65c) に移るまでの時間が，「老人が」の読み時間として記録される．被験者は文を読み終わるまで，必要なだけキーを押して進んでいく．被験者が押すことができるキーは1つなので，被験者は以前読んだ語句に戻ることはできない．文を読み終わり，再度キーを押すと，読んでいた文に関する疑問文が呈示され，十分に理解していたかが確認される．このように被験者は常に文

の一部しか見ていないことになり，このような呈示法は移動窓方式（moving-window style）と呼ばれる．

　さて，このような手法を用いて処理負荷を計測した Hirose らの実験結果によると，「施設に」の文節の読み時間に比べて，「牧師に」の読み時間が統計的に有意に遅かった．これは，「牧師に」の処理負荷が「施設に」に比べて大きかったことを示す．Mazuka らは，構造のやり直しの中身が処理負荷に大きく関わっているという提案だったので，「牧師に」と「施設に」の間に読み時間の違いがあることを予測しない．最終的に作る構造という観点からすると，両者は構造的に同一だからである．一方 Hirose らは，意味役割の曖昧性がある場合に処理負荷が増大するという提案をしていた．この実験の結果は Hirose らの提案を支持するものであった．Hirose らの考えに従うと，「牧師に」の読み時間が長かったのは，意味役割の観点から「牧師」は出来事の動作主にも対象にもなることができ，そのため「牧師に」まで読んだ時点では (63) にみられるような構造的曖昧性が存在する．そのような曖昧性による負荷は「施設に」では発生せず，読み時間に差が見られたと結論づけることができる．

　Mazuka らの指摘する (61a) よりも (61b) の処理負荷が高いという観察について，Hirose らの研究は，「タクシー」という語の意味役割の曖昧性が (61b) の処理負荷を高くしていることを示した．注意すべきこととしては，Hirose らの結果が示すのは，Mazuka らが適切に統制できていなかった要因が存在しているということであり，Mazuka らが提案している構造の再構築の処理の違いが処理負荷に反映しているという仮説が誤っているということではない．この点については，Tokimoto (2004) の議論を参照していただきたい．

9.2. 格助詞からの予測メカニズム

　前節の関係節のガーデンパス効果に関する議論で，母語話者はまず「洋子がお年寄りを交差点で見かけた」を 1 つの節として分析するという処理方略について述べた．この分析が成り立つのは，「見かける」という他動詞が項として取ることができるガ格名詞句とヲ格名詞句の存在が重要であったと考えられる．また，漸増的な処理を考えた場合，格助詞を伴う名詞句の連続は，その先の文構造の予測にどのように寄与しているのかということが，日本語のような主要部後置型言語の文処理で大きな研究課題になっている．ここでは，その代表的な研究である Miyamoto (2002) を取り上げる．

　Miyamoto は Mazuka らが議論していた関係節のガーデンパス効果につい

て，より精緻な処理段階について述べている．例えば，(61a) で「女の子」が登場すると，これまで想定していた「見かけた」という述語を中心とした文構造が，関係節として分析されなければならないことがわかる．Mazuka らが述べていた，「洋子が」という要素を切り離すという処理は，「洋子が」と「お年寄りを」の間に節境界を挿入する処理を含んでいる．つまり，「洋子が」は「見かけた」とは別の述語の項として機能する構造を考える必要がある．ここで，節境界の挿入には処理負荷がかかると仮定すると，次のような予測ができる．関係節のガーデンパス効果の一部として，節境界を挿入する処理負荷を考える．ただし，前もって節境界を挿入する処理を実施しておくことができれば，関係節のガーデンパス効果が減少することが期待できる．

どのようにして，前もって節境界を挿入する処理を実施するのかという点が問題になる．Miyamoto は，同一の格助詞が付加された複数の名詞句の存在が，節境界の挿入を促すという主張をしている．(66a) のような場合を考えてみよう．日本語の述語には，「与える」のように 3 つの名詞句を項として取ることができる動詞が存在する．しかしその場合，項として機能する名詞句はガニヲという 3 つの異なる格助詞を持たなければならない．(66b) のように 2 つのヲ格名詞句があった場合，その 3 つの名詞句に同時に意味役割を付与できるような 1 つの述語は存在しない．そのため，ガヲヲという 3 つの名詞句には少なくとも 2 つの述語が必要となり，ヲ格名詞句の間に節境界が存在することが明らかになる．

(66) a.　NP が　NP を　NP に ...
　　 b.　NP が　NP を　[NP を ...

もちろん，この節境界がどのような節の区切りを示しているのかは明確ではない．理由を示す従属節のような節の開始に対応しているのか (67a)，関係節の開始に対応しているのか (67b) といったことを決定することはできない．

(67) a.　洋子がお年寄りを［交差点を渡ろうとしていたので］手伝った．
　　 b.　洋子がお年寄りを［交差点を渡ってきた］タクシーに 乗せた．

上の例では，ヲ格名詞句の連続が節境界の挿入を促すという予測について考えたが，同様の予測はガ格名詞句を使った場合でも同様に考えることができる．Miyamoto の実験で使用された例文を見てみよう．[7]

---

[7] ガ格名詞句の連続と述べたが，Miyamoto はハガ名詞句の繰り返しを実際には使用してい

(68) a. おばさんは 年寄りを 偶然に 交差点で 見かけた タクシーに
         急いで 乗せた．
     b. おばさんは 年寄りを 学生が 交差点で 見かけた タクシーに
         急いで 乗せた．
     c. 年寄りを おばさんは 学生が 交差点で 見かけた タクシーに
         急いで 乗せた．

(68a)はMazukaらのもともとの刺激文に似せて作ってあり，同じ格助詞を持つ名詞句は繰り返されていない．そのため，「タクシーに」という語に出会うまで，被験者は複数の節が存在することに気がつかないと予想される．(68b)は文頭からの3つの名詞句がハヲガという格助詞を伴っている．日本語文法に照らすと，その3つの名詞句を項としてとることのできる述語は存在しない．そのため，節境界の挿入が期待される文である．(68c)についても同様に，節境界が挿入されなければならない．ただ，(68b, c)の刺激文で節境界が挿入されるとしても，その節境界がどこに置かれるかについては注意が必要である．この点について，Miyamotoの実験結果を確認しながら考えてみたい．

　Miyamotoは自己ペース読文課題を用いて，文節毎の読み時間を計測した．節境界の存在をあらかじめ示しておくことによって，関係節に関わるガーデンパス効果が減少するかということが，この実験で調べたいことであった．関係節主要部「タクシーに」の読み時間を比較したところ，(68a)の読み時間がもっとも長く，ついで(68b)，そして一番読み時間が短かったのが(68c)であった．まず，(68a)の読み時間は，関係節によるガーデンパス効果を反映していると考える．この読み時間を基準として，(68b, c)の読み時間がどのような処理負荷を反映しているのか考えよう．(68b, c)の読み時間が(68a)に比べて短くなっているということは，基準としているガーデンパス効果よりも処理負荷が減っていることを示している．この結果は，Miyamotoが主張するとおり，格助詞の情報を活用して，節境界の挿入が前もって実施され，ガーデ

る．注意深い読者は気がついたかもしれないが，日本語にはガ格目的語を許す述語がある．そのような述語を考慮に入れると「太郎は花子が好きだ」というような単文構造を持つ例文を思いつくことができる．つまり，ハガ名詞句の繰り返しは必ずしも節境界の存在を示唆しないではないかということである．この点に関しては，日本語の文法に照らし合わせて，適切な指摘であると考えられるが，このMiyamotoの研究やその後の研究（Aoshima, Phillips and Weinberg (2004), Ono (2006)）で，このような場合にはガ格目的語が強く好まれるということはないらしいということが確認されており，本稿においても，この観察については脇へ置いておくことにする．

ンパス効果の一部である節境界を挿入する処理負荷が消失していると考えられる．これは，日本語の文処理において，動詞が登場する前に，格助詞の情報から複文解釈の構造的予測をすることができていることを示す．

次に，(68b) にくらべて (68c) の読み時間が短かったことついて考えてみよう．この点については，明確にわからない部分もあるが，節境界が挿入される位置を考慮に入れて理解することができる．(68c) では，節境界が「学生が」の直前に挿入されたと考える．直前の名詞句「おばさんは」と「学生が」は同じ節に入れないと考えるからである．その場合，節境界が挿入され，埋め込め節の存在が明らかになると同時に，動詞「見かけた」の目的語が明示されていない構造を構築することができる．明示されていない名詞句があるという構造の1つは関係節構造であるので，「タクシーに」が登場した時に，関係節構造の構築が非常にスムーズにできたという可能性がある．

一方，(68b) では，節境界はどこに挿入されるだろうか．1つの可能性は，「学生が」の直前に節境界が挿入されることである．名詞句「学生が」が登場して節境界の挿入の必要性が明らかになり，そこで節境界を挿入すると考えることができる．しかしその場合，それ以降の処理については，(68c) と同じことが行われると推測できる．(68b) の「タクシーに」の読み時間は (68c) のそれよりも長かったので，(68b) ではなにか別のことが起きていたと考えることもできそうだ．そこで，(68b) では節境界が「年寄りを」の前に挿入されたと考えてみよう．この場合，動詞「見かけた」が出てきたところでは，「学生が年寄りを見かけた」という文のかき混ぜ文構造を構築している可能性がある．「タクシーに」が出てきた際には，節境界の挿入はすでに行われているが，動詞「見かけた」の目的語は「年寄り」ではなく「タクシー」であるという解釈を示す構造に作り変える必要がある．その処理負荷が (68b) の読み時間をやや長くしていると考えると，ここでの読み時間の傾向を説明することができる．

上で述べたような可能性は，まだ十分に確認されていない点も含んでいる．ただ，大切な点としては，文解析器が格助詞という形態的情報を元にして，どのような項構造をもつ述語が存在するのか，どのような節が存在するのか，かき混ぜ規則のような統語規則が適用されているのか，といった予測が計算されていることは明白である．またこのような予測は，曖昧性の多い情報に基づいているにもかかわらず，非常に緻密な構造的予測がたてられながら文が処理されていることを示す．

第 10 章

文法的依存関係

　ここまでガーデンパス効果として生じる処理負荷や，日本語の格助詞から生み出される構造的な予測についてのメカニズムを概観してきた．ガーデンパス効果と呼ばれているものは，与えられた情報を基にして構築した構造が誤りであるということがわかり，再び構造を作り直す処理に関しての負荷であるとまとめることができる．文理解過程においては，そのような漸増的な処理・予測といった特徴とは独立した処理負荷が存在することも知られている．ここからは「文法的依存関係」をキーワードにして，2 つの現象について概観していきたい．

10.1. 距離の効果

　文中のさまざまな要素は，最終的に意味解釈を得るために統語構造に組み込まれる．その際，要素間の関係は多くの場合，姉妹関係のように局所的に結び付けられる．しかし，実際そのような要素が線的に配置された場合，必ずしも隣接して配置されるわけではない (Kimball (1973))．例えば (69a) では，副詞 yesterday は動詞 said と結び付けられているが，線的には随分離れた位置に登場している．

(69)　a.　Mary said that the kids will swim yesterday.
　　　b.　Joe figured the puzzle that Sue took out.

要素を離して配置することが文法的に可能であるとしても，近くにあるほうが好まれるという観察がある．例えば，(69b) で out という表現は主節の動

詞 figured と結びつけることが文法的に許されているが，より近い動詞 took と結びつけることが圧倒的に好まれる (Frazier (1979), Gibson (1991), Altmann and Steedman (1988))．この観察は，要素間の関係，つまり文法的依存関係はできるだけ線的に近いことが好まれるという文処理の性質を反映していると考えられる．[8]

この線的な距離が文理解過程にどのように反映されるのかを検討するために，Grodner and Gibson (2005) は，主語と述語の距離を段階的に操作した実験を実施した．

(70) a. The administrator [who [the nurse supervised]] scolded the medic.
 b. The administrator [who [the nurse [from the clinic] supervised]] scolded the medic.
 c. The administrator [who [the nurse [who was from the clinic] supervised]] scolded the medic.

この実験で操作されたのは，関係節内の主語 the nurse とその名詞句と主述関係を結ぶ動詞 supervised の距離である．(70a) ではその2つの要素は隣接しているが，(70b) では前置詞句 from the clinic が間に存在し，(70c) ではさらに who was という語句が挿入されている．

自己ペース読文課題を用いた実験の結果，動詞 supervised の読み時間は (70a) が最も短く，(70b, c) とだんだん長くなっていく傾向が見られた．これは要素間の距離が長くなればなるほど，動詞部分の読み時間が長くなっており，距離の効果 (locality effect) と呼ばれている．[9] ここでの効果は，動詞 supervised を読んだ際に，作業記憶 (working memory) からその動詞と統合されるべき要素 (主語) を読み出してくる処理負荷が反映されていると考えられている (Gibson (1991))．作業記憶からの読み出しに関しては，10.2節でやや詳しく述べることとする．

---

[8] 文処理メカニズムが，できるだけ要素間の線形的な距離が短いことを好むというのは，下で言及するように作業記憶システムからの要請である．ただし，文法的な制約を満たす限りにおいて，という制限がつく．一見近い要素と関連付けが可能であるような状況でも，その依存関係が文法的な制約に違反するような場合は，その関連付けは行われない (Phillips (2006), Yoshida (2006), Kazanina, Lau, Lieberman, Yoshida and Phillips (2007))．

[9] 日本語においても，wh 句と動詞の間に距離の効果が観察されることが示されている (Ono and Nakatani (2014) や小野・小畑・中谷 (2014) などの議論を参照のこと)．

第 10 章 文法的依存関係

　上で見た距離の効果のパラダイムでは，依存関係を結ぶ要素の間に出てくる語句が，先に出てくる要素（主語）を修飾する要素であった．大まかに言って，依存関係を結ぶ要素の間に出てくる語句が多ければ多いほど，処理負荷が大きくなるということが考えられる．しかし，これと異なる傾向を示す観察がある．以下の例文は，Konieczny and Döring (2003) の実験で使われた例文の一部（ドイツ語）である（Levy and Keller (2013) も参照のこと）．ここで議論の対象になっているのは主語の中に埋め込まれた節の動詞 verkaufte 'sold' である．dass 'that' 以下が埋め込み節になっており，この動詞が結んでいる文法的依存関係が動詞の読み時間にどのように影響するかが調べられた．このパラダイムでは，主語の主要部である der Freund 'the friend' と動詞の線的な距離は同じであるが，名詞 Kunden 'customer' の定冠詞が唯一異なっている．(71a) では属格を示す des が使われているので，直前の der Freund と構成素をなし，「客の友人」という表現になっている．一方，(71b) では与格を示す dem が使われている．この場合は dem Kunden 'to the customer' は動詞句内の要素であり，動詞 verkaufte と関係を結ぶと考えることができる．実験の結果，(71a) に比べて (71b) の動詞 verkaufte の読み時間が短いことが示された．

(71) a. Die Einsicht, dass der Freund des Kunden
　　　 the insight　 that the friend of the customer
　　　 das Auto　verkaufte, erheiterte die Anderen.
　　　 the car　 sold,　　 amused　 the others.
　　　 'The insight that the friend of the customer sold the car amused the others.'
　 b. Die Einsicht, dass der Freund dem Kunden
　　　 the insight　 that the friend to the customer
　　　 das Auto　verkaufte, erheiterte die Anderen.
　　　 the car　 sold,　　 amused　 the others.
　　　 'The insight that the friend sold the car to the customer amused the others.'

先ほどの Grodner らの議論からすると，(71a, b) では基本的に同じ名詞句を使っており，線的な距離も同一であるため，読み時間に差がないと予想することができる．しかし，Konieczny らは，動詞の読み時間が距離だけによって決まるのではなく，途中の要素が動詞をどの程度期待させるかも影響すること

を示した．(71a) の名詞句 des Kunden 'of the customer' は主語に結びつく要素であり，後に登場する動詞の絞り込みにはさほど寄与しない．しかしながら，(71b) の名詞 dem Kunden 'to the customer' は動詞句内の要素であり，動詞の語彙的内容を予測するのに非常に重要な情報を提供する要素である．

つまり，文法的依存関係の処理は，線的な距離が長くなると処理負荷が大きくなるという傾向を見せると同時に，途中の要素が文法的依存関係を結ぶ要素とどのような関係を持つのかということも，文法的依存関係の処理負荷に大きく関わるということがわかる．

10.2. 文法的依存関係と干渉効果

ここまで2つの要素を構造的に結びつける文法的依存関係の処理について，議論してきた．複数の要素が結び付けられるという特徴は，最初に出てきた要素を一旦作業記憶（ワーキングメモリ）に保持し，文法的依存関係が最終的に統合されるときに，再びその要素を作業記憶から呼び出すという処理の存在を仮定する必要がある (Lewis (1996), Lewis et al. (2006), Wagers (2008))．ここでは Lewis (1996) などで提案されている作業記憶と文処理の体系を紹介し，どのような情報が保持されるのか，保持のメカニズムについての提案をしている Ono, Obata and Yusa (2013) の研究について概観したい．

文頭から順番に入力された要素は順番に作業記憶内に符号化 (encoding) される．以下の (72) では Apay, the toy, her uncle, Hualien といった要素が符号化され，作業記憶内に一時的に保持されていく．動詞 arrived が入力されると，今度は保持されている要素の読み出し (retrieval) という処理をすることになる．Lewis の提案によると，要素が符号化される際には，統語的な素性などによる手がかり (cue) がつけられており，読み出しにはその手がかりを基にした探索が行われる．

(72) Apay knew that the toy from her uncle in Hualien arrived today.

例えば，arrived が文法的依存関係を結ぶために読み出さなくてはいけない要素は，[+NP] や主格素性 [+nom] というような素性をもつはずである．もちろん，正しく読み出されるべき要素は，そのような情報を持つ名詞句 the toy である．類似する手がかりを持つ要素が作業記憶内に多く含まれていた場合，その読み出しには大きな処理負荷がかかると提案されている．

読み出されるべき要素以外に，類似する手がかりを持っている要素が存在す

ることによって，読み出しにかかる負荷が増えることを「類似性に基づく干渉効果（similarity-based interference effect）」と呼ぶ．一例として Van Dyke and Lewis（2003）の実験を紹介する．この実験では，(73) における動詞 complaining の読み時間を比較して，干渉効果の大きさを調べている．動詞が読まれると，その動詞と文法的依存関係を構築する主語の名詞句の読み出しが要求される．(73a, b) では使われている単語は大体似ているが，主格素性 [＋nom] をもつ名詞句の数が異なる．(73a) では the worker と the resident がそれに当たるが，(73b) ではそれらに加えて the warehouse も同じ素性を持つ．

(73) a. [NP The worker] was surprised that [[NP the resident] who was living near the dangerous warehouse] was <u>complaining</u> about the investigation.
b. [NP The worker] was surprised that [[NP the resident] who said that [NP the warehouse] was dangerous] was <u>complaining</u> about the investigation.

最終的に読みだされるべき主語は the resident だが，動詞 complaining の読み時間は (73a) に比べて (73b) で長くなっていた．この結果は，読み出しという処理メカニズムが手がかりを基にして実行されているということを示すとともに，名詞句が作業記憶の中に符号化される際には，[＋NP] や [＋nom] といった統語的な素性を手がかりとして保持されているということを示唆する．

さて，9.2 節で同一の格助詞を伴う名詞句の連続（ハガやガガ）が，節境界の挿入という処理を引き起こすという議論をした．しかし，節境界が挿入されたからといって，その節境界は必ずしも関係節構造に繋がるとは限らない．文法的に許され，同程度の複雑さを持つと思われる構造はほかにもある．(74a) は関係節構造の例だが，他の可能性としては (74b) のような，いわゆるト節を導く場合，また，(74c) のように理由を示す従属節構造になっている可能性もある．

(74) a. おばさんは［学生が忘れた］弁当を自転車で届けてあげた．
b. おばさんは［学生が弁当を忘れたと］説明した．
c. おばさんは［学生が弁当を忘れたので］自転車で届けてあげた．

格助詞の情報から節境界を挿入することができるということは，統語構造に関する非常に緻密な計算の実行を示すという点で非常に興味深い．加えて，どの

ような節の構造を仮定しているのかという点についての曖昧性が存在し、それを明らかにすることは非常に重要な研究課題である。

　Ono, Obata and Yusa (2013) は、日本語母語話者がどのような節境界を仮定しているのかを探るために、類似性に基づく干渉効果の考え方を生かした実験を実施した。まず、挿入された節境界について、母語話者がト節の構造を仮定しているとしよう。もし (74b) のようなト節の構造を仮定しているとすれば、そのト節は「説明する」のような動詞の項として存在する。この動詞のタイプは、ト節をとることができるのに加えて、「使い方を説明する」のようにヲ格名詞句を項として使うことができる。ヲ格名詞句という NP 構造、またト節という CP 構造を使うことができるということから、便宜的にこれらの動詞を「NPCP タイプ」と呼んでおく。節境界の挿入という予測に伴って、名詞句「おばさん」の作業記憶の符号化が行われると考えると、「ト節を取ることができる動詞の主語」という統語的特徴（以下 (75) の CP-pred と表記されている部分）とともに符号化されているという可能性が生まれる。

(75)　おばさんは　　　［学生が ...
　　　{NP, CP-pred}　{NP, pred}

　このような特徴的な符号化が行われているかどうかを、どのように調べたら良いのだろうか。Ono らの実験では、以下のような刺激文が使われた。刺激文の特徴は、埋め込み節で使われている動詞のタイプと、埋め込み節の位置である。(76a) は「店員は常連客が」という名詞句の連続があり、節境界の挿入が行われる語順になっている。そして、埋め込み節の動詞として NPCP タイプの動詞「要望した」が使われている。ここまでの議論から、この動詞が登場すると、作業記憶から主語の名詞句の読み出しが行われる。「要望した」は NPCP タイプの動詞であるから、「ト節を取ることができる動詞の主語」という手がかりを基に探索が行われる。もし文頭の「店員」が (75) でみたように「ト節を取ることができる動詞の主語」（{CP-pred}）という統語的特徴とともに符号化されているとすれば、実際にはこの「店員」は読み出されるべき対象ではないが、類似性に基づく干渉効果が引き起こされると予測される。

　さて (76a) で干渉効果が起こるとして、その効果の大きさは干渉効果が起きない状況と比較する必要がある。(76b) はト節全体が前置され、(76a) で干渉効果を引き起こす原因になっている名詞句「店員は」が文のずっと後で登場する語順になっている。動詞「要望した」の読み時間を (76a, b) で比較することで、(76a) で起こると考えられる干渉効果の大きさをはかることができる。

(76) a. 店員は［常連客が雑貨屋の店頭で商品の値下げを<u>要望したと</u>］控室で話していた．
b. ［常連客が雑貨屋の店頭で商品の値下げを<u>要望したと</u>］店員は控室で話していた．
c. 店員は［常連客が満員の店内で新年の福袋を<u>開封したと</u>］控室で話していた．
d. ［常連客が満員の店内で新年の福袋を<u>開封したと</u>］店員は控室で話していた．

実は，干渉効果に関する (76a, b) の比較は，統制すべき効果が含まれている．これまでの日本語文処理研究から，それぞれの語句が登場する位置が読み時間に大きく影響することが知られている．具体的には，登場する位置が文末に近づくにつれて読み時間がだんだん速くなることが多い．そのような位置の効果の大きさを独立に計測しておくという目的のために，(76c, d) が準備されている．それらの刺激文は (76a, b) と並行的に作られているが，埋め込み節に登場する動詞がト節を取ることがない動詞になっている．このような動詞の場合は，(76a) で観察されることが予測されている干渉効果は起こらないと考えられる．

自己ペース読文課題を用いた読み時間実験の結果，動詞部分の読み時間が比較された．結果は，(76a, b)「要望したと」の読み時間には有意な差が観察されなかった一方で，(76c, d)「開封したと」の読み時間では (76c) のほうが (76d) に比べて有意に速いというものだった．この読み時間パターンは，上で議論された動詞の登場する位置による効果（だんだん速くなるという効果）が (76c, d) では観察されたが，(76a, b) では観察されなかったということを示している．動詞「要望したと」で登場する位置の効果が見えていたとしたら，(76a) の場合に読み時間が速くなっているはずである．しかし，それが見えなかったということは，(76a) ではそれを打ち消すような処理負荷が起こっていたと考えることができる．その処理負荷はまさに予測された干渉効果であろう．つまり，(76a) では類似性に基づく干渉効果が起こっていたが，同時に動詞の登場位置の効果（読み時間を速くする効果）が起こっていたため，両者が相殺され，(76b) と有意な差が観察できなかったのだと論じられている．

Ono らが観察した結果は，Miyamoto が観察した格助詞の情報を使って，母語話者が非常に緻密な構造に対する計算をしていることを再び確認した．ガ格名詞句が連続することによって，節境界が挿入され，さらにその処理によっ

て構築される埋め込み節は，ト節の構造であることが明らかになった．観察された効果は，類似性に基づく干渉効果を指標としており，文処理メカニズムが作業記憶の体系と相互に情報をやりとりしながら，依存関係の構築をしていることを示すという点で，重要なものである．また，作業記憶における符号化について，句のラベルを示す [+NP] といった統語的な情報だけではなく，どのような項構造を持つ動詞と依存関係を構築すべきか，といった統語的な情報が符号化に用いられていることが示唆された．このような詳細な統語的情報が符号化に用いられていることが正しいとすると，作業記憶に保持されているのは，もはや統語的な階層関係を含むような情報であり，これまで示唆されてきた情報より，かなり豊富なものと言える (cf. Lewis and Vasishth (2005))．

第 11 章

文処理研究に関する議論のまとめ

　第 6 章から第 10 章では，母語話者のもつ文法知識を活用しながらリアルタイムに文を理解していく過程を明らかにしようとする文処理研究について概観した．1970 年代から 80 年代にかけて実施された文処理研究の先駆者といって良い Rayner や Frazier らの研究を概観し，彼らがどのような対立仮説と比較しながら非常に興味深い現象の謎を解き明かそうとしたのかについて議論した．研究の歴史としては，彼らの研究はその後さまざまな批判にさらされ，問題点が指摘されることも多かったが，人間の言語理解という非常に複雑な仕組みについて，非常に意欲的な主張をし，この分野を牽引してきたといって良いだろう．対立する仮説とされている交互作用モデルは，第 8 章で見たように非常に長いリストの「関係する要因」が提案されているという点で，良いモデルとは言い難い側面がある．リアルタイムに統語構造を処理していく文処理モデルとして，最低限考えるべき統語的分析はなんであるのか，情報の利用について時間的な制約は存在するのか，といった論点を明らかにする実験研究が望まれている．このような実験の結果から新たな仮説が生まれ，刺激文の改善などを通して，私たちのことばの理解過程が徐々に明らかになっていくことは，非常に興奮する出来事である．

　このような研究の積み重ねは，英語だけではなく，類型論的に異なる日本語のような言語においても順調に進められている．処理方略の仮説が提案されることで，その方略は普遍的なものであるのか，個別の言語の文法規則とどのような関係にあるのか，といった問いは，今後さらに追求され，さまざまな角度から意欲的な研究が進められることが期待されている．

　現在の統語論を中心とした理論言語学には，リアルタイムの文処理モデルと

どのように擦り合わせていくべきなのかという視点はほぼないといって良い．ある特定の統語論における「操作」が文処理における「操作」と関係するのかという点も，具体的な提案はあまりないように思う（O'Grady (2012) など）．しかし，人間の言語能力の研究が，人の行動を科学するという大きな枠組みの中で行われることだとすれば，どこかの時点でお互いが真剣に向き合って，統合されたシステムを考える必要があるのは明白であろう．

第 12 章

生成文法に基づいた第二言語獲得研究

　第二言語（second language, L2）とは，母語（native language, L1）以外の第二言語，第三言語をも含めた総称であり非母語（non-native language）とも呼ばれる．二言語使用（bilingualism）は，現代社会では希な現象ではなく，二言語使用者（bilingual）は，単一言語使用者（monolingual）よりも多いとの報告がある（Grosjean and Li (2013)).[10] さらに，言語接触における二言語使用を考慮すると，二言語使用や多言語使用（multilingualism）は，人間の本性（human nature）に根ざしているのかもしれない．[11]

　従来の第二言語獲得（second language acquisition, SLA）研究は，複数の音声言語の二言語使用が中心的研究対象であったが，最近は，音声言語と異なる伝達手段様式（modality）を持つ，手話のバイリンガリズム研究が注目を集めている．この第二言語使用者には，聴者が母語として音声言語を獲得した後に手話を獲得するバイモーダル・バイリンガル（bimodal bilingual）や，聾者が複数の手話を獲得するユニモーダル・バイリンガル（unimodal bilingual）が含まれる．[12] また，継承語（heritage language）と L2 の関係なども盛んに

---

　[10] バイリンガルとは，二言語を母語話者のように「完璧」に使用する人（Bloomfield (1933)）ではなく，社会生活において効果的に二言語を用いている人を指す．
　[11] Diamond (2012) によると，一言語使用は最近の現象であり，世界の一定の地域に限定されている．Traxler (2011: 415) の心理言語学入門書には，次のようなジョークが紹介されている（Guasti (2017)).

　　Q: What do you call someone who speaks multiple languages?　A: Multi-lingual.
　　Q: What do you call someone who speaks one language?　A: American.
　[12] バイモーダル・バイリンガリズムに関しては，Lillo-Martin et al. (2016) を参照のこと．

研究が行われている (Montrul (2016)).[13]

　SLA は，母語を獲得した後に行われるために，動機付けや言語使用不安などの情意変数 (affective variables)，年齢要因，入力の量と質，母語の影響，教授効果など，母語獲得には見られないような要因が関与する．このために，SLA の本質を理解するためには，多方面からの学際的研究が不可欠である (VanPatten and Williams (2015), Rothman and Slabakova (2017))．確かに，多くの L2 使用者が言語運用における困難さを経験しているために，SLA 研究では，実用的な関心事から「コミュニケーション能力」に関心が向けられていることが多い．ここで，情報伝達という意味で「コミュニケーション」という用語を用いるならば，言語がコミュニケーションに使用されることは否定できない事実である．しかし，言語以外にもジェスチャー，表情，視線，服装など我々の行うことすべてがコミュニケーションの機能をはたしているのだから，言語もコミュニケーションに使われる手段の1つにすぎないというのが正確である (Chomsky and McGilvray (2012))．したがって，コミュニケーション機能という視点から，言語の本質に迫るのは困難である．

　コミュニケーション能力を議論する前に，SLA 研究における最も根本的な問題は，「第二言語」の「言語」を定義することである．SLA 研究には，言語とは何かを定義せずに，言語運用能力を議論する研究が多い (VanPatten and Williams (2015))．言語とは，L1 であろうと L2 であろうと，脳に実在し言語運用（言語産出・理解）の基盤となっていることは，脳の疾患が言語運用の障害を生み出すという例に言及しなくても自明である．言語知識が脳内に存在するというのは，SLA 研究において最も基本的なことであるが，しばしば看過されている．

　この脳内言語 (internalized language, I-言語) の基本特性は，脳外に外在化 (externalization) される「音（手話も含む）」と，脳に内在する「意味」を結びつける脳内システム（心的演算 (mental computation)）である.[14]「演算」と

---

　[13] 継承語とは家庭内で主に親から幼児に継承される言語を指す．継承語話者は，家庭内という限られた環境でのみ継承語を使用し，家庭外では，生活言語として第二言語を頻繁に用いる．

　[14] I-言語の観点から L2 を考慮すると，脳内に実在する方言知識も L2 に含まれ，方言を使用する人も多言語使用者と見なせる．この場合は，単一言語使用者と第二言語使用者は程度の差となる．例えば，Chomsky (2000: 59) は脳内に複数の I-言語が存在することを述べている "whatever the language faculty is it can assume many different states in parallel". また，同一人が方言を話したり，状況に応じて言語を用いたりすることに関して "every person is

は，一定の形式的手続きに基づき，記号列からなる心的表示（mental representation）を生成し変換する過程のことである．I-言語が何から構成されるのかについては理論ごとに異なるが，I-言語が脳内に存在することは自明であり，その存在理由が余分な理論的・説明的構築物を必要としないという意味で，言語の基本的特性であると言える．さらに，I-言語のいかなる理論でも，人間言語の持つ2つの重要な特性である，離散無限性（discrete infinity）と転位（displacement）を説明できるものでなければならない．離散無限性とは，離散的な有限個の言語記号に基本的演算を繰り返すことで無限の構造を作り出すことである．このことは，言語が生み出す文の長さは原理的に無限で，「最長の文」は存在しないことを意味する．転位とは，意味解釈される位置と，発音位置が一致しない移動現象のことで，自然言語に幅広く見られる現象である．ここで，I-言語に関する理論を生成文法（generative grammar：2章も参照）と呼ぶ．したがって，生成文法を否定することは，例えば，日本語母語話者と英語母語話者の言語知識の相違が，脳の内部状態には起因しないということになってしまう（Chomsky（2015））．I-言語の性質を解明することがSLA研究の中心課題の1つであるならば，生成文法に基づいたSLA（generative approaches to SLA, GenSLA）は，SLA研究に大きな貢献ができるはずである．

---

multiply multilingual in a more technical sense"（Chomsky（2000: 44））と述べている．この考えは，Roeper（1999）の「普遍的二言語使用（universal bilingualism）」や，Cook（1991）の「複合的言語能力（multi-competence）」と類似した考えである．また，二言語使用者を"The bilingual is not two monolinguals in one person"（Grosjean（1989））ととらえる複言語能力の考え方は，以下で述べる生成文法の想定と矛盾しない．

第 13 章

GenSLA

13.1. GenSLA の基本課題

　GenSLA の基本的課題は，母語獲得研究同様に，L2 使用者（L2 user）[15]・話者の脳に実在する無意識の L2 知識（implicit language knowledge）の「設計」(I-言語の性質)，「発達」（言語獲得，言語の個体発生），「使用」（言語産出・理解）である．しかし，大部分の L2 使用者は，L2 を獲得する以前に母語を身につけているという点で，SLA は母語獲得と異なる．[16] L2 の脳内言語は中間言語（interlanguage）と呼ばれ，L2 使用者の母語知識でもなく，また目標言語（target language）を母語する話者の言語知識とも性質が異なり，いわば，L1 と L2 の中間に位置する言語知識の総称である．あるいは両者が統合して 1 つの独特の体系をなすと考えることもできる．これは，「複合的言語能力（multi-competence）」の考え方である（Cook (1991)）．中間言語と複合的言語能力は，L2 使用者の言語知識の独自性に関して相違があるが，本稿では，両者とも脳内言語であるという意味において同義で用いる．[17]

　L1 知識と L2 知識が脳内に共存するということは，両者がお互いに影響を及ぼすことを意味する．L1 が L2 に与える現象は，母語からの転移（transfer）

---

[15] 本稿では，「L2 使用者」を「L2 学習者」を含めて使う．両者の相違に関する詳しい議論は，Cook (1991, 2016)，村端・村端 (2016) を参照のこと．

[16] 幼児が生後から同時に二言語に接触することで，二言語を獲得する場合を同時二言語使用（simultaneous bilingualism）というが，ここでは考慮しない．Guasti (2017) を参照のこと．

[17] 両者の相違に関しては，村端・村端 (2016)，Cook (2016) を参照のこと．

と呼ばれ，1960年代から多くの研究がなされてきた．例えば，日本人英語学習者が，「ジョンのあの車」を"*John's that car"と表現することがある．これは，日本語名詞句構造からの転移と考えることができる（Yusa (1999)）．また，英語単語の strong を母音挿入（vowel epenthesis）して [sutorongu] と発音するのは，母語である日本語では子音母音（CV）の開音節が基本であることからの影響である．さらに，日本人は，無意味語 ebzo と，子音連鎖に母音を挿入した ebuzo を聞いた場合に，区別が難しいことが知られている（Dehaene-Lambertz, Dupoux and Gout (2000)）．反対に，L2 が L1 に影響を与える例として，有声音開始時間（voice onset time, VOT）の研究をあげることができる．VOT とは，例えば，"panda" を発音するときに，閉鎖音 /p/ の閉鎖の解放から後続する有声音（母音）が開始し声帯が振動するまでの時間である．VOT 値は言語間で異なり，英語の閉鎖音 /p, t, k/ の VOT 値は，日本語の VOT よりも長い．米国で英語環境にいる日本語母語話者の日本語の VOT 値は，英語の影響で日本国内在住の日本人の VOT 値よりも長くなる（Harada (2007)）．[18] これ以外にも，空主語，中間構文，統語処理，語彙判断など多くの領域で L2 が L1 に及ぼす影響が明らかになっている（Cook (2003)）．このように脳内言語は相互に影響を及ぼすことから，転移は言語間影響（cross-linguistic influence）とも呼ばれている．

　GenSLA は，SLA を脳内における L2 知識の成長ととらえ，言語を自然界の自然物と考える生物言語学（biolinguistics）の一部を形成する．複合的言語能力が脳内に存在するということは，他の有機体同様に，その発達を律する制約に従い，年齢効果の影響を受けるはずである．

13.2. 生成文法の思考法からみた GenSLA[19]

　生成文法（第2章も参照）は，言語知識が脳内に存在するするという「実在論的立場（realist position）」をとる．物理学や化学が，現実世界の物理的，化

---

[18] Harada (2007) は，米国で日本語イマージョンプログラムに通う英語を母語とする児童の研究であるが，コントロールとして米国在住の日本人母語話者の日本語 VOT 値のデータが掲載されている．なお，日本国内での英語イマージョンプログラムに参加した日本人児童の VOT を調査したものに Yusa et al. (2009) がある．ここでは，日本人児童は，イマージョンの初期において，母語である日本語の VOT 値を短くして，英語との区別をしている時期が報告されている．

[19] 生成文法の思考法に関しては，梶田 (1977-1981) を参照のこと．

学的側面を研究対象とする経験科学であるのと同じように，生成文法は，脳内の言語的側面を理解することを目標とした経験科学である．

脳の内部状態である言語知識は直接観察できない．この内部状態を説明する理論が複数存在した場合に，生成文法が採用したのは，一般科学理論の方法論である Popper (1959) の「反証可能性 (falsifiability)」である．反証可能性とは，ある仮説が誤っていることを経験的に検証 (test) できることである．ある理論が科学的であるためには，その理論が反証できること，すなわち反証可能性を持つことが必要である．経験的事実にてらしながら厳しい検証を繰りかえすことで，現実世界の事実を正しく表示できる理論に近づくのである．さらに，反証可能性を持つ複数の理論がある場合には，反証可能性の大きな理論が，反証可能生の小さな理論より優れた理論として選ばれる．科学理論は，反証は可能であるが，その理論を立証 (prove) することは原理的に不可能だからである．科学的説明で重要なことは，提示された理論が，直接観察可能な言語事実と直接的な関係がないように思えても，問題の言語事実に対して説明を与えるものならば，心理的実在があると考えられることである．このために，生成文法では抽象度の高い「理論的構築物 (theoretical construct)」を用いることがある．抽象度が高いとは，人間の五感でとらえられないような概念を用いることである．例えば，人間言語の基本的特質である階層構造（第 2 章，第 7 章も参照）は五感でとらえることができない．従来の SLA 研究で欠けていた要素の 1 つが，反証可能性である．さらに，SLA 研究で一番問題になるのは，言語とは何かに関する言語設計 (language design) のモデルが欠如しているために，説明対象が不明確で，多くの仮説が乱立し，仮説の妥当性を議論することがほぼ不可能なことである．明示的な I-言語理論が，母語獲得研究を進展させたように，言語設計モデルが SLA 研究の進展には不可欠である．

13.3. GenSLA と普遍文法

母語獲得では，幼児はまわりで話される言語を聞いたり（音声言語の場合），あるいは目にしたりする（手話言語の場合）だけで，努力もせずにその言語を母語として自然と身につけることができる（第 2 章を参照のこと）．しかも身につけた言語知識は，外界から取り込む言語経験に基づき，類推や般化といった帰納的学習から経験的に学んだとは考えられないほど豊かな特質を有している．このように，入力（言語経験）と出力（I-言語）の間に質的な隔たりがある時に，「刺激の貧困 (poverty of the stimulus, PoS)」の状況が存在するとい

う（第 2 章も参照）．このような刺激の貧困の状況にもかかわらず，幼児は無意識のうちに豊かな言語知識を獲得してしまう．言語獲得における PoS の問題を解くために，多くの理論が提案されてきた．その 1 つである生成文法は，人間の脳に言語知識の獲得を可能とする仕組み（「言語機能（faculty of language）」）が生得的に備わっていて，母語獲得において基本的な役割をはたす言語獲得モデルを提案している．ここで注意しなければならないのは，PoS は生成文法特有の問題ではなく，すべての言語獲得理論が取り組まなければならない現象である．この言語機能に関する理論を普遍文法（Universal Grammar, UG）と呼ぶ（第 2 章を参照のこと）．UG は PoS を説明するために提案された経験的仮説である．UG が主張しているのは，言語機能の領域固有性（domain-specificity）と生得性である．言語の領域固有性とは，UG が言語固有の原理に従うことを意味する．ここで注意すべきは，言語機能の生得性と領域固有性は別個のものだという点である．

　それでは，UG は SLA で機能するのだろうか．大人の SLA は，幼児の母語獲得とは異なり，意識的に学ぶことで身につけ，さらに成功も保証されていない．しかも，獲得される知識には個人差があり，母語獲得と SLA が異なる側面が存在することは否定できない．しかし同時に，SLA が母語獲得と同じ言語知識を得ることがないとしても，L2 使用者の言語知識が，教授，L1 知識，言語経験から帰納されたものとは考えられないほどの特性を有することが示されている（White (2003)）．これは，母語獲得における PoS と類似の現象である．PoS が母語獲得で UG を想定する最も強い証拠ならば，同様に SLA における PoS は，SLA において UG が機能していることを示す最も強い経験的証拠となる（White (1989, 2003), 遊佐 (2010), Schwartz and Sprouse (2013)）．ここで，SLA における PoS の存在を示す，GenSLA の典型的なロジックは以下の通りである．[20]

(77) a. 母語に具現化していない普遍文法の原理 P がある．
　　 b. P の存在を示す証拠は，L2 使用者が接する言語経験には存在しない．
　　 c. a. b. の状況にもかかわらず，SLA で P が機能していることを示すデータがある．

この例として，(78) と (79) を比べてみよう．

---

[20] SLA の PoS に関しては Schwartz and Sprouse (2013) を参照のこと．

(78) a. **The man**$_i$ thinks that **he**$_{i/j}$ is the best in the class.
　　b. その男が$_i$ [彼が$_{i/j}$ クラスで一番だと] 思っている（こと）
(79) a. **Who**$_i$ thinks that **he**$_{i/j}$ is the best in the class?
　　b. 誰が$_i$ [彼が$_{*i/j}$ クラスで一番だと] 思っているの

　(78) では，代名詞の解釈に関して日英語間で相違がない．つまり，代名詞の he，「彼」は，それぞれ the man・「その男」を指すことも，それ以外の男性を指すこともできる．一方，(78) の主語を疑問表現に変えた (79) は，日英語で異なった振る舞いを示す．(79a) は，(78a) 同様に，he と who は同じ人を指す場合もあれば，he が who 以外の人を指すことも可能である．しかし，日本語の「彼」は，(79b) で「誰」を指すことは不可能である (Kanno (1997))．

　自然言語には，時制節において主語や目的語を音声的に具現化しなくてもよい空主語，空目的語を許す言語がある．例えば，日本語，スペイン語は，空主語，空目的語を許すが，英語は許さない．この言語間の相違として，UG の原理 P として顕在代名詞制約 (overt pronoun constraint, OPC) が提案され (Montalbetti (1984))，多くの SLA 研究がなされてきた．

　(80) OPC : 空主語を許す言語では，顕在的代名詞 (overt pronoun) は，who や what などの wh 表現や，every, some などを含む量化表現を先行詞にとれない．

　ここで，空主語を許さない英語母語話者が，日本語を L2 として獲得する場合に OPC に従うのだろうか．英語には，OPC の存在を示すデータが存在しない．また，日本語教授では，OPC が扱われないので (Kanno (1997))，OPC の存在を示す言語データが，L2 使用者が頻繁に接する言語入力に存在するとは想定しにくい．[21] L1 が英語，L2 がスペイン語の場合も状況は同じである．これまでの研究では，英語母語話者が空主語言語を獲得するときに OPC の知識を有していることが報告されている (Kanno (1997), Pérez-Leroux and Glass (1997))．これは SLA において UG が利用可能であることを示す (77) のロジックに合致する．OPC がとらえようとしている言語現象自体は興味深いものであるが，これが SLA における UG の存在を示す経験的証拠となるのだろうか．この問題は，結局のところ UG の原理 P として何を仮定するかに

---

[21] OPC が，言語使用例 (usage-based) から学習可能かどうかの問題が残っているが，ここでは取り扱わない．

大きく依存している．次の節では，生成文法における UG 原理の変遷について述べる．

13.4. 普遍文法の変遷から見た GenSLA

　GenSLA 研究が 1980 年代に本格化したのは，UG が少数の一般原理と，それに付随するパラメータからなると想定する「原理とパラメータのアプローチ (Principles and Parameters Approach, P&P)」が提案されてからである (White (1989, 2003))（P&P については，第 3 章も参照のこと）．P&P では，個別文法の文法規則（例えば，受動化規則，関係節化規則など）は存在せず，一般原理とパラメータの値を設定することで個別言語の知識が創発すると仮定している．この観点からすると，P&P における SLA は，語彙学習と母語で設定したパラメータを L2 のパラメータに再設定 (resetting) することに還元される．

　言語は人間だけが持ち，他の認知機能とは異なること（領域固有性）や，個別言語の特性を明らかにするために，1980 年代は，豊かで複雑な内容を持つ UG が仮定され，普遍文法の観点から個別文法が研究された．その結果，母語獲得研究や比較統語論を飛躍的に進展させ，豊かな実証的証拠を発掘した．しかし，不自然で複雑な普遍原理が提案されたとしても，生得的な UG はそれ以上説明すべきものではないため，「なぜ」そのような原理が働いているのかは問題とはならなかった．したがって，OPC が UG の原理であると提案され，OPC の実験結果に基づいて UG が SLA でも機能すると主張しても，当時の UG に対する理解のもとでは問題がなかった．実際，大人の SLA における UG の利用可能性が，1990 年代に大きな研究トピックとなった．さらに，この研究トピックは，SLA における臨界期仮説 (Critical Period Hypothesis) とも関わり大きな関心を引いた．Bley-Vroman (1990) は，臨界期仮説に基づき，大人の SLA は成功が保証されず（例外を除いて）母語話者なみの能力まで達せず一般的に失敗すること，成功・発達過程・学習ストラテジーに個人差があること，目標達成の個人差，学習年齢と熟達度の相関関係，化石化，あいまいな言語直観，教授の重要性，否定証拠の役割，動機や学習態度などの情意変数の役割の重要性の観点から，大人の SLA は L1 獲得と根本的に異なり UG が機能しないとする「根本的相違仮説 (Fundamental Difference Hypothesis, FDH)」を提唱している．たしかに，大人の SLA が母語獲得とは異なり年齢効果があることは否定できない．しかし問題は，SLA と L1 獲得が「根本的」に異なるのかである．この仮説で注意すべきは，L2 の知識は L1 の知

識と一般的問題解決機構からでてくると想定しているのが FDH なので，L1 で具現化した UG の利用可能性は否定していないことである．さらに，ここでも問題となるのは，UG の内実としてどのような理論的構築物を想定するかである．この時代の SLA 研究を回顧すると，複雑な原理を用いた GenSLA 研究は，UG の利用可能性に関して活発な研究を生んだが，たとえどんなに複雑な仮説が提案されても，原理は生得的なために学習可能性（learnability）の問題は生じなかった．その結果として，残念ながら他の領域の研究者との学際的研究は少なかったと思われる．

1980 年代後半頃から，それまで提案された多くの原理を，「経済性原理（economy principle）」というより一般性の高い原理から導こうとする試みが行われ，1990 年代に「極小主義（Minimalist Program, MP）」と呼ばれるプログラムを生み出した（Chomsky (1995)）（第 4 章も参照）．経済性原理の基本となる最小性の概念は，自然科学でも類似の概念があり，UG のもつ領域固有性が問題となった．ここでは，UG をこれ以上説明できない説明原理としてではなく，その内実を，より一般性の高い一般法則から原理的に説明しようとしている．

そのために，極小主義ではボトムアップ式に，言語（言語機能，I-言語）は，音声と意味を繋ぐシステムであるという最小の想定から議論を始め，「言語は音声と意味を繋ぐ最小限のシステムからなる」という「強い極小主義の命題（strong minimalist thesis, SMT）」を作業仮説として採用している．言語は脳内言語なので，ここでの「音」とは感覚運動システムであり，「意味」とは概念・思考システムのことである．「階層構造からなる言語表現の無限の配列を生成し，その言語表現が概念・思考インターフェイスと感覚運動インターフェイスで解釈をうけること」を，言語機能の基本特性（Basic Property）・基本原理（Basic Principle, BP）と呼ぶならば（Chomsky (2013, 2015)），この BP を満たす必要最低限のメカニズムを探るのが MP である．

SMT では，言語獲得・成長には，人間言語特有の遺伝的要因である UG（第一要因），外部から与えられる後天的経験である言語経験（第二要因）と，人間言語に固有でなく他の認知領域でも使用されるデータ分析の原理（principles of data analysis），最小探索（minimal search），演算の効率性（computational efficiency），最小演算（minimal computation）などの自然法則や，認知制約（第三要因）が想定されている（Chomsky (2005))．P&P の初期においては，第一要因に焦点があてられ，言語の領域固有性を探究するあまり複雑な UG が仮定されていたが，SMT では，UG の中身として最も単純な基本演算

である併合 (Merge) のみを仮定している．併合は，(81) のように統語演算の対象となる 2 つの統辞体 (syntactic object) α, β をまとめて集合を形成する操作である．併合の出力それ自体が今度は入力として，他の統辞体 γ と併合する併合操作を回帰的に適用することで階層構造を生成する．この回帰的併合が，人間言語に見られる離散無限の生成力を生み出している．併合には，外的併合 (external merge) と内的併合 (internal merge) があり，自由に適用できる．外的併合とは α と β が互いの外部にあり独立している場合である．内的併合とは α, β の一方が他方の内部に含まれている場合であり，移動現象が示す転位を生み出す．内的併合も外的併合も適用方法の相違であり，移動を生み出す内的併合が外的併合よりもコストが高い操作であるということにはならない．併合という単一の操作を仮定することで，階層的統語構造，離散無限性，転移という人間言語の性質がとらえられることになる．

(81) a.　Merge : $(\alpha, \beta) \rightarrow \{\alpha, \beta\}$　　b.　Merge: $(\gamma, \{\alpha, \beta\}) \rightarrow \{\gamma, \{\alpha, \beta\}\}$
   a′.　　　　　　　　　　　　　　　b′.

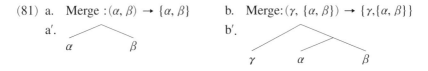

併合は，統語構造のみならず，単語の内部構造や音節構造（[$_{\text{syllable}}$ onset [$_{\text{rhyme}}$ nucleus, coda]]）にも見いだせる (Kahn (1976), Everaert et al. (2015), Yang et al. (2017))．併合が UG の内実ならば，その早期発現が予想される．母語獲得の研究成果は，音節の知覚，統語構造，意味解釈において，乳児・幼児が早い時期から併合を利用していることを明らかにしている (Crain et al. (2017), Yang et al. (2017))．UG を併合だけに限定すると，I-言語の演算システムは併合とレキシコンからなることになる．

UG の内実として併合のみを仮定する理論は，SLA における UG 利用可能性の議論に決定的な影響を与え，従来の研究の再考を迫ることになる．例えば，前述した OPC は，SMT のものでは UG の原理とは見なせなくなり，SLA における UG の利用可能性を支持する証拠とはならないことになる．事実 Agüero-Bautista (2012) は，OPC 効果を演算の効率性（第三要因）から説明している．もし OPC が第三要因に還元できるならば，UG の一部として生得的に備わっている必要も，経験から学習する必要もなくなることになる．

同様に 1990 年代，顕在的 WH 移動を持たない言語を母語とする英語の L2 使用者が，(82a, b) の区別ができるかの検証が多くの研究で行われた (Martohardjono (1993))．

(82) a. ??Which car did John wonder [$_{CP}$ whether the neighbor bought ___]
      b. *Which car did you know [$_{NP}$ the teacher [$_{CP}$ that bought ___]]

(82a, b) は，疑問詞がそれぞれ「弱い島」「強い島」から抜き出されたものであり，生成文法では1960年代から多くの研究がなされてきた．島の研究は，移動に対する制約を見いだすという点で言語設計にかかわる重要なものである．(82a, b) の非文法性の相違をL2使用者が判断できることは，言語現象としては興味深いものであるが，SLAにおけるUGの利用可能性に関しては，OPC同様に (82a, b) を説明する原理が問題となる．従来のGenSLA研究では，SMTでは許容されない，空範疇原理 (empty category principle, ECP)，下接の条件 (Subjacency condition)，障壁 (barriers) にもとづき，UGの利用可能性が議論されてきた (Martohardjono (1993))．しかし，SMTでは，弱い島からの抜き出しは，究極的には第三要因に還元される相対的最小性 (relativized minimality) (Rizzi (2011)) から説明される．また強い島となる関係節，付加詞からの抜き出しは転送 (Transfer) との観点から説明すると，そもそも強い島は抜き出しの対象ではなくなり (Chomsky (2004))，UGの原理とは無関係になる．[22]

SLAのUG利用可能性に関して，これまで大きく分けて3つの仮説が提案されてきた．

(83) a. L2でUGは利用不可能である (Clahsen and Muysken (1986), Meisel (1997))．
     b. L2においてUGは完全に利用可能である (Schwartz and Sprouse (1996), Slabakova (2008), White (1989, 2003))．
     c. L1で具現化した特性や原理のみL2で利用可能である (Bley-Vroman (1990), Hawkins and Chan (1997))．[23]

---

[22] 転送は，「強フェイズ (strong phase)」の補部を統語演算から音韻部門，意味部門に渡すことで，統語演算の作業空間 (workspace) が効率化する．

[23] Bley-Vroman (1990) のFDHは，素性の観点から，L1に存在しない機能範疇の素性は獲得できないとする「機能範疇素性欠陥仮説 (Failed Functional Features Hypothesis)」(Hawkins and Chan (1997))，L1に具現化していない解釈不可能な素性は獲得できないとする「解釈可能性仮説 (Interpretability Hypothesis)」(Hawkins and Hattori (2006)) に再解釈された．また，FDHを再解釈し，第二言語使用者と母語話者の相違をUGに求めるのではなく，文処理にもとめる「シャロー・ストラクチャー仮説 (Shallow Structure Hypothesis)」(Clahsen and Felser (2006)) がある．この仮説は，大人のL2使用者は，詳細な統語情報を利用することができず，表層的な文処理しかできないと主張している．

SMT の観点からこれらの仮説を考察すると，基盤として前提としていた UG の諸原理が，原理的に説明されたものと言えたかどうかである．併合が SLA でも働くのは L2 が人間言語であるため自明のことで，この意味で UG が L2 でも機能すると言える．ただし，併合が生み出す「構造依存性」(第 2 章および 3.1 節も参照) が，中間言語でも機能しているのかは実証的な検証が必要である．併合が UG の唯一の操作だと仮定すると，L1 では併合が機能するので，(83b) と (83c) は峻別がつかないことに注意する必要がある．さらに，母語が生得的な言語機能の具現形だとすると，SLA の PoS が母語と UG のどちらに起因するのかを判断することが原理的に困難となる (Hale (1996), Yusa (1999), Yusa et al. (2011)).

SMT のもとでは，(84) が成立する．

(84) SLA で UG が機能するならば，文法規則は併合が生み出す構造依存性に従う．

次に，言語獲得の第二要因の言語経験について考察する．言語経験は言語の多様性を生み出す基盤であり，パラメータを設定する情報を提供する．言語経験の中身は，生成文法の「言語獲得の瞬時的モデル (instantaneous model of language acquisition)」においては，研究の中心的な位置を占めなかった．言語獲得が時間をかけて行われるのは誰もが否定できない事実である．生成文法が言語獲得の瞬時的モデルを仮定したのは，どのような順番で言語経験をしようとも，母語話者は均一の言語を獲得するという事実に基づいていた理想化によるものである．言語獲得の瞬時的モデルを反証するならば，言語経験の順番が獲得される言語知識に決定的な相違を生み出すことを示さなければならないが，そのような証拠は現在までのところ報告されていない．母語獲得では，母語に接すればどのような母語でも獲得可能なため，生成文法の母語獲得研究では，UG の原理・パラメータの研究と比べると，言語経験にはそれほど大きな関心は向けられなかった．しかし，UG を最小化する極小主義の母語研究では，言語経験の特質と役割が第三要因との関連で注目を集めている (Yang et al. (2017))．一方，SLA 研究においては，言語経験の質 (quality) と量 (quantity) が大きな問題であることが早くから指摘されてきた (Piske and Young-Scholten (2009)).

P&P から MP への移行において，UG の原理に関しては大きな進歩をみせ，併合のみという仮説にたどり着いた．P&P におけるパラメータの導入は言語獲得研究や比較統語論を進歩させた反面，言語が私たちの有している認知シス

テムの1つならば，他の認知システムである視覚システムや聴覚システムと異なり，言語にはなぜパラメータが存在するのかを含め，原理だった説明は行われてこなかった（関連する議論は，4.2節を参照のこと）．パラメータの存在に関して，福井（2005）は，言語と他の認知システムとの相違から「社会性」にそのヒントを求めている．言語発達の第二要因である言語刺激には，もちろん社会的要因も含まれる．これについては，SLAとの関連で後述する．

最後に，言語獲得の第三要因について考えてみる．言語獲得を説明するときに，簡略的に言語経験からI-言語を生み出すメカニズムである言語獲得装置（language acquisition device, LAD）が仮定され，LAD = UGの図式が取られることが多い（(9) を参照のこと）．しかし，LADには，自然言語を規定するUGが中心部分を占めるが，言語処理機構や普遍文法と言語経験の相互作用を規定する「言語獲得原理（language acquisition principle）」が含まれる（(9) も参照のこと）．

(85)　入力　　　　　　　　LAD　　　　　　　　出力
　　（言語経験）──→（UG＋言語獲得原理）──→（言語知識）

言語獲得原理の例としては，部分集合の原理（Subset Principle）（Berwick (1985)）や間接否定証拠（indirect negative evidence）（Chomsky (1981)）などが提案されてきた．これらの諸原理は，いわば学習メカニズム（learning mechanism）として提案されたものであり，第三要因の具体例である．つまり，言語獲得とは第一要因であるUGと，第二要因である言語経験，第三要因である学習メカニズムの相互作用の結果であると言える．

部分集合の原理は，言語獲得におけるパラメータの設定に関するものである．この原理は，パラメータが α, β とあるときに，α にパラメータ値を設定した場合に生成する言語表現の集合が，β に設定した場合に生成する言語表現の部分集合を形成する場合に，部分集合を形成する α を選択するという原理である．

(86)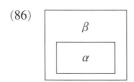

部分集合の原理は，言語獲得が肯定証拠のみで達成できることを保証するものである．部分集合の原理は，可能性が複数存在するときに学習者に可能な限り

可能性の少ない言語表現を生成することを要求するもので，この背後には，簡潔性の原理（principle of simplicity）が働いている（Yang et al. (2017))．

　ここで，言語の構造の基本となるのは素性の束である語彙項目であり，この素性が外在化（音声化）したものが単語，音である．極小主義は言語現象を言語の基本単位である素性に還元するため，素性の獲得が言語獲得の要因となると同時に，素性が言語間の多様性を生み出すことになる．幼児は，新しい素性を獲得するのではなく，人間言語の可能な選択肢の中から，親との関わりを持ちながら，外在化された単語，音（あるいは手話）である「親語（parentese）」を基盤とし，言語環境に合致する素性だけを残し，残りを捨てる（あるいは不活性のままにしておく）ことで，言語を獲得するのである（遊佐 (2010))．ここで，幼児が経験する言語入力から素性を抽出しパラメータを設定するには，一定の入力量が必要となる．このパラメータの設定に，幼児は入力の分布による分析（distributional analysis），統計学習（statistical learning），計算効率（computational efficiency）に基づいた，帰納学習（inductive learning）を用いていることが提案され，興味深いデータがでている（詳細は，Yang et al. (2017) を参照のこと）．

第 14 章

構造依存性

14.1. SLA における構造依存性の重要性

　UG は自然言語を規定するので，もし SLA で UG が機能していなければ，自然言語に存在しない「でたらめな文法（rogue grammar）」が生じるはずである。[24] 例えば Klein (1993) は，L2 使用者は (87a) の平叙文を WH 疑問文にすると，(87b) のように前置詞を頻繁に落としてしまうことを報告している．Klein は「空前置詞（null preposition）」は自然言語では許されない「でたらめな文法」の例で，SLA は UG を利用できないと主張している．

　(87) a.　The student is worrying about the exam.
　　　 b.　*Which exam is the student worrying?

「でたらめな文法」に基づいた UG の利用可能性に基づいた議論は，空前置詞以外にも数多くある（White (2003) を参照のこと）．これらの議論は，2 つの観点から不十分であることを示すことができる．1 つは，当該の言語現象を言語研究の進展によりもたらされた分析で，UG に違反していないことを示すことである．例えば，Dekydtspotter et al. (1998) は，空前置詞を「前置詞編入（preposition incorporation）」によって再分析している．もう 1 つは，当該の言語現象が実は他の言語に存在することを発見することである．例えば，ヨルバ語では空前置詞現象が見られるため，自然言語の規則には違反していないことになる（Dekydtspotter et al. (1998)）．実際，SLA における「でたらめな

---

　[24] rogue grammar は，wild/illicit/impossible grammar とも呼ばれる．

文法」の存在から，SLA では UG が機能しないことを主張した論文はすべて反駁された（Schwartz and Sprouse (2013)）．SLA 研究で明らかになったのは，L2 使用者はでたらめな文法を用いているように見えるが，目標言語の文法ではなく，他言語のオプションを使用していることである．例えば，ドイツ語を L2 として学んでいるトルコ語母語話者が，発達段階でフランス語の語順のオプションを用いていることがある（Schwartz and Sprouse (1994)）．これは，母語獲得において，幼児が発達段階で自然言語のさまざまなオプションを使うことと類似の現象である．例えば，英語を母語にする幼児は，大人ならば "What do you think Cookie Monster eats?" と言うべきところを，中間 WH 疑問文（medial-wh question）を用いて "What do you think *what* Cookie Monster eats?" と言う段階が報告されている（Thornton (1990)）．この中間 WH 疑問文は，ドイツ語の南部方言や，口語オランダ語，フリジア語，アフリカーンス語などで許される選択肢なので，自然言語の規則には違反しないことになる（Crain et al. (2017)）．また，継承言語使用者の言語知識も，接触している 2 言語以外の言語の特性を示すことがある（Yager et al. (2015)）．これらは，母語話者，L2 使用者や継承言語使用者の文法が UG の制約をうけていることを示している．

　UG が併合のみからなるとする仮定においては，統語操作は必然的に「構造依存性（structure dependence）」に従うことになる．統語操作に限らず，構造依存性は人間言語の多くの領域で機能することが示されている（Everaert et al. (2015)）．したがって，SLA で UG が機能していないことを示すには，L2 使用者の言語知識に構造依存性が存在しないことを示す必要がある．母語獲得においては，幼児が構造依存性に違反した文を使わないことが実験から明らかになっている（Crain and Nakayama (1987)）（3.1 節および 4.1 節を参照のこと）．さらに，言語の天才（linguistic savant）として報告されているクリストファーは，複雑な動詞の屈折活用は獲得できても，文の先頭から何番目の単語を操作するといった自然言語に存在しない「でたらめな文法」の規則は獲得できないことも報告されている（Smith and Tsimpli (1995)）．SLA 使用者が，「平叙文の語順を反対にすると疑問文ができる」といった構造に依存しない規則を用いることがもしあれば，それは SLA における「でたらめな文法」の候補となるが，そのようなデータは今までのところ存在しない．

14.2. 構造依存性と脳科学[25]

　構造依存性を脳科学から示した重要な論文に Musso et al. (2003) がある．この論文は，言語の天才クリストファーの実験 (Smith and Tsimpli (1995)) に倣い，脳が人間の言語に存在する構造依存性に従う規則と，人間言語の特性に違反する構造依存性に反する規則を区別することを，「機能的磁気共鳴画像法 (functional magnetic resonance imaging, fMRI)」から示した．[26] 実験では，イタリア語母語話者が，L2 としてドイツ語と日本語の構造依存性に従う規則と，構造依存性に従わない規則を学んだ．実験結果は，構造依存性に従う文法規則を言語処理する場合には，規則の正答率が向上するにつれて脳のブローカ野 (Broca's area) (特に三角部と言われる 45 野 (BA45)) の賦活が増加するのに対して，線形順序に基づいた規則の場合は，ブローカ野の脳活動の賦活が弱まることを明らかにした [図 1 参照]．[27] この結果は，ブローカ野が，環境要因である言語刺激の取り入れに対して生物学的制約を課し，構造に依存した規則のみを選択することを示唆している．[28]

---

[25] 以下の説明は，遊佐 (2012, 2014) と一部重複する．

[26] fMRI は，ある精神活動や課題を行ったときの脳活動を画像化することで，間接的に脳機能をとらえている．この技術のおかげで，言語学の仮説を脳科学で検証することに興味を持つ言語学者の関心を引くことになった．

[27] ブローカ野は，失語症の研究から「発話の中枢」と考えられていた．しかし，近年の脳機能イメージング研究から，この領域は，統語移動，階層構造処理，作業記憶などに関係する神経基盤と見なされている．ブローカ野は，大脳半球の左下前頭回 (left inferior frontal gyrus, LIFG) にある三角部と，後部に位置する弁蓋部という異なった皮質領野からなり，それぞれブロードマン領域 (Brodmann area, BA) の BA 45, BA 44 にほぼ対応する．

[28] Musso et al. (2003) の問題点に関しては，Yusa et al. (2011) を参照のこと．

第 14 章 構造依存性

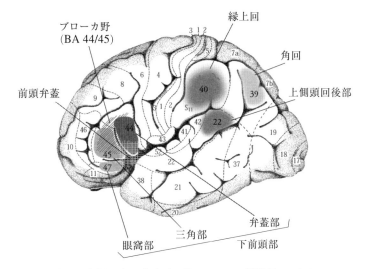

図 1 人間の大脳左半球：Duvernoy (1999) を改変

　Yusa et al. (2011) は，Musso et al. (2003) の実験をさらにおしすすめ，構造依存性の原理が，大人の第二言語獲得でも依然として機能しているならば，経験（トレーニング）との相互作用で，経験以上の知識が獲得可能であること，すなわち，SLA における PoS を脳科学から示した．この実験では，第二言語獲得の臨界期・感受性期を過ぎたといわれる日本人大学生を対象として，英語の否定倒置構文（negative inversion, NI）を学んだときに，脳がどのように機能変化を起こすのかを fMRI を用いて調べた．

　NI とは，否定要素が文頭に生じると義務的な倒置を引き起こす言語現象で，(88b) がその典型例である．

(88) a. I will never eat sushi.
　　 b. Never will I eat sushi.
　　 c. *Never I will eat sushi.
(89) a. Those students are never late for class.
　　 b. Never are those students ___ late for class.
(90) a. Those students who will fail a test are never hardworking in class.
　　 b. Never are those students who will fail a test ___ hardworking in class.

    c. *Never will those students who ___ fail a test are hardworking in class.

　ここで，(88a) から (88b) を導くためには2つの方法が考えられる．1つは，線形順序に基づいた規則で「否定要素が文頭にある場合には，最初の助動詞を否定要素の後ろに置く」．もう1つは，構造に依存した規則で「否定要素が文頭に移動した場合に，主語と主節の助動詞を倒置する」．この2つの規則は，ともに，(89a) から (89b) を導くことが可能である．しかし，(90) では，否定要素 never を前置した場合に，文中で二番目の助動詞の are が前置し，線形順序に基づいた説明では統一的な説明ができない．文頭からみて最初の助動詞を前置すると，(90c) が示すように非文法的な NI を生み出してしまう．一方，構造に依存する規則では，構造的に高い位置の（つまり主節）の助動詞が前置することになり，(89) (90) とも統一的な説明が可能である．つまり，内的併合を行うときに，構造依存性が関わっていることを示している．ここで NI は日本語に存在しないために，日本語が英語の NI 獲得に影響を及ぼすとは考えられない．さらに，NI は主に文語体で使用され，発話においてもその使用頻度が高くはないために，L2 使用者が入力として豊富に接しているとは想定できない．[29] いま仮に L2 使用者が NI に言語経験で接したとしても，それは (88b) や (89b) のような単文の例であり，構造依存性を決定的に示す (90b) のような例に頻繁に接するとは考えにくい．

　実験は，fMRI を用いて2回測定した．実験参加者を，1回目の実験の成績と TOEIC の成績に基づき，教授群と非教授群の2グループに分けた．教授群は1ヶ月 NI に関するトレーニングをうけた．このトレーニングでは (89) のような単文の NI のみを使用し，(90) のような複文の NI には言及しなかった．トレーニング直後に，教授群は2度目の fMRI 撮像を行った．また，非教授群も教授群と同じ時期に2度目の fMRI 撮像を受けた．

　行動実験の結果は以下の通りである．非教授群は，容認性判断課題の結果から判断して，2回の実験間で NI の知識に有意な変化がなかった．一方，教授群ではトレーニング時に用いた (89) のような単文のみならず，トレーニング

---

[29] NI は英語の上級レベルのテストには出題されるにもかかわらず，第二言語・外国語として英語を教えている指導者の間では，教授が困難で，教えたとしても第二言語学習者が使用しないために，そもそも教授すべきかに関してインターネットで議論されるほどである．例えば，次のサイトを参照のこと（https://www.usingenglish.com/speaking-out/teaching-inversion.html）［2017 年 5 月 30 日アクセス］．

で用いなかった（90）のような関係節を含む複文も容認性判断課題の誤答率が下がった．この結果は，教授群が（90b, c）の容認性を判断するときに，構造依存性に基づいた NI を用いていることを示唆している．つまり，単文の NI を用いたトレーニング（環境要因）に対して，併合が生み出す構造依存性の原理が働き，教授群はトレーニング以上の統語知識を獲得し，（90）の容認性が正確になったと考えられる．

　脳機能イメージングは，（90）のような複文の NI の文法性を判断するときに，トレーニングの前後で，脳活動にどのような相違が生じるのかを，左下前頭回（left inferior frontal gyrus）に対して分析を行った．非教授群では，予想通り 2 回の fMRI 撮像間で脳活動が有意に変化した部位はなかった．一方，教授群は複文の NI の文法性の判断をするときに，ブローカ野の賦活が新しく見られた．この領域の賦活は，構造依存性に従う統語規則を獲得したときの Musso et al.（2003）の結果とも一致する．これは，単文の NI を使用したトレーニングと構造依存性が相まって，複文の NI の統語処理に関わるブローカ野が機能変化を起こしたと見なすことが可能である．すなわち，本実験結果は外国語環境でも母語で機能する構造依存性が依然として働き，経験以上の知識を獲得する基盤となっていることを脳科学から示唆した．

　次の章では，言語獲得における第二要因である言語経験の役割について考察する．

第 15 章

言語経験

15.1. 幼児の言語獲得における社会性

　幼児が自分のまわりで使われている言語を母語として獲得することは自明であるが，幼児は人間を通して言語を身につけるという事実にはそれほど関心が向けられていない．つまり母語が成長・発達するためには単に入力に接するだけでは不十分で，他者との係わり（社会性）を通して入力を取り込むことが必要である．このことは，13 歳まで監禁されて社会と断絶した状態で育ったジーニー（Genie）の例（Curtiss (1977)）だけではなく，聴者の幼児に対して聾者の親がテレビを長時間見せても，幼児が母語を十分に獲得できなかったことからもうかがえる（Sachs et al. (1981)）．これらの例は，人間に生物学的資質として備わっている言語機能が成長するには，周りの人との相互作用が決定的に重要であることを示している．つまり，幼児にテレビや CD からの音声刺激を与えただけでは，幼児は母語獲得に成功せず，「他者からの働きかけによる刺激」を通して初めて言語獲得に成功するのである（Baker (2001)，福井 (2005)，遊佐 (2010)）．

　言語獲得における社会性の重要性を実験で明らかにした研究に，Kuhl et al. (2003) がある．誕生時の乳幼児は，世界の言語に存在する 800 ほどの音素を弁別できる．例えば，6 ヶ月齢から 8 ヶ月齢の日本人の赤ちゃんでも /r/ と /l/ の区別ができる．しかし，10 ヶ月齢頃になると母語の音素体系に収束し，あらゆる音素を峻別する能力が失われる（Werker and Tees (1984)）．Kuhl et al. (2003) は，シアトル在住の 9 ヶ月齢の幼児に，中国語を 4 つの異なった条件で聞かせ，中国語の音素の弁別ができるのかを実験した．中国語の母語話

者と遊びながら中国語を聞く実験群，中国語をビデオを見せて聞かせる実験群，中国語の音声記録を聞かせる実験群，中国語を聞かせずに英語母語話者と遊ぶ実験群の計4群が，1ヶ月間でそれぞれ12回中国語にふれた．この中で，英語母語話者には弁別の難しい中国語の音素を聞き分けられたのは，中国人話者から中国語を聞いた実験群のみであった．さらに，この実験群の成績は，台北で中国人の親の声を聞いて育った11ヶ月齢の中国人の幼児と有意差はなかった．つまり，ビデオや録音テープで中国語を聞いた幼児は，実験前と弁別能力は変化がなく，音素の聞き取りができなかったのである．この実験から，幼児の音素学習には人との関わりが必要であることが明らかになった．

幼児の言語獲得における社会性の重要性は多くの研究で指摘されているが (Hoff (2006), Verga and Kotz (2013))，研究は音素弁別 (Kuhl et al. (2003))，語彙獲得 (Krcmar et al. (2007), Roseberry et al. (2009)) に限られているのが現状である．しかし，言語は音と語彙からのみできているわけではない．人間言語は，単語を組み合わせて階層的な統語構造を作り，それを介して音と意味が結びつくというのが基本的な特徴である．言語における統語構造の重要性と言語獲得における社会性の重要性が認識されているが，成人が第二言語（外国語）の統語構造を学ぶ際に社会的相互作用がどのように影響するかは，まだ本格的な研究が行われていない．

15.2. 第二言語獲得における社会性

これまでの SLA 研究は，言語知識の解明が中心であり，第一要因である普遍原理の利用可能性や，第二言語獲得における最終到達度 (ultimate attainment) に対して興味あるデータを提供してきた．しかし，脳内に第二言語知識が内在するためには，まず第二要因（環境要因）である言語入力を取り込む必要がある．SLA を促進するインテイク (intake) に関する研究は，これまでも SLA 研究で行われてきたが，主に学習者の内的側面である注意や意識といった認知的側面からの研究に限られてきた．外国語としての英語環境にいる我が国では，接触量が限られているために，取り込み可能な言語入力を与えることが重要である．したがって，どのような要因が入力をインテイクに変えるのかは，SLA で重要な研究課題である．これは，外国語をどのように学べば，インテイクを促すかという問題である．

外国語の学習環境は，従来のパソコンによる e-ラーニングから，数多くの教育用アプリを組み込んだスマートフォンやタブレット端末に変わろうとして

いる．我が国のように外国語として英語を学んでいる場合は，学習者が接する言語インプットが限られているので，多種多様な言語インプットを与える e-ラーニングは効果があると考えられ，教育現場で導入が加速化している．さらに，インタラクティブ化が進すみ，学習者が教師から受けるのと同様の入力やフィードバックを，機械から受け取ることができるようなプログラムの開発も進んでいる．しかし，人間を介さない e-ラーニングが，大人の外国語習得に効用があるとする確たる証拠は存在しない．学習を「環境からの刺激により神経回路網が構築される過程」とし，教育を「神経回路構築に必要な外部刺激を制御・補完し，かつ学習を鼓舞する過程」（小泉 (2010)）と生物学的な観点から捉えるならば，e-ラーニングなどの機械学習の効用は脳科学から検証されなければならないことになる．

　異なった外国語の学習方法が，脳内の言語処理メカニズムにどのような影響を与えるかを探った数少ない研究に Jeong et al. (2010) がある．この研究では日本人母語話者を対象に，未知の外国語の単語を覚えるのに翻訳学習をした場合と，その語彙を用いてコミュニケーションを行っているビデオクリップを用いて学習した場合とで，覚えた単語を思い出すときの脳活動を測定した．翻訳で覚えた語彙を想起するには，ワーキングメモリーに関与する脳領域が賦活した．一方，ビデオで覚えた単語を思い出すときは，右頭頂連合野（right supramarginal gyrus）の一部が賦活することが明らかになった．この部位は母語で単語を思い出すときにも関係があるので，コミュニケーションの画面を見ながら学習すると母語の語彙と同じように記憶されると Jeong et al. (2010) は主張している．この研究は，大人の語彙の SLA において社会性が脳活動に影響を与えることを示した意味で重要である．しかし，この研究の社会性は，ビデオクリップに登場する人物がお互いにコミュニケーションを行っているものにすぎず，学習者との直接的な相互関係はなく，通常の教室学習で見られる教員と生徒の相互作用とは異なる．次節では，外国語として日本手話を学ぶ場合に，教師との相互作用が脳にどのような影響を及ぼすのかを検証した Yusa et al. (2017) を紹介する．

15.3. 外国語としての日本手話の獲得

　手話は音声言語同様に，階層構造や複雑な文法体系を持つ自然言語であることが多くの研究で明らかになっている（Sandler and Lillo-Martin (2006)）．また，聾児の手話獲得の発達段階が，聴者の幼児の音声言語獲得と同じ経過を

たどることが知られている（Petitto and Marentette (1991)）．さらに，手話の統語処理を行っているときには，音声言語の統語処理と同じく，左ブローカ野が活動することが明らかになり，脳研究からも手話が人間言語であることが明らかになった（Sakai et al. (2005)）．日本手話は，音声日本語と異なった文法体系を持ち，手指だけでなく，表情などの非手指表現が用いられる（詳しくは，松岡 (2015) や Fisher (2017) を参照）．

　実験に参加したのは日本人聴者（大学生）で，聾者である教員との相互作用を通して日本手話を学習している実験群（LIVE 群）と，その学習を撮影した DVD を見ながら日本手話を学習した実験群（DVD 群）である．したがって，両グループの相違点は，教員との相互作用があるか否かの「社会性」の有無である．トレーニング（教授）は一回 80 分で 10 回行われた．トレーニングでは，自己紹介，家族，趣味，食べ物など日常生活に関する手話を聾者である教師が聴者の大学生に教えたが，明示的な文法指導は行わなかった．4 回目（テスト 1）と 10 回目（テスト 2）のトレーニングの直後に，WH 分裂文（wh-cleft）の日本手話が容認可能かどうかを判断している最中の脳活動を fMRI で計測した．WH 分裂文は，手話言語ではよく用いられるもので，(91) のようなものである．日本語に直訳すれば「私の父の職業は何かというと医者だ」にあたる．しかし，日本手話の WH 分裂文は，音声日本語の WH 分裂文とは異なった特徴を持ち，また非手指表現が関わる（松岡 (2015)）．

(91)　私の　父　職業　何　医者

　もし言語入力だけで手話学習が可能ならば，2 つの実験群は同じ結果がでると予想される．一方，社会性が手話学習において重要ならば，LIVE 群と DVD 群では相違がでるはずである．テスト 2 とテスト 1 の差分を見ると，両実験群とも誤答率が大きく減少した．このことは，両群とも手話を学習したことを示している．ところが，脳機能計測で両群に差が見られた．LIVE 群のみが教授後，手話を理解している時にブローカ野に新しい賦活が生じ，脳の機能変化を起こしていた．ブローカ野は，統語処理に関与し，統語知識の定着にも関与していることが明らかになっている（Sakai et al. (2009), Yusa et al. (2011)）．本実験の結果は，母語獲得のみならず，大人の外国語学習においても，「他人との相互作用」を通してのみ脳活動の変化を伴う学習が可能であることを示唆している．一方，DVD 群は，右頭頂連合野の賦活が見られた．これは，Jeong et al. (2010) において，ビデオクリップを見て文字を学習した群の結果と一致する．右頭頂連合野は，人間のミラーニューロンシステムの一

部を構成すると考えられているので (Jeong et al. (2010)),DVD 群は,模倣学習で日本手話を学習したと考えられる.

LIVE 群と DVD 群の相違は社会性の有無だけだとすると,LIVE 群はトレーニングで何を学んだのだろうか.脳活動の結果を見ると,ミラーニューロンシステムと関係する脳部位が賦活しているので,模倣学習が関わっていたことは否定できない.しかし,SLA がうまくいくためには模倣学習以上の語彙学習が必要である.母語獲得でも併合の入力となる音素,形態素,語(厳密には,語彙項目)を学習する必要がある.別な言い方をすれば,個別言語にはその言語特有の素性の組み立て方があるということである.SLA の場合,語彙学習で必要なことは,組み立てられた母語の統語素性,意味素性,音韻素性を L2 に再配置することである.この仮説を「素性再配置仮説(Feature Reassembly Hypothesis, FRH)」という (Lardiere (2009a, b)).FRH によると,L1 で最適化された素性を解体してその素性が L2 では何に具現化するかを学ぶ,語彙学習が必要である.本実験の参加者は,母語の音声日本語の語彙項目の素性を解体し,この素性を再び集めて日本手話の語彙項目を再構築し,その外在化である手話および非手指表現を学ぶ必要があり,従来のパラメータの再設定以上の操作を行う必要があった.[30] UG は可能な言語を規定するものであるが,最終的な言語知識を決定するのは,UG と入力との相互作用である.人間を介した学習が入力の取り組みを容易にし,これが LIVE 群と DVD 群の脳活動の差になって現れたと推定できる.本実験は,外国語の統語規則を学ぶ場合でも,人を介して外国語を学んだ場合と,DVD のような一方通行の教材を用いた場合では,脳活動に相違が生じることを明らかにした.このことは,SLA においては,入力の量だけでなく質も重要であることを示唆している.また,SLA の容認性判断課題などの実験で 2 つの実験群に相違がない場合でも,脳内で同じ演算システムを用いているとは限らないという従来の研究の結果とも一致する.[31] 言語知識が脳内にあるという生成文法の研究において,その結果を脳科学で検証することは言語研究に有益な示唆をもたらす可能性があることを本実験は示している.

---

[30] 詳細は,Yusa et al. (2017) を参照されたい.
[31] 詳細は,Yusa et al. (2017) で言及されている参考文献を参照されたい.

第 16 章

GenSLA 研究のまとめと今後の展望

　第 12 章から第 15 章では，GenSLA の基本問題，SLA における UG の役割を解説し，UG を支持する議論を極小主義の観点から再解釈した．極小主義では，言語獲得の第一要因である UG を最小化するという研究指針のもと，第二要因（言語経験），第三要因（自然法則）に関心が向けられている．第 14 章では，UG として併合のみを規定した場合に必然的に導かれる言語の構造依存性が，SLA でもあてはまることを，脳機能イメージングから示唆しているデータを紹介した．さらに第 15 章では，言語経験の取り組みの差違に「社会性」が役割を担うことを聴者が日本手話の統語規則を学んだときの，脳内処理のデータから示した．このことは，パラメータ値の設定に，第二要因に含まれる社会性が何らかの役割を担っている可能性を示唆している．

　SLA 研究は，これまで心理言語学においては中心的な位置を占めてこなかった．その理由の 1 つは，SLA は母語獲得と根本的に異なると想定され，さらに，L2 が L1 に影響を及ぼさないと考えられていたからである．しかし，最近の研究成果は，この仮定が共に否定されている．また二言語使用は世界中で普通の現象であることを考慮すれば，SLA 研究は今後，心理言語学の中心的問題となるはずである．もっと一般的に言えば，多言語使用の研究は，言語経験と UG の関係において，単一言語話者を対象とした従来の研究では得られないデータを得ることが可能である．例えば，継承語使用者の研究は，母語知識のどの領域が摩耗するかを明らかにし，言語経験の役割に対して新しい視点を提供する．1 つ例をあげると，島の制約に関する知識は，当該言語に触れる機会が限られている継承語使用でも失われないことが報告されている（Kim and Goodall (2016)）．このことは，島の制約が経験から学べるという提案で

はうまく説明できないものである．

　極小主義は，今までの言語理論の中では最も SLA に影響を与える可能性を有している．まず，UG が簡素化されたことで他の領域の研究との交流が可能となり，今後の展開が期待できる．GenSLA は，無意識の脳内知識を研究対象にしているが，GenSLA 研究者が教室での教授に対して関心を持ち，教授効果に関する実質的な研究がでてきた（VanPatten and Rothman (2015), Whong, Gil and Mardsden (2013), Umeda et al. (in press))．さらに，言語獲得における第二要因である入力に関しても，GenSLA での研究が増えてきた（Rankin and Unsworth (2016), Yang and Montrul (2017))．

　極小主義では，他の認知機能との関連にも関心が向けられている．中間言語が脳内に存在することは，言語以外の認知能力にも影響を及ぼす可能性を示唆する（Pavlenko (2011))．例えば，日常的に L2 を頻繁に使用する人の脳では，常に二言語が同時に活性化しているため（Desmet and Duyck (2007), Ivanova and Costa (2008))，どちらかの言語を使用するときに常に片方の言語を常に抑制する必要がある．その結果，抑制機能が強化され認知症を遅らせるとの研究がある（Bialystok et al. (2012))．また，多数言語使用の，言語と認知の関係も研究がすすんでおり（Winawer et al. (2007))，今後も興味ある成果が期待できる．以上のように，二言語使用・多言語使用の研究は，言語の設計の関する研究だけでなく，認知科学，外国語教育など多くの領域に影響を与えると思われる．

第 17 章

むすびにかえて

　極小主義は，人間言語に固有な第一要因である普遍文法が併合のみの形をしていると規定している．これ以外のものは，第二要因である言語経験を通して学習される知識と，第三要因である人間言語に固有でない物理法則，認知制約，効率的演算原理，データ分析の原理などの相互作用で決定されることになる．このことは，言語研究が従来は想定していなかった領域から関連する証拠が得られる可能性を有していることを示唆している．従来の生成文法に基づくI-言語の解明，言語獲得研究は，第一要因である普遍文法が機能することを示すことに重点をおくあまり，第二要因，第三要因にはそれほど注意を払わなかったと思われる．これは，生成文法の研究戦略として当然のことであった．しかし，普遍文法の研究成果が蓄積した現在においては，第二要因，第三要因の研究が，言語獲得，言語処理を含めた心理言語学の研究を大きく進めると思われる．また，従来は社会言語学で主に扱われてきた多言語使用の問題が生成文法の枠組みから実証的な研究が行われ，その研究成果が言語設計の問題に対しても興味ある結果を生み出している（Kim and Goodall (2016))．海外の生成文法に基づいた言語獲得の学会である GALA (Genarative Approaches to Language Acquisition) でも多言語使用の研究が増え，さらに教育的効果に関する研究も発表されている．本章で扱った，生成文法に基づいた心理言語学は，従来の母語獲得研究から射程範囲を広げ，学際的な研究領域になろうとしている．

第 II 部

最新の言語進化研究と
生物言語学の進展*

藤田耕司（京都大学）
田中伸一（東京大学）
池内正幸（名古屋外国語大学）

---

* 本研究は，文部科学省科学研究費補助金新学術領域研究（領域番号 4903，課題番号 17H06379(藤田・田中・池内))，JSPS 科学研究費補助金基盤研究（C）（課題番号 16K02765（藤田)），同基盤研究（B）（課題番号 16H03427(田中)）の助成を受けたものである．本稿をまとめるにあたり，有益なコメントを頂いた遊佐典昭氏に感謝したい．

第 1 章

はじめに

　言語は我々人間だけが持つ生物学的形質であり，思考とコミュニケーションをはじめ，人間の知的活動の大部分がこの言語能力によって可能となっている．他種にも多様な優れたコミュニケーション能力がみられるが，それらと人間言語の間には大きな隔たりがあり，言語をただ単純に動物コミュニケーションがより高度に進化したものとみることはできない．この真に種固有の能力が最初，人類進化のどの段階でどのように出現したのか，換言すれば言語という新しい形質を持つ新種（ホモ・サピエンス）がいつ頃，どのようにして進化したのかが，言語進化研究の第一の説明対象である．

　一般に進化とは集団内における世代をまたがる遺伝情報の変化のことであり，この意味に限るなら言語進化も上記のような生物進化でのみ理解されるべきである（言語の生物進化）．しかしながら，進化言語学では言語の第二の進化として，すでに存在している個別言語が歴史的な経緯の中で変化・複雑化・多様化するプロセスも重視されることがある（言語の文化進化）．これは通常の歴史・比較言語学が扱う通時的変化が数千年〜数百年という時間軸における言語変化を指すのに比べ，言語の最初の出現時から始まり，（例えば SNS などの新しいコミュニケーションツールの普及とともに）今この瞬間にも起きている微少な変化までのすべてを含む，より長い時間軸に渡るものである．

　また，言語の生物進化はまだ終わっておらず，文化進化と相関しながら現在も進行中であると考える立場もあり，言語進化の完全な理解には生物進化・文化進化双方の考察が不可欠である．このことを理解した上で，第 II 部では主に言語の生物進化について考察を行う．これは第 II 部が依拠する理論的基盤である生成文法（Chomsky (1965, 1995, 2005) ほか）が人類固有の言語能力

の生得的基盤として普遍文法（Universal Grammar, UG）の存在を仮定しており，言語進化とはすなわちこの普遍文法の成立経緯にほかならないとしているためであり，以下第 II 部では単に言語進化という場合，言語の生物進化を指すものとする．

Jackendoff (2010) は "Your theory of language evolution depends on your theory of language." と述べている．これは，言語能力をどうモデル化するか次第で，その進化モデルも大きく変わるという進化研究の危うさを指摘したものであるが，より根本的なこととして，そもそも明確な言語理論がなければ進化研究は不可能であるという警告としても理解できる．過去において生物学者や人類学者が唱えてきた言語進化「論」には，説明の対象である言語能力とはそもそもどういったものであるかの明示的な理解を欠き，ただコミュニケーションのための道具といった漠然としたイメージだけが先行しているものが散見された．極めて高い学際性を誇る今日の進化言語学において，理論言語学者が貢献する余地があるとすれば，それはまずもって，明確な言語モデルと言語進化モデルを構築し作業仮説として他分野に提示して，その実証的な検証と改訂を委ねるといった基礎的な研究であろう．それは第 II 部における考察についても変わらない．

第 II 部の構成は次の通りである．まず次の第 2 章で言語進化研究の現状と展望を概観した後，第 3 章では第 II 部が依拠する理論的基盤である生成文法，および生成文法に基づく生物言語学について考察する．特に，普遍文法の概念や人間言語の特質として注目される階層構造への依存性，またそういった階層構造を生み出す統語演算システムの基本的演算操作「併合（Merge）」について解説する．第 II 部では，この併合の起源・進化を明らかにすることが，人間言語および普遍文法の起源・進化の解明のための最優先課題であると位置づける．これを受け，第 4 章では併合が道具使用などに見られる物体の組み合わせ操作から進化したとする「運動制御起源仮説」を紹介し，解説を加える．続く第 5 章，第 6 章，および第 7 章では，言語能力を構成する統語演算システム以外の重要な下位機能である概念意図システム，語彙システム，感覚運動システムについて，その進化のすべてに併合が関わっているのではないかという観点から考察する．第 8 章では，さまざまな考古学的・遺伝学的証拠に基づき，言語能力の出現は従来の想定よりかなり早く，15 万年前頃であったという議論を行う．第 9 章はまとめである．[1]

---

[1] 第 II 部の第 1～6 章および第 9 章は藤田が，第 7 章は田中が，第 8 章は池内が，それぞ

れ草稿を準備し，全体の調整を 3 名で行った．現状において言語進化に関する「定説」は存在せず，それぞれ異なる論拠に基づいて多様な進化シナリオが提起され，研究者間で論争が続いている．それは第 II 部の執筆者間についても同じであり，見解が一致しない論点も少なくない．そういった面も含めての「最新の進展」であると理解し，あえて第 II 部としての統一見解は目指さずに各節において持論を述べることにした．

第 2 章

言語進化研究の現状と展望

　人間言語が最初どのようにして出現したかは長らく永遠に答えの出ないミステリーだとされてきた．1866 年にパリ言語学会がその学会規約で言語起源（と普遍言語）に関する議論を禁止したことはよく知られたエピソードであろう．（この禁止令の「真相」については，山内（2012）に興味深い考察がある．）実際，現代の言語進化研究が活況を帯びるのは 1990 年代以降のことであって，例えば現在この分野を代表する国際学会である「言語進化の国際会議（EVOLANG）」は 1996 年に発足している．

　言語進化が難問とされた理由としては，主に次の 3 点を指摘することができる．

- 進化研究にとって通常，種間比較は欠かせない研究方法であるが，言語は人間にしかない能力であるため，他種との比較ができない．
- 言語は脳内ソフトウェアであり，進化の直接的な証拠が得られない．化石になって残ってはおらず，ネアンデルタール人やデニソワ人も絶滅しているため，ほかのヒト種の言語能力を直接調べることもできない．
- 従来の理論言語学，特に生成文法では，言語能力を極めて複雑な仕組みを備えた形質としてモデル化していたため，そのダーウィン進化的な由来を想定することが困難であった．

　これらの困難を乗り越え，言語進化研究が今日見るような隆盛を迎えるきっかけの 1 つとなったのは，言語が単一の能力ではなく，複数の下位機能から構成される複合的な能力であり，それら下位機能の多くは人間固有ではなく他種と共通のものである，という生成文法のモジュール言語観の成熟と浸透であ

ろう．一般的な言い方をすれば，言語は単語どうしを組み合わせて階層的な統語構造を作り，それを意味と音声という本来は無関係のはずのものに対応させて両者を繋ぐ能力である．近年の用語に倣い，単語（正確には語彙項目（lexical item））の知識に関わる部門を「語彙システム（レキシコン）」，それを組み合わせる部門を「統語演算システム（シンタクス）」，また意味解釈と音声解釈それぞれに関わる部門を「概念意図システム（conceptual-intentional system）」および「感覚運動システム（sensory-motor system）」と呼んでおくと，言語能力は，少なくともこれら4つの下位機能が図1のように連合することで成立している．

図1　人間言語の基本デザイン

　言語をこのように下位機能に分けて眺めることで，そのそれぞれの下位機能について種間比較を行い，またその進化的由来を探ることが可能となる．図1のような複合的なシステムを備えているのは人間だけであるのは確かだとしても，個々の下位機能についてはそうではなく，（程度の差はあるが）ほかの霊長類や鳥類をはじめ，多様な生物種にその萌芽的能力を認めることができる．つまり，種固有ではない下位機能が図1のように組み合わさっている点において言語は種固有なのであり，これはすでに Hockett（1960）が言語の13の設計特徴（design feature）を他種のコミュニケーションと比較し，真に人間固有だといえるものはわずかであると指摘していたこととも一致する．

　今日の言語進化研究の進展の大きな契機ともなった Hauser et al.（2002）では，言語能力を構成するすべての下位機能をまとめて広義言語機能（faculty of language in the broad sense, FLB）と呼び，そのうち人間および言語に固有の部分を狭義言語機能（faculty of language in the narrow sense, FLN）と呼んで，FLNには回帰（再帰，recursion）のみが含まれるという仮説を提起した．ここでいう回帰が何を指すのかが明確にされていなかったこともあって，この「回帰のみの仮説（recursion-only hypothesis）」はその後，さまざまな議論や反論を巻き起こすことになったが，それがかえって言語進化研究の活性化につながったという側面もあった．Hauser et al.（2002）では，概念意図システムと感覚運動システムはFLNではなく，他種や人間の言語以外の認知

機能にも関わるものであるとされる一方，回帰性は統語演算の特性であるため，シンタクスのみが人間言語固有の FLN であると主張されていたことになる．

　この観点からは，このシンタクスの進化を解明することが言語進化研究の第一の課題となり，第 II 部での考察も基本的にはこの考え方に従っている．しかし注意すべきは，シンタクスへの入力となる語彙項目を供給するレキシコンもまた，FLN に含めるほうがより適切であろうという点である．Hauser et al. ではレキシコンの問題は積極的に論じられていなかったが，Berwick and Chomsky (2016) はじめ，チョムスキーの一連の著作では，人間言語の語彙は常に使用者の認識や心的表象を介するという「心への依存性（mind-dependence）」を持つことが強調されている．霊長類の警戒コールなど，他種のコミュニケーションにも語彙らしきものを認めることはできるが，それらは常に外界の事物や出来事を直接指示するものであって，人間言語の語彙のように概念そのものを表すということがない．換言すれば，人間言語の語彙は本来的に指示性を持たないとチョムスキーは指摘する．[2]

　これが正しいとすれば，言語進化の説明には少なくとも 2 つの人間言語固有の下位機能，つまりシンタクスとレキシコンの進化の理解が欠かせないことになる．また，Hauser et al. (2002) では FLN ではないとされた概念意図システムおよび感覚運動システムについても，類似の能力が他種にも認められることは明らかだとしても，人間言語におけるそれらとまったく同一だとは考えにくく，その点ではやはり FLN に含めることもできるだろう．

　逆に，これらを FLN から排除する理由が，他種の能力との進化的な関係性や連続性にあるとするなら，同じようにシンタクスやレキシコンにもそういった関係性を認めることが可能である．この観点に立つなら，Hauser et al. による FLB/FLN という二分法自体が実は妥当ではなかったともいえる．進化的関係性・連続性の有無でいえば，すべての下位機能は等しく FLN ではなくなり，また人間言語においてそれらが果たす特定の機能の有無でいえば，すべてが等しく FLN となるからである．結局，FLN/FLB の二分法は，回帰とそれ以外を異なる基準で評価したための錯誤であったのかも知れない（Fujita (2016)）．[3]

---

[2] Fitch (2016) は動物の認知能力にもそのような概念化が見られるとし，チョムスキーの見解に否定的な立場をとっている．

[3] この問題は，Hauser et al. (2002) がもともと言語の種固有性を強く主張していたチョム

いずれにせよ，言語の生物進化は図1のような仕組みを備えた能力が最初，どのようにして我々の祖先に生まれたのかという問題であり，これに取り組むには，各下位機能が当初はおそらく言語とは無関係の機能としてどのような適応進化を遂げたのか，それらはどのようにして結合し言語能力として再編成されたのか，さらにそれは人類進化史のどの時点で起き，またその適応価は何であったか，といったことを総合的に検討することが求められる．第II部の目的は（当然ながら）これらの問題をすべて解決することではなく，現状でどのようなシナリオが構築可能か，また未解決の課題として何が残されているのかを概観するにとどまる．

図1のような言語モデルは，これまで盛んに論争されてきた「言語進化は漸進的か跳躍的か」という問題にも新たな視点を投じるものである．チョムスキーらは跳躍的言語進化を主張しており，人類進化全体から見ればごく最近（6万〜10万年前）に突発的に生じたと考えているが，むろんこれに対する反論も多い．しかしこの漸進か跳躍かという問題は，言語を単一の機能と見なしたことから生じる二者択一的な選択に過ぎない．図1のモデルに基づけば，各下位機能の前言語的段階の進化を，それらが後に言語として連結した経緯と分けて考えることができ，前者は漸進的だが，後者は突発的に生じた（つまり下位機能ができあがっていれば，後はそれらを結合する僅かな突然変異や脳の再配線があればよい）という可能性も生じる．

スキーと，逆に他種との連続性を強調してきたハウザーおよびフィッチという，立場の異なる研究者たちの妥協策的・折衷案的な一面を持っていたことに起因すると思われる．FLN なるものは存在しないというのがハウザーやフィッチの本来の立場であり，そこにチョムスキーの立場も尊重して唯一の FLN として回帰を認めたとも考えられるのである．その後，紆余曲折があり，現在ではハウザーはむしろチョムスキーに親和的な議論を展開している点，興味深いものがある．チョムスキー自身は相変わらず人間言語はほかの動物コミュニケーションとは相同性も相似性も持たないまったく異質のものであるという見解をとっているが，第II部の立場はそれとは異なる．

第 3 章

生成文法と生物言語学

3.1. 言語学と生物学

　生成文法は 1950 年代に当時の認知科学や分子生物学の隆盛を背景にして登場して以来，何度かの大きな理論改訂を繰り返しながら，現在は「極小主義（ミニマリズム，ミニマリスト・プログラム）」という研究戦略のもとで進展を続けている（Chomsky (1995) ほか）．生成文法において言語の起源・進化の問題が積極的に論じられるようになったのも，この極小主義の時代に入ってからのことであり，それには極小主義が提案する言語能力のモデルが，それ以前のものとは異なり，言語進化研究にとって非常に好都合であることが大きく影響している．しかし言語進化に対する問題意識自体は当初から存在していたものであり，それはしばしば引用される Chomsky（1965: 59）の次の一節からも明らかである．

> "... there is surely no reason today for taking seriously a position that attributes a complex human achievement entirely to months (or at most years) of experience, rather than to millions of years of evolution or to principles of neural organization that may be even more deeply grounded in physical law—a position that would, furthermore, yield the conclusion that man is, apparently, unique among animals in the way in which he acquires knowledge."

　ここでは，幼児の母語獲得をすべて生後数ヶ月から数年の経験に帰してしまい，数百万年に及ぶ人類進化や物理法則に根ざした脳神経の組織化原理を無視

することが誤りであることが指摘されている．ここでいう人類進化の産物こそが普遍文法であり，この全人類共通の生得的能力ゆえに，いわゆる「刺激の貧困（poverty of the stimulus）」の問題にもかかわらず母語獲得が可能となっているというのが，行動主義心理学を批判し経験主義に異議を唱えたチョムスキーの言語生得説の主旨であった（第Ⅰ部「最新の言語獲得研究と文処理研究の進展」を参照）．

より注目すべきはこの引用の末尾部分，つまり，もし人間が生後の経験だけに基づいて母語獲得を行っているとするなら，それは知識の獲得方法において人間だけが他種とは異なっているという結論を導くものだとしてこれを斥けている部分であろう．人間言語に生物学的・生得的基盤があるという主張は（よく見られる，人間を特別扱いしているとか，人間中心主義とかいった批判とは正反対に）人間も地球上のほかの生物と等しい存在であるという謙虚な態度の表明にほかならず，また普遍文法は確かに人間固有ではあるが，それは他種にもそれぞれ種固有の形質が備わっているということと同列に論じられてしかるべきなのである．

このように，生成文法は少なくとも理念的には，その黎明期から，人間言語を生物世界における1つの自然物として理解しようとする生物言語学（biolinguistics）の立場を明確にしてきた．生物言語学という用語自体は，1920年代にはすでに文献に登場していたが，これはまだ今日の生物言語学との関係は希薄であったようである（Martins and Boeckx (2016) 参照）．現在の文脈に連なるものとしては，やはり20世紀半ば，言語能力の生得性や生物学的性質を指摘したチョムスキーの一連の著述や同時期のLenneberg (1967) の出版をあげるべきであろうし，1974年に米国マサチューセッツ州デッダムで生物言語学をテーマとする学際的な学術会議が開催されたことや，分子生物学の祖ともされるSalvador Luriaが1976年のアメリカ科学振興協会（AAAS）年次大会の基調講演において「生物言語学，すなわち人間言語の生物学」を現代科学のフロンティアとしてあげたことなども重要な出来事であろう（この間の詳しい事情についてはDi Sciullo and Boeckx (2011) やJenkins (2013)，Piattelli-Palmarini (2013) を参照）．

その後，生物言語学をそのまま書名としたJenkins (2000) ——これは実質上，生成文法を擁護するための本であった——が出版され，チョムスキーも頻繁にbiolinguisticsという用語を使うようになったため，生物言語学を生成文法およびこれを理論的基盤とする生物学的研究とほぼ同義と見なす傾向があるのも事実であろう（Berwick and Chomsky (2011)）．しかしこれは明らかに偏っ

た見方であり，本来，生物言語学は言語に対する生物学的研究方法のすべてを含むべきものである．Martins and Boeckx (2016) はこのような偏向を厳しく批判し，文献で散見される以下のような見方がすべて誤ったものであると指摘している．[4]

- 生物言語学＝生成言語学
- 生物言語学＝極小主義
- 生物言語学＝言語遺伝学
- 生物言語学＝人間固有の言語の研究
- 生物言語学＝生物学とのアナロジー
- 生物言語学＝チョムスキー派の研究

生物言語学のオンライン・ジャーナル *Biolinguistics* (http://www.biolinguistics.eu/) の創刊号で「生物言語学マニフェスト」を表明した Boeckx and Grohmann (2007) は，「弱い意味での生物言語学」として生成文法を含めた通常の言語学の意義を認め，これを進化生物学など，他分野の知見を取り込む「強い意味での生物言語学」と区別していたのであるが，上記の Martins and Boeckx (2016) によれば「弱い意味での生物言語学」はそもそも存在しないという．生成文法に批判的な立場から言語進化研究に取り組む研究者の多くは，生物言語学という用語自体を忌避する傾向にあるが，これもこの用語が生成文法と強く結びつけられてきたという経緯を反映しており，それを払拭しなければ生物言語学の健全な発展は期待できないとの危惧感が Martins and Boeckx (2016) には強く見てとれる．

このように生物言語学の最先端では生成文法離れ・言語学離れが急速に起きており，どの特定の理論言語学的枠組みにも拘泥しない学際研究の必要性が叫ばれ，実際に展開されつつある．この次世代型生物言語学 (Boeckx and Benítez-Burraco (2014a) のいう "Biolinguistics 2.0") こそ，生物言語学のあるべき姿であると我々も考えるが，第 II 部の考察は，本書が言語学の最新成果を伝えるシリーズに所収される点を勘案して「弱い意味での生物言語学」にも配慮している．

---

[4] 日本語の造語法として「生物言語学」は言語学の一分野という印象を強く与えるが，biolinguistics にはそのような響きはなく，生物学と言語学の統合を表すものとして理解されるようである．その意味では「言語生物学」と訳してもよいのだろう．同様に，「進化言語学」も「言語進化学」と呼ぶほうが言語学への偏りがなくてよいのかも知れない．

また生物言語学と進化言語学は言語の起源・進化というテーマを共有してはいるが，両者はまったく同一というわけではないという点にも注意が必要である．生物言語学は言語進化の問題に加え，神経科学や遺伝学をはじめ，言語の生物学的基盤を研究対象とするが，ここでいう言語の進化とは，第一義的には集団内での遺伝情報の分布の変化を伴う生物進化を指している．これは言語という新しい形質の出現，あるいはその形質を持つ新しい種の出現に関わる問題である．しかし冒頭でも述べたように，言語進化には第二の文化的な側面も存在する．つまり，すでに存在している言語がその後の歴史的経緯の中で変化し多様化していく過程である．チョムスキーらは言語の文化進化という見方に否定的であり，進化を生物学的な意味に限定して用いるべきだという主張を繰り返しているが，進化言語学ではむしろ文化進化，および文化進化と生物進化の相互作用が重視される．この点では（チョムスキー型の）生物言語学のほうが，進化言語学よりも言語進化に対して限定的な見方をしていることになる．

　チョムスキーらは言語能力の中核領域，少なくとも統語演算システムについてはその進化はすでに終わっており，現在，人類の遺伝情報に影響を及ぼすような言語進化は起きていないと考えている．しかし進化言語学ではそうは考えず（乳糖耐性の進化の場合と同じように）多様な文化的・社会的要因や気候条件のもとで，言語は変容を続け，その一部は遺伝子の変異を伴うものであるという見方がなされる．例えば中国語のような音調言語を話す集団とそうでない集団の遺伝子を比較解析してみると，脳の成長・発達にかかわる2つの遺伝子（ASPMとマイクロセファリン）に違いがあることがわかったという (Dediu and Ladd (2007))．これらの遺伝子が最近進化した新しいタイプである集団では，非音調言語が話される傾向にあるとのことである．また，音調言語は声帯への負担がかかるため，中央ヨーロッパのような乾燥した地域では稀であり，湿気の高い熱帯やアジア，中央アフリカなどに広く分布しているという報告もある (Everett et al. (2015))．

　チョムスキーらが言語の生物進化はすでに終わっているとし，また文化進化は進化ではなく単なる変化であるとしてこれを認めていないのは，当然ながら普遍文法の仮説がその背景にあってのことである．これによれば，普遍文法は人類史において一度だけ生じ，その同じ普遍文法を携えた祖先たちがその後アフリカを旅立って世界各地に拡散したために，現存する人類はすべて同じ生得的言語能力を持っていることになるのであるが，出アフリカ後にさらに言語の生物進化が各地で進行したとすれば，このような普遍性は保証されなくなる．

　しかし上記の音調性に関わる遺伝子の多様性は，少なくとも構音知覚に関わ

る感覚運動システムの領域においては遺伝子レベルの普遍性が成立しない可能性を示唆しており，厳密な意味での普遍文法を緩和して考える余地があることになる．後述するように，極小主義では個別言語間のパラメータ的変異はすべてこの感覚運動システムの領域に集約されるものと考えられているが，その一部は生物学的・遺伝学的な基盤を持つ可能性がある．伝統的な比較言語学の方法論を超えて，脳や遺伝子のレベルでの言語多様性を探る「比較生物言語学 (comparative biolinguistics)」(Benítez-Burraco and Boeckx (2014a)) も，生物言語学の新しい流れとして注目されるところである．

3.2. 普遍文法と言語進化

　生成文法が主張する人類共通の生得的な普遍文法が実在するのであれば，それは人類進化の産物でなければならない．したがって生成文法にとって言語の起源・進化や普遍文法の起源・進化は本来，最重要課題となるべきものである．ただ「言語獲得の論理的問題」を解決するための理論的想定物というのではなく，それが実際に我々の遺伝情報に根ざした生物学的形質であることを裏づけるためにも，普遍文法や言語の進化を解明し，そもそもなぜこれらが所与の仕組みを持つに至ったのかまでを理解しなければ，普遍文法理論の確立と擁護は難しい．また言語の起源とは，生成文法の観点からは第一義的にこの普遍文法の出現のことであり，本来，普遍文法研究と言語進化研究は不可分の関係にある．換言すれば，普遍文法（とは呼ばずとも，言語能力の生得的基盤）を認めないのであれば，言語の起源・進化とは具体的に何を指しているのかが不明であり，言語進化研究は明確な説明対象を持たないことになってしまう．[5]

　しかしながら，極小主義が登場する以前の生成文法においては，言語や普遍文法の起源・進化が概念的なレベルを超えて実質的な検討課題となることは稀であった．これは1つには，過去の生成文法がトップダウン式の思考法，つまり普遍文法はいかに豊かで複雑な内容を持っていなければならないかという考え方をしてきたためである．例えば「原理・パラメータのアプローチ」

---

[5] 認知言語学では，言語に先行する一般的認知能力との関係において言語を理解しようとしており，これ自体は言語起源を考察する上で有効な思考法である．にもかかわらず，実際には認知言語学の分野で建設的な言語進化研究が行われることは稀であって，これは1つには普遍文法を否定する認知言語学が言語進化研究の説明対象を明確にできないことに起因している．生成文法が提示する説明対象（普遍文法ないし後出の「併合」）を，認知言語学的な視点をも取り込みながら説明するという融合的なアプローチが必要だと思われる．

(Chomsky（1981）ほか）では，普遍文法は少数の一般原理とそれに付随するパラメータ（媒介変数）から構成されており，それらの相互作用によって言語知識は成立すると考えられていた．これは人間言語としての普遍性と，個別言語間に表出する多様性を同時に捉えることを可能にする優れた考え方であったことは事実であり，比較言語学や母語獲得研究の分野にも多大な貢献をもたらした．

しかしそこで提案された原理やパラメータはきわめて言語固有性が高く，またそれらはいずれも単独では適応的に機能しないために，複雑に相互作用する原理群が全部まとまった状態で一気に出現したとしか考えようがなく，普遍文法の進化を論じることは到底不可能であった（藤田（2013））．この時代，普遍文法は最初いかにして出現し得たかという「進化可能性（evolvability）」の問題は完全に棚上げにされており，またそれゆえに，母語獲得や比較統語論のデータを説明するために原理やパラメータをさらに豊かにしていくことが許された．いかに複雑な原理であろうが，それは生得的なものであるから，その学習可能性（learnability）を問われることはなく，ましてやその起源・進化には考えが及んでいなかった．いわば，「言語獲得の論理的問題」「プラトンの問題」を優先するあまり，その先にある「言語進化の論理的問題」「ダーウィンの問題」が視野に入っていなかったわけである．

極小主義ではそれまでの生成文法とは逆のボトムアップ式の思考法がとられ，普遍文法の中身はいかにわずかでよいのか，理想的にはゼロであるが最低限何が必要かという視点からの研究が推進されている（Chomsky（2007）ほか）．この普遍文法の最大簡潔化という研究指針は，とりも直さず進化的に説明すべき項目を最小のものに絞り込むことを意味しており，この点で極小主義は言語進化研究にとっても好都合なものとなる．この事情を反映して，現在の生成文法では言語進化の問題が盛んに議論されるようになっている．ただし，普遍文法の最小化という方略が有効であるのは，言語獲得が変わらず説明できる限りにおいてであるという点は銘記すべきであろう．進化（系統発生）が扱いやすくなった分，獲得（個体発生）は扱えなくなったというのでは無意味であり，最小化された普遍文法は，かつての豊かな（そして進化的には妥当性の低い）普遍文法と同等（以上）の説明力を言語獲得に対しても持つ必要がある．

3.3. 第三要因の関与

この最小化された普遍文法を補う形で新たに言語の設計を説明するものとし

て，チョムスキーは，言語固有ではない物理的・数学的な自然法則の関与を示唆している．これまで広く受け入れられてきた言語獲得の遺伝子・環境相関論における遺伝要因（＝普遍文法）を第一要因，環境要因（＝第一次言語資料，外界からの初期言語刺激）を第二要因とすると，この自然法則は第三要因を構成するものであり（Chomsky (2005) ほか），その重要性は 3.1 節で引用した Chomsky (1965) においてもすでに指摘されていた．言語固有の普遍文法から固有ではない自然法則への視点の移行は，人間言語も自然世界を構成する 1 つの要素であり，ほかの自然物と同様に理解されるべきだという生成文法の自然主義（naturalism）の考え方を色濃く反映している．

　初期の極小主義（Chomsky (1995) ほか）で検討された派生の経済性（economy of derivation）は，それ以前に提案された個別の極小性原理を統一する試みであったが，ここにもすでに言語に働く原理や条件を自然世界に見られる倹約性や簡潔性と同等のものと位置づける態度が明確に表れていた．それまでは言語固有の原理として普遍文法に含まれるとされたものを第三要因から導くことができるなら，普遍文法自体はその分，軽量化され，その進化も説明が容易になる．現状，この第三要因に起因するとされる言語の設計原理が「最小演算（minimal computation）」「演算効率（computational efficiency）」「最小探索（minimal search）」といった抽象的な概念で語られ厳密に定式化されてはいないという点，またそのような概念と関係づけられそうなものであればどのような制約も認められてしまうという点，さらに，これらは果たして一般的自然法則といえるほど自然世界にあまねく作用しているものなのか，かなり言語に特定的な面が残っており単に自然法則に言及するだけでは不十分なのではないかといった点が問題として残るものの，今後の研究の方向性としては妥当なものだと考えられる．

　第三要因に由来する言語の特性は，言語獲得においてあらかじめ生得的に備わっている必要も経験に基づいて学習する必要もないものであるが，同様に，言語進化においても，そのような特性は自然選択による漸進適応進化というダーウィン進化的シナリオを持ち出すまでもなく自律的に出現することが期待できる．一方，第二要因（第一次言語資料）との関係については，言語獲得と言語進化では事情が大きく異なる．最初に我々の祖先に言語能力が出現した段階では，ほかにすでに言語を話している個体や集団は存在しておらず，そこに第二要因の関与を想定することはできないからである．また進化は通常，一個体の突然変異から始まり，それがもたらす新形質が適応的なものであれば次第に集団内に拡散するという過程をたどる．言語も同様であったとすると，最初

に言語能力を獲得した個体にとっては，まだ同じ言語能力を持つ他者は皆無であったはずで，第一次言語資料はどこからも得られないことになる．外界からの刺激だけでは言語獲得は不可能であるという言語獲得の論理的問題に比べて，そのような刺激が皆無である状況において生じる言語進化の論理的問題ははるかに深刻なものとなる．[6]

同じ言語能力を持つ個体がほかに皆無であるという「孤独なミュータント」の状況は，言語の最初の適応的機能が何であったのかという，研究者の間にしばしば論争を巻き起こしてきた問題を再度提起するものである．進化言語学では言語進化をコミュニケーションと結びつけて考えることが通例化しているが，同じ言語能力を持つ個体がほかにいないミュータントにとっては，その言語を使ってコミュニケートできる相手が存在しないため，単純にコミュニケーションだと決めつけることはできなくなる．言語の最初の機能は他者との関係においてではなくそのミュータント一個体にとって適応的であったはずであり，それはコミュニケーションではなくより高度な思考や推論，計画などを可能にする能力であり，それゆえに言語は次第に集団内に拡がり，後にコミュニケーションにも転用されるようになった，というのがより妥当な推論だと思われる（3.5 節参照）．[7]

このような反コミュニケーション説の代表はチョムスキーらの生成文法研究者であるものの，同じ考え方をする生物学者も少なくない．例えば英国の著名な進化生物学者，故ジョン・メイナード・スミスは「人間言語のもっとも際立った特徴は，それが脳内の内的表象のために用いられるという点であり」(Maynard Smith and Szathmáry (1995: 284))，「必要な心的能力はコミュニケーションではなく思考のために進化した可能性がある」（同書 286, 筆者意訳）と述べている．リチャード・ドーキンズも同様の発言を 1991 年に BBC

---

[6] このような突然変異が言語進化に関わっていたとして，それによって言語のすべてが新しく生まれたと考える必要はない．言語が複数の下位機能から構成される複合的な能力であることはすでに述べたが，それらの下位機能はそれぞれ独立して進化しており，いわば最後の仕上げとしてその突然変異がもたらしたものが働き，これらの下位機能を連結して言語を可能にしたと考えるほうが自然である．

[7] 言語が誕生する以前から，我々の祖先は思考もコミュニケーションも行っていたはずであって，言語が初めて思考を可能にしたということではない．言語によってそれまでと大きく変化し，一層適応的になったのは思考なのかコミュニケーションなのか，というのが言語の最初の機能 (original function) の問題である．また，その最初の機能が思考とコミュニケーションのいずれでもない，より原初的なものであって，思考もコミュニケーションも後から生じた機能であるという可能性についても検討されるべきであろう．

で放映されたレクチャー・シリーズで行っているが（Dawkins (2009) 参照），メイナード・スミスにしろドーキンズにしろ強硬なネオ・ダーウィニストであり，これと真っ向から対立するチョムスキーと言語の機能については同じ見解を共有している点が興味深い．

ところで，言語進化における第二要因が第一次言語資料ではあり得ないことは明白だとして，第二要因を広い意味の環境要因だと考えるなら，当時の祖先たちが暮らしていた生態学的・社会的要因もこれに含まれるはずである．また，チョムスキーらは否定的であるが，人間言語が出現する以前に祖先たちはより原始的な「原型言語（protolanguage）」（Bickerton (1990)）を持っていたと考える研究者も多い．一般に進化は何もないところから突然新しいものを生み出すということはなく，何らかの前駆体があるのが通常である．我々の持つ人間言語に先行して（それがどのようなものであれ）より未発達な原型言語があったと考えることはまったく自然であり，そこから人間言語への推移がどのようにして起きたかを考えることが，言語進化を理解する合理的な方法だといえる．すると，この原型言語も言語進化の第二要因として検討すべきであり，人間言語と原型言語の決定的な違いは何かを明らかにすることが重要となる．

言語の最初の機能がコミュニケーションであると考える研究者は，「一個体から始まる突然変異」「孤独なミュータント」という考え方に批判的であることが多い．原型言語の段階ですでに集団内にコミュニケーションが成立していたからというわけであるが，問題は原型言語から人間言語への推移をもたらした突然変異であって，それが同時に複数の個体や集団全体に起きる可能性は低いといわざるを得ない．

もちろんその原型言語がどのようなものであったかを直接知ることはできない．現在よく知られたものとして，ジェスチャー起源説（Corballis (2002, 2017)）や（音楽・リズム・ダンスなども含めた）歌起源説（Mithen (2006)）などがあるが，どれか1つだけが正しいということはそもそもなく，それぞれが複合的な機能である言語の進化の異なる側面をとらえるものとして理解すべきであろう．Bickerton (1990) は原型言語への手掛かりとなり得るものとして，(i) 幼児の未発達な言語，(ii) 言語失陥患者の言語，(iii) ピジン・クレオール，(iv) 動物コミュニケーション，の4つをあげている．いずれも何らかの点で完全な人間言語に至らないものであり，説得力のある提案ではあるが，注意すべきは，(i)–(iii) はすでに人間言語なり普遍文法を備えた現生人類において現れるものであり，言語出現以前の姿をそのまま示しているとは言えないということである．その点，(iv) 動物コミュニケーションは，明らか

に人間言語が存在しない状況において起きるものであり，原型言語へのより直接的な手掛かりとして有益であろう．こういったこともあり，現代の進化言語学はその研究パラダイムとして，霊長類や鳥類を始め，多種多様な動物たちのコミュニケーション能力の観察・実験を，人工文法学習とともに多用している[8]．

このような種間比較は，これまでの生成文法ではまったく行われてこなかった．事実としては，チョムスキーらが当初から主張していたように，言語は人類固有のものであり，他種には存在しない能力である．しかし具体的にどういった点が人間言語にしか見られない特性であるのかを明確にし，それを可能にした進化要因を探る上では，こういった他種との比較研究はなくてはならないものである．言語ないし普遍文法の進化が生成文法にとって大きなテーマとなった現在，人間言語しか見ようとしないような研究態度はもはや正当化され得ないものになっている．

3.4. 構造依存性と併合

ある形質の進化を研究するためには，まずその形質がどのようなものであるかを明確に知る必要がある．進化研究の大前提といってよいが，不思議なことに言語進化についてはこの大前提を満たすことなく，言語の起源・進化に関するおとぎ話し程度の想像や推測が垂れ流されるという状態が長らくあった．それはたいてい，言語はコミュニケーションの道具であり，動物コミュニケーションの延長として出現したのであろうといった杜撰な進化物語の形をとるものであった．

言語が人間固有の能力であることは多くの生物学者も受け入れているが，具体的に言語のどのような特徴が独自のものであり，ほかの動物コミュニケーションには見られないものであるのかをはっきり意識している研究者は多くない．このような状況を改善する上でも，普遍文法の最大簡潔化を推進する極小主義が果たす役割は大きい．原理・パラメータの時代に提案された普遍文法の原理は，専門研究者でなければ理解できないような複雑さを持っていたのに対し，極小主義では普遍文法の内容をもっとも基本的な演算操作（後述の「併合

---

[8] ただし，これらの動物たちも人類と同じように進化して現在に至っているのであるから，現在の彼らが持つコミュニケーション能力がそのまま，人間言語の進化的前駆体として当時から利用可能であったとは単純に決めつけられない面もある．

(Merge)」，Hauser et al. (2002) で狭義言語機能（FLN）とされたものに該当）のみに絞り込んでいる．この考え方が単純明解で分かり易いため，他分野の研究者らもこれを抵抗なく理解し，関心を寄せるようになってきたのである．

　生物学的に見て，人間言語の最大の特徴は構造依存性（structure dependence）である．言語は意味と音声（ないし手話）という本来は無関係の異質の2物を，直接的にではなく構造を介して間接的につなぐ能力である（図1参照）．この場合の構造とは，線形順序（語順）による構造ではなく，階層的な統語構造であることが重要で，この構造に基づいてある言語表現の適切な意味解釈と音声解釈が決定される．このような仕組みを備えた動物コミュニケーションシステムはこれまでのところ見つかっていない．時折，他種にも人間言語同様の統語能力が見つかったという報告がなされ，大きな話題になることがあるが，よく見てみるとそれらはいずれも線形的な構造であって，人間言語の階層構造とはまったく別物である．[9]

　階層的統語構造への依存は，しばしば構造的あいまい性という現象を生む．語順は同一でありながら，複数の異なる階層構造が可能であるため，それに応じて異なる意味解釈が生じるのである．

(1) a.　太郎は昨日花子が泣いたと言った．
 　　 i.　太郎は昨日 [花子が泣いたと] 言った．
 　　 ii.　太郎は [昨日 花子が泣いたと] 言った．
 　b.　When did John say Mary cried?
 　　 i.　When did John say [Mary cried] (when)?
 　　 ii.　When did John say [Mary cried (when)]?

(1a) の「昨日」や (1b) の when は，それが主節にかかるのか従属節にかかるのかであいまいである．もしコミュニケーション上の効率が，発信者の意図す

---

[9] 例えば Suzuki et al. (2016, 2017) は，シジュウカラが人間言語と同様の合成的（compositional）シンタクスを持つと報告しているが，その内容をみればまったく的外れな観察であることがわかる．彼らの実験では，2種類の信号（仮に X と Y）を XY の順序で聞かせると正しい反応が得られるが，YX の順序では何ら反応が得られなかったという．これはシジュウカラが線形順序に基づく信号の組み合わせを持つか，または XY が全体で1つの信号をなすということを示すのであり，人間言語の階層構造に基づく合成性とはほど遠いものである．動物コミュニケーション研究が言語進化研究にとって重要な分野の1つであることはいうまでもないが，このような言語学的知見をまったく欠いた誤った結論が流布してしまうことは非常に危険であり，かえって言語進化研究の進展の妨げになる．Suzuki et al. に対する批判的検討としては，Phillips and Wilson (2016) も参照．

る意味を明確に受信者に伝えることを要請するなら，このような構造上のあいまい性の存在は，言語のコミュニケーション効率の低下をもたらすと言える．これは即ち，構造依存性は反コミュニケーション的な特性であるということである．

(2a) の名詞句や (2b) の複合語の場合にも同じことが言える．

(2) a. 派手な女優の帽子
    i. [派手な [女優の帽子]]
    ii. [[派手な女優] の帽子]
  b. 最新英語辞典
    i. [最新 [英語辞典]]
    ii. [[最新英語] 辞典]

派手なのは女優のほうなのか帽子のほうなのか，最新の英語辞典なのか（昔の英語も収録されていてよい），最新英語の辞典（昔の英語は収録されていない）なのかで，これらはあいまいであるが，階層構造としては両者ははっきり区別される．

(3)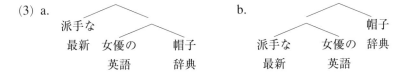

またこれらも文と同様に回帰的に生成され，（別の運用上の理由で実際の使用は困難であっても）理論上は無限に構造を大きくしていくことができる．例えば (2bii) をさらに埋め込んで (4) のような表現が生成可能である．

(4) [[[[[[[最新英語] 辞典] 編纂] 委員会] 設置] 準備] 会議] 報告]

生成文法は，このような階層構造を定義する能力（シンタクス），およびその構造と意味解釈・音声解釈との関係を人間言語の根幹と見なし，これを明示的に理論化することに取り組んできた．過去においては，句構造規則や変形規則，X バー理論などの複雑な提案がさまざまに行われたが，現在の極小主義ではこれらはすべて破棄され，「併合（Merge）」というもっとも単純な組み合わせ操作だけが想定されている（図 2）．

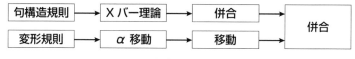

図2　生成統語論の進展

また普遍文法の内容もすべて併合に還元され，併合を適用して統語演算を行う際に見られる制約のたぐいは併合に内在するものではなく，演算効率などの第三要因から生じるものであると考えられている (Chomsky (2005) ほか).

もし併合が単なる記述上の装置ではなく，言語について人間が有する生物学的な能力の実体であり，しかもこの「併合のみ (Merge-only)」(Berwick (2011)) の考え方が正しいとすると，構造依存性や回帰性といった特質は，すべてこの併合に帰せられることになる．したがって普遍文法や言語の起源の問題は，併合の起源・進化の問題として捉え直すことができるが，説明対象を絞り込める点で，これが優れた言語進化研究の指針につながるのである．第 II 部でもこの「併合のみ」という考え方を基本的な仮説として採択し，極小主義を理論的基盤とする言語進化研究について考察を進める．

3.5.「併合のみ」の言語進化仮説

ところで「併合のみ」といった場合，具体的に何が「併合のみ」なのかについて次のように複数の異なる解釈が可能である．

(5) a. 人間言語に固有の機能は併合のみである．
　　b. 普遍文法の内実は併合のみである．
　　c. 言語進化において新たに必要となったのは併合のみである．

チョムスキーの立場は (5a-c) のすべてを包摂しているようであるが，厳密にいえばこれらは主張の内容が異なる．特に，普遍文法は領域固有性と生得性を主張するものであるから，(5a) が成立しても必ずしも (5b) が成立するわけではない（併合は言語固有であっても生得的とは限らない）．また (5c) は，前言語的段階（原型言語の段階）においてすでに存在していたほかの機能が併合とともに言語を構成するという含みを残しているが，そのほかの機能も，併合の影響化で結果的に言語固有のものに変容することも考えられるため，(5a, b) と等価ではない．第 II 部は言語進化を扱っているため，当面は (5c) の意味で「併合のみ」という表現を使うことにする．これによると，先行する原型言

語から人間言語への推移は，ただ併合が出現したことで可能になったことになる（図3）.[10]

図3　原型言語から人間言語へ

　併合は2つの統語体を組み合わせて1つの（無順序）集合を定義するというもっとも単純化された演算操作であり，これを回帰的に適用することでいかに複雑な統語構造も生成することができるとされる．また併合の適用様式としては，もともと離散していた2体を組み合わせる外的併合（external Merge）と，ある統語体とその内部にある別の統語体を組み合わせる内的併合（internal Merge）を便宜的に区別することができる．内的併合は，それまでは「移動（Move）」として別個に分析されていたものを併合の1形式として捉え直したもので，これにより，統語操作をすべて併合に統一することが可能となった．

(6)　併合：Merge $(\alpha, \beta) \rightarrow \{\alpha, \beta\}$
　　 i.　外的併合：α, β のいずれもが他方の外部にあった場合．
　　 ii.　内的併合：α, β のいずれかが他方の内部にあった場合．

(7)　内的併合（移動）

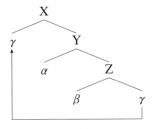

---

[10] チョムスキーは原型言語の可能性に対して否定的な態度を取り続けている．これはおもに，併合の進化に対して，非回帰的で有限回だけ適用可能な併合が前駆体としてあったとは考えにくく，併合は最初から回帰的で無限であったはずだという推測に基づいている．対して，図3でいう原型言語とは，併合が存在せず，階層文法をもたない言語であり，それに併合が加わることで階層文法を持つ人間言語が出現したという進化シナリオを表している．これはチョムスキーの主張とは何ら矛盾しない．

(7) では最初，β と外的併合して集合 Z を形成した γ が，後に集合 Y と内的併合して新たに集合 X を形成している．

　内的併合は移動を併合に包摂するものであるが，移動はもともと個別の変形規則として分析されていたものを一般規則として統一したものである．初期の生成文法では，人間言語の構造は句構造規則だけでは十分に捉えることができず，深層構造を表層構造に写像する変形規則が必要であるということが主張された．人間言語の大きな特徴として，転位（displacement）——つまり文中のある要素が発音される位置と意味解釈を受ける位置が違っているという特性——という現象が知られているが，初期の生成文法はこの転位の効果を変形規則から導くことで，変形規則が備わっていることが人間言語の特異性であると主張していた．その後，変形規則が移動に統一されると，この移動が存在することが人間言語の特異な点であるということになり，現在は，移動を特別視することなく，併合のみが人間言語を特徴づけるものであると見なすに至ったわけである．

　併合によって定義される階層構造は線形順序（語順）が指定されないままである点，また併合は語彙項目などの統語体を直接結合するものであり，NP や VP，N や V といった投射範疇や語彙範疇の表記も構造内に実在しない点で，併合理論は過去の句構造理論から大きく異なっている．例えば名詞句 the student of physics に対して X バー理論が指定する句構造は（8b）であり，併合に基づく最小句構造（bare phrase structure）は（8c）である．[11]

---

[11]（8c）のように簡略化された最小句構造では，例えば補部と付加部の構造上の相違や，非能格動詞と非対格動詞の VP 構造の違いなど，X バー理論ではうまくとらえられていた構造特性が説明できなくなるという問題が一見生じる．実際にはそうではなく，X バー理論で説明できたことはすべて併合だけで説明できるからこそ，X バー理論は破棄されたのである．詳細については藤田（2017: 第 6 章）を参照．

(8) a. the student of physics

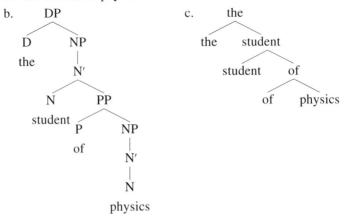

　Xバー理論では，付随する主要部パラメータの値が設定されることで，主要部とその補部との相対語順は統語構造内で指定されていた．しかし併合理論では，語順は統語構造内には存在せず，これを感覚運動システム側で音声や手話などの媒体によって外在化する際，これらの媒体の性質上，やむを得ず指定されるものと考えられている．言い換えれば，意味解釈に関わる概念意図システム側では語順は必要なく，併合が定義する階層構造だけで十分であり，その点で，統語演算システムから両解釈システムへの写像には非対称性があるとされる．つまり，語順を含めた多様な形態音韻解釈が追加されなければならない点で，感覚運動システム側での外在化のほうが余計な手間がかかるのであり，この意味で統語演算システムは概念意図システム側の内在化に対してのみ最適化されていることになる．

　外在化の主たる機能はコミュニケーションであり，内在化のそれは思考であることを勘案すると，言語は思考にとって最適の手段であるが，コミュニケーションにとってはそうではないという推測が成り立つ．

(9)　言語は思考（内在化）に対してのみ最適化されている．
　　　　　　　　　　　　　　　　　　　　　　(Chomsky (2014) 参照)

上で，人間言語の階層文法は構造的あいまい性を生じるために，コミュニケーション効率上，あまり優れているとは言えないということを述べたが，(9)の推測もこのことを支持している．チョムスキーは(9)に基づき，言語はまず思考のツールとして進化し，コミュニケーションは後から追加された副次的機

能であると主張している．しかしこの主張はさらに別の前提を含んでおり，慎重に検討されるべきであろう．

まず自然選択による漸進適応進化は，いわゆる修繕屋（tinkerer）のように，その時々に生じる問題に対して間に合わせの解決策を見出すものであり，その積み重ねは結果的に見れば最適なものを生み出すことはない．準最適解しかもたらさないのが生物進化である．言語がコミュニケーションに対して最適化されていないということは，見方を変えれば，だからこそ言語はコミュニケーションの道具として適応進化したということになるだろう．もし言語が思考に対して最適化されているとするなら，それは適応進化の結果ではなく，別のプロセスが働いたと考えるべきであり，この点で言語は自然選択では説明できないと一貫して主張してきたチョムスキーの立場と相性がよいのである．実際，ネオ・ダーウィニズムや現代総合説（modern synthesis）の自然選択万能論は誤りであり，生物進化にはそれ以外の要因も働くとするのが今日の進化生物学の潮流となっている（拡大総合説（extended synthesis）と呼ばれる）．具体的にどのような要因によって最適な思考言語（language of thought）が進化したのか，現状では明確にされていない第三要因にすべて帰することが妥当なのかは不明であるが，1つの可能性としては，言語はまず内在化の部分で思考のツールとして進化し，その後，外在化の手段を得ることでコミュニケーションのツールとしても進化した，そしてこの後者は通常の漸進適応進化であるため，言語はコミュニケーションに対しては最適化されていない，と考えることができるだろう．

さらに，上述のような内在化と外在化の区別は，個別言語間の多様性，つまり生成文法ではパラメータ的変異として扱われてきた現象をすべて外在化の領域に集約し，内在化の領域には多様性は存在しないという可能性を示唆する点でも重要である．言語には人間言語としての普遍性と各個別言語の多様性の両面が同居しており，言語理論はその双方を捉えなければならない．言語の最初の出現に関わる生物進化はおもに普遍性をもたらし，また歴史的・社会的・文化的な背景において言語が変化する文化進化はおもに多様性をもたらすものである．これを内在化と外在化に振り分け，多様性を後者に限定することは，言語獲得に照らしても自然な考え方である．幼児は例えば母親とのコミュニケーションを通じて直接手に入るようなデータに基づきパラメータ値を設定し，母語を獲得するのであるが，そのようなデータは音声などによって外在化されたものでなければならない．学習可能なものは語順や形態論・音韻論の領域に限定される一方，統語演算の仕組みや階層的統語構造，またそれと意味解釈との

対応づけは経験によって学べるものではないため，あらかじめ人類普遍のものとして生得的に備わっている可能性が高いのである．文化進化は個人による言語獲得の蓄積でもあり，次世代が前世代とは異なる文法を獲得し，それが言語共同体の中で定着した時，言語変化（つまりパラメータ値の再設定）が生じるのである．

以上をまとめると図4のようになる．

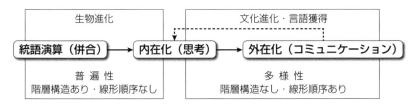

図4　言語の普遍性・多様性と内在化・外在化

ここで便宜上，文化進化として示した部分は，生物進化と無関係ということなのではなく，これらも生物学的な基盤を備えていることに変わりはない．例えば外在化の媒体となる音声は，人間の生物学的な構音・知覚能力に基づくのであり，コミュニケーションという行動も，他者の意図理解や心の理論があって可能となるものである．また，外在化から内在化へのフィードバック・ループがあることも念頭に置くべきであろう（破線部分）．他者とコミュニケートすることは，他者の思考を自らのものと突き合わせて照合することでもあり，それが自らの思考の促進や変容をもたらすことが常である．[12]

3.6. 線形化，ラベル付けと内的併合

併合に基づく最小句構造では語順や投射範疇表記が存在しないことを上で見た（(8c)）．しかしこれらは適切な音声解釈や意味解釈を統語構造から引き出すために必要な情報である．語順が決まらなければ感覚運動システムにおいて音形化する方法が定まらない．また投射範疇はある構成素の主要部が何であるかを示すものであり，合成的な意味解釈を可能にするものである．主要部が構成素の内部にある場合には内心構造性（endocentricity）が，そうでない場合に

---

[12] 環境からのインプットという点で外在化を通じて伝わる他者の思考も第二要因の1つだと見ることができるだろう（遊佐典昭氏のコメント）．もっとも，1個体単独の思考も常に環境からの情報を参照しているのであり，その点では同じである．

は外心構造性 (exocentricity) が成り立つという．かつては句構造は常に内心構造的であると考えられており，これを捉える1つの方法が X バー理論における投射の考え方であった．併合理論において投射の情報を担うのは「ラベル (label)」であり，例えば集合 X = {α, β} のラベルが γ である時，これを (10) のように表記する．[13]

(10) a. {γ, {α, β}}
b.

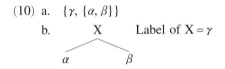

γ が α か β である場合が内心構造，それ以外である場合が外心構造である．

外心構造は特に複合語においてよく観察され，例えば birdbrain には字義通りの合成的な「鳥の脳」という解釈と，メトニミー的に「ばかな人」という解釈があるが，後者は外心構造であり，仮に (11c) のように示すことができる．

(11) a. birdbrain
b. {brain, {bird, brain}}   c. {stupid person, {bird, brain}}

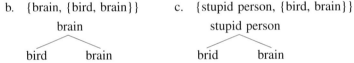

ただし外心構造といっても，この場合，「鳥の脳」という字義通りの内心構造的解釈がまずあり，これを含む形で「ばかな人」という比喩的な解釈が生じているのであるから，内心構造性や合成的意味解釈とまったく無関係なわけではない．むしろこれを基本にしつつ，そこに語用論的な解釈を追加していると考えるべきであろう．[14]

近年，外心的複合語は原型言語の様子を反映している「言語進化の生きた化石」と見なされ，進化言語学でも盛んに議論されている (Jackendoff (2009), Progovac (2015))．今見たように，外心的複合語の意味は構造に基づいて完

---

[13] (8c) では投射範疇のように見えるラベル表記を与えているが，厳密に言えばこのようなラベルが統語構造内に存在するのではない．

[14] 具体的には「鳥の脳→鳥の脳は小さい→鳥の脳はできが悪い→それと同様にできが悪い脳を持つ人」といった意味拡張が働くのであろう．日本語で物忘れが激しいさまを表す「鳥頭」も同様である．もちろん，近年の比較心理学が示すとおり，鳥にとっては事実無根の迷惑な話である．例えばニワトリは24種類の鳴き声を状況に応じて使い分け，ふ化したばかりのヒヨコでも数の大小を理解するという (Smith and Johnson (2012), Rugani et al. (2016))．

全に合成的に決まるのではなく，多分に語用論的・文脈的な影響を受ける．X と Y からなる複合語では，X と Y の間に成立し得るあらゆる関係が潜在的にはその複合語の意味となることができ，そのうちどれが実際の意味として定着するかは文化的・社会的な選択である．このような文脈依存度の高さは，動物コミュニケーションとの類似性を思わせるものである．

霊長類の警戒コールなどを理論言語学的に分析する試みは近年霊長類言語学 (primate linguistics) などと呼ばれ盛んに行われている (Schlenker, Chemla, Schel et al. (2016) ほか)．すでに多数の事例研究があり，例えばハナジロザル (putty-nosed monkey) は基本的にヒョウに対する *pyow* とワシに対する *hack* という 2 種類の警戒コールを持つが，これらが組み合わされて使われると，集団移動を喚起する一般的な警戒コールになるという (Arnold and Zuberbühler (2006), Schlenker, Chemla and Zuberbühler (2016))．一見してこの後者の機能は *pyow* と *hack* それぞれの機能の合成として生じるのではなく，全体として新しい機能を帯びているようである．[15] これが外心的複合語の場合に類似しているというわけであるが，人間言語の場合と異なり，この複合的警戒コールでは基本となるべき内心構造やそもそもの階層構造が見当たらない．いわば真性・深層の外心構造性であり，内心構造を含んだ表層的な外心構造性とは異なるのである (藤田 (2014))．この相違も併合の有無に求められ，併合を介して深層外心性から表層外心性へ推移したものが人間言語であると考えることができるだろう．

では語順情報やラベル情報は句構造からどのようにして読み取られるのであろうか．併合が定義する階層関係がこれらを左右すると考えるのが自然であるが，線形化については Kayne (1994) で示された線形一致公理 (linear correspondence axiom, LCA) を感覚運動システムにおける線形化原理として再解釈することが有望である．これに従えば，概略，階層的により上位にあるものが下位にあるものより，線形順序上も先行することになる．これは後から併合されたものを先に線形化するという点で一種の Last In, First Out (LIFO) の原理であり，線形化をより効率的に行うために言語が採択した方略だといえる．

---

[15] Schlenker, Chemla, Arnold and Zuberbühler (2016) は，これらが合成的であるという可能性を検討しているが，かなりの語用論的な原理を要求する，いわば擬人的な分析となっており，無理があるという印象を受ける．

(12) LIFO 方式による線形化（概略）

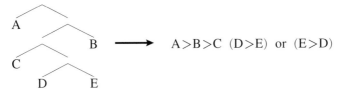

これに従えば，(12) において A が B に先行し，B が C に先行することは自動的に決定できる．しかし問題は，最初に併合された D と E（いずれもさらに別の構造を含んでいない語彙範疇だとする）の相対語順である．いずれも他方より階層構造的に上位だと言えないため，語順が一義的に決められないのである．

同様の問題がラベル決定についても生じる．ラベルがどのようにして定義されるかについて，初期のミニマリズムでは併合に付随するラベル付けアルゴリズムを仮定していたが，その後，ラベルは統語演算自体からは排除され，解釈の段階で構造から読み取られるものであると捉え直されることになった．その際に働くのは第三要因に由来する最小演算の原理，最小探索（minimal search）であるとされる（Chomsky (2013, 2015)）．これは概略，ある集合を探索して最初に検出される要素，つまり階層構造的にもっとも際立つ最上位にある要素がその集合のラベルとして選ばれるというものである．

(13) 最小探索によるラベル決定（概略）

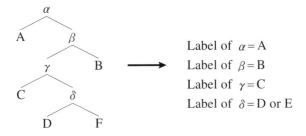

ここでも最初に併合された D と E（いずれもさらに別の構造を含んでいない語彙範疇だとする）からなる集合 δ のラベルが決定できない．いずれも他方より階層構造的に上位ということがないからである．

以上の線形化とラベル付けに伴って生じる 2 つの問題は，本質的に同じものである．つまり最初の併合（initial Merge）によって定義される集合内では，

いずれのメンバーも他方より上位にない対称性の関係にあるため，線形化もラベル付けもできないのである．したがってその解決策も統一的であることが理想的である．1つの可能性として，内的併合によるものを検討してみる（Fujita (2017)）．これは Moro (2000) による，移動によって対称性が破れ非対称性が生じることで語順が決定されるという提案をラベル付けに拡張したものである．

(14a) で対称性の関係にある D と E のうち，いずれか一方がさらに内的併合を受けると，(14b, c) のように一方が他方より上位に現れ，これにより LIFO による線形化も最小探索によるラベル付けも一義的に決まる．

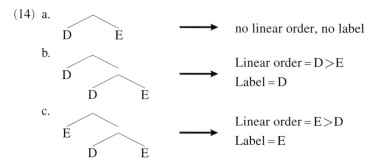

この内的併合が何に対して起きるのか（移動の着陸地点はどこか），また新しく定義された集合は元の集合 {D, E} とどう関係付けられるのかなど，残る問題点も少なくないが，現在の併合理論では，併合はまったく自由に適用し結果的に解釈可能となった構造だけが残る（「α 併合（Merge α）」，Boeckx (2015) を参照）と考えられているため，ここでもそれに従っておく．線形化やラベル付け「のために」内的併合が適用しているのではなく，自由適用の結果，線形化やラベル付けが適正になされる構造も得られるというに過ぎない．この提案の重要な点は，線形化やラベル付けの問題を解決するために新しい分析装置は不要であり，併合を利用するだけでよいというところにある．つまり「併合のみ」の考え方が線形化やラベル付けといった解釈上の情報付与に対しても有効であるということであり，人間言語を可能にしているのはこの併合にほかならないという見方が裏づけられる．[16]

---

[16] Goucha et al. (2017) は，併合とは異なる神経基盤をラベル付けに対して提案している．これが正しければ，単純にラベル付け＝（内的）併合ということではなく，ラベル付けは併合の出力に対してさらに何らかの操作を要求するということになるだろう．

第 4 章

統語演算システムの進化

4.1. 線形文法から階層文法へ

　併合が階層的な統語構造を定義することから，階層文法も併合によってもたらされたと考えることができる．すると併合がまだ存在せず階層構造をもたない原型言語には，せいぜい語順に基づく線形文法しかなかったと推測できる (Jackendoff and Wittenberg (2016))．例えば (15a) から (15b) への推移が，原型言語から人間言語への進化にあたる．

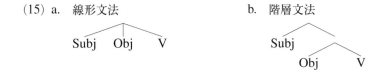

(15) a. 線形文法　　　　　　　　b. 階層文法

　Goldin-Meadow et al. (2008) は基本語順の異なる母語 (英語, トルコ語, スペイン語, 中国語) を話す人々でも，身振りで出来事を表現する際にはすべて同じ「行為者＞被行為者＞行為」という SOV 相当の順序を用いることを報告している．これは認知主体が注視する対象の順序と考えることもでき，(15a) が原型言語の線形文法における基本構造である可能性があるだろう．[17] この段

---

　[17] これに関して興味深い報告が Schouwstra and de Swart (2014) によってなされている (遊佐典昭氏のご教示)．彼らはオランダ語およびトルコ語の母語話者を対象にした実験で，Pirate throws guitar. といった外延的 (extensional) な事象に対しては SOV 相当の，また Cook thinks of sock. といった内包的 (intensional) な事象に対しては SVO 相当の身振りが，それぞれよく用いられることを示し，特に動詞の意味特性が身振り語順を左右すると主張して

階では併合は存在せず，記号を鎖状に連結 (concatenation) するだけであるが，これは先のハナジロザルの場合のような動物コミュニケーションにも見られる特徴である．

同様の線形文法は今日の我々の中にも残っており，原型言語の名残りを示す言語進化の痕跡であると思われる．例えばブローカ失語症の患者は，損傷部位によってさまざまな障害を示すが，よく知られたものとして能動文の理解は正常であるのに対し受動文の理解が困難であるということがある．(16b) ではイヌがネコを追いかけたとの誤った意味解釈が生じやすい．関係代名詞節 (17b) の理解や，日本語かきまぜ文 (18b) の理解においても，同様の問題が見られる．

(16) a. The cat chased the dog. （理解正常）
    b. The dog was chased by the cat. （理解困難）
(17) a. the cat that chased the dog （理解正常）
    b. the dog that the cat chased （理解困難）
(18) a. ネコがイヌを追いかけた． （理解正常）
    b. イヌをネコが追いかけた． （理解困難）

過去においては，受動文では能動文にはない移動の適用があることから，移動によって生じる痕跡の処理に問題が生じるといった分析もあったが (Grodzinsky (2004) ほかの「痕跡消去仮説」(Trace Deletion Hypothesis) など)，より単純な見方として，この種のブローカ失語では階層文法が機能せず，線形文法を代用していると考えることができる．この線形文法は「行為者（主語）＞被行為者（目的語）」というルールを持っているため，(16b) (17b) (18b) でも dog やイヌを主語として理解してしまうのである．その証拠として，(17) の関係節においては，日本語や中国語では理解度が逆転し，(17a) のほうが理解困難になるということがある (Grodzinsky (2004))．これはこれらの言語では英語とは逆に関係節が先行詞の前に生じるため，主語と目的語の語順が逆転するためである（イヌを追いかけたネコ／ネコが追いかけたイヌ）．[18]

いる．外延的な動詞では目的語の指示対象はすでに存在しているのに対し，内包的な動詞では動詞が述べる行為によってそれがようやく喚起されるという対比を考慮すれば，これは自然な考察であろう．つまり内包的事象では，認知主体が動詞より先に目的語に注視することが困難であるため，SOV 語順が生じにくいと考えられる．

[18] 一方，再帰代名詞や代名詞の束縛現象については多くの場合に失語症患者の理解は正常であるため，階層構造自体は損なわれておらずやはり移動に限定された障害ではないかとする

ほかにも，我々は日常的にこの線形文法の名残りを用いていると思われるケースがある．例えば意味を強調するためにある表現を何度も繰り返すといったことで，これも階層構造ではなく平板な線形記号列になっている．この点では，「併合のみ」とは人間言語では常に併合が作動しているということではなく，人間言語にしか見られない階層文法は併合のみによって可能となるという意味で理解すべきであろう．

このように併合の出現により原型言語の線形文法から人間言語の階層文法への移行が可能になったとしよう．ではこの併合はどこから生じたかが進化言語学上の大きな問題となる．チョムスキーは併合には前駆体はなく，脳神経の再配線（brain rewiring）をもたらすような突然変異が起きたとだけ示唆している（Chomsky (2005) ほか）．進化に突然変異が関与するのは当然だとしても，これだけでは漠然としていて検討の方法がない．また併合の前駆体をチョムスキーは通常でいう前駆体とは別の意味で用いており（注10参照），併合が言語や統語演算とは関係のない，また種固有でもない何らかの先行能力から外適応（exaptation）により機能変化・拡張を遂げたものであるという進化シナリオを事前に排除するものではない．突然変異や脳の再配線が関与していたとして，それは何もないところからいきなり併合を生み出したのではなく，すでにある機能を統語演算に汎化・拡張することを可能にしたのではないだろうか．

過去の生成文法で提案されてきた変形規則やXバー理論は言語固有性が非常に高いために，統語演算の進化をその前駆体に遡って考察することが困難であった．しかし，現在の併合理論は2つの統語体の回帰的組み合わせという極めて単純な操作のみが統語演算に働くとしており，類似の能力を人間や他種の言語以外の領域に求めることが容易となっている．併合という考え方に到達することで，ようやく生成文法と他分野の知見を統合した言語進化研究が可能になったと言えるだろう．しかし逆に併合が非常に単純で一般的な操作であり類似の能力の存在を数多く指摘できるために，前駆体の候補を絞り切れないという問題も生じる．以下の提案はその1つの可能性に過ぎず，ほかの可能性も同時に検討すべきであるという点に注意しておきたい．

見方もある（Grodzinsky (2004) とそこで言及されている文献を参照）．しかしそれらの研究では，例えば Is Mama Bear touching herself? といった基本的な表現形式が扱われているため，階層構造の知識がなくとも語順（と語用論的推論）だけに基づいて正しい理解を行っているという可能性も排除されないであろう．他方で，Choy and Thompson (2009) のように，ブローカ失語症では束縛現象のプロセシングは正常であるものの，理解には障害が見られるとする報告もある．

4.2. 行動併合から統語併合へ

Fujita (2014),藤田 (2012) ほかでは,人間や他種が示す物理的な物体の操作能力,特に道具使用に典型的にみられる物体の系列的・階層的組み合わせ能力から併合が進化したとする「運動制御起源仮説」が提案されている.従来から,言語と道具使用の間に進化的・発達的関係があるということは多くの研究者が指摘してきた.[19] これを言語全般ではなく統語演算操作である併合と直接的に結びつけたのがこの運動制御起源仮説である.人間のみならず,ほかの霊長類やトリたちも巧みに道具を使用する.例えばチンパンジーやボノボは石をハンマー代わりにして固い木の実を叩き割ることがあるが,この際,台石の上に木の実を乗せる.するとここに三体の組み合わせが成り立つ.台石を安定させるためその下にさらに「くさび」となる石を置く場合は四体の組み合わせとなる(図5,Matsuzawa (1991, 2001) などを参照).

図5 木の実割り行動における物体の階層的組み合わせ

比較認知科学では従来から観察されてきたこのような動物の組み合わせ行動が,抽象的な記号操作能力に拡張したのが統語演算操作「併合」であるというのが,運動制御起源仮説の骨子である.

Lashley (1951) や Greenfield et al. (1972) は早くから物体操作と言語の文法の平行性に注目していた.特に Greenfield (1991, 1998) が提案した「行動文法(Action Grammar)」の考え方は,発達心理学の立場から,幼児の物体操作能力が文法に先行して発達することを観察し,同様のことが進化についても成り立つであろうと指摘しているが,「運動制御起源仮説」はこの行動文法の考え方を併合の起源・進化に適用したものにほかならない.これは併合という統語操作が,過去の生成文法において提案されたものよりはるかに単純であり,物体の組み合わせと同じようにして捉えられるものであることに基づいて

---

[19] Stout (2010) によれば,言語と道具使用は (i) ワーキングメモリなどの一般的能力,(ii) 共同注意や心の理論などの社会的知性,(iii) ブローカ野やミラーシステムなどの特定の神経基盤,の3つにおいて共通性が見られる.

提起可能になった仮説である．換言すれば，併合という最小演算操作に辿り着いたことで，ようやく生成文法の知見をより一般的な認知発達・認知進化の文脈の中で捉えることができるようになったということを意味している．

Greenfield の重要な観察は，3体（以上）の物体を連続的に組み合わせる場合，複数の異なる方式があり，それらは操作の複雑性において違いがあるという点にまとめられる．より具体的には，Greenfield は図 6 に示される 2 番目のポット方式（pot strategy）と 3 番目のサブアセンブリ方式（subassembly strategy）を区別し，後者がより複雑であって前者より遅れて発達し，また後者は前者と異なり人間固有の組み合わせ能力であると指摘している．

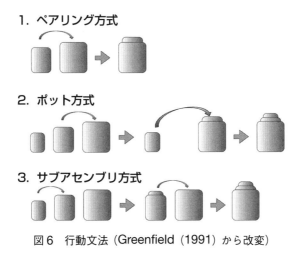

図 6　行動文法（Greenfield（1991）から改変）

図 6 では分かりやすさのために大・中・小 3 つのカップの入れ子構造を例にとっているが，行動文法はそれに限らず，具象物の組み合わせ全般について成り立つものである．例えば図 5 の木の実割り行動では，くさびの上に台石を乗せ，その上に木の実を乗せる場合にはポット方式となり，先に台石の上に木の実を乗せ，その台石ごとくさびに乗せる場合にはサブアセンブリ方式となる．ポット方式では，ターゲットとなる物体を 1 つに固定し（図 6 では大カップ），それに中カップ，小カップを順次組み合わせている．対してサブアセンブリ方式では，まず中カップをターゲットにして小カップを入れ，これ全体を 1 つの部分組み立て部品（サブアセンブリ）とした上で，今度は大カップをターゲットにして組み合わせている．

このようにサブアセンブリ方式ではチャンク化が起き，2つ（以上）の作業

スペースが必要となるため，ワーキングメモリへの負荷が高くなってポット方式より難度が上がると考えられる．人間の幼児では生後20ヶ月頃からサブアセンブリ方式で組み合わせを行うようになるが，チンパンジーやボノボでは同様の行動はまったく見られず，飼育下で集中的な訓練を受けたチンパンジーにおいて例外的に観察される程度だとされる．[20]

この行動文法におけるポット方式とサブアセンブリ方式の区別を併合の適用様式にあてはめてみよう．一例として上出の複合語の例 (2b) を，分かりやすいように一部修正して再掲する．

(19) a. ポット型併合　　　　　　b. サブアセンブリ型併合

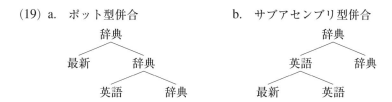

(19a) では「辞典」をターゲットに固定して，「英語」と「最新」を順次併合しており，ポット方式に相当する．これをポット型併合（Pot-Merge）と呼ぶことにする．(19b) ではまず「最新」と「英語」を併合してチャンクを作り，これを次に「辞典」と併合しており，サブアセンブリ方式に相当する．これをサブアセンブリ型併合（Sub-Merge）と呼んでおく．

ここで問題になるのは，このような複合語形成においては語彙項目どうしが併合されており，上で見たような最小探索によるラベル付けが一見，機能しないという点である．(19a, b) では実際の意味解釈に合わせてラベル付けのパターンを表示してあるが，ではなぜ例えば「英語辞典」のラベルは「辞典」であって「英語」ではないと分かるのだろうか．日本語や英語の複合語では右側主要部規則（right-hand head rule），つまりもっとも右側（末尾）に生じる要素が複合語の主要部であるという規則が働くが，もちろんこれはラベル付けの結果であって，その理由ではない．特に，併合は無順序集合を定義するだけであるから，統語構造内で語順情報を利用することはできない．[21]

---

[20] 京都大学霊長類研究所の有名な「天才チンパンジー」アイがサブアセンブリ方式でカップを組み合わせる様子の映像が以下で公開されている．
　　http://langint.pri.kyoto-u.ac.jp/ai/en/publication/MisatoHayashi/Hayashi2007-b.html
しかしこれは何度も試行錯誤を繰り返した挙げ句に偶然そうなったという印象が強く，最初から計画的に行っているとは考えにくい．

[21] Tokizaki (2017) は，右側主要部規則の効果やイタリア語などこれに従わない言語のふる

(19a, b) を見比べただけでは，ポット式併合とサブアセンブリ式併合の違いは，語順上，後ろの2つを先に併合するか前の2つを先に併合するかの違いであるかのように見えるが，これは今述べた理由により正しくない．両者を語順を捨象して抽象化して示せば (20a, b) のようになるが，これらはラベル付けによってのみ区別が可能である．

(20) a. ポット型併合　　　　　　　　b. サブアセンブリ型併合

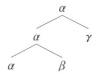 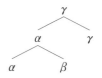

具体的には，(20a) では集合 $\{\alpha, \gamma\}$ のラベルが α であるのに対し，(20b) では γ となっている点が，両者の唯一の相違であり，これは (20a) では α をターゲットとしてすべての操作が行われている一方，(20b) ではそうではなく γ もターゲットになっているということの反映にほかならない．この違いはどのようにして捉えられるだろうか．

初期極小主義の併合理論では，併合自体は対称的（symmetric）な操作であるが，個々の適用例においては，一方が駆動因となって他方を選択し併合するのであってその逆ではないという意味で非対称的（asymmetric）な関係が成り立つとされていた．例えば {the, book} では the が book を選択・併合し，逆ではないため，the が全体の主要部でありラベルも the によって与えられた．これは X バー理論における投射（projection）の考え方を一部継承したものであるが，これに従えば，(20a, b) でも $\{\alpha, \beta\}$ や $\{\alpha, \gamma\}$ において，どちらのメンバーが主要部であるのか（つまり，複合語のラベルとなるか）は，併合適用時に決めることができる．しかしこのような措定を廃し，併合の完全自由適用を想定する現在の枠組みではこのような説明は成立しない．3.6 節で述べた移動（内的併合）によるラベル決定は，その解決策の1つとなり得るが，既述のようにその移動先はどこなのかといった不明点も残る．

しかしこのラベル付けそのものは，併合とは独立したものであり，解釈のた

まいが強勢に基づく語順決定によって説明可能であると指摘している．文レベルでも語レベルでも語順に関わるパラメータを不要とする点で優れた提案であり，そもそも語順は統語演算内部の問題ではなく感覚運動システムにおいてのみ表出する現象であることを勘案すれば，自然な説明方法であろう．

めにインターフェイスで要求されるものであったから,併合自体の起源・進化を考える上では,外来的なものとしていったん置いておくこともできるだろう.物体の組み合わせ操作を,併合との関係を強調するために行動併合(Action Merge)と呼んでおくと,統語演算操作としての併合はこの行動併合から前適応(preadaptation)ないし外適応(exaptation)—つまり元機能が別の機能に拡張したり転用されたりするプロセス—によって進化したというのが運動制御起源仮説の主旨である.ポット式併合とサブアセンブリ式併合の相違を勘案し,これをまず図7のように示しておこう.

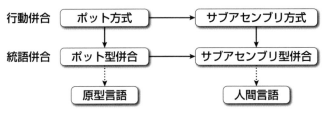

図7 行動併合から統語併合への進化

　併合はあくまで同じ1つの操作であり,ポット型・サブアセンブリ型はその適用様式の違いを指すに過ぎない点に注意が必要である.図7における水平方向の進化,つまり行動にしろ統語にしろポット型からサブアセンブリ型への進化は,主にワーキングメモリの増大により複数の作業空間の処理が可能になったことで生じたと考えておこう.また垂直方向の,行動から統語への進化は,手で直接操作できる具象物がまずあり,それを言語のような抽象的記号の操作に拡張する一種のメタファー的抽象化(Pinker (2010))が起きた結果であると仮定する.

　近年の認知考古学・神経考古学の分野では,石器の作製技術の進化からヒトの認知能力や脳進化のプロセスを推定する試みが盛んに行われている.石器の作製にも,石をどのような順序や角度でぶつけ,割っていくかという綿密な物体操作が必要であり,その一連の手順は言語における回帰的な統語演算に類似している.例えば図8は,初期型アシュール石器(およそ100〜150万年前)の作製方法を階層構造として分析したものである(Stout (2011)).

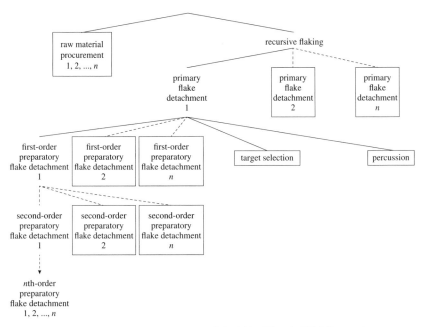

図 8　初期型アシュール石器の作製方法（Stout (2011) より）

　石器作製技術は最古といわれるオルドワン石器（およそ 250 万年前，ホモ・ハビリスの時代）から始まり，ホモ・エレクトスの初期型アシュール石器，さらに後期型アシュール石器へと非常に長い時間をかけて複雑化してくるが（図 9），Moore (2010) は，サブアセンブリ方式の行動文法が石器作製に見られるようになるのは 27 万年前以降であるとしている．

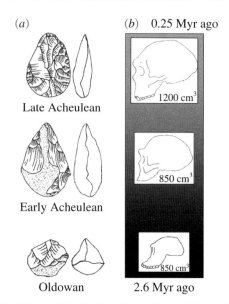

図9 前期旧石器時代の石器作製方法の進化と脳容量増大の関係（Stout et al. (2008) より）

具象物が対象の行動文法（行動併合）から抽象化を経て言語のサブアセンブリ型併合に機能拡張したのは当然ながらそれより後のことであり，人間言語の成立時期はさらに遅かったと推定できるだろう．これは，図7でも示したように，人間言語はサブアセンブリ型併合が可能になった時点で初めて出現し，ポット型併合だけではまだ原型言語の段階であり完全な人間言語には不十分であると考えられるためである．もしそうであるなら，本章冒頭で述べたような，原型言語＝線形文法，人間言語＝階層文法，という単純な二分法では不十分であって，両者の相違は併合自体の有無ではなく，そのサブアセンブリ方式の適用が可能か否かにある，というより漸進進化的な見方が必要になるだろう．

4.3. サブアセンブリ型併合：回帰性の基盤

サブアセンブリ型併合が人間言語に必須であることは，例えば次のような単純な考察からも明らかである．例文（21a-c）と，それぞれの基本となる VP 構造を考えよう．

(21) a. John saw Mary.

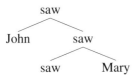

b. John saw the girl.

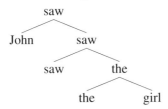

c. The boy saw the girl.

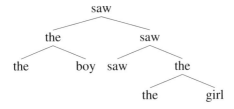

(21a) の構造はポット型併合だけで生成できる．この場合，saw がターゲットとして固定され，それに Mary, John が順次併合されている．しかし目的語が {the, girl} となる (21b) や，さらに主語も {the, boy} となる (21c) では，あらかじめこれらの集合を生成し，後に saw と併合するという手順が含まれており，明らかにサブアセンブリ型併合の適用が必要となる．ポット型併合のみで生成できる統語構造は極めて限られたものであり，サブアセンブリ型併合がなければ人間言語として十分な句構造は得られない．

これは現在の極小主義が採用している分裂 VP 構造では一層明白である．これによれば，個々の動詞は複数の動詞主要部から構成され，例えば主語（外項）を認可する v と目的語（内項）を認可する V（ないし分散形態論（Distributed Morphology; Marantz (1997), Embick and Noyer (2007) 参照）でいうルート部 = $\sqrt{\ }$）は別個に併合されるため，(21a) のような単純な例でさえ，(22) のようにサブアセンブリ型併合の適用が必要となるからである．

(22)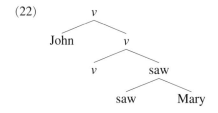

(22) では，あらかじめ {saw, Mary} を作っておき，これをターゲットの v と併合しなければならない．さらに，分散形態論ではすべての語彙範疇が範疇未指定のルート部とこれに範疇を指定する n, v などの機能範疇の併合によって与えられるため，例えば単純な名詞句 the book でさえ，{the, {n, √BOOK}} というようにサブアセンブリ型併合を行わなくては生成できない．[22]

(23)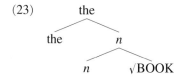

このように見てくると，サブアセンブリ型併合が人間言語の回帰的生成力の根幹となっていることが分かる．

　ポット型併合とサブアセンブリ型併合を区別し，より多くの作業空間を必要とする点で後者が計算上より複雑な操作であると考えることは，このような進化的考察のみならず，通時的・共時的・発達的な観点からも支持されるように思われるが，ここでは詳述を避ける（他動性交替や受動文などのいくつかの事

---

[22] 分散形態論のルート分析を採用すると，上出の複合語についても新たな考察が必要になる．例えば birdbrain は次の (i) ないし (ii) の構造を持つと考えられるだろう．

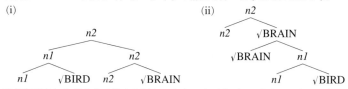

(i) は名詞どうしを併合する場合と同じであり，なぜ brain にあたる $n2$ のほうがラベルになるのかという問題が残る．(ii) は bird が brain の補部であって逆ではないという事実を捉えているが，ここから表層語順 birdbrain を導くには，さらに移動操作が必要となる（Harley (2009) を参照）．また Chomsky (2015) はルート部にはラベル決定能力がないとしているが，これに従えば (ii) で √BRAIN がラベルになることはできない．

例研究については藤田（2016）を参照）．

4.4. 言語と運動のシンタクス

　運動制御起源仮説に限らず，言語あるいは統語演算と道具作製などの物体操作の階層処理の間に進化的ないし発達的関係を指摘する研究者が多数いる一方で，これに懐疑的な研究者も少なくない．Moro (2014) は Pulvermüller (2014) への反論の中で，主に (i) 言語と運動では操作対象が異なる，(ii) 言語に見られる局所性が運動にはあてはまらない，の2点を根拠に，言語と運動の階層構造上の類似性はメタファーに過ぎないとしてこれを斥けている．同様に Berwick and Chomsky (2017) も，併合による統語演算には (iii) ラベル付け，(iv) VP内VPといった構造上の回帰性，(v) 移動によるコピーの無音化などが伴うのに対し，石器作製などにはこれらがないとして，併合と運動との関係を否定している．

　しかしまず注意すべきは，運動制御起源仮説は運動（行動併合）と言語の統語併合が同一のものであることを主張しているのではなく，前者を後者の進化的前駆体と考える提案であるという点である．上記の (i)-(v) はいずれも言語や統語併合に見られる特性が運動には見られないことを指摘したものであるが，当初の前駆体（行動併合）にはなかった性質が，言語に領域固有化した統語併合に変容する過程において後に出現することは何ら不思議ではなく，併合の外適応的進化シナリオとは矛盾しないと言うべきである．特に，(ii) の統語操作の局所性や (iii) のラベル付けは，現在の極小主義では，ほかならぬチョムスキー自身によって言語や併合の内在的特性ではなく，演算効率や最小探索といった一般原理（第三要因）から帰結すると提案されているものであるから，Berwick and Chomsky の主張は整合性を欠いている．

　同様に，(iv) の同一範疇の繰り返しという意味での「表示上の回帰性」は，併合が自らの出力を繰り返しその入力とすることができるという意味での「操作上の回帰性」からの帰結でしかなく，それ自体が重要なのではない．この操作上の回帰性のみに注目すれば，運動との共通性は明らかであろう．[23] そもそ

---

[23] この表示上の回帰性と操作上の回帰性を明確に区別していなかったために，Everett (2005, 2012) による「ピラハー語には回帰性はなく，したがって回帰性のみが普遍文法の実体であるなら，普遍文法は存在しない」という的外れな議論が生まれたことを想起されたい．操作上の回帰性は，補文構造を持ち出すまでもなく，単文の派生においても必要である．

もVPやNPといった投射範疇は始めから言語に特定的にしか定義できないものであるばかりか，Chomsky (2013, 2015) などの新しいラベル付けの考え方によってすでに否定されたものである．(v) のコピーの無音化も併合の特性ではなく，その出力を音声解釈のために感覚運動システム側に転送した結果として起きるものであるし，(i) に至っては，操作自体の類似性と操作対象の同一性を混同した議論になってしまっている．

要するに，運動制御起源仮説や類似の提案に対するこれらの批判は，集合を形成する単純な組み合わせ操作としての併合そのものから論点をずらし，併合とは別個であるはずの特性を併合自体の特性と錯誤しているのであって，いずれも正当性を欠くと言わざるを得ない (Boeckx and Fujita (2014) 参照)．このことから，本節以下でも運動制御起源仮説は（それが唯一のものという意味ではもちろんないが）併合の起源を探る上での1つの仮説として有効であるとした上で考察を進める．

4.5. 言語と音楽のシンタクス

一方，階層的な構造は言語に限らず，人間の多様な認知作用に共通して見られるものであるという観察も従来からなされている．数認知や音楽，心の理論，道徳性はその代表的なものであり，それらにも併合のような組み合わせ能力が働いていると考えることはそれほど不自然ではない．例えば自然数の連続は回帰的な後者関数 (successor function) $f(x) = x + 1$ によって生じるが，これは明らかに併合に等しい2項組み合わせ操作である (Chomsky (2005) ほか)．

近年，生物音楽学 (biomusicology) の発展において，言語と音楽のつながりが特に注目されている．Lerdahl and Jackendoff (1983) の生成音調音楽理論 (Generative Theory of Tonal Music, GTTM) が当時の生成文法理論の句構造分析を音楽の階層構造に応用したことをはじめとして，音楽と言語を進化的ないし発達的に結びつけ，両者の共通点や相違点を神経科学や認知科学の立場から解明しようとする試みはこれまで多数行われている．図10はGTTMのタイムスパン簡約 (Time-Span Reduction) による音楽の構造分析の例である．

第 4 章　統語演算システムの進化　　　　　　　　　　　　139

図 10　タイムスパン簡約 (Patel (2012) より)

　タイムスパン簡約では，近接する音から拍節構造上，より重要なものを選びほかを捨象するという手順を繰り返すことで，ちょうど言語の句構造において各句の主要部とそれ以外を区別するようにして，内心的構造を定義することができる．[24] 図 10 では，より重要である主要部はより長い枝として上位まで伸びており，そうでないものはより短い枝によって表されている．一見して，併合によって統語構造を派生した場合とよく似ていることがわかる．[25]
　Patel (2003) は言語と音楽が構造処理について共通の神経基盤を持っており，それが領域固有である各表象レベルに結びつくという「共有統語統合資源

---

　[24] 拍節構造上重要な音とは，音符の並びに切れ目を探してグループ分けした際の開始点および終了点にあたる音であり，かつ拍子の拍が置かれていることがその条件となる（東条 (2012)）．
　[25] もっとも，音楽は最初から音による外在化を伴っている点で言語シンタクスと同列に扱うべきではないかも知れない．むしろ音韻シンタクス (phonological syntax) と呼ぶべきであろうが，これは後述するように音韻文法にも併合のような演算操作が働くという見方にもつながる．GTTM でシンタクスにより近い簡約は，延長的簡約 (Prolongation Reduction) であるとされる（浅野莉絵氏の指摘による）．

仮説（Shared Syntactic Integration Resource Hypothesis, SSIRH）を提案している（図11: Patel (2012)，星野・宮澤 (2016) を参照）．

図11　SSIRH: 言語と音楽に共通の統語処理（Patel (2012) より）

音楽のシンタクスにも併合に似た組み合わせ操作（音楽併合（Musical Merge）と呼んでおく）が関わっているとするなら，それは図11の資源ネットワーク側の言語と音楽が重なり合う部分を共通基盤とし，それに領域固有の性質が加わったものだと考えられるだろう．これを支持するものとして，ブローカ失語症では音楽の処理にも障害が出ることが報告されている（Patel et al. (2004））．

この SSIRH に類似し，ある意味でこれをさらに強くしたとも言えるのが Katz and Pesetsky (2011) の「言語・音楽同一性命題（Identity Thesis for Language and Music）」である．

(24)　言語・音楽同一性命題
　　　言語と音楽の形式上の相違はすべてその基本的素材（言語では語彙，音楽ではピッチないしピッチの組み合わせ）の違いに起因するものであり，それを除けば言語と音楽は同一である．
　　　　　　　　　　　　　　　（Katz and Pesetsky (2011: 3) 筆者意訳）

音楽シンタクスにも言語と同じ併合が作用するというのがこの命題の意味するところの1つであり，通常，音楽の構造構築では移動（内的併合）は適用しないとされているのに対し，Katz and Pesetsky は主要部移動と平行的な移動が音楽のカデンツ（終止形）にも働くとさえ指摘している．[26]

---

[26] しかし音楽併合はその対象が物理的実体を持つ音であり，必然的に線形化されなければならない点が，言語の場合と大きく異なっている．統語併合と音楽併合の領域固有性の違いとして興味深い点である．なお，Katz and Pesetsky の提案は能力（competence）のモデルとしてのものであり，プロセシング・モデルである Patel の SSIRH とは意図が異なる（浅野莉絵氏による指摘）．

言語も音楽も人間に固有であり，かつ生得的な能力が関与する．また，基本要素を組み合わせて複雑な階層構造を構成する点や，そこにある種の制約がかかり，一定の出力のみが容認される点も同じである．その一方で，音楽には言語のような命題的意味が合成的に組み立てられることはなく，むしろ情動的・感情的な「意味」を伝える側面が強い．動物コミュニケーションが常に命題内容と情動的負荷を一まとめにして伝えるのに対し，人間言語はこれらを分け，命題内容だけを表すことを可能にするという指摘がある（Bronowski（1977）；4.7 節も参照）．だとすると，音楽はこの命題と情動の分離において，言語とは対照的に情動側に特化したシステムであるということができるかも知れない．

Putt et al.（2017）は，機能的近赤外線スペクトロスコピー（fNIRS）を用いた脳計測により，アシュール石器を作製する際の脳の賦活状態がピアノを演奏する際と同じであり，ともに補足運動野（supplementary motor area）における高次行動計画や側頭部における感覚運動および視覚・聴覚情報の統合が関与することを示している．このことも，音楽と行動の進化的関係や両者に共通する構造構築能力の存在を示唆するものとして興味深い．言語が音楽から進化したとする音楽原型言語説は，ダーウィン以来よく知られた考え方であり，現代の言語進化研究においても再評価の機運が高まっている（Mithen（2006），Fitch（2010））．しかし言語が複数の下位機能から構成される複合的能力であることを勘案すると，それらの下位機能がすべて音楽から由来するとは考えられず，階層文法やその線形化と音楽との関係を探ることが適切であろう．

4.6. 汎用併合：併合の運動制御起源仮説（1）

このようにして見てくると，当初，人間言語に特定的と思われた併合による階層構造の生成と処理は，実はそうではなく，音楽にも，さらにはほかの人間固有の多様な認知機能にも共通して起きるものであると考えることができる．Patel の唱えた SSIRH は言語と音楽についてだけ成り立つのではなく，ほか

また音楽に内的併合があるとして，では道具使用にも同じ内的併合の効果が見られるのかは，検討すべき課題であろう．例えば万年筆のキャップを尻軸側に装着して胴軸の延長として利用することは，そういった内的併合の効果と見なせなくもない．併合の進化的前駆体段階にあたる石器作製技術にそのような高度な操作があったかは不明であるが，潜在的能力としてはすでにありながら，その必要がないために実際には用いられることがなかったという可能性もある．

の多くの認知ドメインについても等しく成立するだろうということである．Hauser and Watumull (2017) もこれによく似た考え方をしており，言語や音楽，数学，道徳などに共通する生成的演算能力を「普遍生成機能（Universal Generative Faculty）」と呼び，これが異なる概念ドメインと繋がることで領域固有性が生じるとしている．しかし各認知ドメインにはそれぞれ領域固有の併合（統語併合や音楽併合，数併合など）が働くという可能性も残り，それらが同一性命題が主張するようにまったく同じであるのかは，それぞれの併合を多角的に比較しなければ明らかにできない．例えば統語併合は常に2つの統語体を結合し，結果として生じる階層構造は必ず二項分岐（binary branching）であるとされる．これが統語併合の領域固有の特性なのか，そうだとしてそれはどのようにして進化したのか（その適応価は何か），といったことが本来なら問われるべきである．

ここではその余裕がないので，同一性命題よりは弱い，認知ドメインごとに性質の異なる併合が作用するであろうという立場をひとまず採り，これらすべてが運動制御起源仮説に従って行動併合から外適応進化したものだと考えることにする．その際，領域固有の行動併合から直接，統語併合や音楽併合などの各領域固有の併合が進化したというのではなく，いったん領域一般化を通じて汎用併合（Generic Merge）が生じ，これを共通のルーツとして各領域固有の併合が進化したと考えるほうが，例えば上記の Hauser and Watumull の提案とも整合し自然だと思われる．この事情を反映し，運動制御起源仮説をまず図12 としてまとめる（6.4節で一部修正する）．

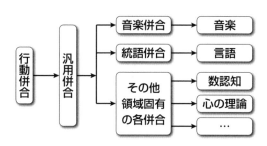

図 12　併合の運動制御起源仮説

ダーウィンは共通の祖先からの種分化という生物進化のあり方を「変化を伴う由来（descent with modificaiton）」と呼んだが，汎用併合を共通のルーツとし，そこから各領域固有の併合操作が進化したというここでの考え方は，まさにこの「変化を伴う由来」が生物の形態的形質のみならず認知的形質について

も成り立つことを主張している．また Mithen（1996）は人間の心の進化は，(i) 汎用知性，(ii) その上に追加された各領域固有の知性，(iii) 各領域固有の知性の一体化，という3段階で起きたと論じているが，これは運動制御起源仮説とも整合する考え方である．図12で言えば，(i) は汎用併合であり，(ii) は統語併合などの領域固有の併合である．また (iii) は統語併合が完全に孤立化した閉鎖システムではなく，例えば音楽併合と共通点を維持しているということに対応するであろう．

運動制御起源仮説の検証ないし反証は，進化・発達の両面における神経科学や遺伝学の観点からなされる必要がある．統語演算ないし併合の神経基盤としては，fMRIによる実験結果などからブローカ野後部にあたるブロードマン44野（BA44）から前頭弁蓋部に渡る部位がしばしば指摘される（Friederici (2016)）．[27] ブローカ野は運動性中枢であり，ブローカ失語では言語のみならず具象物を用いた階層構造の処理にも支障が見られることから（Grossman (1980), Greenfield (2006)），運動制御起源仮説がある程度支持されるものと思われるが，一方でブローカ野は併合自体ではなくその出力の線形化に関わる部位であるという指摘もある（Boeckx et al. (2014)）．さらに，Cona and Semenza（2017）は，BA6内の補足運動野が言語や音楽，運動，数認知，空間処理などの領域一般的な系列処理に関わる部位だとしている．このようにさまざまに異なる見解が表明される現状にあっては，運動制御起源仮説を直接的に支持または否定する神経科学的証拠は得にくく，今後の研究の進展を待つしかない．

4.7. 「統合仮説」を巡って

これまで，人間言語固有の階層文法は回帰的な統語演算操作「併合」がもたらし，またこの併合は運動レベルに作用する行動併合からの外適応として進化

---

[27] 別の可能性として，遊佐（2012）は統語構造の処理は BA45 に特化しており，BA44 は言語と行動に共通の神経基盤であるという示唆を行っている．これは図12の汎用併合が BA44 に対応するということであり，運動制御起源仮説にとってはより好都合なものである．因みに Faisal et al. (2010) は，被験者にオルドワン石器およびアシュール石器の実際の作製工程を行わせ，その際の脳の賦活状況を計測してみると，共通してまず BA6 近傍が活発化したと報告している．これは行動併合の基盤としての BA6 の関与を想起させるものであり，BA6 → BA44 → BA45 という脳機能の拡張が行動併合から汎用併合を経て統語併合への進化を可能にしたというシナリオを描くことも可能であろう．

したという考え方について述べてきた．これは言語の固有性を併合というもっともシンプルな操作に絞り込むことで言語進化研究の被説明項を最小化する生成文法の思考法と，そういった固有の機能ももともとは固有でない一般的な能力をその進化的前駆体とするという生物進化一般の考え方をうまく融合したものであり，言語進化の有効な作業仮説の１つであるといえる．しかしこれ以外にも，階層文法の起源・進化に関する異なった仮説が表明されており，それらも含めて比較検討しなければならないことはいうまでもない．ここではそういった仮説の代表的なものとして Miyagawa（宮川繁）らによる「統合仮説 (Integration Hypothesis)」を取り上げ，批判的に検討する．

人間言語のレキシコン（語彙）は語彙範疇と機能範疇という２つの異なるクラスから構成されており，その組み合わせによって無限の階層構造を生成することが可能である．この特性を進化的に説明するために，Miyagawa et al. (2013) と Miyagawa et al. (2014) は以下にまとめられるような統合仮説を提案している（Nóbrega and Miyagawa (2015) も参照）．

(25)　統合仮説 (Integration Hypothesis)
 a. 人間言語は E システム（Expressive, 表現システム）と L システム（Lexical, 語彙システム）から構成される．
 b. E システムはトリのさえずりにも存在する．
 c. L システムは霊長類の警戒コールにも存在する．
 d. 人間言語はこれらを統合することで成立した．
 e. E システム・L システムはそれぞれ単独では有限状態文法しか持たないが，それらが統合されることで，より複雑な回帰的句構造文法が出現する．

概略，E システムは生成文法でいう機能範疇に，L システムは語彙範疇に対応する．これらは動物世界にも別個に存在するが，両者を併せ持ち統合している点が人間言語の固有性であるというのがこの統合仮説の骨子である．またほかの動物コミュニケーションが有限状態文法に留まるのに対し，人間言語が非有限状態文法を持ち得たのも，E システムと L システムの統合によるのであって，各システムが単独では有限状態文法でしかないことは人間言語も同じであるとする．

図 13 は，John ate the apple を例にとり，L システムに属する要素（L タイプ）の上に E システムの要素（E タイプ）が重なり，さらにその上に L タイプが重なる，ということを繰り返すことで，一見，回帰的な句構造が生じる

様子を示している．L タイプどうしや E タイプどうしが連続することはなく，これら単独では回帰的な構造は作れないとされる．このことが含意するのは，回帰的併合が存在しなくとも，その効果を両システムの統合から導出できるという点である．

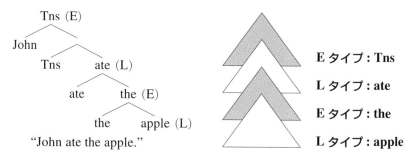

図 13　E タイプと L タイプの統合 (Miyagawa et al. (2013) を改変)

この統合仮説は，(i) すでに存在していた形質の組み合わせによって新しい形質が生まれるという，生物進化の自然なシナリオに合致する形で言語進化を説明できる，(ii) 人間言語と動物コミュニケーションの進化的連続性をさらに強固にできる，という 2 点において，優れた考え方であるといえる．しかしその詳細を検討してみると，問題点も多く残る提案であることが分かってくる．

まず，トリが持つとされる E システムやヒト以外の霊長類の L システムが，どの程度人間言語の機能範疇や語彙範疇と相同的ないし相似的と言えるのか，不明である．トリのさえずりは，個々のチャンクに意味はなく全体として求愛信号やテリトリー信号として機能し，その点で「語彙的」ではなく「表現的」だと言えるかも知れない．しかしこのことと，人間言語の機能範疇，例えば時制や否定，態，相，補文標識などが持つ文法上の機能の間には相当の隔たりがある．また，霊長類の警戒コールは，接近する捕食者の種類によって異なるものが使い分けられるため（タカ，ヘビ，ヒョウなど），一見，これらの語彙概念を表すものとして語彙範疇のように見なせるかも知れない．しかし実際には，これらの警戒コールは例えば接近してくるタカそのものやタカという概念を表すのではなく，適切な退避行動を促す指示や命令として機能している．この意味では警戒コールは E システムとしての側面も同時に有していると言える．あるいは，捕食者の出現に対する恐怖や驚きから生じた無意識の発声行動がそのような警戒コールの背景にまずあり，それを退避命令や避難勧告として

利用できる個体が有利となったため次第に警戒コールとしての機能が定着したとも考えられるだろう．その場合には，一層，警戒コールはLシステムというよりEシステムの特性を持っていることになる．

　今ひとつの疑問は，現在のトリや霊長類にEシステムないしLシステムがあったとしても，それと同じものが人間言語が最初に出現した段階ですでに利用可能であったとは限らないという点である．仮にそれが8万年前であったとしよう．トリもヒト以外の霊長類もそれ以降も進化を続けており，その結果として現在はEシステムやLシステムを持つに至ったが，8万年前にはそのようなものはまだなかったという可能性は払拭できないのではないだろうか．これは動物コミュニケーション研究が言語進化研究に果たす役割を評価する際，常に念頭に置いておくべきことであり，現在の動物たちの持つコミュニケーション能力がそのまま人間言語の前駆体として当時から存在していたということを何らかの方法で担保しなければならないのである．[28]

　こうして見ると，かつてBronowski (1977) が指摘したとおり，動物コミュニケーションは認知的情報とそれに伴う情動的負荷を区別しない（できない）と考えるべきであり，人間は言語によってこれを可能にしているということができる．Bronowskiのいう「情動の分離（separation of affect）」と，ここでのEシステム・Lシステムの分割をまったく同一のものとして扱うことはできない．しかしながら，人間言語の場合，例えば名詞 book（Lタイプ）は外界の事物に対する特定の指示機能はなく，ただ概念を表すのであって，これに指示機能を与えるのは the book の the（Eタイプ）であったりするのに対し，動物コミュニケーションにおける信号は常に特定の事物と結び付き指示的にしか用いられない．これが，Berwick and Chomsky (2016) をはじめチョムスキーが一連の著述の中で指摘する，人間言語のレキシコンにおける指示性の欠如（外界の事物を直接指すことがない）という特質であり，使用者の心的作用を通じた概念と結びつくという意味での「心への依存性（mind-dependence）」とも関係すると思われる．別の言い方をするなら，動物コミュニケーションは外

---

[28] 注7も参照．この点では，運動制御起源仮説が今日の動物たちの道具使用と統語演算の類似性に依拠することに対しても同様の注意が必要である．しかしながら，運動制御起源仮説では発掘された遺物に基づいてヒトの祖先の石器作製技術の進化と言語能力の進化の関係を探るなど，物証を伴った議論も含むため誤謬の危険性は低いと言えるだろう．

　なお岡ノ谷一夫氏（個人談）によると，トリや霊長類は最近の8万年間に新たな分岐は起きておらず，EシステムやLシステムの祖型はそれ以前からあったと想定できるとのことである．

界の事物を刺激とする反応に終始するのに対し，人間言語はそのような刺激の統制を受けることなく，無限の表現を自由に生み出す生成的・創造的な側面を強く有している．これを可能にしているのは情動の分離であり，Eシステム・Lシステムあるいは機能範疇・語彙範疇の二分化はその反映である．

以上の考察に基づき，統合仮説とは逆の「分離仮説（Disintegration Hypothesis）」を提案したい（Fujita and Fujita (2016)）．

(26) 分離仮説
    a. 動物コミュニケーションではEシステムとLシステムは未分割である．
    b. 人間言語はこれらを分離することで成立した．
    c. この分離により，人間言語では外界の事物に依存しない創造性が可能となった．

統合仮説は，人間言語のEシステム・Lシステムに相当するものがすでに他種にも選択的に存在していたという前提に立つが，分割仮説はこれを否定し，動物コミュニケーションではEシステムもLシステムも存在せず，未分化のまま混然一体となっていると考える．人間言語では両者が分離され，それぞれ機能範疇と語彙範疇（または分散形態論におけるルート部）に進化した．語彙範疇やルートには指示機能を捨象した抽象的な概念部分だけが残り，これと機能範疇が併合されると，具体的な意味や指示対象を持つ言語表現ができると考えるのである．[29]

ではこのEシステムとLシステムの分割を可能にしたのは何だろうか．これについてはOkanoya（岡ノ谷一夫）らが提案する「音列・状況相互分節化仮説」が有望な考え方だと思われるが，その詳細は6.3節で取り上げることにする．

統合仮説にはもう1つ，重要な帰結があった．それは(25e)で示される部分であり，EシステムやLシステム単独では回帰的な構造とはならず，両者が相互に重なり合うことで回帰性が生じるという考え方である．厳密に言えば，統合仮説は人間言語について (i) Eシステム・Lシステムの両方が存在する，(ii) この両者は相互に回帰的に組み合わせることができる，という2段階の主張を行うものである．では両者の組み合わせは何によって可能となったの

---

[29] 個々の具体的な機能範疇や語彙範疇は文化進化の産物であるが，人間のみにおいて両者の分化を可能にするような生物進化があったと考えられる．

だろうか.

　Miyagawa et al. (2013) では，両システムを統合するものとして移動＝内的併合による転位が論じられている．移動現象は経験的に V-to-T 移動のように語彙範疇（L タイプ）が機能範疇（E タイプ）に移動するパターンが多いことは事実であるが，それ以外の例えば T-to-C 移動のように機能範疇が別の機能範疇に移動するといったパターンも存在し，他方では {the, book} のように移動を介さなくとも（外的）併合だけで両タイプが結合する場合も多数ある．したがって移動自体は両システムの統合に常に必要というわけではなく，（外的）併合だけでも足りる．むしろまず外的併合が起きなければ，内的併合は適用できない．そして実際，Nóbrega and Miyagawa (2015) は，併合によって両システムが統合されたことを主張している．

　しかしこの最後の主張は，もともと統合仮説がとらえようとしていた，人間言語も基本的には非回帰的な有限状態文法からなっており，ただ E システムと L システムの重なり合いが一見，回帰的な構造を生み出している，という洞察と明らかに矛盾している．統合によって回帰的併合の効果が生じるとしながら，その統合が可能なのは併合が存在するから，という循環論に陥ってしまうのである．結局，併合さえ与えられれば，E システムと L システムの統合に限らず，すべての回帰的な階層構造の生成が可能なのであって，「併合のみの仮説」が依然，もっともシンプルで有効な作業仮説だということになるだろう．

第 5 章

概念意図システムの進化

　これまで統語演算システムの起源・進化について，運動制御起源仮説を中心に考察してきたが，第 II 部の冒頭でも強調したとおり（図 1），言語能力は複数の下位機能の結合によって成り立っており，それら下位機能のそれぞれについて進化的説明が必要である．ここでは内在化（思考）に関わる概念意図システムの進化について考える．

5.1. 統語構造と概念構造

　3.5 節で言及したように，チョムスキーは言語（具体的には統語演算システム）は内在化についてのみ最適化されているという立場をとっている．これは，外在化には階層構造の線形化をはじめとして，多種多様な形態音韻解釈が追加されなければならないのに対し，内在化は併合が定義する階層構造だけで十分であり，余計な操作を追加する必要がないという意味で主張される．極論すれば，併合が定義する統語構造はそのままで概念意味構造としても機能するということであり，統語演算は同時に概念構造の構築でもある．このことから，いわゆる「思考言語（Language of Thought）」，つまり通常の言語とは区別され思考のために用いられる内在的な言語というのは別個に必要ではなく，併合を組み込んだ統語演算の内在化がそのまま思考言語となると主張される（Chomsky (2005) ほか）．
　統語（構造）と意味（機能）の関係をどう見るかは，理論言語学内部でも長きに渡って議論されてきたテーマであって，異なる見解をとる研究者の間で論争が現在も継続中である．大雑把に言えば，生成文法は統語が意味を決定す

る，ないし構造から機能が生じると考える立場であって，統語演算がそのまま思考言語を構成するという上述の主張もその立場を端的に表している．今，John broke the glass. という他動詞文を例にとって，その VP（動詞句）構造がどのように分析されてきたを振り返ってその見方を確認しよう（便宜上，X バー理論の表記法を用いる）．

(27) a. John broke the glass.

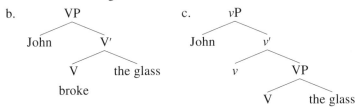

(27b) は，VP 内主語仮説が採用され，いわゆる主語（外項）は最初，VP の指定部の位置に基底生成されるという考え方が普及し始めた当初の構造である．この構造が正しいとして，なぜ主語 John は VP 指定部に，そして目的語（内項）the glass は V の補部位置に生じるのかが説明されなければならない．以前にあった 1 つの考え方は，他動詞 break にはこの 2 つの項をとること，それらの意味役割は動作主（Agent）と被動作主（Patient）であること，このうち動作主のほうが VP 指定部に投射されることまでを，この動詞の語彙的情報（項構造）としてあらかじめ与えておくというものであった．語彙情報を第一に考え，統語構造はこの語彙情報によって決定されるという考え方を「語彙主義（Lexicalism）」と呼ぶ．語彙情報がそのまま統語構造上に投射されるという意味で「投射原理（Projection Principle）」なるものも提案されたが，こういった語彙主義では必要な語彙エントリーが複雑化することに加え，そもそもその語彙情報はどこから生じたのかが大きな問題となる．結果的に生じる統語構造の雛形が都合よく語彙的に用意されているというのでは，何の説明にもなっていないのである．

その後，極小主義の時代に入ると，投射原理やこれが適用することになっていた D 構造が破棄されたこともあり，語彙主義の見直しが行われるようになる．すでにそれ以前から，項の意味役割は構造関係に従って後から決定されるという考え方が台頭してきていた．例えば (27b) では，John は動作主であるから VP 指定部に生成されるというのではなく，それが何であれ VP 指定部に生じた要素が動作主として解釈されるという考え方である．と同時に，これ

までは単一の動詞主要部 V が外項と内項の双方を認可し，意味役割を指定すると考えられてきたのに対し，VP は複数の主要部を含む多層構造をなしており，外項と内項はそれぞれ別個の主要部が認可するという見方が一般的となった．

(27c) はそのようなものの例であるが，ここで v (little V) は抽象的に使役 (CAUSE) の意味を持つ主要部であり，V も実際の動詞 break に含まれる抽象的概念 (BREAK) を持つとすると，この構造はそのまま (28) のような意味構造（語彙概念構造）として読み出されることになる．

(28)　[John CAUSE [the glass BREAK]]

これは他動詞文 John broke the glass の中核的意味，つまり「コップが割れるという出来事を John が引き起こした」という複合的な使役事象を正確に捉えている．つまり，一見単独の動詞に見える break も，実は複数の主要部が併合されて組み立てられる統語的複合体であることが明らかになった．換言すれば，同時に外項と内項を認可する動詞としての break は統語派生に先行して語彙的に存在するのではなく，統語演算の結果としてのみ定義されるということになる．このような考え方を「反語彙主義 (Anti-Lexicalism)」と呼ぶ．分散形態論は反語彙主義に立脚した代表的なアプローチである．

こういった見方が正しいことは，(29a) が副詞 again の解釈を巡って曖昧であることからも支持される．

(29)　a.　John broke the glass again.
　　　b.　[John CAUSE [the glass BREAK] again]
　　　c.　[John CAUSE [the glass BREAK again]]

(29a) では John 自身が 2 回コップを割ったという解釈と，John は 1 回しか割っていないがコップは 2 回割れた（別の人も割った）という解釈の両方が可能である．これは again が [John CAUSE] という使役事象を修飾するのか (＝(29b))，それとも [the glass BREAK] という被使役事象を修飾するのか (＝(29c)) という構造上の曖昧性に起因している．その点では，これは次の (30a) が示す構造的曖昧性とまったく同質のものである．

(30)　a.　John said Mary danced again.
　　　b.　[John said [Mary danced] again]
　　　c.　[John said [Mary danced again]]

ただし，(30a) が主節・従属節という構造上の違いを明白に示しており，again の修飾対象の相違も分かり易いのに対して，(29a) は表面上，単文であり，主節・従属節という区別ができない．にもかかわらず，母語話者にとっては (29a) の曖昧性が理解可能であるということは，(29a) も (30a) と同様の補文構造を実は含んでいることを意味している．人間言語の基本特性である回帰性は，補文構造といった結果的に生じる構造上の性質ではなく，それを生み出す演算操作である併合そのものの性質であるということは先にも触れた．(29a) のような単文は，従属節構造を含んでいないように見えるが，それでもやはり (29b, c) のような埋め込み構造を内包しているという観察は，単文の生成にも併合の回帰的な適用が必要であることをより一層明らかにしている．

より近年では，(27c) をさらに精緻化した (31) のような三層からなる VP 構造を仮定する分析が増えてきている (Alexiadou (2010), Pylkkänen (2008), Ramchand (2008) ほか)．(31) では最上位層を VoiceP, 中間層を vP, 最下位層を VP としているが，呼称は研究者によって異なり，分散形態論に従えば，V はルート ($\sqrt{}$) である．[30]

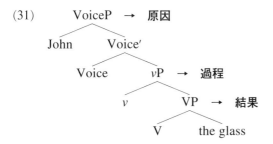

(31)

この三層構造は，John broke the glass に含まれる複合的な事象構造をより正確に捉えることができる．即ち，最上位の VoiceP はこの使役事象において原因 (cause) を表す部分を表し，VP はその結果 (result) を，また中間層の vP はその結果に至る過程 (process) を表している (Ramchand (2008) ほか)．

5.2. 概念併合

このような精緻な句構造理論の発展によって，併合が組み上げた階層的な統

---

[30] 詳細は異なるが，同様の三層分裂 VP 構造の提案は Fujita (1996) においてすでになされていた．

語構造がそのまま概念意図システム側で概念意味構造として利用されると考えることが可能となった.[31] 統語演算システムから概念意図システムおよび感覚運動システムへ情報を送出することを「転送 (Transfer)」と呼んでいるが,概念意図システム側への転送は実質,別個の操作として必要ではなく,統語演算が同時に概念意味構造の構築を行っているとも言える.併合の操作対象が概念であることを「概念併合 (Conceptual Merge)」と呼ぶなら,この概念併合は統語併合と同一のものであるということである.

何らかの概念そのものの存在は,他種にも広く認められるが,人間のそれは回帰的構造を含むより高次のものであり,それが時空間を超越した非現実的ないし反現実的な出来事を想像したり (心的時間旅行 (Mental Time Travel)),これまでになかった組み合わせによって新しい概念を創造したりすることができる.松沢 (2011) は,「チンパンジーは絶望しないし,希望ももたない」と述べて,彼らは人間のような想像力を欠くために現実とは異なるより幸せな過去や未来を想起することがない生き物であることを指摘している.人間のみが併合による概念構築によってそのような可能世界を把握でき,計画や推論を行うのだとして,それが同時に絶望や苦悩をももたらしているとしたら皮肉なことだと言うべきかもしれない.

概念意図システムの進化に話を戻すと,他種にも見られる基本概念を併合 (概念併合) によって組み合わせ,種固有のより複雑な階層的概念構造を構築するのが人間の概念意図システムである.それ以外に統語構造を概念構造に写像するための道具立ては不要である,というのが「内在化に対する最適化」が意味するところであるとすると,「併合のみの仮説」が概念意図システムの進化についても成立することになる.

図14 併合に基づく概念意図システムの進化

2節で見たように,Hauser et al. (2002) は概念意図システムおよび感覚運動システムは狭義の言語機能ではなく,人間や人間言語に固有ではないとして

---

[31] ここでいう概念意味とは,階層構造から自動的に読み取られる合成的意味の部分のみを指している.言語には語用論的意味をはじめ,それ以外の側面も多々あることは自明であって,これらが概念意図システムで統合されて初めて十分な意味解釈が可能になる.

いた．しかし例えばチンパンジーの概念意図システムと人間のそれがまったく同一とは想定し難く，単に進化的連続性があるという意味で理解すべきであろう．（その意味では併合も狭義言語機能ではない，というのが運動制御起源仮説の基本である．）他種とも共有される前言語的な概念意図システムを前駆体として，これを言語を持つ人間に固有のものに進化させたのは併合の存在であるということを図 14 は示している．

第6章

シンタクスとレキシコンの平行進化

　言語を言語たらしめている特有の機能としては，これまで考察してきた統語演算システム（併合，シンタクス）だけではなく，その併合への入力となる語彙項目を供給する語彙システム（レキシコン）を無視することはできない．組み合わせ能力だけがあっても，組み合わせるべき対象がなければ何も作れないのは当たり前であり，人間言語を構成する二大部門としてシンタクスとレキシコンを想定することが，これまでの言語学研究では当然視されてきた．これを受け，言語進化研究においても，シンタクスとレキシコンを独立した機能として考え，それぞれに対して個別の進化シナリオを立てることが通常である．本節ではこれとは異なり，シンタクスとレキシコンはともに併合によってもたらされた機能であり，いずれかが他方に先行するということではなく，平行的に進化したという可能性について検討する．

6.1. 原型言語と原型語彙

　これまで，原型言語（protolanguage）を巡る議論もこのシンタクスとレキシコンの二分法を前提にして行われるのが通常であった．まず語だけからなる原型言語があり後にシンタクスが生じて語を組み合わせるようになったとする「語彙的原型言語説」と，一語文のようなものがまずあり，それが分節化されて後に語相当のものが抽出されたとする「抱合的原型言語説」が拮抗している（Arbib and Bickerton (eds.) (2010) 参照．チョムスキーら言語の跳躍的進化を唱える研究者はこのような原型言語の存在に対して否定的であるが，それは主に併合は有限なものから無限なものに段階的に進化したのではなく，最初

の出現時から無限回適用可能であったはずだという推論に基づいており，通常理解される原型言語の議論との関係は希薄だと思われる（注10参照）．

　仮に語彙的原型言語がまずあったとしよう．その段階での「語」は，人間言語の語とどの程度近似的であり得ただろうか．4.7節で「統合仮説」を検討した際にも触れたが，人間言語の語彙は指示性の欠如や心への依存性を大きな特徴としており，これは機能範疇と語彙範疇の分離に関係していると考えられる．原型言語ではこの分離がまだ起きておらず，むしろ警戒コールのような動物コミュニケーションに近い状態であったと見るのが妥当であろう．語彙的原型言語といっても，そのレキシコンは人間言語のそれとは異質のものであっただろうということである．

　逆に抱合的原型言語があったとする．仮定上，これは併合が出現する以前のものであるから，階層的な内部構造を欠く線形の信号であったか，または4.2節で考察したようにポット型併合のみから形成される単純な階層構造しかないものであっただろう．いずれの立場をとるにせよ，原型言語のシンタクスやレキシコンが人間言語のそれらと近似していたとは考えにくい．

　人間言語のレキシコンは，他種のそれらしきものとは決定的に異なって，生成的・生産的であり実質上，無限である．新たな概念が生まれれば，それを表す新たな語を自由に作ることができる（もちろん各個人が実際に使用する語彙数に制限があるのは，文の場合と同様であるが）．すると次の疑問が生じるであろう．人間言語においては，シンタクスとレキシコンという2つの生成部門が同時に存在し，他種にはどちらも存在しない．これは偶然なのか，それともシンタクスとレキシコンに共通する生成的装置がまずあり，両者はそれを基盤として進化したのか．本章では後者の立場を採るが，シンタクスの生成能力についてはすでにそれが併合という回帰的演算能力に由来するものであることを見てきた．したがって，もっとも単純な仮説はレキシコンも同じく併合に依拠して進化したというものである．

6.2. 併合と語形成

　理論言語学内部では，分散形態論など，「反語彙主義」に立つ新しい枠組みにおいて，語はシンタクスへの入力ではなくその出力（の形態音韻的具現化）であることが説得的に論じられている（5.1節）．この考え方が言語進化研究の文脈で積極的に取り上げられることはこれまで稀であったが，むしろレキシコンの進化の解明にこそ活用すべきであると思われる．

形態論のレベルでは，形態素の回帰的結合からなる階層構造が派生語を構成していることは明らかであるが，これは併合の作用によると考えて問題ないであろう．例えば次例は，形容詞 unlockable の 2 つの階層構造を示している (Nóbrega and Miyagawa (2015) の例を簡略化)．

(32) a. unlockable

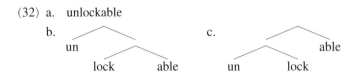

(32b, c) は異なる階層構造を持ち，意味も異なる．(32b) は「施錠不可能」であり，(32c) は「解錠可能」であるが，これらはそれぞれ上で論じたポット型併合とサブアセンブリ型併合に相当する．つまり，基本演算操作「併合」だけがあれば，生産的な語形成が回帰的に可能であり，語形成能力の進化も併合の創発の問題に還元することができる．(33a) は非常に長い英単語の例としてよく知られているが，これは例えば (33b) のような階層構造を持つと考えられる（ほかの構造も考えられ，それによって意味も変わるが，ここでは省略）．

(33) a. antidisestablishmentarianism
    b.
```
                              ism
                      ian
                  ary
              ment
        anti
      dis   establish
```

(32) や (33) は音形を伴う形態素どうしの回帰的組み合わせの例であるが，5.1 節で動詞について見たように，表面上 1 つの形態素だけからなる語であっても，その内部構造は同様に階層的である．(32c) に含まれる動詞 unlock から考えよう．接頭辞 un- は否定の意味を追加するが，unlock は「施錠しない」ではなく「解錠する」である．これは基体となる lock が (34a) のような構造を持っており，(34b) のように un- はこのうちの LOCKED の部分のみを否定するためである．

(34)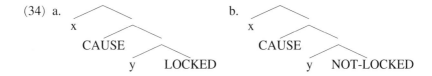

　lockが統語的に不可分の原始単位であるなら，接頭辞がこのようにその内部へ侵入することはできないはずであり，したがってlockは併合によって組み立てられる統語的複合体でなければならない．
　このような考察から，語の生成も文の生成と同じく併合に基づいて行われるという反語彙主義の考え方が支持されるが，これを言語進化の文脈で捉え直すと，シンタクスとレキシコンは共に併合の出現により進化したという仮説につながる（図15）．

図15　シンタクスとレキシコンの平行進化

　シンタクスとレキシコンのどちらが先ということではなく，両者は平行的に進化したのであり，ダーウィンの用語で言えば，併合からの「変化を伴う由来」（4.6節）だということになるだろう．
　このことと，原型言語が語彙的であったかどうかとは明確に区別しなければならず，平行進化説は語彙的原型言語の可能性を否定してはいない．原型言語におけるレキシコンは，併合に基づく人間言語の生成的語彙とは別物だからである．むしろ原型言語のレキシコン（前言語的な「原型語彙（proto-lexicon）」がすでにあり，これに併合が作用して階層構造化したものが人間言語の語になると考えることができるだろう．併合によって語や文が生成されるようになるには，当然ながら最初の入力となる素材が必要であるが，それは原型言語の段階ですでにあったものであるはずだからである．

6.3. 言語進化の統合モデル

　ではその原型語彙はどのようにして生じたのであろうか．Okanoya（2007）や岡ノ谷（2010）で提唱された「音列・状況相互分節化仮説（String-Context Mutual Segmentation Hypothesis）」は，その原型語彙の成立を説明する上で

有望な考え方であると思われる．ただし，もともとこの相互分節化仮説は，言語の歌起源説に立った上で，言語の回帰的構造やそれを生む併合を音声学習から「創発」させようとしたものであり，これまで述べてきた運動制御起源仮説のように併合自体の前駆体を想定する立場とは異なる．

　我々の祖先は，ある社会的場面（状況 A）である歌（音列 A'）を歌い，別の状況 B で別の音列 B' を歌っていたとする．たまたま状況 A と B がともにある共通の行動 X を含んでおり，しかも音列 A' と B' にはある共通の音列 Y が含まれていたとすると，その共通行動 X と共通音列 Y が互いを分節し，次第に X 単独と Y 単独が対応関係を結ぶようになる．これが意味 X を持つ信号 Y の成立につながった，というのが相互分節化仮説の基本的な考え方である（図 16）．

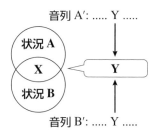

図 16　音列・状況相互分節化仮説（岡ノ谷 (2010) を改変）

これとよく似た見方は以前からあり，例えば霊長類のタカに対する警戒コールが分節されると，次第に空を飛ぶもの，空，トリといった個別の概念に対応する信号が生まれ，これが人間言語の語彙につながったのではないかといったことが指摘されてきた．相互分節化仮説は，こういったプロセスをその神経基盤（Okanoya and Merker (2007) など）とともに詳細に論じており，従来のアイデアを洗練化したものだと言えるだろう．

　4.7 節で Miyagawa et al. (2013) らの「統合仮説」を検討した際，E システムと L システムの分割を説明するものとして相互分節化仮説の可能性を示唆した．この分割は，動物コミュニケーションから人間言語への進化においてというより，原型言語から人間言語への進化において必要であったというべきかも知れない．特定の状況 X，例えば眼前に獲物がいるような場合に対応する信号 Y があったとする．Y はその特定の獲物を指示するようになり，それがさらに分割されると，獲物のカテゴリーや概念に対応する部分とその大小や体色などの属性を含めて指示機能を担う部分が分かれ，というようにして次第に

人間言語の語彙を生成するための材料が生じたとも考えられるだろう．以上はもちろん推測の1つに過ぎず，これをどうやって検証ないし反証するかは，人類進化史全体を背景にして，脳進化・神経科学の観点からなされなければならないことは，運動制御起源仮説の場合と同じである．

　ここまでをまとめると，併合は行動併合をその端緒とし，汎用化を通じて次第に領域固有化する一方（運動制御起源仮説），併合の最初の適用対象である前言語的な原型語彙は音列と状況が互いを分節化し合うことで生じた（相互分節化仮説）．この原型語彙に併合が作用することで，語や文の生成が可能となり，原型言語から人間言語への進化が起きた，というのが本章で提案する言語進化のシナリオであり，もともとは独立して提起された上述の2つの仮説を統合することで提起可能となるものである（図17）．

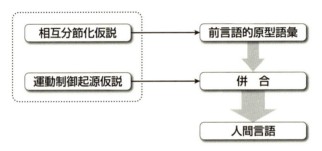

図17　言語進化の統合モデル

6.4.　言語併合：併合の運動制御起源仮説 (2)

　ここまで，当初は統語演算専用の組み合わせ操作と考えられた併合が，シンタクスのみならず，人間言語を構成するほかの下位機能にも働くのではないかと考えることで，極小主義で主張される「併合のみ」の仮説を言語進化モデルに組み込む可能性について検討してきた．具体的には，人間固有の複雑な概念意図システムも語彙システムも，その材料となるおそらくは人間固有ではない基本概念や前言語的語彙に併合が作用した結果として生じたと考えてきた．残る下位システムは外在化に関わる感覚運動システムであり，特に音韻能力の進化が説明されなければならない．「併合のみ」の言語進化モデルから当然検討されるべきは，音韻システムにおいても併合が作用しているという可能性である．感覚運動システムでは階層構造は消失し，線形記号列のみが表出するのであるが，それでもその背景にある音韻構造は回帰的な階層関係を定義している

と考えることができる．例えば英語の cat と日本語の「ネコ」は (35) のように示すことができるが，このように音素を対象とする併合（「音韻併合 (Phonological Merge)」と呼んでおく）がもしあるなら，すでにあった前言語的感覚運動システムにこの音韻併合が作用して人間固有の感覚運動システムも進化したと考えることもできる．

(35) a.   b.

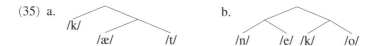

音韻併合については次章で詳しく検討するが，結果的には，言語を構成する下位機能のすべてが併合に基づいて出現したということになるだろう．

言語の各下位機能に共通し，言語に特化した併合を「言語併合」と呼ぶなら，統語併合や概念併合はそのさらなる領域固有化である．領域一般化した汎用併合から，このように順次特殊化が起きたが，言語併合を共通のルーツとしているために，言語の各下位機能は関係性を保ち，全体として言語能力を実現している，という考え方である．

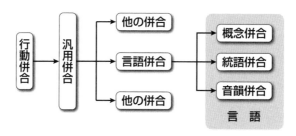

図 18　併合の運動制御起源仮説 (2)

6.5. はたして普遍文法はあるのか

ここまで，生成文法（極小主義）の立場から，人類固有かつ言語固有の生得的な言語能力の基盤である普遍文法 (UG) が存在し，その実体は基本的な統語演算操作「併合」のみであるという仮定のもとで言語進化について考察してきた．この立場では，言語の起源とはすなわち併合の出現であり，このたった 1 つの新奇な機能が出現したことで，それ以前から存在していた先行能力が変容し，結合して言語という複合的な機能を実現させたことを指す（「併合のみの言語進化」）．また，この併合の基本特性は最初の成立以来，今日に至るまで

変化しておらず，その意味で言語の生物進化はすでに終わっていると考えられる．現在の世界の個別言語が示す多様性は，もっぱら感覚運動システム側で行われる外在化の面に集約されており，統語演算と概念意図システムとの内在化のあり方は普遍かつ均質である．

運動制御起源仮説は，併合の前駆体として具象物の組み合わせ能力（行動併合）を仮定し，それがいったん領域一般化した後（汎用併合），言語併合を含む各領域固有の組み合わせ能力が進化したとするものであった．ここで当然問われるべきことは，汎用併合だけではなぜ言語に不十分なのかという点である．普遍文法は定義上，言語専用のものであり，図18でいう統語併合もしくは言語併合に相当する．しかしこれらは，ほかの認知ドメインにおける併合と同様に汎用併合から分岐して進化したと考えなくとも，生得的であるのはこの汎用併合だけであり，領域固有の併合は個体発生を通じて発達するという考え方もできる．実際，普遍文法に批判的な研究者の多くは，生得的な能力の存在を認めつつもそれは最初から言語専用である必要はないという立場に立つことが多い．言語獲得だけではなく，言語進化を射程に入れた生成文法研究が，結果的にはこのような普遍文法そのものの存在を問い直すことにも繋がるという点は大いに強調しておいてよいだろう．

これまで生成文法側から普遍文法の証拠として提示されてきたのは，「刺激の貧困」といういわば状況証拠のみであったと言える (Berwick, Chomsky and Piattelli-Palmarini (2013))．つまり幼児の産出や理解の振るまいは，言語獲得がすべて生後の経験に基づいて行われると考えたのでは説明できず，生得的な言語知識が備わっていなければならないとする議論である．なぜ僅かな言語データに基づき，豊かな母語知識を容易に獲得できるのかという言語獲得の論理的問題に対して提案されたのが，生得的普遍文法という考え方であり，当初，普遍文法には複雑で豊かな言語固有の原理群が含まれているとされた．このような原理群をすべての幼児が個々の経験に基づいて学習することは不可能であるため，その生得性が正当化されたのであった．しかし極小主義の時代に入り，理論的経済性を目指すことは当然ながら，普遍文法はその進化時間を考えれば極めて単純なものでなければならないはずだという理解が共有されるようになったこともあって，普遍文法を最大簡潔化した「併合のみ」の仮説が現在は採用されている．

ここから直ちに生じる問題は，(i) 併合のような単純な操作であれば，生得的ではなくとも経験で学習可能なのではないか，(ii) 併合だけで，かつての豊かな普遍文法が説明するとされた言語獲得の諸々の現象を説明できるのか，と

いう2点である．このうち (ii) については，生成文法側からは第三要因の重要性が唱えられ，また認知言語学で重視される用法基盤モデルをはじめとする経験主義的な考え方の利点も積極的に考慮に入れることで解決が図られるものと思われる．[32] しかしながら (i) の問題は，もし汎用併合が生得的に備わっているなら一層深刻なものとなる．もはや刺激の貧困という状況証拠だけではなく，確かに普遍文法ないし生得的な言語専用の併合が存在するという積極的な証拠を遺伝学や脳科学の知見に基づいて示すことが，今後強く求められるであろう．

---

[32] そのような経験主義の立場では，普遍文法不要論が強く唱えられているが，むしろ併合のみの普遍文法の不足を補うものとして用法基盤モデルを評価すべきであろう．二者択一論ではなく，それぞれの利点を融合することが求められる．

第 7 章

感覚運動システムの進化

7.1. 依存すべき構造の性質：回帰性と 3 つの反対称性

　第 7 章は，言語起源（併合 Merge の創発）における感覚運動システムの役割，外在化の文法としての音韻論の役割を明らかにするのが目的である．それを明らかにしながら，頼るべき「言語の化石」も存在しない不利な状況で，なぜ現存の言語から言語起源という太古の生物進化の問題に迫ることができるのか？ それも現代科学の最難問に，どのように検証可能なものとして迫ることができるのか？ 互いに関連するこの 2 つの問いに対して，原理的でかつ一貫した 1 つの解答を提案したい．

　3.4 節で述べられているように，人間言語固有の特徴はその「構造への依存性」にある．「構造」とは「線形順序ではなく階層構造」のことである．例えば，ベンガルフィンチと呼ばれる鳴鳥類は，(36a) のようなある種の音の固まり (chunk) を，(36b) のように一定の「線形順序」で繰り返す有限状態文法を持つといわれる (Berwick et al. (2011))．

(36)　ベンガルフィンチのさえずり文法

b. 有限状態文法

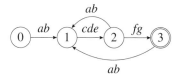

c. 可能な線形順序
ab-cde-fg, ab-cde-ab-cde-fg, ab-cde-fg-ab-cde-fg, etc.

これに対し,「階層構造」は併合から,特に「回帰的併合」から導き出されるがゆえに,人間固有の普遍文法の内容は（回帰的な）併合のみに還元されるということであった.「回帰性（recursion）」とは,ある操作によって得られた出力を同じ操作の入力にすることができる性質を指す数学用語である.単に2つの要素を組み合わせる演算操作を単純併合と呼ぶなら,回帰的併合は,(37a) のように単純併合から発して,前の操作の出力（下線で表示）を次の操作の入力要素とし,(37b) のような階層構造を作ることになる.各操作は1回の適用で各構造を作るが,あくまで二項的な操作となるのがポイントである.

(37) 回帰的併合と階層構造
  a. 単純併合 $(\alpha, \beta) \rightarrow \{\alpha, \beta\}$ (1回)
   回帰的併合 $(\underline{\{\alpha, \beta\}}, \gamma) \rightarrow \underline{\{\{\alpha, \beta\}, \gamma\}}$ (1回)
   回帰的併合 $(\underline{\{\{\alpha, \beta\}, \gamma\}}, \alpha) \rightarrow \{\{\{\alpha, \beta\}, \gamma\}, \alpha\}$ (1回)
  b. 階層構造

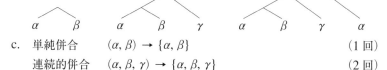

  c. 単純併合 $(\alpha, \beta) \rightarrow \{\alpha, \beta\}$ (1回)
   連続的併合 $(\alpha, \beta, \gamma) \rightarrow \{\alpha, \beta, \gamma\}$ (2回)
   連続的併合 $(\alpha, \beta, \gamma, \alpha) \rightarrow \{\alpha, \beta, \gamma, \alpha\}$ (3回)
  d. 線形構造

これに対し,二項を超えた要素を組み合わせることが可能な「連続的併合」は各操作の出力がそのまま次の入力となることはなく,(37c) のように,単に要

素を1回,2回,3回と次々に組み合わせるだけである.作られる構造も平坦なものである.これが上でいう線形構造であり,(36b)の有限状態文法も基本的にはここに位置づけられる.文法の役割は順序を決めるだけである.[33]

このように「回帰性」とは階層構造を導く基本特性であり,文の埋め込みや句構造の同範疇ラベリングを一義的に意味するものではない.回帰性によってそういったものが結果として可能になる,というだけである.したがって,人間言語固有の特徴,つまり,普遍文法の中身とは,階層構造を導くことのできる「回帰的併合」にある,ということになる.

さて,こうして回帰的併合によって作られた階層構造だが,組み合わされた要素間にはどのような関係が存在するのだろうか.本節ではこの「要素間の関係」を探ることで,冒頭で提起した「なぜ現存の言語から言語起源という太古の生物進化の問題に迫ることができるのか」「どのように検証可能なものとして迫ることができるのか」という問題を解く手がかりが見いだせると考えている.そして,その関係には3つの種類の「反対称性」(anti-symmetry)が潜むと提案する.以下に,その3つの反対称性を見てゆこう.

まず第一に,階層構造の要素間には「並列関係の反対称性」が成り立つ.何を意味するかというと,ある主要部Aに別の非主要部Bを併合する操作は,(38a)のように,その結果を例えば別の要素Cと併合できる点で回帰的であるが,同じ主要部を2つ組み合わせる単純併合は回帰的にその操作を適用できない,ということである.(38b)に示すように,どちらの主要部が全体の主要部となるか決められないからである(主要部は□で示されている).

(38) 並列関係の反対称性

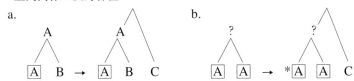

つまり,要素間の「横の関係」において,何らかの意味で同じ2つの要素の組み合わせは回帰的に併合することはできない,したがって階層構造は作れない,というのが「並列関係の反対称性」である.「何らかの意味で同じ」という

---

[33] 整理すると,「単純併合」は1回だけの併合,「連続的併合」は線形構造だけを作る2回以上の併合,「回帰的併合」は階層構造だけを作る2回以上の併合,とも言い換えられる.単純併合と連続的併合は,いずれも「非回帰的併合」である.

第 7 章　感覚運動システムの進化　　　　　　　　　　　167

のは，中身が同じ *A-A の場合や，中身は異なってもステータスが同じ *A-B の場合もあるだろう．例えば，動物のオスとメスは子供を設けて一方が世話をすることになる（タツノオトシゴやアメリカタガメのようにオスが抱卵・養育する種もいる）が，同性どうしでのカップリングでは生物的に子供を設けることができない，ということになろうか．

　もちろん，名詞複合語，動詞複合語などのように，範疇は同じでも主要部を決められる場合には問題ない．問題になるのは *[[ほんとに，ほんとに] ごめん]*, *[[ただ，ただ] 平謝り]* など反復操作による構造や，*[[自由・民主] 党]*, *[[三菱・東京・UFJ] 銀行]* など並列操作による複合語で，これらの内部構造は回帰的併合による階層構造ではない，ということである．(37d) のような線形構造の右端に主要部があるだけであろう．

　やや専門的にいうと，この反対称性は，Chomsky (2008: 145) のいう最小探索によるラベル付け (labeling by minimal search) により説明される．そのアルゴリズムは，概略，"In {H, α}, H an LI, H is the label (H = head, LI = lexical item)." というもので，要は主要部のラベルが併合した組み合わせ全体に受け継がれる，ということである．つまり，主要部を 2 つ組み合わせるような併合 *{H, H} は，どちらのラベルを受け継ぐか決められないので，概念意図システムで内在化，つまり意味解釈できないということになる．[34]

　次に，階層構造の要素間に成り立つのは，「上下関係の反対称性」である．繰り返すが，(38a) や (39a) には回帰性はあるが，最初の単純併合で組み合わされた要素 A，B 以外を主要部とする (39b) のような場合，出力を次の操作の入力とする適正な方法ではないので，規範的な回帰性を持つとは言えない．

(39)　上下関係の反対称性

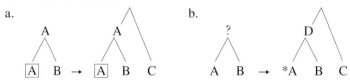

---

[34] ラベリングそのものが併合によりなされるという考えはここでは採らない．3.6 節でも述べられているように，ラベルは統語演算自体からは排除され，解釈の段階で構造から読み取られるものであるとここでは考える．その際に働くのが，第三要因に由来する最小演算の原理，最小探索である．詳細は 3.6 節を参照のこと．

つまり，要素間の「縦の関係」において，2つの要素のうちいずれか一方が主要部とならなければならない，というのが「上下関係の反対称性」である．両方が非主要部だとダメともいえる．例のたとえ話でいえば，動物の階層関係ではオスとメスの一方が子供の養育を担当することになるが，子供のカップリング相手がそのオスメスを支配するのは異常である，ということである．

これも上の最小探索によるラベル付けに従わないので，内在化・意味解釈できないことがわかる．2つの要素のうち「両方が主要部」か「両方が非主要部」かの違いである．主要部は 'one and only one' でなければならない．上の複合化の話でいえば，メトニミーから派生した「赤はら（イモリ）」や「猫いらず（殺鼠剤）」のような外心複合語は，「赤はら採集」や「猫いらず購入」のように句は作れても，複合化して階層構造を作りにくいのはこの理由による（音調が，あ￣かはら・さ￣いしゅう，ね￣こいらず・こ￣うにゅうなら複合語だが，これよりも，あ￣かはら・さ￣いしゅう，ね￣こい￣らず・こ￣うにゅうのほうが座りが良いであろう）．[35]

以上は，単純併合で問題があって適正に回帰的併合を適用できず，適正な階層構造を作れないという点で共通していた．これに対し，第三の反対称性は，同じく主要部の数に関するものではあるが，回帰性を持つ階層構造を作ったあとの話であり，「含意関係の反対称性」と呼ぶものである．これは，複数の主要部を併合する複雑な回帰操作（(40a) 左）は主要部を1つにとどめる単純な回帰操作（(40a) 右）を含意するが，(40b) のようにその逆は成り立たない，というものである．

(40) 含意関係の反対称性

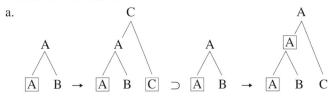

---

[35] 7.3節でも言及するが，ここでいう反対称性の作用は普遍文法（回帰的併合）の話であって，実際にインターフェイスを通して個別文法を形成する時には，必ずしも反対称性が反映されてないように見える構造を作る場合がある．「親子」「好き嫌い」「読み書き」などの連濁しない並列複合語は，主要部が2つある点でそういった例である（「貰い子」「食わず嫌い」「宛名書き」は主要部が連濁するのと好対照）．ただ，ここでの主張のポイントは，そういった例は回帰的併合でなく連続的併合によるという点にあり，反対称性はあくまで回帰的併合において成り立つ性質だということである．

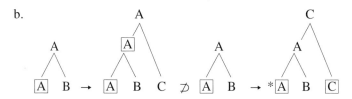

　同じ主要部に次々と別要素を併合するやり方は，主要部を区別しながら別要素を併合するよりも簡単で，複雑なものは簡単なものから派生されるという意味で，その存在を含意するというのは至極当然のことであろう．この「含意関係の反対称性」は「含意関係の非可逆性」といってもよい．

　この例は妙なたとえ話を出すよりも，具体例を見た方がわかりやすい．複合語でいえば，英語では「児童書を研究する<u>クラブ</u>」と「児童のための読書<u>クラブ</u>」のような複合語が両方許されるが，スウェーデン語では後者しか許されない (Roeper and Snyder (2005))．[36]

(41)　含意関係の反対称性
　　a.　英語：両方

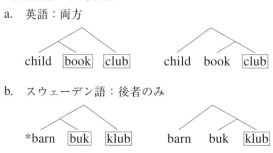

　　b.　スウェーデン語：後者のみ

これは主要部をいろいろ駆使する併合のほうが複雑だからであろう．複雑なものを許容できる言語なら簡単なものも OK だが，そこまでやらない言語もあるというわけである．[37]

---

[36] ただし，(41b) の左の構造で，[[barn buk]-s klub] のように接中辞 -s を内部構造に付加するすると OK になる．この場合，下線部の内部構造は複合語だが全体が句となり，複合語の回帰的併合の例ではなくなる．あくまでここは，回帰的併合による複合語形成を問題としており，個別文法内での形態素による救済手段は議論の外に置く．この複合語か句かの問題は，(39) 下の外心複合語の議論も同様である．

[37] 4.2 節での言い方では，サブアセンブリ型併合を持つ言語はポット型併合の存在を含意する，ということになる．しかしここで問題となるのは，人間固有の回帰的併合が，ポット型併合とサブアセンブリ型併合の両方を含むのか後者のみを指すのか，という点である．階層構造が人間言語の固有性だとするなら，(41) のようにポット型併合もサブアセンブリ型併合も階

ちなみに，この論理に則れば，当然ながら回帰的併合は非回帰的併合，つまり単純併合を含意することはいうまでもない．

以上から，回帰的併合により導かれた言語の階層構造が有する3つの特性として，「並列関係の反対称性」「上下関係の反対称性」「含意関係の反対称性」があることがわかった．先に述べたように，この3つの特性が「なぜ現存の言語から言語起源に迫れるのか」「どのように検証可能なのか」という大問題を解く手がかりとなる．そのわけを次に見てゆこう．議論の過程で，進化言語学における音韻論の役割も明らかになる．

7.2. 前駆体と人間言語をつなぐミッシングリンク：第三要因

種分化 (speciation) を招くほど人間固有のものである言語能力が，他種と共通する認知能力との連続性 (continuity) のもとでどのように進化してきたのか，というのが「ダーウィンの問題」または「言語進化の論理的問題」である．ほかと切り分ける固有性を，跳躍性 (saltation) ではなく連続性から導くことがミソである．跳躍は論理の飛躍を招きかねない．連続するからこそ「論理的」なのである．その意味で，その固有性は，Dennett (1995) のいう "skyhook"（空から伸びてくる想像上の吊り上げづる：天からの贈り物）ではなく "crane"（地に足の着いた吊り上げづる；実証可能な実体）でなければならない．そして，その固有たる言語能力の中身が普遍文法の創発，回帰的併合の創発であり，3.5節の図3で提案されているシナリオ（併合を介した原型言語から人間言語への進化）はまさにこの点を良く捉えている．

そこで次に問題になるのが，回帰的併合の創発に関わる連続性である．4.6節で導入された「運動制御起源仮説」は，行動→言語の前適応／外適応という観点からも，単純併合→ポット型併合→サブアセンブリ型併合という発達の観点からも，確かに連続性を備えている．ただ，行動文法であれ言語併合であ

層構造を作るし，また「ある操作によって得られた出力を同じ操作の入力にする」という回帰の定義に両者とも当てはまるので，回帰的併合に両者が含まれることになる (Tanaka (2017b))．一方で，行動文法では，生後20ヶ月頃に始まる人間のサブアセンブリ型結合が他種に見られない点からすると，人間固有の回帰的併合はサブアセンブリ型のみを指すとも考えられる．その意味で，4.2節の最後で述べられた「原型言語＝線形文法，人間言語＝階層文法，という単純な二分法では不十分であって，両者の相違は併合自体の有無ではなく，そのサブアセンブリ方式の適用が可能か否かにある」という結論が真実であって，回帰的併合は基本的に両者を含むが人間固有の部分はサブアセンブリ型のみである，ということになる．

れ，なぜこのような発達段階を踏んだのか，併合の発達それ自体がどこから来たのか，という問題は未だ残されている．

これを解く手がかりは，行動文法にある．つまり，他種と共通する認知能力との連続性のもとで併合が創発したなら，前駆体たる行動文法と併合を含む人間言語とに間に，なにがしかのミッシングリンク（4.2 節の図7で言及された「メタファー的抽象化」の内実）があるはずである．しかも，認知能力に基づいて，行動という運動制御を通して言語に影響を与える何かである．「認知能力」「運動制御」といえば，これはもう感覚運動システム（または概念意図システム）をほかにおいてないであろう．

本節では田中（2016a, b）や Tanaka（2017a, b）に基づいて，前駆体たる行動文法から併合を含む人間言語へと進化する過程に対して，Chomsky（2005）のいうような「第三要因」が感覚運動システム（または概念意図システム）を介して働いたと提案する．具体的には図19のような構図を想定している．

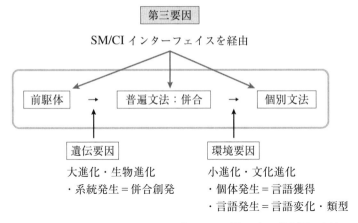

図 19　大進化と小進化における第三要因（Tanaka（2017a, b））

これは，遺伝要因（人間固有の言語を可能にするゲノム），環境要因（言語データを含む社会的環境）に次ぐ，文字通り第三の要因である．ただし，第三要因は「インターフェイス」を経由して行動や文法に作用するのであって，Chomsky（2005）のように「インターフェイスの諸条件（interface conditions）」そのものが第三要因となるとは，ここでは考えない（下記の（42）を参照）．

第三要因とは，物理法則・自然法則に含まれるであろうさまざまな原理を一括して，そのように呼んでいる．Johansson（2013: 251）の調査によれば，こ

れまでに物理法則・自然法則以外にも，以下のようなさまざまな原理が第三要因ではないかと提案されている．

(42) 第三要因のいろいろ
- principles of data processing and analysis
- economy of derivation
- interface conditions
- performance systems
- general cognitive capacities, general learning strategies
- architectural and computational constraints
- developmental constraints and canalization in embryology
- physical law
- mathematical principles, e.g., symmetry
- mathematical patterns, e.g., Fibonacci series
- laws of form (*sensu* Thompson 1917)

ただ，現状では一部のものを除けば，漠然とした，あるいは雑然とした諸条件がいろいろ含まれており，その実態がよくわからないという危うさがある．例えば，言語の「完璧」で「最適」なデザインが演算の物理的な「能率性」から来るといっても，その「能率性」の定義がはっきりせず抽象的に過ぎる（実証性を欠く）点を Johansson (2013: 251-253) も批判している．つまり，ありそうで正体不明の何か，あるいは「自明の」何かに美名を与えて第三要因に帰するやり方を「物理から直接導く安易な (for free, directly from physics)」アプローチと呼んで揶揄しつつ，その説明が "crane" ではなく "skyhook" に堕する落とし穴があることを警告しているのである．または，分析者にとって都合の悪いものを押し込めておく「パンドラの箱」と化しているといっても良い．できれば開けないでおくための箱である．そうなると，言語起源の研究が，説明的妥当性を超える ("beyond explanatory adequacy") どころか宙に浮いてしまうであろう．

そうではなく，何かを第三要因に帰するには，「自然」と「言語」の両方で実証できる点が重要である．Johansson (2013: 269) 曰く，"Typical of the papers explicitly invoking the third factor, in contrast, is that *no serious causal analysis is performed, and no causal connections from third-factor principles to linguistics are presented*; instead the literature abounds with unsupported claims that *this or that feature comes 'for free, directly from physics*.'" であ

り，この逆をやれば良いのである．また，彼は "The observation of a putative third-factor pattern in an aspect of language does not in itself warrant the conclusion that the third factor explains that aspect of language. A pattern in language is a clue to possible explanations; it is not a principled explanation in itself, unless *the causal connection is established and understood. A detailed case-by-case causal analysis is required*." (Johansson (2013: 270)) とも述べている（いずれもイタリック体による強調は本章筆者による）．まとめれば，「第三要因から言語への因果関係を，ケースバイケースで詳しく分析する必要がある」ということになろう．これに呼応してか，Berwick and Chomsky (2017) ではこの点は改善され，演算の能率性が言語にどう反映されるかの因果関係が詳細に検討されている．

本章でもこのことを実証するための伏線が，7.1 節で導入した階層構造の 3 つの「反対称性」である．言語の反対称性がどのように物理法則・自然法則の原理に由来するのか，次節にてケースバイケースで詳しく見てゆこう．

7.3. 反対称性の生物学的意味

第三要因が前駆体から普遍文法への創発に，そして普遍文法から個別文法への発生に関わっているとすれば，普遍文法たる併合の適用様式に課せられた何らかの原理が 3 つの反対称性を成り立たせていたはずであり，これに対応する原理が前駆体たる他種の形質（行動や器官）や個別文法内の言語事象にも反映されているはずである．本節では，この第三要因の原理として，「相互排除の法則」「序列の法則」「含意の法則」が含まれると提案する．これらが感覚運動システムを通して働きかけるのであるから，前駆体では運動制御の行動原理に，個別文法では外在化の条件に，それぞれ観察されるはずである．結論からいえば，全体的な構図は図 20 のようにまとめられる（Tanaka (2017a, b) を改編）．

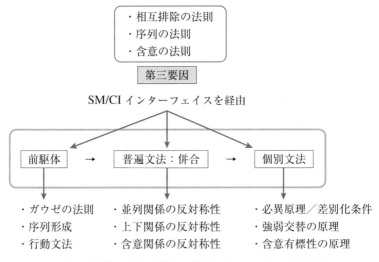

図20　行動と言語（普遍・個別文法）をつなぐ第三要因

物理，行動，言語の順に3つの原理がどのようなものか，その具体的詳細を見てゆこう．

　まずは3つの原理の定義だが，共通するのはすべてある領域内における要素の「組み合わせ」に関するものだという点である．すなわち，「相互排除の法則」は「（何らかの意味で）同じまたは同類のものは組み合わせられない（相互に排除し合う）」，「序列の法則」は「組み合わせた場合には（何らかの意味で）いずれか一方が優位になる」，「含意の法則」は「（何らかの意味で）複雑な組み合わせは単純な組み合わせを含意する」と，それぞれ定義される．「何らかの意味」は，物理・行動・言語それぞれの領域でその意味が決まる．例えば，カップのはめ込みの例では，物理的に同じ大きさのカップをはめ込むことはできない．また，1回の組み合わせでは，ホストとなるカップが必ず決まる，つまり物理的に大きい方が必ずホストとなる．さらに，2回以上の組み合わせでは，1つのホストに固定する方が2つ以上のホストを駆使するより物理的な能率が良い（はめ込みが速い）．ホストの数が多くなればなるほど能率が下がる反比例の関係にある．

　この3つの原理は，併合の前駆体として，自然界の動物行動にも観察される．例えば，「相互排除の法則」はガウゼの法則（Gause's Law）として動物行動に表れる．これは，同じ生態学的要求を持つ複数の種が同じニッチ（生態的地位）に存在すると，競争によって一方が排除されるため，ほかの環境要因が

ない場合は安定的に共存できないという原理である．殺し合いになるか，ほかのニッチに追いやられるかである．競争排除則とも呼ばれ，生態ピラミッドの頂点に君臨するライオンやトラやハイイログマ（グリズリー）などの大型肉食哺乳類は同じようなニッチを占めているが，それぞれの種は並存することはなく，棲息地域がそれぞれアフリカ，アジア，北米に分散している．それはゾウリムシのような原始的な単細胞生物などのように，生態ピラミッドの下層たる種にまで成り立つ（Gause (1934)）．[38] また，系統レベルだけでなく個体レベルのオスどうしの排除行動にもこの原理は現れ，例えばハーレム（一夫多妻制のコロニー）を形成するゾウアザラシや5, 6頭のプライドを形成するライオンでも，その領域に君臨するオスは通常1頭である．

そして，「序列の法則」はそうした排除の結果である．殺し合いにならなければ，系統レベルでは，追いやられた方は生態ピラミッドの別のニッチに移動し，序列を形成する．ライオンとヒョウ，トラとヒョウ，ハイイログマとピューマ（クーガー）などの関係は，その例であろう．個体レベルでは，コロニーを形成するゾウアザラシやライオンの例では，追いやられたオスは別のハーレムやプライドを求めて移動するが，チンパンジーやニホンザルなどの猿類では α- オス（いわゆるボス猿）と β- オスの序列関係を作る．その厳しい序列関係は，数十頭の雌雄から成るコミュニティー（縄張り）全体に及んでいる．

最後の「含意の法則」としては，チンパンジーのカップはめ込みの行動文法それ自体が，この原理に支配されていることは自明であろう（4.2節）．ペアリング方式とポット・サブアセンブリ方式でははめ込みの回数に，ポット方式とサブアセンブリ方式ではホストカップの数に，それぞれ複雑さの違いがある．はめ込みが増えることはカップの種類それ自体が増えることとなり，その中で数が増えたホストカップをうまく駆使するのは（大きさをうまく調節するのは），大変な記憶量と認知能力が必要であろう．

動物行動の次は，これら3つの原理が個別言語にいかに関わっているかである．普遍文法たる併合には，これら3原理により3つの反対称性が現れる

---

[38] ただし，ハッチンソンのいう「プランクトンのパラドックス」（光や栄養などの資源が限られた状態の海洋で，多くの種類のプランクトンが共存できるという事実）のような例もある．しかしながら，Hutchinson (1961) や他の研究者も，相利共生や時間的・空間的住み分けや潮の干満といった環境変動など，ほかの環境要因を考慮することでこの問題を解決している．つまり，この問題はあくまで「逆説」を指摘するものであって，ガウゼの法則（競争排除則）との「矛盾」を喚起するものではない．上の定義で，「ほかの環境要因がない場合は」と断っておいたのはそのためである．

ということであった．もちろんこれは普遍文法の話であって，実際にインターフェイスを通して個別文法を形成する時には，必ずしも反対称性が反映されない構造を作る場合がある（注35を参照）．7.1節の (38) や (39) に関連してあげた日本語の例は，個別文法のなせるいたずら，癖であり，固有性である．しかし，そうした固有性を有しながらも，なお3つの原理は普遍原理として一般に認められるものとなって現れる．

　例えば，「相互排除の法則」は，統語構造の線形化（linearization）にかかる条件として Richards (2010) が提案する差別化の条件（Distinctness Condition）がこれに当たる．線形化は外在化の一側面であり，感覚運動システムを経由し，併合とのインターフェイスで働くものである（(42) にも "interface conditions" として含まれている）．Richards (2010: 5) はこの条件を "If a linearization statement <α, α> is generated, the derivation crashes at SM (because it is unpronounceable)" のように定義している．7.1節の (38) に関連して述べた最小探索に基づくラベリングも，これに倣えば "If an internalization statement {α, α} is generated, the derivation crashes at CI (because it is uninterpretable)." のように内在化にかかる条件として定義でき，要は同じ要素を無駄に繰り返す *[[自由・自由] 党], *[[三菱・三菱・三菱] 銀行] のような表現は意味不明で，外在化でも内在化でも解釈不能だということである．ただし，[[ほんとに，ほんとに] ごめん] のような例は，平坦な構造ではあるものの強調ということで，解釈可能ではあるが．

　こうした「相互排除の法則」は語の組み合わせだけでなく，音の組み合わせにも当てはまる．その原理は必異原理（Obligatory Contour Principle）と呼ばれ，Odden (1986), McCarthy (1986), Yip (1988) による体系化を始め，ここに書ききれないほどの論文によって，多数の言語における無数の現象（母音・子音などのセグメントや，音調・強勢などのプロソディーなど）においてその効果が報告されている．一般には McCarthy (1986: 208) に従って，"Adjacent identical elements are prohibited." と定義されており，同音または類音の組み合わせは避けられ，必ず異なっていなければならないという効果を示している．その定式化に伴うさまざまな要因は田中（2016a）に譲るが，要は同音または類音の連続は発音しにくいのである．つまり，運動制御，外在化の問題である．[39] 例えば，語の派生において，この原理は重音脱落（haplolo-

---

[39] 以下に挙げる例は，感覚運動システムにかかる条件の中でも特に発声（production）または聴知覚（auditory perception）に関するものであるが，「相互排除の法則」が認知機構一般に

gy）として働く．*Engla-land* が *England* に，*morpho-phonology* が *morpho-nology* になるのはこのためである．日本語の「ナルシスト」が *narcissist* から来ていることはよく知られているであろう．また，類音の発音しにくさをうまく利用したのが，(43) のような早口言葉である．

(43) 早口言葉に見る類音連続
    a. 英語
        She sells sea shells on the seashore.
        Vivian believes violent, violet bugs have very big value.
    b. 日本語
        namamuni namanome namatamano「生麦生米生卵」
        tonarino kyaku-wa yoku kaki kuu kyaku-da「隣の客はよく柿食う客だ」

類音であるがゆえに，微妙な調音器官の制御が難しいのである．あるいは，日本語（和語）にはライマンの法則（Lyman's Law）として知られる濁音の連続回避の原則があり，実際に *huta*「蓋」，*huda*「札」，*buta*「豚」などの語彙は存在するが，**buda* のような濁音が連続する状況は避けられる．*nabe-buta*「鍋蓋」などに見られる複合語の連濁規則が，*na-huda / *na-buda*「名札」のように避けられるのもこの原則による．

次に，「序列の法則」について，概念意図システムを通しての意味解釈上では，先に見た統語構造の最小探索に基づくラベリングがこれに当たる．感覚運動系システムに関わる音声解釈では，リズムの構造，専門的には韻律構造にこれが表れるので，その例を見てみよう．リズムとは（強弱）の組み合わせであり，そのようなまとまりを韻脚（foot）と呼ぶ．*(強強) や *(弱弱) が避けられるのは，先の必異原理による．理想的なリズムとはこの韻脚の繰り返し，（強弱）の繰り返しなのではあるが，*(強弱)（強弱）と連続することは，これはこれで同じものが続くので，そこにも必異原理が働く．そこで，この *(強弱)（強弱）の上のレベルにも強と弱の差異化をはかることで，一方を優位と

働く証左として，視知覚（visual perception）にも表れるという報告がある．例えば，Kanwisher (1987) は，時間的に接近して同一の刺激を反復提示すると，2 回目の刺激が検出しにくくなる「反復見落とし（repetition blindness）」という事例を指摘している．その他，味覚や嗅覚も，同一刺激が繰り返されれば慣れてきて感覚が鈍化する経験は誰しも持つであろう．このように言語を超えて認知機構一般に働く同一性回避の諸相については，Walter (2007)，Yip (2014)，遊佐 (2014) を参照されたい．

する．これが韻律の階層構造にかかる「序列の法則」であり，「強弱交替の原則」と呼ばれる．下の例は *Mississíppi* の韻律構造で，(44a) では上のレベルで *(強強) を作るので，これが避けられて (弱強) となる．つまり，結果として単一の語は，第1強勢「′」を1つしか持たないことになる．

(44) 韻律構造の相互排除と序列
    a. 語内部

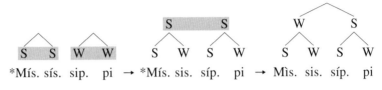

    b. 語外部

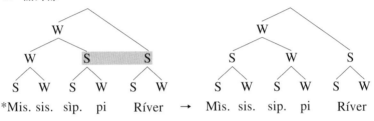

これに対し，句を形成して語の外において強が衝突した場合 ((44b) の左) には，もともと (弱強)(強) だったまとまりが (強弱)(強) となり，理想的なリズムを形成する．これがいわゆるリズム規則 (Rhythm Rule) である．いずれにしても，厳しい序列関係の中で，α-オスをめぐる競争に敗れて排除されたり，劣位のオスが α-オスから距離を置いたりするなど，チンパンジーの社会行動の様相を呈した構造となっている．

最後の「含意の法則」は，言語類型における統語構造・形態構造の含意関係に基づいて Greenberg (1966) が提案した，含意普遍性 (implicational universal) または含意有標性 (implicational markedness) によく現れている．例えば，平叙文の語順に関して，VSO を主たる語順とする言語は SVO の語順もサブタイプとして可能であるが，その逆は成り立たないとされる．北アフリカのベルベル語 (Berber) などがそうである．これは一般に，S (行動主体) を V (行動内容) より先に (「誰」が「どうした」と) 述べる方が文理解の上で処理の効率がよく普通 (無標) だと考えられ，その逆は有標だからである．そして，何らかの要因でわざわざ有標な VSO を主たる型として選ぶ場合は，無標

なSVOも選択肢として含意する，ということである．実際に，SVOはSOVに次いで，諸言語で群を抜いて多いタイプである．音韻構造でいえば，Jakobson (1968) が同時期に類型や獲得に基づく有標性について考察しており，例えば類型では，有声閉鎖音を持つ言語は調音位置で対応する無声閉鎖音も持つが，必ずしも逆は成り立たないと述べている．中国語潮州方言（Chaozhou）の閉鎖音目録は，（有気閉鎖音 /pʰ, tʰ, kʰ/ を除けば）/p, t, k, b, g/（/d/ が欠落）だが，逆に /p, k, b, d, g/（/t/ が欠落）のような目録を持つ言語はない．これは有声閉鎖音が「声帯振動」という無声閉鎖音にはない特徴を持つ点で複雑な運動制御が必要であり，有標だからである．有標音は対応する無標音を含意するが，その逆は成り立たない．

なお，(41a) で示した英語の複合語について，その韻律構造を表示すると (45) のようになる．

(45) 複合語の韻律構造
    a.「児童書を研究するクラブ」   b.「児童のための読書クラブ」

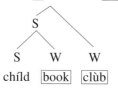 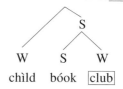

これを (44) と比較するとわかるように，英語では末端レベル（語内部）の韻律構造は「強弱」だが，語全体または語より上のレベル（語強勢または句強勢）は一貫して「弱強」となるのが基本である．(44b) で「強弱」となるのは，リズム規則が適用されるからであった．同様に，(45) でも語より上のレベルでは本来は「弱強」となるのが基本だが，ここでは複合語強勢規則（Compound Stress Rule）が適用されて「強弱」となっている．しかも，複合語形成の数に合わせて (45a) は2回，(45b) は1回適用され，それぞれの構造の複雑さを反映している．つまり，統語構造だけでなく韻律構造の観点からも，(45a) は有標性が高いのである．

以上，「相互排除の法則」「序列の法則」「含意の法則」の3つが第三要因として，前駆体としての動物行動，普遍文法としての併合，個別文法としての諸言語の原理にどのように働くかを図20に則して見てきた．これらは個別文法のレベルでは例外があっても問題はない．図19に示した通り，さまざまな環境要因を通して固有性を発揮するのが個別文法なのだから．

7.4. 第三要因の帰結：現存の言語から言語起源に迫れるわけと方法

ここまでの議論から，感覚運動システム（外在化）の文法たる音韻論の役割，音韻論が進化言語学に貢献する方法が，いくらか明らかになって来たであろう．まとめると (46) のようになるが，これは進化言語学にアプローチするにあたっての仮説の検証法でもある．

(46) 外在化に関わる問題設定と仮説検証法
    a. 大進化・生物進化（系統発生）の問題
       前駆体から併合への機能転換を律する第三要因を明らかにせよ．その第三要因は<u>他種の形質（行動や器官）と人間言語の階層構造とをつなぐ自然法則</u>であり，両面からの検証が必要である．
    b. 小進化・文化進化（個体発生・言語発生）の問題
       第三要因のある自然法則がもたらす帰結を，言語獲得または言語変化・類型の観点から明らかにせよ．その帰結は併合（と感覚運動システムとのインターフェイス）に還元される音韻過程にもたらされるものであり，<u>2つまたはそれ以上の要素の組み合わせの仕方</u>がどのように獲得され，歴史変化し，また類型を形成するかを検証することになる．

ここで決定的に重要な点は，図 19 や図 20 で明らかなように，第三要因が前駆体（他種の形質）から普遍文法（併合）の創発までの変化だけでなく，普遍文法（併合）から個別文法の形成への変化にも働いている事実である．現存言語から上の2点を検証できるのはまさにこの事実があるからであり，「なぜ現存の言語から言語起源に迫れるのか」「どのように検証可能なのか」という大問題に接近できるのは，まさにこの理由による．

(46a) の点については，7.1 節と 7.3 節にて詳しく検証してきた．言語学，特に音韻論でいわれる普遍原理が第三要因の候補としてあがり，その生物学的な意味を調べることになるだろう．以下では第三要因の1つである「含意の法則」を取り上げて，(46b) の問題に迫ってみよう．[40]

---

[40] 4.6 節の図 12 で述べられているように，「併合」は，生物進化の上では，行動併合→汎用併合→言語併合そのほか，という過程を経て発達し，これまでの議論はこのうち「言語併合」一般の性質を第三要因との関連で展開してきたものである．それに対し，以下の議論は，この「言語併合」の中でも 6.4 節の図 18 で述べられた「音韻併合 (Phonological Merge)」に焦点を当てたものである．そして，「感覚運動システムでは階層構造は消失し，線形記号列のみが表

この問題については，Tanaka (2017a, b) で日本語と英語の事例で詳しく検証しているが，ここではその骨子を紹介する．そこでは (46b) のいう「2つまたはそれ以上の要素の組み合わせの仕方」の例として，C＋y＋V という，口蓋音 /y/ を含む音連鎖の配列制限（palatal phonotactics）を取り上げている．この組み合わせが併合によるものとするならば，(47) のような含意関係が成り立つと予測される．つまり，サブアセンブリ型併合による組み合わせはポット型併合の組み合わせも可能であるが，逆の可能性はないとの予測である．

(47) C＋y＋V 連鎖におけるポット型併合とサブアセンブリ型併合[41]
    a. ポット型併合

    b. サブアセンブリ型併合

ただ，いずれのタイプかを検証する際に，銘記すべきことが3点ある．第一に，/y/ が基底から存在する音素でなければならないこと．3つの音の組み合わせでないと，含意関係は調べられないからである．第二に，結果として，kat-e「勝て」/ katʃ-i「勝ち」，kas-e「貸せ」/ kaʃ-i「貸し」，Egypt/Egyp[ʃ]ian, Christ/Chris[tʃ]ian, Russ/Ru[ʃ]ian, music/musi[ʃ]ian など，単なる口蓋化（palatalization）を問題としているのではないこと．問題となるのはあくまでも組み合わせの仕方である．口蓋化は組み合わせた結果生じる現象であるに過ぎない．そして第三に，その組む合わせのタイプを決める方法は，当該言語の

出するのであるが，それでもその背景にある音韻構造は回帰的な階層関係を定義している」（160ページ）という重要な点を裏付けることになる．

[41] ここで，/y/ は二次調音に過ぎないので，主要部は一次調音たる C または V が形成する．その事実が導かれる原理は次の通りである．つまり，一般に音節は聞こえ（sonority）の低い頭子音と高い核母音から形成されるので，頭子音内部では /y/ より聞こえの低い C が，核母音内部では /y/ より聞こえの高い V が，それぞれ主要部を務めるというわけである．C と V の関係では，当然，聞こえ＝卓立（prominence）の高い核母音 V が主要部となる．

個別文法が有する音素配列制限，つまり共起制限の有無にある点である．これがなぜかというと，音素配列の共起制限が働く原因は調音の運動制御や知覚の弁別能力にあり，もしある2つの音の組み合わせに共起制限が働くなら，その2つの音が感覚運動システムを通した併合によって組み合わされた強烈な証拠となるからである．

さて，以上の前提のもとに，(47) の各タイプの事例を具体的に見てゆこう．まず，日本語で拗音と呼ばれる口蓋音は，(48a) のように間違いなく音素である．この場合，yV は和語でも可能だが，CyV の構造は和語以外でしか許容されない（ここでは漢語を扱う）．そして，(48b) に示される通り，CyV の組み合わせは明らかにポット型である（この表では田中（2009）に従って，[h] の基底形を /p/ と仮定している）．

(48) 日本語の口蓋音配列：C+yV ＝ ポット型併合
    a. /y/ の音素性
        u「鵜」/ yu「湯」   o「尾」/ yo「夜」
        bou「某」/ byou「秒」   ta「田」/ tya「茶」
        sa「差」/ sya「社」   zou「象」/ zyou「上」
        kuu「空」/ kyuu「球」   gou「号」/ gyou「行」
    b. /y/ と母音：*/y/ + 前舌母音，子音と /y/：制限なし

	和語	漢語						
	φ	k	s	t	n	h/p	m	r
ya	yaku「焼く」	kyaku「脚」	syaku「尺」	tyaku「着」	nyaku「若」	hyaku「百」	myaku「脈」	ryaku「略」
yi	*yi	*kyi	*syi	*tyi	*nyi	*hyi	*myi	*ryi
yu	yuu「結う」	kyuu「九」	syuu「州」	tyuu「中」	nyuu「乳」	*hyuu	*myuu	ryuu「龍」
ye	*ye	*kye	*sye	*tye	*nye	*hye	*mye	*rye
yo	you「酔う」	kyou「強」	syou「賞」	tyou「超」	nyou「尿」	hyou「表」	myou「妙」	ryou「量」

    c. 子音と /y/ と母音：* 唇音 + /yu/
        *pyu, *myu, *byu

なぜなら，C+y には特に共起制限がない（どの子音とも /y/ が結合可能である）のに対し，y+V には「*/y/ + 前舌母音」のような共起制限があるからである．つまり，y+V で許される連鎖は基本的に C+yV でも許されるのであるから，併合適用の順序としては，(47a) 左のように，y+ V̄ の組み合わせのあとに C+y V̄ の組み合わせが決まることとなる．

この仮説の強力な傍証となるのが，*pyu, *myu, *byu の連鎖が漢語の体

系で許されない事実である（「誤謬」の「謬」は単独では使われず，この熟語でのみ可能な希な例である）．これは（48c）の通り「*唇音＋/yu/」の共起制限によるものだが，ほかの後舌母音では *hyaku*「百」，*hyou*「表」，*myaku*「脈」，*myou*「妙」，*byaku*「白」，*byou*「秒」のように許されるのであるから，y＋V̄ の組み合わせのあとに C＋yV̄ の組み合わせが決まってから課せられた制限であることがわかる．つまり，ポット型である．さらに，次の例は外来語だが，*myu という連鎖を避けたいがために音転位（metathesis）が生じている．本来は言い誤りではあるが，可能な語彙変異として確立されつつある（パソコンでも入力変換される）例である．

(49) *myu に起因する音転位
　　　si.m<u>yu</u>.ree.syon「シミュレーション」/ s<u>yu</u>.mi.ree.syon「シュミレーション」
　　　ko.m<u>yu</u>.n<u>i</u>.kee.syon「コミュニケーション」/ ko.m<u>i</u>.n<u>yu</u>.kee.syon「コミニュケーション」

ここで注意したいのは，転位される構成素が下線部の *yu* と *i* である点であり，問題の音連鎖が C＋yV̄ からなるポット型である（C と yV の間に句切れがある）ことを裏付けている．なお，そのほかの外来語や擬声語・擬態語の CyV も基本的にはポット型に準じているが，詳しくは Tanaka（2017b）を参照のこと．

次に，英語の CyV 連鎖についてだが，/y/ の音素性は（50a）から明らかである．そして，結論から言えば，CyV 連鎖はサブアセンブリ型併合の結果である．なぜなら，/y/ と母音との間には何ら制限はないのに対し（(50b)），C＋y や Cy＋V にはそれぞれ併合にかかるインターフェイス条件（共起制限）が見られるからである（(50c, d)）．

(50) 英語の口蓋音配列：Cy＋V＝サブアセンブリ型併合
　　a.　/y/ の音素性
　　　　ear / year　　S / yes　　up / yup　　earn / yearn
　　　　east / yeast　eight / yate　oak / yoke　ah / yah
　　　　poor / pure　moot / mute　coot / cute　whom / Hume
　　b.　/y/ と母音：制限なし
　　　　yid　　yuan　　yet　　young　　yacht
　　　　yeast　youth　　yate　yoke　　yaah

c. 子音と /y/：* 舌頂音 + y（アメリカ英語）
　　　　p[y]ure　　b[y]eauty　　m[y]usic　　f[y]use　　　v[y]iew
　　　　c[y]ute　　c[y]ure　　　c[y]ue　　　reg[y]ular　　triang[y]ular
　　　　t[φ]une　　d[φ]euce　　S[φ]ue　　　Z[φ]eus　　　n[φ]ews　l[φ]ure
　　　d. 子音と /y/ と母音：*Cy + ¬u
　　　　(50c) のすべての語

　つまり，一部の方言で C + y の間に「*舌頂音 + y」という制限が働くため /y/ が削除され，次いで Cy + V の間には「*Cy + ¬u」の制限（「¬u」は「u 以外の母音」の意味）が働くため，/u/ のみの組み合わせが許容されるのである．ちなみに，イギリス英語では「*舌頂音 + y」の制限がなく /y/ も削除されないので，/y/ が二次口蓋化（secondary palatalization；二次調音的に口蓋化）して [tyu:n]，[dyu:s]，[syu:]，[zyu:s] などとなるか，完全口蓋化（full palatalization；調音様式まで変わって破擦音化／摩擦音化）して [tʃu:n]，[dʒu:s]，[ʃu:]，[ʒu:s] などとなる．
　さて，もし英語のこの連鎖がサブアセンブリ型併合による組み合わせであるなら，例の含意関係から，より運動制御が楽そうなポット型併合による組み合わせも可能であるはずである．それが可能であることを示すのが (51) である．

　(51)　再音節化に伴う C + yV のポット型併合
　　　　a.　ty → tʃ:　　got you　　last year
　　　　b.　dy → dʒ:　　send you　　would you
　　　　c.　sy → ʃ:　　　miss you　　kiss you

　もともとある yV 連鎖の頭子音の位置に，前音節の末尾子音 C が再音節化されることで，完全口蓋化が起きている例である．再音節化に基づく口蓋化であり，かつ語と語の間で生じているのであるから，これは明らかに機械的かつ音声的な後語彙（postlexical）レベルの現象である．
　後語彙レベルでの組み合わせがポット型併合により，語彙レベルの組み合わせがサブアセンブリ型併合によるとの事実は，一見するところ「妙」に見えるかもしれない．しかしながら，語彙音韻論（Lexical Phonology）による歴史変化の説明では，音に関わる過程は，後語彙レベルの音声規則から語彙レベルの音韻規則へと「文法化」（形態部門など，ほかの文法部門とのインターフェイスを形成）し定着するとされている（例えば，Hargus and Kaisse (eds.) (1993) の "Part III: Applying Theory to Historical Change" などを参照のこ

と）．その意味では，原始的なポット型併合が後語彙レベルの機械的・音声的操作に留まり，時を経て派生的なサブアセンブリ型併合がレキシコン奥深くの語彙レベルへと文法化されていった，というストーリーはきわめて自然な成り行きである．つまり，ここに見るサブアセンブリ型併合は，機械的かつ音声的なポット型併合が音韻体系へと洗練された結果であり，「妙」といっても「奇妙」ではなく「巧妙」な仕組みによる．

最後に，口蓋音の配列制限ではなく口蓋化そのものを問題にして，その有標性から予測される意味合いについて考える．tune（ty → tʃ）のようなサブアセンブリ型併合に基づく有標な口蓋化を tune タイプ，got you（ty → tʃ）のようにポット型併合に基づく無標な口蓋化を gotcha タイプと呼ぶとすると，類型・獲得・歴史変化におけるふるまいは以下のように予測される．

(52) ポット型併合とサブアセンブリ型併合の帰結または予測
  a. 類型
   アメリカ英語： *gotcha* タイプのみ
   日本語：   *gotcha* タイプのみ
   イギリス英語： *gotcha* タイプと *tune* タイプ
  b. 獲得
   イギリス英語： *gotcha* タイプを *tune* タイプより先に獲得
  c. 歴史変化
   日本語：   *gotcha* タイプに加えて *tune* タイプも発生

歴史変化の観点からは，イギリス英語のほうがアメリカ英語より古いので，新しいアメリカ英語が gotcha タイプのみ許容するというのは一見奇妙に見えるが，後者で独自に「*舌頂音＋y」((50c)) の制限，一般的には「*舌頂音＋舌頂音」という制限を発達させたという個別文法の固有性によるものであろう．この共起制限がなければイギリス英語と同様に，gotcha タイプに加えて tune タイプも許容するはずである．現に，(50c) の制限は強音節のみに働くもので，弱音節には *actual, casual, annual* などと，アメリカ英語でも必ず /y/ が生起する．その意味で，歴史変化で生じた新しい制限のために様相はやや異なるものの，アメリカ英語であっても古い形を残し，基本的にはイギリス英語と同じタイプに位置づけられるといった方が正確かもしれない．

こうした制限のない日本語は，実際のところ (53) のように英語の影響もあって，予測通り gotcha タイプに加えて tune タイプも生じつつある．

(53) わたり音化と音節融合：Ci＋u → Cyuu
  a. 二次口蓋化
    berusaiu「ベルサイユ」：[i.u] → [y.uu] → [yuu]
    purotoniumu「プロトニウム」：[ni.u] → [ny.uu] → [nyuu]
    erubiumu「エルビウム」：[bi.u] → [by.uu] → [byuu]
  b. 完全口蓋化
    ritiumu「リチウム」：[ti.u] → [ty.uu] → [tʃuu]
    karusiumu「カルシウム」：[si.u] → [sy.uu] → [ʃuu]
    sinpoziumu「シンポジウム」：[zi.u] → [zy.uu] → [ʒuu]

　異音節では「*母音＋母音」という必異原理が働くので，借入語の Ci＋u 連鎖は Cyuu へとわたり音化・音節融合するからである（*ta.ka.i* → *ta.kee*「高けぇ」，*ho.so.i* → *ho.see*「細せぇ」，*zu.ru.i* → *zu.rii*「狡りぃ」などに見られる音節融合もこの原理による）．日本語は本来 *gotcha* タイプのみを持つが，これに加えて *tune* タイプ（つまりサブアセンブリ型併合による口蓋化）も進行中の変化として許容しつつあるのである．
　こうした歴史変化は，普遍文法から個別文法が発生する際に感覚運動システムの何らかの条件変更により生じた文化進化の所産であり，「含意の法則」などの第三要因そのものが変容したのではない．もともと人間言語は等しくサブアセンブリ型併合が可能なはずであるから，ポット型併合を伴う現象であっても，感覚運動システムに属する配列制限の変容により，サブアセンブリ型併合を用いるよう歴史変化する余地は残されている，と考えるべきである．「相互排除の法則」も同様で，上で見たライマンの法則も，(54) の例に示されるように，歴史変化の痕跡をうかがわせる（データは『大辞泉第二版』（小学館）より）．

(54) ライマンの法則の歴史変化
  a. kiyo-ganna「清鉋」 tati-ganna「立鉋」
    tuki-ganna「突き鉋」 naka-ganna「中鉋」
    nimai-ganna「二枚鉋」 maru-ganna「丸鉋」
    hira-ganna「平鉋」 yari-ganna「槍鉋」
    rokuro-ganna「轆轤鉋」 waki-ganna「脇鉋」
  b. siage-kanna「仕上げ鉋」 sirage-kanna「精げ鉋」
    soridai-kanna「反り台鉋」 nagadai-kanna「長台鉋」
    doutuki-kanna「導突鉋」 koguti-kanna「木口鉋」

gotoku-kanna「五徳鉋」　　mizo-kanna「溝鉋」
naguri-kanna「名栗鉋」　　sakaba-kanna「逆刃鉋」

ここでは，「鉋（かんな）」に代表されるような伝統工具は，古い形を残すがゆえに，修飾部に濁音を含む（54b）のような場合には連濁が阻止されている．つまり，ライマンの法則の適用領域が語全体（*siage-ganna*「仕上げ鉋」）のままなのである．これは修飾部に濁音を含まない（54a）と対照的であり，また，適用領域が主要部形態素内部に限られる現代の文法（*na-buda*「名札」かつ ^{OK}*siage-ganna*「仕上げ鉋」））とも好対照である．こうした歴史変化も，日本語の個別文法の中で，濁音の連続回避を司る感覚運動システムの適用領域が，語全体から主要部形態素内部に変容したとして説明することができるだろう．

7.5. まとめ

　以上，言語の階層構造の普遍的な3つの反対称性（回帰的併合の適用様式にかかる特徴）の話から始まって，そこに働くメタ原理が生物学や動物行動学でいわれる他種の形質や，個別言語の文法に観察される音韻現象にも反映される事実を見てきた．そのメタ原理が第三要因である．また，その議論を通して，進化言語学における音韻論（外在化の文法）の役割，つまり言語進化における感覚運動システムの役割や，具体的な問題設定法と仮説検証法を明らかにした．

　このシナリオの中では，第三要因が前駆体から普遍文法への大進化・生物進化だけでなく，普遍文法から個別文法への小進化・文化進化にも一貫して働いている点が決定的に重要である．言語の起源という途方もなく太古の出来事に対して，古生物学や考古学と違って化石もない不利な状況で，身の回りに現存する言語からアクセスできるのは，まさにこの理由による．したがって，人間言語の起源を求めて言語獲得や言語変化・類型を手がかりにするのは，現存する霊長類や鳥類の言語行動を手がかりにするのと，それほど変わりはないのである．

第 8 章

人類進化と言語の起源・進化*

8.1. はじめに

本章では，人類進化史上ヒトはいつ言語を持ったのかという言語の起源について，関係する諸分野の最新・最近の成果・知見を駆使して考察し，以前より提唱している「言語早期発現仮説」について解説・展開する (Ike-uchi (2012, 2016)，池内 (2014, 2016, 2017))．

なお，解剖学的に我々と同じホモ・サピエンス (anatomically modern human, AMH) は，約 20 万年前に東アフリカに誕生し，現代人は（多少の交配は認めるものの基本的には）すべてその子孫である，つまり，現代人の Recent African Origin (RAO) model/Out of Africa model を想定する (Stringer (2014))．

本章の筆者が主張している，どのようにしてヒトの言語が起源したのかに関する言語の起源／前駆体についての仮説は，前章までの主張・見解とは必ずしも一致するものではない．[42] が，「言語併合」の創発／発現をもって言語の起源

---

* 関連文献の入手については，浅川照夫氏に大変お世話になった．ここに記して謝意を表する．

[42] 言語の起源に関する "how?" の問いについては概略次のように考えている（池内 (2016, 2017)）．

"サブアセンブリ型" という操作自体も基本的に可能であった，ただ単に 2 つの任意の要素を 1 つにまとめるという単純な対称的操作である古併合（paleo-Merge）—これの元々の起源は今のところ不明である—が，当時のホモ・サピエンスの能力としてすでに存在しており具象物には適用されていた．また，20 万年前には作業記憶の増大があった (Wynn and Coolidge

と想定するという範囲内では一致する．したがって，本章では，言語併合の創発/起源はいつか，ということで論を進めることにする．

さて，600-700万年前にチンパンジーと分岐した我々ヒトは，最初の人類であるとされるサヘラントロプス・チャデンシス (*Sahelanthropus tchadensis*) からアルディピテクス (*Ardipithecus*) 属，アウストラロピテクス (*Australopithecus*) 属を経て，240万年ほど前に，ホモ (*Homo*) 属となる．その後，ホモ・ハビリス (*habilis*)，ホモ・エレクトス (*erectus*)，ホモ・ハイデルベルゲンシス (*heidelbergensis*) などを経て，20万年前に，我々ホモ・サピエンス (*sapiens*) が初めて地球上に現れる．いわゆるネアンデルタール人 (*neanderthalensis*) (と最近の発見であるデニソワ人 (Denisovan)) は，おおよそ50万年以上前に分岐している．

この人類進化史上のどの時点でヒトは言語を持ったのかが，本章のトピックである．まず，言語には少なくとも一定の脳容量が必要であるというのは論を待たない．そして，(現生人類を含めて) ホモ・サピエンスはおおよそ1,330〜1,400cc台程度の脳を持つ (Tattersall (2017c) など参照)．このことから，明らかに1,000cc未満の脳を持っていたアルディピテクス属，アウストラロピテクス属，ホモ・ハビリス，そして，1,000cc前後の脳であったホモ・エレクトスに，言語はなかった，すなわち，本章でいうところの言語併合は不可能であったと結論する．ネアンデルタール人はほぼ1,500cc程度の脳を持っていたとされるのであるが，彼らに言語はあったか．これについては，ネアンデルタール人はサピエンスと同じ2箇所でアミノ酸の変異がある *FOXP2* 遺伝子を持っていたというしばらく前の指摘や，Dediu and Levinson (2013), Berwick and Chomsky (2017) などまで，最近いくつかの議論・やりとりがあった（ある）のは記憶に新しいところである．本章では，次の2点を重要視して，暫定的ではあるが，ネアンデルタール人には言語/言語併合はなかったと想定する．(i) *FOXP2* 遺伝子のイントロン8における，転写因子 POU3F2 の結合位置に影響を与える置換が，(大多数の) 現代人とネアンデルタール人（及び

(2016), Wynn et al. (2017), Klein (2017) 参照). 15万年ほど前（後述）の突然変異によってブローカ野とウェルニケ野間の脳内コネクションループができたことにより，この古併合が，その時点までに発達していた語彙と結びついて初めて「言語併合 (linguistic Merge)」となった (Berwick and Chomsky (2016), Frey et al. (2014), Friederici (2016), Fujita (2017), 藤田 (2012) 参照). これが言語の起源であると想定する．ただし，実際に「使うようになった」のは，4-10万年前の作業記憶のさらなる増大の後かもしれない (Coolidge and Wynn (2009)) (8.2.4節参照).

デニソワ人）の間で異なっている．そのことが，*FOXP2* の発現の調節を変えたことなどから，最近 5 万年間の選択的一掃（selective sweep）に関わっていると考えられる（Maricic et al. (2012)，Mozzi et al. (2016））．(ii)「弓と矢の技術（bow-and-arrow technology）」にはサブアセンブリ的な熟練技能が必要とされ，それにはエピソード記憶（episodic memory）の中の自伝的記憶（autobiographical memory）が必要である．これには，近代的な自己及び自己認識的／自己思惟的（autonoetic）思考が関与し，これがサピエンスに唯一的である．それを制御する脳神経的基盤は，大脳の内側面にある脳回の 1 つである楔前部（precuneus）である．そして，その拡張がサピエンスだけに見られ，ネアンデルタール人にはないということである（Coolidge et al. (2016））．[43]

これらのことから，本章では，言語／言語併合の創発／起源（と使用）は，ネアンデルタール人（そして，デニソワ人）より後の時代，すなわち，ホモ・サピエンスの時代であると想定して論を進めることにする．[44]

8.2. 言語早期発現仮説

上で，「本章では，言語併合の創発・起源はいつか，ということで論を進めることにする」と述べたが，仮に言語併合の創発を言語の起源と考えるということでなくても，つまり，現存するすべての言語に共通する特性としての，ヒトに言語を可能にした遺伝的資質の創発をもって言語の起源とするのであれば，本章の議論はそのまま当てはまるということに注意したい．すなわち，人類進化と言語の起源に関する上述の立場—言語の起源はホモ・サピエンスの時代である—を取るなら，すべての仮説・シナリオに共通する最も簡潔な想定として，言語の起源の "when?" の問いに対して考えられる進化的な可能性には次の 3 つが考えられるということである．[45]

(55) (i) ホモ・サピエンスの「出アフリカ」の前

---

[43] 楔前部と統語的階層構造の関係については，Bachrach (2008) を参照のこと（遊佐典昭氏のご指摘による）．

[44] 遊佐典昭氏も指摘するように，(i) の *FOXP2* についてはさまざまな解釈の可能性がある．ここでは，(i) と (ii) の特徴両方を挙げてネアンデルタール人には言語はなかったと想定しているところがポイントである．

[45] ピラハー語も含めてすべての現存言語が言語併合（あるいはそれに相当する共通の特性）を共有していると想定している（池内 (2010) など参照）．

(ii) アフリカ内でのホモ・サピエンスの人種分岐 (divergence) の前
(iii) アフリカ内でのホモ・サピエンスの拡散の前

そうでないと，すべての現存するⅠ言語が（回帰的）言語併合を持っていることが説明できない．[46] (55) の出来事のうちの最も早く起こった出来事の前，というのが最も簡潔な仮説であることは否定できないであろう．以下，それらを順次見て行く．

8.2.1. 出アフリカ

考古学，古人類学，遺伝学，古地質学・気象学などの最近・最新の成果は，ホモ・サピエンスの最初の出アフリカは，少なくとも約 13 万年前であったということを示唆している．

8.2.1.1. 考古学・古人類学

まず，現在のアラブ首長国連邦のジャベル・フェイ (Jebel Faya) で発掘された石器類 (FAY-NE1, Assemblage C) は，北東アフリカの後期中期石器時代のホモ・サピエンス作成のものと似ており，12.3-12.7 万年前のものとされる (Armitage et al. (2011), Bretzke et al. (2013)) （図21の①）．次に，中東のオマーンのヌビア複合体 (Nubian Complex) と呼ばれる技術複合体 (technocomplex) 遺跡で発掘された石器類は，北東アフリカの中期石器時代の技法ルヴァロワ (Levallois) 技法を示すもので，それらが 10.6 万年前のものであると推定されている (Rose et al. (2011)) （②）．いずれもその年代にその地にホモ・サピエンスが居たということを示している．

次は，中国でのいくつかの発掘成果である．まず，中国南部の智人洞 (Zhirendong) で発見されたホモ・サピエンスの 2 本の臼歯と前部下顎骨が，11.0-11.6 万年前のものであるという調査結果がある (Liu et al. (2010), Cai et al. (2017)) （③）．第二に，中国南部の Luna 洞で発掘された永久歯である，左上第二臼歯 (left upper second molar) (M2) と右下第二臼歯 (right lower second molar) (m2) のうち，少なくとも M2 は明らかにホモ・サピエンスのもので，7.0-12.7 万年前のものであるとされる (Bae et al. (2014)) （④）．第三は，Shen et al. (2013) による，四川省の黄龍 (Huanglong) 洞窟で発掘された人類の 7 つの歯についての調査報告で，それらを含む地層をウラン年代

---

[46] 厳密には，全く不可能というわけでないが，ほぼ不可能に近いと言ってよいと思われる．

測定法 (U-series dating) で調べたところ, 8.1-10.1 万年前のホモ・サピエンスのものであることが分かったというものである (⑤). 最後に, 最新の発見であるが, 中国南部湖南省の Fuyan 洞窟で発掘された47個の人類の歯である. Liu et al. (2015) によると, これらは, 8.0-12.0 万年前のもので, これこそ間違いなく現生ホモ・サピエンスのものであるということが強調されている (⑥).

東南アジアについては, ジャワの熱帯雨林に 8.0-12.0 万年前にホモ・サピエンスが居たという指摘がある (Storm and de Vos (2006)) (⑦).

考古学, 古人類学の証拠は, その「解釈」が微妙なことがあり, これらの証拠だけでは強力なものとはなりにくい場合あるが, 上記の証拠は, 総合すると, 出アフリカは(遅くとも)約13万年前であるということを示唆している. したがって, 言語の起源はそれ以前でなければならないことになる.[47]

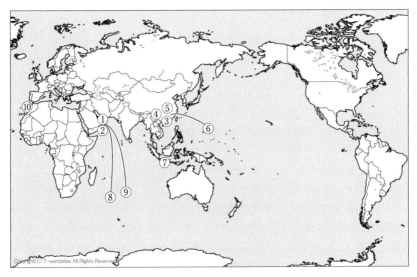

図21　考古学・古人類学・古地質学証拠地点
（地図中の①〜⑩は本文中のそれぞれに対応）

---

[47] なお, いくつかの批判・疑問がすでに提出されている. 例えば, 智人洞については Dennell (2014) を, 智人洞, 黄龍洞などについては海部 (2016) を, また, Fuyan 洞については Michel et al. (2016) を参照のこと. 一方, Groucutt et al. (2015) によると, 南西アジアには 12.0 万年前までに, そして, 東南アジアには 5.0 万年前までにはホモ・サピエンスが居たという.

8.2.1.2. 遺伝学

まず，Scally and Durbin (2012) のヒトの遺伝子突然変異率に関する新説である．従来の突然変異率は，ヒトと霊長類との間の突然変異的相違によって化石記録を基に算出されており，それはかなり高い/早いものであるとされていた．彼らは，これに対して，両親とその子どもの間で起こる突然変異の数を数え，それがどのくらいの頻度/確率で起こっているかを算出した．それによると，突然変異というのは今まで想定されていたよりゆっくり起こっているというのである．この新突然変異率に基づいて計算すると，出アフリカの時期は，9-13万年前と算出される（Gibbons (2012)）．興味深い事に，この数字は上記の考古学的・古人類学的証拠から推定した出アフリカの時期に一致する．[48]

次は，アフリカとアジアの現代人に関する遺伝的多型 (genetic polymorphism) と頭蓋形の変異 (cranial shape variables) に基づく Reyes-Centeno et al. (2014)，Reyes-Centeno et al. (2015)，Reyes-Centeno (2016) によるものである．これらによると，出アフリカは数度に渡り，その最初のアラビア半島を通る南ルートによる出奔は，13.0万年前とするのが妥当であるとのことである．

8.2.1.3. 古地質学・古気候学

地質・気象の面からも早期の出アフリカを支持する証拠がある．

Rosenberg et al. (2012)，Parton et al. (2015) (*Geology*)，Parton et al. (2015) (*QI*) などによれば，サイワン古代湖と呼ばれる湖が，ジャベル・フェイに至る南ルートの途中のオマーン北部に MIS5e/5.5 に形成され，10.4-13.2万年前の間（のいつかに）存在した（前掲の地図の⑧）．また，Al Sibetah における淡水の利用可能性と草地の発達は，ホモ・サピエンスがジャベル・フェイに居たとされる時期と一致している（⑨）．このように，この地域は，13万年前頃，ちょうど湿潤期で淡水が利用可能であり，居住可能な環境があったということなど，この時期の早期の出アフリカが可能であったことが強く示唆される．

また，同様に，deMenocal and Stringer (2016) によると次のようなことがいえるという．過去において，地球の自転軸方向の変化が，アラビア半島やシナイ半島においてモンスーン気候を活性化し，湿潤条件を確立して，植生に覆

---

[48] なお，mtDNA の場合については，Fu et al. (2013)，Gibbons (2013) を参照．

われた資源豊かな地帯に沿ってのアフリカからの移動を可能にせしめたことがあった．それが過去3回あり，その最初が，MIS5の温暖期の1つに当たる11.8-13.0万年前の間であるというのである．これも早期の出アフリカの可能性を支持する強い傍証となる．[49]

8.2.1.4. さらなる遺伝学的証拠

　ここまでの議論・主張は，数度の（少なくとも2度の）ホモ・サピエンスの出アフリカがあり，その1回目が約13万年前であったということを，考古学的，古人類学的，遺伝学的，古地質学・気候学的証拠が示しているということであった．2回目（あるいは，その後）の拡散については，例えば，Reyes-Centeno et al. (2014, 2015), Reyes-Centeno (2016) は 6.5-8.0 万年前，Groucutt et al. (2015) は 4.0-7.0 万年前であるとしている．したがって，我々の想定では，言語の起源は13万年よりもっと前ということになる．

　一方，さまざまな現生人種間の変異・相違を調べる最近のゲノム研究に基づく出アフリカ仮説には，出アフリカは1回であるとするものがある（Malaspinas et al. (2016)）．そしてその時期は7万年前であるとされる（Culotta (2016)）．また，Mallick et al. (2016) は，142の異なる人口集団からの300のゲノムを調べた上で，出アフリカは1回とするが，早期の出アフリカがあったとしても現代の人口集団のゲノム構成に実質的な寄与を成していないとすれば，早期出アフリカを示す古人類学・考古学的証拠とは矛盾しないとしている．

　さらに，Pagani et al. (2016) は次のように主張する．化石・考古学的証拠と一致する早期の出アフリカ（xOoA）を12万年前，その後の主たる出アフリカ（OoA）を7.5万年前であると想定する．アボリジニと共に，隔絶されており過去の遺伝子分布の痕跡を残しているとされている現生パプア人のゲノム構成の特徴を観てみると，その少なくとも2％（のみ）が早期に出アフリカした現生人類から来ていることが分かる．それ以外にはその痕跡は残っていないということである．同様のことについて Reyes-Centeno et al. (2015) は，現存するアウストラロ-メラネシア人（Australo-Melanesians）が最初のアフリカからの拡散の子孫であり，そのほかの人口集団はその後の移動の子孫である．また，初期に出アフリカしたホモ・サピエンスは，ほとんど，あるいは，全くそ

---

[49] また，Reyes-Centeno (2016) は，アフリカの古気候データが 11.5-14.5 万年前の南ルートによる出アフリカの可能性を示唆すると指摘している．

の子孫を残していないという認識が広まりつつあるともしている．後者については，Groucutt et al. (2015: 161) は，"We suggest that accumulating data increasingly support a hybrid model whereby early expansions were essentially *swamped* by subsequent ones." と表現している（斜字体は筆者）．*swamped*（「埋め尽くされた」）とは，"取って替わられた／駆逐された" ということであろう．

本章のここまでの主張である「13万年前に最初の出アフリカが起こった．それ故，最も簡潔な仮説として言語の発現はそれ以前でなければならない」という言語早期発現仮説との関係で本節の遺伝学的証拠を解釈すると次のようになろう．13万年前に早期の出アフリカがあったとして，その遺伝的痕跡は，パプア人などごく限られた人口にしか残っていない．もし，ゲノム順列における，上で触れた2%の痕跡が「言語」に関係するものであれば，言語はまさに13万年より前に創発したとする主旨の言語早期発現仮説が支持される．しかし，それが言語には関係しない，あるいは，そもそも最初期出アフリカホモ・サピエンスの子孫は現存していない，つまり，死に絶えており，我々現生ホモ・サピエンスはその後の出アフリカホモ・サピエンスの子孫である，というのであれば，13万年前の早期出アフリカホモ・サピエンスが言語を持っていたということは立証はされない．その後6-8万年前頃に出アフリカしたホモ・サピエンスに言語があればよいということになる．ただ，早期ホモ・サピエンスが13万年以前にすでに言語を持っていたとしても，"矛盾はしない"．[50]

ということで，最初期の出アフリカの時期を礎に言語の起源—すなわち，言語併合の創発—のタイミングを推定するという方法では，「矛盾はしない」という範囲でしか結論は得られないかもしれない．ただし，現在までのゲノム研究では，上で述べた中国におけるホモ・サピエンスの出現・存在が考慮されていない．確かにこれについては決定打はまだないという段階であるかもしれないが，特に Fuyan 洞などのホモ・サピエンスが間違いないということになれば，議論は大きく変わることになり，出アフリカの時期に基づいて推定される言語の起源はさらにもっと前，ということになるであろう（Qiu (2016) 参照）．

8.2.2. 人種の分岐

次に，(55ii) アフリカ内でのホモ・サピエンスの人種分岐を見てみること

---

[50] もちろん，その後数万年の間にまた新たに（都合よく）言語に関する遺伝的突然変異が起こったなどとは想定しないというのが条件である．

にする（池内（2016））.[51] これについては，筆者の知る限りでもかなりの数の提案・仮説があるが，ある一定の方向性は見てとれると考える．

まず，Behar et al. (2008) の研究であるが，彼らは，アフリカのサハラ沙漠以南の人口集団からの 624 の mtDNA ゲノムから母系の分岐を調べた．特にアフリカ南部のコイサン（Khoisan）族に注目し，彼らがほかの人口集団から分岐したのが，$101,589 \pm 10,318 \sim 143,654 \pm 11,111$ 年前（約 9.0-15.0 万年前）であるとした（Boeckx (2012)，篠田 (2015) 参照）．

Gronau et al. (2011) は，ベイズ式の合祖に基づくアプローチ（Bayesian coalescent-based approach）で，さまざまな人口集団からの 6 人の全ゲノム順列を調べた．その結果，（コイ）サン族の他人口集団からの分岐を，13.0 万年前あるいは較正年代全体で 10.8-15.7 万年前であると算出した（Berwick and Chomsky (2017), Chomsky (2017) 参照）．

Mallick et al. (2016) は，142 の異なる人口集団からの 300 人のゲノムを観察し，非アフリカ人が実質的に（すなわち，合祖率 50% の割合で）コイサン（KhoeSan）族と分離したのが，13.1 万年前（8.2 万年前（25%）-17.3 万年前（75%））という概算をしている．

Kuhlwilm et al. (2016) は，シベリアのアルタイ山地のネアンデルタール人とデニソワ人のゲノムと，スペインとクロアチアの 2 人のネアンデルタール人の染色体を分析した．アルタイ山地のネアンデルタール人と初期現生ホモ・サピエンスは約 10.0 万年前に中東で交配したと結論し，そのホモ・サピエンスは，（コイ）サン族とほかのアフリカ人集団が分岐する前／分岐してまもなくほかの現生ホモ・サピエンスと分岐したとしている．そして，サン族の分岐は，20.0 万年前であったと推定している（Berwick and Chomsky (2017) 参照）．

Cruciani et al. (2011) によると，ヒトの Y 染色体の（改定）系統樹から得られた最も近い共通祖先（most recent common ancestor, MRCA）への合祖時（coalescence time）は，14.2 万年ということである．すなわち，分岐はその頃であるということになる．この数字は，Poznik et al. (2013) が算定している Y 染色体の T_{MRCA} の 13.8 万年（12.0-15.6 万年）とほぼ一致している．

最後は，日本人を含む 163 のサンプルから得た現代人 3,528 人のゲノムワイド遺伝子型を調べ，19 の先祖となる人種を同定した Shriner et al. (2014)

---

[51] この要因に関する最初の指摘は，筆者の知る限りでは，Boeckx (2012) であると思われる．最近では，Berwick and Chomsky (2017) や Chomsky (2017) も言及している．

である．彼らによると，最も古い人種分岐は，14万年前に起こったとされる．

まとめると，もちろん較正年代には幅があるが，Kuhlwilm et al. (2016) を除くと，最古の人種分岐は，おおよそ 13-14 万年前としてよさそうである．これは，前節までに議論した考古学，古人類学，遺伝学などによる早期出アフリカの推定年代の 13 万年前より，やや遡る．そうすると，言語併合の発現としてのヒトの言語の起源は，それより以前の約 15 万年前としてよいのではないかと思われる．ただし，それよりさらにもっと前である可能性はある (8.2.4 節参照)．

8.2.3. アフリカ内での拡散

次に，(55iii) のアフリカ内でのホモ・サピエンスの拡散について少し見てみよう．

Smith et al. (2007) によると，1968 年に北アフリカのモロッコのジェベル・イルード (Jebel Irhoud) で見つかった初期ホモ・サピエンスの子供は，16 万年前のものだということである（前掲地図の⑩）．が，このホモ・サピエンスは真性のサピエンスではないかもしれないことも指摘されている．

ところが，最新の発掘・研究 (Hublin et al. (2017), Richter et al. (2017), Stringer and Galway-Witham (2017), Gibbons (2017)) によると，約 30 万年前の初期ホモ・サピエンスがここジェベル・イルードで見つかったということである．となると，これは拡散ではなく，ジェベル・イルードのホモ・サピエンスのほうが東アフリカのサピエンスより古いことになる．顔や歯については現生ホモ・サピエンスと同じであるが，頭蓋骨／頭蓋内鋳型については，長く，球状 (globular) ではないという点で異なっているという．このことから，Boeckx and Benítez-Burraco (2014b) などに拠れば，このジェベル・イルードのホモ・サピエンスはまだ言語を持っていなかっただろうと推測される．が，約 20 万年前の東部オモ・キビシュ (Omo Kibish) のホモ・サピエンスの頭蓋骨も球状ではない．とすると，前節の結論のように，起源は 15 万年前まで戻ることになる（か，あるいは，15 ～ 20 万年前のどこかの時点ということになる (8.2.4 節参照)）．[52]

---

[52] McBrearty (2007) には，mtDNA の分析によると，アフリカ内での拡張は 13 万年前頃と算出されるという記述が見られる．

8.2.4. もっと前か？

8.2.2 節で，Kuhlwilm et al. (2016) がサン族の分岐を 20.0 万年前としていることに触れた．すなわち，これによれば，我々の仮説では，言語の起源が 20 万年（以上）前ということになる．そして，この可能性は，次のような発言と呼応しているとも考えられる．

> ... the earliest *Homo sapiens* populations who lived in East Africa around 200 kya possessed a capacity for behavioral variability identical to "behaviorally modern" Upper Paleolithic humans. The long-standing assumption that there are vast behavioral differences between these earliest humans and so-called modern humans like ourselves is almost certainly wrong. (Shea (2011: 14))

> Shea concluded that early *H. sapiens* were as cognitively advanced as those today. Differences in the most ancient artifacts did not reflect a different level of cognition in their makers, but simply the need to create objects to suit different environmental and social conditions. (Balter (2013: 643))

> The biological event that gave rise to *Homo sapiens* as a hugely distinctive anatomical entity, in Africa some 200 thousand years ago, had cascading effects throughout the bony skeleton; and there is no obvious reason why those effects should not have extended to soft-tissue systems, including the brain. (Tattersall (2017a: 66))

> And the event in which those structures [= the neural equipment necessary for making the complex associations involved in symbolic thought/MI] were most plausibly acquired was the extensive developmental reorganization which, some 200 thousand years ago, gave rise to *Homo sapiens* as the highly distinctive anatomical entity it is. The consequences of that reorganization are visible throughout the skeleto-dental systems that preserve in fossil form, and it seems altogether reasonable to conclude that they also included major soft-tissue (including neural) innovations as well. At that point, then, the "language-ready brain" was already in place; but it continued to function in the old manner until it was recruited for symbolic functioning by

what had necessarily to have been a behavioral stimulus. (Tattersall (2017b: 252)))

つまり，現生ホモ・サピエンスを登場させた突然変異は，言語の発現／言語機能の創発——"capacity"としての言語／言語併合——をもすでにもたらしていた可能性があるということである．つまり，先に触れたコネクションループはその時できたということである．すなわち，言語の起源は，さらに遡り，15-20万年前という可能性が出てくる（Berwick and Chomsky (2016: 150)，Berwick and Chomsky (2017) も参照）．[53]

ただし，ということは，創発／発現した潜在的能力としての言語／言語併合をすぐには思考，解釈，計画などにおいて実際に使ってはいなかったという可能性があることになる．遺伝的・生物学的起源／創発と，行動的・文化的発現の間に時間差があったということにもなろう．上の引用にもあるように，当初はその使用の環境的・文化的必要性がまだなかったということがあるかもしれない．一方では，言語使用のための作業記憶がまだ十分ではなかったために言語を使うことができなかったという可能性もあるであろう（注42参照）．そして，実際に使い始めたのは，明らかに象徴的な人工遺物・行為が見られた頃，すなわち，8-10万年前頃であったということが考えられる（Yang et al. (2017), Tattersall (2017b) を参照）．これは 2 回目の出アフリカの前の時期にほぼ相当している．

---

[53] さらに，これは，Wynn et al. (2017) の次の主張とも呼応する．彼らは古人類の 4 つの技術（ハンマー技術（hammer technology），単純核技術（simple-core technology），準備核技術（prepared-core technology），複合技術（composite technology））を，専門運用（expert performance）の特徴を用いて評価している．この熟練技術には，長期手続き記憶（long-term procedural memory）と作業記憶（容量の増大）が必要な要素となっている．特に注目したいのは，最後の複合技術である．これは，例えば，2 つ以上の部品・部分を結合して 1 つのユニットとして機能するような道具を作製する技術である．例えば，作製したルヴァロワ型の石の鏃を接着剤でシャフト／柄に取り付けて作る石の鏃付きの槍（stone-tipped spear）がこれに当たる．すでに明らかなように，これは，具象物に適用されたサブアセンブリ型併合である．Wynn et al. (2017) によると，この複合技術は 20 万年前にはすでに存在したという．つまり，サブアセンブリ型の古併合は 20 万年前にはすでに発現していたということである．また，Klein (2017) によれば，この技術は，さらにもっと前の 25-30 万年前にすでにあったということである．言語との関係については，Shea (2017: 90) も参照．
なお，本稿では，言語の発現はホモ・サピエンスの時代であると想定しているので，基本的にはこれ以上早まることはない（8.1 節参照）．

8.3. おわりに

　以上，本章では，ヒトの言語の起源の"when?"の問題について，まず起源はホモ・サピエンスの時代であるとの想定に基づき，サピエンスの人種分岐，出アフリカの時期についての考察から，「言語早期発現仮説」として，言語/言語併合（その能力自体）の起源は15万年前（あるいは，15-20万年前）であるという議論を展開した．

第 9 章

むすびにかえて

　第 II 部では近年の生成文法・生物言語学の知見に基づき，言語の基本設計に関する明確なモデルを想定した上で，そのような仕組みを備えた能力がどのようにして，またいつ頃出現したかを多角的に検討してきた．とりわけ，人間言語の最大の特徴は階層構造への依存性であるとした上で，その階層構造を生み出す基本演算操作「併合」の進化的由来を中心に議論を進めてきた．言語進化に限らず，進化研究においては説明の対象となる形質がどのようなものであるかをまず明らかにしなければならない．生成文法の理論的方法論はこの一点においても，言語進化研究にとっても効率的な研究戦略を提供するものだといえる．

　その一方で，言語進化研究には生成文法や理論言語学の知見そのものに否定的な立場をとる他分野も多数参入しており，ここで行ったような考察は決してすべての研究者に受け入れられるものではないだろう．それどころか，EVOLANG（http://www.evolang.org/）や PROTOLANG（http://protolang.org/）をはじめとする海外の主要な言語進化の学会では，言語学外し，生成文法外しの傾向が顕著になってきており，また一方でチョムスキーやその周辺の生成文法研究者らはこれらの学会やそこでの研究に対して批判的な発言を繰り返すといった，非常に残念な状況が見られる（Hauser et al. (2014) など）．

　両陣営の大きな対立点を (56) に整理してみる．

(56) a.　普遍文法の存在を仮定するのか否か．
　　 b.　言語進化は瞬時的か，漸進的か．
　　 c.　言語は思考のツールとして進化したのか，コミュニケーションの

ツールとして進化したのか.
d. 言語進化は主に自然選択（・性選択）による適応か否か.
e. 言語は階層構造を持つか否か.
f. 言語はモジュール的であるか否か.
g. 言語の特質は主に生物進化によるのか，文化進化によるのか.

　端的には，言語進化という場合の言語や進化が何を指すのかの理解がそもそも共有されていないわけであるが，このような研究の根幹に関わる，時に実証的というよりはイデオロギー的な対立が存在する現状において，異分野の統合への道は険しいと言わざるをえない．しかしここでの我々の考察は，多少なりとも両陣営の間の溝を埋める効果を持っていると思われる．

　例えば，我々は言語は複数の下位機能から構成される複合的能力であるとして，その各下位機能は長い時間をかけて漸進適応進化してきたが，それらが併合の出現とともに結合して最終的に言語能力となるには，それほどの時間を要さなかったであろうと見ている．つまり言語進化のすべてが瞬時的または漸進的ということはなく，両方の側面があるということである．第 8 章では，言語が従来説よりもかなり早く，15 万年前には出現していたのではないかという可能性を検討したが，もちろん各下位機能はそれに先行して漸進進化している必要がある．だがこの地球上で繰り広げられてきた 38 億年とも 40 億年ともいわれる生命進化史の中では，それさえも一瞬の出来事であったのかも知れない．

　また我々は人間言語に先行して原型言語の存在を想定しているが，この原型言語がすでに思考とコミュニケーションの双方に対して適応的であったことは想像に難くない．思考かコミュニケーションかという問題を，原型言語から人間言語への推移において，当初，何が大きく変化したかという形で問うなら，それは思考だと答えざるを得ないが，そのことは決して，言語の各下位機能がコミュニケーションへの適応として進化したことや，最初の言語発生以降の文化進化がコミュニケーションに動機付けられていることと矛盾しない.

　その文化進化の問題は，生成文法では積極的に議論されることが稀であるが（3.1 節），かつて個別言語間の多様性を捉えるとされたパラメータは現在の生成文法ではすべて感覚運動システム側での外在化の領域に集約されると考えられており，そこで文化進化が果たす役割も重視されてしかるべきである．普遍文法が「併合のみ」に最大簡潔化されるのであれば，その生物進化によって説明されるべき言語の特性は，もっとも基本的な，だが人間言語に固有で必須の

ものに限られるはずであり，パラメータ理論は文化進化の枠組みで再編成されるべきものであるとも考えられる．

このようにして，現在の進化言語学・生物言語学に見られる対立が徐々に氷解し，多数の異分野間の建設的な協働による真に学際的な研究が展開されるようになることを我々は切に願っている．

第III部

最新の比較言語研究と歴史言語学の進展[*]

谷　明信（兵庫教育大学）
尾崎久男（元大阪大学）
米倉　綽（京都府立大学）

---

[*] 本論考を完成させる過程において，遊佐典昭氏から貴重なご助言をいただいた．ここに記して感謝申し上げる．本章の内容についての不備があるとすれば，筆者の責任であることは言うまでもない．

第 1 章

はじめに

　1066 年に起きた「ノルマン人による英国征服（Norman Conquest）」は英語に大きな影響を及ぼした．それまでの英語，つまり古英語（Old English）の語彙はほとんどゲルマン語系であった．もちろん，7 世紀後半以降，キリスト教の伝来によってキリスト用語を中心としたラテン語の借用語が約 450 語ほど英語に流入した．しかし，英語の語彙全体から見れば大した数ではない．いっぽう，このノルマン人による英国征服は英語，つまり中英語（Middle English）におびただしい数のフランス語の借用語をもたらした．その数は約 10000 語と言われ，そのうち約 7500 が現代英語に伝わっている（寺澤 (2002: 259))．意味的には政治，経済，行政，芸術，学術，医学などあらゆるジャンルに及ぶ．

　このような言語状況を考えると，中英語の語彙がフランス語を中心とした複数の外国語の影響で大きく拡大したことは間違いない．そこで，第 2 ～ 5 章ではフランス語の dépendre de からの借用である depend とこれに対応するゲルマン・ロマンス諸語の表現および depend と同義的な動詞表現を考察する．また，フランス語の l'approche de l'ennemi からの借用である approach と後続する前置詞句が of the enemy かそれとも to the enemy かに注目し，古フランス語の原典と Caxton が翻訳した *Paris and Vienne*, *Aesop*, *Blanchardyn and Eglantine* を比較検討し，彼が後続する de l'ennemi をどのような英語にしているかを調査する．さらに，*Paris and Vienne* における Composite Predicates を Caxton が翻訳している動詞句，特に軽動詞といわれている「don/yeven/haven/maken/taken」＋名詞構文の名詞にどのような語が使われているかを考察する．なお，次章で詳しく述べるが，借用語とは例えば英語の

pronounce（断言する）は古フランス語 pronuncier から借用した語のことである．意味借用とは，形態上は同じで意味のみを借用する場合である．例えば，英語の dream は，古英語の drēam（喜び）の意味であるが，対応する古ノルド語の draumr に「夢」の意味があったので，この意味だけを借用した．その結果英語の dream に「夢」の意味が生じたのである．これは意味借用（semantic borrowing）という現象である．また，翻訳借用（loan translation）あるいは「なぞり」(calque) とは，例えばラテン語の via lactea を Milky Way と英訳する場合である（堀田 (2016: 131-132)）．

　この借用のほかに語彙拡大のもう1つの手段として考えられるのが複合語形成である．すでに述べたように，中英語になるとノルマン人による英国征服でフランス語を中心としたラテン語系の語が多く流入する．このラテン語系の語彙の多くは複合語より接頭辞や接尾辞付加による派生語であった．したがって，古英語に比べると中英語以降は複合語の使用は少なくなる．たとえば，古英語の læcecræft（医術，治療法）は læce（ヒル）と cræft（技術）から成る複合名詞である．中英語になるとこの古英語の複合語 læcecræft は medicine（医術，医学）（古フランス語 médecine，ラテン語 medicina）に取って代わられる．また，scopcræft（詩）は scop（詩人）と cræft（技術）から成る複合名詞であるが，中英語では poetry（古フランス語 poet(e)rie，ラテン語 poeta）となる．このような事実からも，確かに古英語に比べれば，中英語以降は複合語の使用は減少していると言えるが，複合語は特に詩の重要な文体的工夫の1つとしてかなり多く用いられている（Hussey (1982), Blake (1983), Kastovsky (1992)）．中英語から現代英語に至るまで，複合語のなかでも複合名詞と複合形容詞が頻繁に見られる．ただし，複合名詞に比べると複合形容詞のタイプ頻度はごくわずかである．例えば，Chaucer でいえば，複合名詞のタイプ頻度が 236 例であるのに対して複合形容詞は 41 例しかみられない（米倉 (2004: 596-632)）．ところが，初期近代英語になると複合形容詞が多く見られるようになる．特に，Shakespeare では複合名詞よりも複合形容詞が多く用いられている（Barber (1976: 192), 米倉 (2015: 30-36)）．しかし，複合形容詞については中英語から現代英語にいたるまで詳細な考察はほとんど見られない．ただ，最近では影山 (2009), 由本 (2009), Nagano (2013) などに複合形容詞の研究が見られる．いっぽう，初期近代英語における複合形容詞については Nevalainen (1999: 417-419) に簡単な記述が見られるのみである．そこで，第6章以降では初期近代英語における複合形容詞をとりあげ，その形態的・統語的・意味的考察をする．まず，上記の研究のほか，Marchand

(1969),竝木 (1985),Quirk et al. (1985),大石 (1988) などに基づいて現代英語の複合形容詞を概観する．次いで，Kastovsky (1992),Burnley (1992),米倉 (2006) を参照しながら，古英語および中英語の複合形容詞を記述する．これらの概観をしたあと，初期近代英語の複合形容詞を詳しく記述する．

第 2 章

中英語におけるフランス語の句の借用・翻訳借用について[1]

　第 2 章から第 5 章では英語の借用 (borrowing) に関連する事項を考察する．考察に先立って，借用について，簡単に触れておきたい．借用は研究者の間で一致した認識が持たれている言語現象のように思われるかもしれないが，実は研究者により定義は一定していない．また，ここ数十年で言語接触 (language contact) やコード切り替え (code-switching) などの研究が進み，さらには社会言語学・心理言語学などの観点からも，借用について新たな見方が提供されるようになった．そのため，Haspelmath (2009) や Winford (2010) は借用の定義などの問題点を概観し統合しようと試みているが，その見解が一般化しているとは言えない．また，Matras (2009: 146) は borrowing（借用）という比喩的な用語自体の問題点を指摘し，この用語自体は破棄しないものの，replication（模写）という意味で用いるとしている．ここでは，借用についての古典的な研究である Haugen (1950) に立ち返り，借用について概観する．

　複数の言語を話す話者が，その母語（受容言語 recipient language）に，別の言語（起点言語 source language）の言語パターン（＝モデル）を再現しようとする試みを借用 (borrowing) と Haugen (1950) は定義する．その際に，形

---

[1] 第 2 〜 5 章は尾崎 (2007, 2009a, 2009b) をもとに，谷が加筆作成した．なお，尾崎 (2007) を元にした第 5 章については，論文の大枠は利用したものの，データ分析は谷がやり直した．故尾崎久男氏のご家族に多大なるご協力をいただいたことをここに記し，感謝申し上げる．また，尾崎 (2009a) を利用することを快諾された京都ドイツ語研究会に謝辞を申し上げる．さらに，本稿の完成にあたり，草稿の一部にコメントをいただいた元関西外国語大学短期大学部の西村公正氏にもお礼を申し上げる．最後に，故尾崎久男氏のご冥福をここに祈る．

式と意味から構成される言語において意味は当然取り入れられるが，その形式面（＝音韻または形態）がどうなったのかという点から，つまり，形式がそのまま（あるいは起点言語の元の言語項目の形式に十分近い形式で模倣して）移入（importation）されるか，それとも受容言語の形式で交替（substitution）されるかという点から Haugen（1950）は借用を以下の 3 通りに分類している．(1) 借用語（loanword）とは，ある言語項目が形態上交替されることなく移入された（＝起点言語の形式を再現している）場合で，英語の internet を日本語で「インターネット」として借用するような例である．次に，(2) 借用混成語（loanblend）とは，形態上の移入も交替も伴う（＝起点言語の形式の再現と受容言語の形式による交代の両方を含む）場合で，英語 boarder をポルトガル移民が bordo として借用した時，board を bord として移入し，接尾辞 -er をポルトガル語の対応する形態 -o で交替するような例のことを指す．さらに，(3) 借用代用（loanshift）とは形態上移入されることなく交替を伴う（＝起点言語の形式が受容言語の形式に取って代られている）場合である．(3) の借用代用は，(a) 翻訳借用（loan translation）（別名，「なぞり」（calque））と (b) 意味借用（semantic loan）を含む．「なぞり」とは，複数の要素からなる言語項目を分析して，そのすべての要素を受容言語の項目で交替させることで，例えば，「半島」を意味するフランス語 presqu'île とドイツ語 Halbinsel，ラテン語 paeninsula をモデルにそれぞれの言語の要素で交替させて「半島」を意味するようになった語である．これは，借用混成語と似ているが，「なぞり」の場合は，要素すべてが分析され交替を受けている点が異なる．意味借用は，形態上の変化はなく，意味のみを起点言語から借用する場合である．

　さて，英語は中世の頃から，ギリシア語やラテン語といった古典語やフランス語など，さまざまな言語から多くの単語を借用してきた．そのため，借用語に関して言えば，英語はきわめて革新的な言語だというイメージが強い．ところが，20 世紀（特に，第 2 次世界大戦以降）における英語の勢力拡大を考慮に入れれば，英語が影響を受けた中世とは逆の現象が起きているのも十分に理解できよう．例えば，フランス語 étoile（スター）や réaliser（理解する）は，それぞれ英語 star と realize の意味借用である．また，IT 時代と呼ばれる昨今であれば，意味借用の souris（マウス）（＜ mouse）や，「なぞり」であるフランス語 disque dur（ハードディスク）（＜英語 hard disk），haute résolution（高解像度）（＜ high resolution）についても，当然うなずけよう．英語ほどではないにせよ，性・数・格や動詞活用といった文法では保守的なドイツ語にも数多くの借用語が見られる．ところが，自言語にはない概念を自言語の語彙を用いて

翻訳するやり方は，英語よりもむしろドイツ語のほうが盛んだという印象を受ける。[2] 例えば，これまでも Ausdruck（＜ラテン語 expressio），Ausnahme（＜ exceptio），Eindruck（＜ impressio），Einfluß（＜ influentia），von ... abhängen（＜ dependere ab）などは，「なぞり」の例として挙げられてきた．

借用語の語源は，借用先の言語までさかのぼれば，大抵の場合は判明するが，ある表現が他言語からの「なぞり」だと判断する場合，その基準はどこにあるのだろうか．日本語で言えば，「ハネムーン」は英語 honeymoon からの借用語で，「蜜月」は同じく「なぞり」だろう．それでは，「ウィークエンド」を漢字表記して「週末」とすれば，ただちに英語 weekend の「なぞり」となってしまうのだろうか（「月末」および「年末」を参照）．さらに，「私の将来は彼に掛かっている」の「掛かっている」は，英語 My future **depends** on him の「なぞり」で，「その問題はまだ宙ぶらりんである」の「宙ぶらりん」も The matter is still **pending** をなぞったものであろうか．時代をさかのぼって相互の言語（接触）を調査すれば，ある程度の結論を導き出すことは可能だろう．しかし，ある表現を通時的に精査した上で，ある言語からの「なぞり」だと結論を出したとしても，その種の表現がどの言語でも十分に起こりうる，普遍的なものだという可能性はぬぐい去れないのである．このように，「なぞり」に関する判定は，どうしても慎重にならざるをえないため，『オックスフォード英語辞典』（*Oxford English Dictionary 2*（*OED2*）(1989)）ですら，ある表現を「なぞり」だと定義することは稀である．

まず，*OED2* を利用して，英語におけるラテン語，フランス語，ドイツ語からの「なぞり」を以下の語句で全文検索した結果を表1にまとめた．

transl. L. 66	transl. of L. 45	translation of L. 4	Latinism 60	after L. 30
transl. F. 12	transl. of F. 13	translations of F. 6	Gallicism 70	after F. 502
transl. G. 4	transl. of G. 2	translations of G. 3	Germanism 17	after G. 161

表1：OED2 でのラテン語，フランス語，ドイツ語からのなぞり[3]

ちなみに，L., F., G. だけで検索すると，それぞれ 637, 5289, 610 例が抽出さ

---

[2] ドイツ語の「なぞり」については，ドイツ語の前綴り付きの複合動詞と，そのモデルと考えられるラテン語の動詞の対応を提示し，さらには統計的情報を示す研究である Carpenter (1973) を参照せよ．

[3] translation of L. には，translation of Law L. を1例含む．

れる．上記の after ～（～にならって）の例からも明らかなように，フランス語の影響はラテン語，ドイツ語よりも大きいことがわかる．[4] これらは，語句はもちろん，構文を含む．次に示す *it goes without saying that* という構文も含まれており，「なぞり」という現象が語・句のみならず，文レベルにまで及んでいるのが分かる．

(1) *that goes without saying* = 'that is a matter of course'; **transl. of F.** *cela va sans dire*.　　　　　　　　　　　　　　　(*go* 20, *OED2*)[5]

ところで，ここに注目に値すべき表現がある．いわゆる「なぞり損ない」の一例であるが，筆者はこれを，英語話者が敢えて犯したなぞり損ないだと考える．

(2) *what gives*?: what is happening? (freq. as a question or merely as a form of greeting ... (**cf. G.** *was gibt's*?) *colloq.* (orig. U.S.).
　　　　　　　　　　　　　　　　　　　　　　　　(*give* 40f., *OED2*))

仮にドイツ語 *Was gibt's?* を正確に翻訳しようとすれば，*was* が対格形で *'s*（=*es*）が主格形となるべきであるから，これは **What does it give?* となったはずである．ところが，このままでは「どうしたの？」という意味が，英語としてまったく通じないのである．したがって，この表現は音声の類似による，故意の「なぞり損ない」として現れたということになる．もしこれが事実であれば，ある表現を一旦は他言語から「なぞり」として採用したとしても，英語話者が意味的に違和感を感じれば，敢えて自言語に適合するようにアレンジすると仮定される．不自然に感じるという場合，どのような感覚が働くのだろうか．

そこで，第 3，4 章では，特に，(1) フランス語 *dépendre de* が英語に借用された際の depend に後続する前置詞の揺れ，(2) フランス語からの借用語 approach に後続する前置詞の問題，この 2 つの問題を考察する．その後，第 5 章では，15 世紀の William Caxton が中フランス語原典から翻訳した *Paris and Vienne* をその中フランス語原典と比較して，do good のような compos-

---

[4] ただし，*OED2* が「なぞり」について，網羅的に収録しているわけではないことに注意すべきである．例えば，明らかにフランス語のモデルによる in (the) case of などに Galicism などのラベルは付いていない．

[5] 以下，引用での強調は筆者によるものである．

ite predicates を考察し，翻訳という点から，借用・なぞりの問題を考察する．したがって，第 3 章から第 5 章では，語と文の中間に属する句を対象に，特に「なぞり」（翻訳借用）と密接にかかわる問題を検討する．

第 3 章

dépendre de の英語への導入

3.1. depend of と depend on の変異

　動詞 depend（依存する）は古フランス語 dépendre からの借用語で，元来は pendre（垂れる，ぶら下がっている）という動詞（英語の本来語で言えば，hang に相当する）に接頭辞 de- を付したものである。[6] *OED2* の depend v.[1] の項によれば，初出例 2 例は両方とも 1413 年の John Lydgate (c.1370-c.1450) の同一作品からのものである。[7]

　(3)　1413 Lydg. *Pilgr. Sowle* v. xiv. (1483) 108 The werk that he wer-

---

[6] 尾崎 (2009a) は「掛ける，つるす」と他動詞のように記述するが，遊佐典昭氏のご指摘により修正した。*OED2* の depend の語源欄は，英語が借用したフランス語 pendre が形式上ラテン語の他動詞 pendĕre からであるものの，フランス語がまねたラテン語の dēpendēre は自動詞 pendēre と de- が結合したものと説明する：

　　a. OF. *depend-e* (12th c. in Hatzf.), f. *de-* I. 1 + *pendre* to hang, after L. *dēpendēre*, f. *de-* I. 1 + *pendēre* (intr.) to hang. (The F. *pendre* in form represents L. *pendĕre* trans.), to hang, suspend.

なお，脱稿後に気づいたが，平塚 (2010: 235) は pendre を他動詞と取る問題点を指摘する。

[7] この作品 *The Pilgrimage of the Soul* (1413) は Guillaume de Deguileville の *Le Pelerinage de l'Ame* (1335-58) からの翻訳で，翻訳者を *OED2* は Lydgate とするが，この説は確定していない (Raymo (1986: 2348) を参照せよ)。

　なお，*OED2* の全文検索によれば，以下の用例は (3), (4) よりも古い可能性がある。これは Lydgate によるもので，of ではなく，in were of "in danger of" という句が後続する。

　　1412-20 Lydg. *Chron. Troy* iv. 75 For outterly þei and her cyte Shal mor & mor in were of deth depende.

214

keth **dependeth of** fortune and not **of** hym.

      (*depend* v.¹ 2 *OED2* を参照（以下，引用中の強調は筆者による））

 （彼が行う仕事は運と彼に依存する）

(4) 1413 *Pilgr. Sowle* (Caxton 1483) v. xiv. 109 The sone **dependeth of** the fader ... nouther more ne lesse neither latter ne rather than the fader.   (*latter* a.; *neither* adv. *OED2* を参照)

 （父親同様に，息子は父親に幾分も，また，遅かれ早かれ頼らない）

ここで注目したいのは，この動詞が従えている前置詞である．中英語の初出例では現代と異なり，フランス語 **de** に当たる **of** が使われている．この **of** という前置詞は古英語時代から「～から，より」などの「分離」の意味も有していた．他方，depend of に遅れること 1 世紀，1500 年頃に初めて depend (**up**)**on** が現れる．

(5) 1500-20 Dunbar *Poems* lxxxi. 107 And **on** the prince **depend** with heuinely feir.   (*depend* v.¹ 5 *OED2* を参照)

 （天の美しさを持つ王子に頼りなさい）

(6) 1509 Hawes *Past. Pleas*. xvi. xiv, The vii. Scyences..Eche upon other do full well depende.   (*depend* v.¹ 2 *OED2* を参照)

 （それぞれがそれぞれに非常に依存している）

この of と on の前置詞の選択の揺れについて，*OED2* の depend v.¹ 2 は，"Const. *on, upon* (formerly *of*, rarely *from, to, in*)" と記述し，(up)on に定着する以前には of が使用されていたこと，from や to や in のような前置詞も稀に使われていたことを示すが，前置詞の揺れや競合の詳細については不明である．

この of と (up)on の競合に関して，*OED2* により 1701 年までの depend の用例を全文検索し，この動詞に後続する前置詞を半世紀ごとに分類した生起数を表 2 と図 1 に示す．[8]

---

[8] 表 2 と図 1 では depend 自体の頻度を示すために，「その他」には前置詞を伴わない用例も加えている．また，図 1 では傾向を明らかにするため，表 2 の on と upon の生起数を合算した．なお，この検索には *OED2* Ver.1.1.3 を使用した．

	15世紀前半	15世紀後半	16世紀前半	16世紀後半	17世紀前半	17世紀後半	計
of	2	2	5	5	5	1	20
on		1	1	13	21	31	67
upon			3	18	35	67	123
その他	3	3	8	6	8	3	31
計	5	6	17	42	69	102	241

表2：半世紀ごとの depend に後続する前置詞の生起数

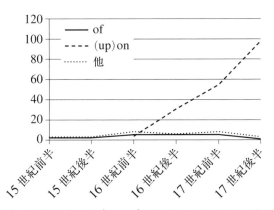

図1：半世紀ごとの depend に後続する前置詞の生起数

この結果によれば，英語では depend は前置詞 of とともに15世紀に使用されはじめるが，早くも16世紀後半に入ると on が優勢になり，一方 of は17世紀後半までわずかに散見されるものの頻度は全く上昇しないままである．また，on と upon に関しては，15世紀後半こそ初出が on であったものの，16世紀前半から on よりも upon のほうが優勢で，17世紀になるとその差はより大きくなる．また，depend の使用自体が (up)on の使用と連動していることは図1から明らかである．

3.2. depend に対応するゲルマン・ロマンス諸語の表現

それでは，depend において後続する of が，なぜ (up)on に交替したのだろうか．英語でのこのような前置詞の交替を考察するに当たり，他言語における

第3章　dépendre de の英語への導入　　　217

相当表現を概括する．まず，フランス語（仏）と同じロマンス語派に属するイタリア語（伊），スペイン語（西）では，伊 dipendere da，西 depender de であり，フランス語 dépendre de とフランス語と同一の前置詞を使用する．また，ゲルマン語に属するドイツ語（独），オランダ語（蘭），フリジア語（フ），デンマーク語（丁）では，それぞれフランス語の de から借用翻訳したと考えられる de に対応する前置詞を持つ表現形式を採用している：独 von ... abhängen, 蘭 van ... afhangen, フ fan ... ofhingje, 丁 afhaenge af.[9] このように，英語に慣れ親しんだ者には「～から」という前置詞が続くことに，違和感を感じるのではなかろうか．すなわち，dependent on と independent of という表現は，前置詞の違いがあることによって，ニュアンスの違いが表せると考えられるからである．[10] したがって，以下の対の例文は意味的にまったく逆の意味を表現しているにもかかわらず，どちらの場合も「～から」という同一の前置詞を使うことが英語を知った者からすれば非常に奇異に思われる．

(7) a.　仏 Il est financièrement dépendant **de** son père.
　　　　（伊 È finanziariamente dipendente **dal** suo padre.）
　　　　（彼は経済的に父親に依存している）
　　b.　仏 Il est financièrement indépendant **de** son père.
　　　　（伊 È finanziariamente indipendente **dal** suo padre.）
　　　　（彼は経済的に父親から独立している）
(8) a.　独 Er ist finanziell abhängig **von** seinem Vater.
　　　　（蘭 Hij is financieel afhankelijk **van** zijn vader.）

---

[9] なお，ロマンス語派とゲルマン語派から範囲を広げると，スラブ語派に属するロシア語 zavíset' (za+víset'（掛ける）) も，前置詞 na（～の上に）ではなくて，ot（～から）を従える．他方，チェコ語 záviset は，英語と同様に od ではなくて，na と共起する．当然，それぞれの言語における前置詞の特殊な用法を考慮に入れるべきである．なお，脱稿後に気づいたが，平塚（2010: 233）はチェコ語について，od が元来の用法であったことを示唆する．

[10] ただし，dependant については，*Anglo-Norman Dictionary* は dependre[1] の項の dependant で，次のように記載し，英語の on に対応する前置詞 sur が使われる用例があることを記録する：

p.p. as a.
[law] *appendant, dependent*: le fee simple et le franctenement est tout aiount et en ly dependu (var. dependaunt) YBB 12 Rich II 47 ...
estre dependant de, sur
[law] *to be appendant (on), dependent (on), subordinate (to)*: ... le condicioun est dependant sur le lees YBB 13 Rich II 154.

(彼は経済的に父親に依存している)

b. 独 Er ist finanziell unabhängig **von** seinem Vater.
(蘭 Hij is financieel onafhankelijk **van** zijn vader.)
(彼は経済的に父親から独立している)

そもそも，ロマンス諸語の源泉のラテン語では「依存する」という意味では，dependere はそれほど使われず，pendere がその役を担っていた。[11] 後者は in, ex, ab, de という前置詞を，また時として名詞の奪格形を従えた。[12] 他方，pendere に相当する英語の本来語の動詞は hang であり，前置詞 on と共起すると「依存する」という意味を持つ．OED2 によれば，この用法は古英語時代にさかのぼる．

(9)　13. a. To rest *on*, *upon* (†*of*, etc. for support or authority; to depend *upon*; to be dependent *on*.)
c1000 Ælfric *Hom.* II. 314　Hi ealle [ȝesette] hangiað on ðisum twam wordum.　　　　　　　　　　(*hang* v.¹ *OED2*)[13]
(それら(立法)全体は，この2つの掟に基づいている)

この用例は，Ælfric (アルフリック，c.955-c.1020) による『説教集』からで，新約聖書「マタイによる福音書」22 章 40 節の「立法全体と予言者は，この2つの掟に基づいている」に関する説教である．

ここで，この該当箇所を，さまざまな他言語訳を用いて比較・検討する(略号は，それぞれ以下である： 希＝ギリシア語『新約聖書』，羅＝ラテン語『ウルガタ』(4 世紀後半)，タ＝古高独語『ターティアン』(9 世紀前半)，リ＝古英語『リンディスファーン福音書』(10 世紀)，ア＝古英語ウエスト・サクソン訳 (11 世紀)，ウ＝中英語ウィクリフ初期訳 (14 世紀後半)，ル＝新高独語ルター訳 (1545 年)，テ＝近代英語ティンダル訳 (1526 年)，丁＝デンマーク

---

[11] dependeo (Lewis (1989)) は，"not freq. till the Aug. period; not in Cic. and Caes. for syn. cf.: *pendeo*, *impendeo*" と記述し，アウグストゥス帝時代まで余り使用されず，キケロ，カエサルの作品には見られないことを示す．

[12] pendeo (Lewis (1989)) は，"II Trop. A To hang, rest, or depend upon a person or thing (class.); constr. with *ex*, *in*, *ab*, the simple abl., or *de*" とし，後続する表現には前置詞 ex, in, ab, de あるいは前置詞なしの奪格との構造を記述する．

[13] 注意すべきは，*OED2* が後続する前置詞として of の可能性を示すことである．ただし，of の用例については，1382(1388) Wyclif *Gen.* xliv. 30 と 1538 Starkey *England* i. i. 14 からの用例のみが引用されており，古英語の of の用例は記録されていない．

語 1529 年訳，欽＝近代英語欽定訳（1611 年），公＝オランダ語公定訳（1637 年），ジ＝フランス語ジュネーブ訳（1669 年））．

(10) 希 **en** tautais tais dusin entolais olos o nomos **krematai** kai oi propheetai.
羅 **In** his duobus mandatis universa Lex **pendet** et Prophetae.
タ **In** thesen zuein bibotun al thiu euua **hanget** inti uuizagon.
リ **in** thisum tuaem bodum all ae stondes vel **honges** & witgo.
ア **On** thysum twam bebodum **byth gefylled** eall seo ae.
ウ **In** these two maundementis **hangith** al the lawe and prophetis.
ル **Jn** diesen zweien Geboten **hanget** das gantze Gesetz vnd die Propheten.
テ **In** these two commaundemetes **hange** all the lawe and the prophetes.
丁 **Paa** disse twende bud **henger** all lowen oc propheterne.
欽 **On** these two Commandements **hang** all the Law and the Prophets.
公 **Aan** deze twee geboden **hangt** de ganse wet en de profeten.
ジ **De** ces deux commandemens **dependent** toute la Loi & les Prophetes.

以上のように，フランス語ジュネーブ訳以外のゲルマン諸語の聖書は，(9) の古英語ウエスト・サクソン訳と同様に，どの翻訳でも，希 *kremasthai en* というコロケーションを同じく「掛ける」に相当する動詞で訳し，前置詞はすべて「接触」を表すものを用いている（古英語では前置詞 **in** が，しばしば **on** の意味でも使われていた）．[14] ところが，フランス語だけが「分離」を表す前置詞を採用している．[15]

---

[14] 英語での in と on の交替に関しては，*OED2* の *in* prep. 2 の定義と説明を参照せよ．
†2.a ＝ *on* (of position). Obs.
Partly a reaction from the blending of *in* with *on* in OE.; but partly also transl. L. *in*, and partly due to a different notion in reference to the n.

[15] この調査結果から，hang on が実はラテン語 pendere in の翻訳借用である可能性も出てきた．これに関しては今後の課題とするが，日本語の「私たちの行く末は彼に掛かっている」という表現を考慮に入れれば，翻訳借用というよりはむしろ，それぞれの言語で独立して発生した本来の用法と見なしたほうが自然かもしれない．表 3 の動詞に後続する in を含む同義的

3.3. depend と同義的な動詞表現

ここまで hangon の聖書の用例を検討したが，depend on と同義的な動詞ではどのような前置詞が使用されるであろうか．このことを確認するために *Historical Thesaurus of the Oxford English Dictionary* (*HTOED*) により depend の類義語を調査した．depend の類義語（category 1 とする）と，depend の類義語 rely on の類義語（category 2 とする）を調査した結果を，表3とした．

Date	Category 1 01.11.03.06|02 vt	Category 2 02.01.13.02|01 vi
OE	hangian (+**on**)	
c1205		treouse (+**on**)
a1225		wrethe (+**on**)
1300–1639, 1895	stand in	
c1350	lie in	
1382		rest (+**on**)
c1386–a1529	stand **on**	
1390–1854		stand **upon**
1393–1625		hang (+**on/upon**/*of)
1471–1589	stand by	
1500/20		depend (+**on**)
1523		arrest (+**upon**)
1551–1682		ground (+**upon**)
1560–1722		stay v.^{2}(+**on, upon**, in)
1567–1781		repose (+**on**)
1574		rely **on/upon**
1590–1760/72	lie **on/upon**	
1594	set (+**upon**)	

な stand in, lie in などの動詞表現も参照のこと．

第3章　dépendre de の英語への導入　　　　　　　　　　　　　　　221

1632	reckon **on/upon**
1638-1797	suspend（+**upon**）
1642	count（+**on/upon**）
1651-1765	lay/put/place stress **upon**
1661	turn（+**upon**）
1682	make stay **upon**
1861	condition
1879-1892	tie to

表３：depend の同義語の歴史的変遷[16]

　Category1 には 10 動詞が，Category2 には 16 動詞が挙がっている．そのうち，upon を伴う動詞が前者では 6，後者では 15 もある．したがって，depend of の OED2 での初出 1413 年以前から，depend on に対応する意義を表現するために，同義的動詞で on を用いる可能性が圧倒的に高かったことがわかる．特に depend upon の頻度が顕著に上昇する 16 世紀後半には，on を従える動詞が多く出現していることがわかる．現代英語では，上記の動詞以外に，同義的な動詞として calculate **on**, figure **on** などが挙げられよう．注目すべきは，大多数の表現で前置詞が **on** ということである．

　表3の動詞のうち，Category1 の suspend, turn, condition, Category2 の arrest, stay v.2, repose, rely, count, place stress upon は，いずれもロマンス語起源の借用語である．このうちの count on に対応する現代フランス語 compter **sur**，イタリア語 contare **su** を参照すれば，ロマンス諸語でも depend 以外の動詞であれば，on に相当する前置詞を選択する可能性が分かる．[17] 実際，現代フランス語の同義的な動詞の用法として，s'appuyer sur, miser sur, reposer sur, tabler sur などを列挙できる．他方，ゲルマン語でも，reckon と同根語の場合，独 auf ... rechnen, 蘭 op ... rekenen, フ op ... rekkenje というように，やはり「～の上に」という意味の前置詞が現れる．[18] さ

---

[16] 表2の括弧の（+on）等は，筆者が HTOED の項に対応する OED2 の項で動詞に後続する前置詞を確認し，HTOED の記述に追加したものである．また，強調は筆者による．

[17] ただし，対応する Anglo-French の conter にはこの意味はない（*Anglo-Norman Dictionary* を参照のこと）．

[18] デンマーク語のみ，regne med となり，前置詞 paa でない．

らに，ドイツ語の場合，類似の表現を挙げれば，いずれも前置詞 auf が現れる：auf ... ankommen, sich auf ... stützen, sich auf ... verlassen, auf ... zählen．

3.4. まとめ

　以上の考察により，dépendre de を借用した際，当初は威信のあるフランス語にならい de に相当する of という前置詞を用いたものの，衒学的な語法の aureate terms の始祖である Lydgate とは違い，当時の一般的な英語母語話者はこの前置詞に違和感を覚えたため，同義的表現との「類推」によって（特に本来語で古英語から存在する hang on の影響が強かったと考えられる），of が on に交替されていったと考えられよう．一方，ドイツ語は von では不自然だと感じたものの，そのまま借用翻訳した形を採用して，今日に至ると結論付けられる．[19]

　フランス語の威信がまだまだ強い 15 世紀初めの古フランス語からの作品から英語への翻訳で，フランス語から表現を導入する際に，原語の表現形式をなぞり英語にそのまま翻訳借用するのはそれほどおかしなことではない．1362 年に議会開会演説が英語でおこなわれ，標準語化（standardization）が始まり英語の影響力が強まりつつあったとは言え，15 世紀にはフランス語の影響力は現在とは比べものにならないくらい強かった．その意味で depend での of の使用はもしかすると衒学的なフランス語法（Gallicism）であったかもしれない．しかし，この用法は一般的な英語話者からすれば不自然に感じられるようになり，他の多くの on を伴う同義的動詞表現との類推から on が用いられるようになったのではなかろうか．そして，1611 年発行の Cotgrave の *A Dictionarie of French and English Tongues* が "Depende. *To depend, relie, hang* on" と定義していることから，17 世紀初頭にはすでに depend と (up)on との結合は決定的に強くなっていたであろう．

　さらに，of ではなく on の選択を促した要因の 1 つとして，英語の前置詞

---

[19] ただし，abhängen については，hängen に起点・分離を示す ab が付加されて形成されており，このため auf ではなく von が選択された可能性もある（この指摘について，遊佐典昭氏に感謝する）．平塚（2010: 232）も，この点について，同様の見解を示す．なお，平塚（2010）は認知言語学の枠組みで，懸垂メタファーにより本論と同様の問題を論じ，尾崎（2009a）と異なる意見を示す興味深い論考であるが，脱稿後に気づいたため，十分に利用することができなかった．

of が off と分化し，分離の意味が off に移行しつつあった時期が depend の借入時期と重なったことと関係するのではなかろうか．もともと of と off は同一語の異形で，分離の意味は強意形であった off に引き継がれるようになったと *OED2* の off の語源欄には記述されている．[20] つまり，*OED2* に従い depend の初出例が 1413 年であるとすれば，of が off と分離しつつあった時代と重なる．分離の意味を表す of が off に移行する時期に depend の借用時期が重なり，分離の意味機能を of により表現することが以前ほど一般的でなくなってきたことが，depend of が一般化しなかった要因の 1 つではなかろうか．[21] さらに，英語の of が属格の表現に対応するようになったことは Fries (1927) が明らかにしており，[22] また，現代英語で of の中心的な機能が属格に相当するものに変化したことは，頻度により語義配列をしている現代英語の学習者辞典を見れば，一目瞭然である．これは英語だけでなく，フランス語にも当てはまる現象であろうが，英語の of の場合，属格に相当する機能を持ち，さらに off や from に分離の意味が移行したために，of の分離の意味がより弱化したといえよう．実際，分離の of は現代英語では strip A of B などの特定構文に限定され残存していることも，その証左である．このように，depend との結合に限らず，of の分離の意味機能自体が弱化しつつあったことも，depend of があまり用いられなかった理由であったと結論づけられよう．[23]

---

[20] "*off* being at first a variant spelling, which was gradually appropriated to the emphatic form, i.e. to the adverb and the prepositional senses closely related to it, while *of* was retained in the transferred and weakened senses, in which the prep. is usually stressless and sinks to (əv). *Off* appears casually from c 1400, but *of* and *off* were not completely differentiated till after 1600 ..."

[21] ここでは *OED2* の記述に従ったが，*OED2* の of と off の記述は明らかに不備である．現代英語では，off は前置詞よりも副詞としての用法のほうが優勢であり，分離の意味は off ではなく，from により表現される．また，free of/from や expect of/from の交替に見られるように，of から off への交替よりも from への交替と考える方が事実に近いと考えられる．

[22] ただし，Fries (1940: 206) の 1300 年頃に of 属格 84.6% で，名詞に前置される所有格 15.6% という数値は調査上の問題があろう．なお，現代英語の of については，例えば，*OALD* (2010) の of の定義 "1. belonging to sb; relating to sb" を参照のこと．

[23] なお，depend の語源的な意味で文語的な "hang" の意味の用法でも，of ではなく from が共起し続けていることも，of の分離の意味機能の弱化と分離の of の from への意味機能移行（注 18 を参照）を示唆すると言えよう．

第 4 章

l'approche de l'ennemi は of the enemy か to the enemy か？

4.1. 現代フランス語の approcher に後続する前置詞 de

　さて，depend of と同様に，英語話者から見れば，非常に不思議に感じるであろう表現に approcher de がある．

 (11) 仏 Le train s'**approche de** la gare.（列車が駅に近づく）
    Le train s'**éloigne de** la gare.（列車が駅から遠ざかる）

(11)の場合，列車が駅「に」近づこうと，駅「から」遠ざかろうと，前置詞は同じく **de** となる．
　まず，この問題を考察するに当たり，フランスの小説家モーパッサン（Guy de Maupassant; 1850-1893）による代表的な作品『女の人生』（*Une vie*）の冒頭に現れる箇所を見る．

 (12) 『女の人生』1 章
    Jeanne, ayant fini ses malles, s'**approcha de** la fenêtre, mais la pluie ne cessait pas.
    （ジャンヌは荷造りを終えると，窓に近づいたが，雨は止んでいなかった）

この動詞（s'）approcher に接頭辞 re- を付した (se)rapprocher というのもあるが，前者と同じように，やはり前置詞 de と共に用いられる．以下は，フランスの小説家 Albert Camus（1913-1960）による『異邦人』（*L'etranger*）からの引用である．

(13) 『異邦人』1 部 1 章
Il s'**approchait de** la bière quand je l'ai arrêté.
（彼は棺に**近**づいたが，私は彼を引き止めた）

(14) 『異邦人』2 部 2 章
La petite vieille s'est **rapprochée des** barreaux et, au même moment, un gardien a fait signe à son fils.
（その小さな老婦人が格子に**近**づくと，それと同時に，看守が彼女の息子に合図した）

フランス語から借用された動詞 approach を前置詞 to と共に使う現代英語話者の語感からすれば，以下の事実は，非常に不思議な現象だと言わざるをえない（ただし，現在では approach to は擬古体である）．

(15) Le premier train s'est **approché de** la Gare du Central.
（始発列車が中央駅に近づく）

(16) Le premier train s'est **éloigné de** la Gare du Central.
（始発列車が中央駅から遠ざかる）

と言うのは，上で述べた dépendre de と indépendant de の場合と同様，動詞 s'approcher は，反意語であるはずの s'éloigner「遠ざかる」とまったく同じ前置詞と共起するため，(15) にあるように始発列車が中央駅「に」近づいてこようと，(16) にあるように中央駅「から」遠ざかっていこうと，いずれの場合も前置詞が de となってしまうからである．

このような視点から，本節では，フランス語の動詞（s'approcher）と前置詞 de からなるコロケーションを検討する．前置詞の使い方が仏・英語間でまったく異なる，この表現を，後期中英語の作家・翻訳家 Caxton が翻訳する際，de に対して of を用いなかった理由について考察する．調査した資料は限られるものの，中世フランス語において，英語の前置詞 to に相当する à が使われていたかどうかということも調査する．

4.2. approcher の語源と approcher に後続する前置詞 de

まず，フランス語 approcher の語源について概括する．そもそも，ロマンス諸語の場合，ラテン語の直系という訳ではなく，途中の段階に俗ラテン語が介在している．しかし，俗ラテン語の資料が不足しているため，語の語源が不

明の場合や，語そのものが比較言語学的手法により再建された形である場合も多い．ラテン語で「近づく」という場合，頻繁に現れる動詞として appropinquare（＜adpropinquare）が挙げられる．『ロベールフランス語語源辞典』(*Dictionnaire étymologique du français* (1992)) によれば，このラテン語動詞の語根は，副詞 prope（近く）であり，印欧語 *prokwe にさかのぼる．また，同義の動詞 approximare の語根も，形容詞（最上級）proximus（隣の）であり，同じく *prokwe にたどり着く．ラテン語 appropinquare には appropiare という異形があり，結果的にフランス語 approcher は後者に由来するのである．ここで，ロマンス諸語における appropi(nqu)are に相当する動詞を調べた結果を表4に示す（括弧内は approximare に相当するもの）．

ラテン語	**appropinquare**	**approximare**
フランス語	(s')approcher **de**	該当なし
イタリア語	approcciare a, appropinquare（古語）	(approssimare a)
スペイン語	apropincuarse a	(aproximar(se) a)
ポルトガル語	apropinquar(-se) a/**de**	(aproximar(-se) a/**de**)

表4：ラテン語 appropinquare と approximare に対応するロマンス諸語の動詞

フランス語 approcher と形態的に最も近いのは，イタリア語 approcciare ということになる．フランス語 approcher と同様，ポルトガル語の動詞 apropinquar も「〜に近づく」という場合，前置詞 à 以外に **de** を取ることが判明したが，イタリア語とスペイン語では英語の前置詞 to と対応する à（＜ラテン語 ad）が全面的に使用されている（ただし，これらの言語では，ラテン語 appropinquare に当たる動詞が頻繁には使用されなかったり，すでに古語であったりする）．[24]

次に，ここで問題としなければならないのは，そもそもラテン語 appropinquare が，どのような要素を従えていたか，ということである．これは，以下に挙げる『ウルガタ』からの用例（幸い，共観福音書で同じ出来事を述べた箇所からの引用である）によっても明らかなように，名詞の与格形および前置詞

---

[24] なお，古プロヴァンス語およびルーマニア語でも de が選択されるようだが，今回の調査では詳細を把握することができなかったため，これらに関しては，引き続き今後の課題とする．

ad+対格形であった.[25] なお,ラテン語と英語の対応を示すために,古英語聖書ウェスト・サクソン訳の該当する箇所を併記する.

(17) 「マルコによる福音」11章1節
et cum **adpropinquarent** Hierosolymae et Bethaniae ad montem Olivarum mittit duos ex discipulis suis
(Ða he **genealæhte** hierusalem and bethania to oliuetes dune: he sende his twegen leorningcnihtas:)
(そして,彼らがエルサレム,そしてオリーブ山のふもとにあるベタニアに近づいた時,イエズスは弟子のうちの二人を使いに送った)

(18) 「ルカによる福音」19章29節
et factum est cum **adpropinquasset ad** Bethfage et Bethania ad montem qui vocatur Oliveti misit duos discipulos suos
(Ða he **genealæhte** bethfage and bethania to þam munte þe is genemned oliueti. he sende his twegen cnihtas)
(彼らが,オリーブと呼ばれる山のふもとにあるベトファゲとベタニアに近づいた時,イエズスは二人の弟子を使いに送った)

ラテン語 appropinquare (< adpropinquare) が,古英語では genealæcan という動詞で訳されている.ラテン語の場合,与格形と ad+対格形に伴われており,古英語の目的語も与格形だろうと推測される.と言うのは,ラテン語とは違って,古英語の場合,固有名詞の多くは形態上,格が不明だからである.さらに,肝心のラテン語 ad+対格形に対応する前置詞句も現れていない.ところが,この対応は,イギリスの神学者でもあり歴史家でもあった尊者ベーダ (Beda Venerabilis, 673?-735) の手になる『イギリス国民教会史』(*Historia Ecclesiastica Gentis Anglorum*) によって確認される.以下は,ラテン語による原文と古英語訳からの引用である.

(19) 『イギリス国民教会史』3巻11章
Qui ait: 'Mox ut uirgo haec cum capsella quam portabat **adpropinquauit atrio** domus huius, discessere omnes qui me premebant

---

[25] このことについて,Lewis (1989) の appropinquo は次のように記載する:
to come near, draw nigh to, to approach.
I Of place.
a With *ad*: ... b With *dat*.: ...

spiritus maligni, et me relicto nusquam conparuerunt.'

(Cwæð he: Sona mid þy þe seo fæmne mid þære cyste, þe heo bær, **geneolecte þæm cafertune** þæs huses, þa gewiton ealle þa wergan gastas onweg, þa ðe mec swencton & þrycton, & mec forleton & nower seoðþan æteawdon.)

(彼は「その女性が，持っていた小箱と共に，この家の広間に**近づく**や否や，私を抑えていた悪霊どもは皆，私から離れ去って，どこにもいなくなりました」と言った)

(20) 『イギリス国民教会史』2 巻 13 章

Nec distulit ille, mox ut **adpropiabat ad** fanum, profanare illud, iniecta in eo lancea quam tenebat, multumque gauisus de agnitione ueri Dei cultus, iussit sociis destruere ac succendere fanum cum omnibus septis suis.

(Sona þæs þe he **nealehte to** þæm herige, þa sceat he mid þy spere, þæt hit sticode fæste on þæm herige, ond wæs swiðe gefeonde þære ongytenesse þæs soðan Godes bigonges.)

(彼は寺院に**近づく**や否や，まごつくことなくそれを汚して，持っていた槍をその中に投げ込んだのだ)

(19) では，þæm という指示形容詞が示す通り，目的語は与格形であり，(20) では，ラテン語 ad と古英語 to の対応がはっきりと認められる．したがって，両言語では，それほど言語感覚に相違はないと考えられる．このラテン語 appropiare ad が，古フランス語 aprochier として存続する訳だから，当然，前置詞を伴う用法では à が期待されよう．Frédéric Godefroy による *Dictionnaire de l'ancienne française et de tous ses dialectes* (1969) には，approcher à が記載されているが，用例数がわずかで，比喩的な意味で使われるものも含まれており，前置詞の使用に関して有益な情報が十分記載されているとは言えない．*OED2* によれば，フランス語 approcher は，14 世紀の初頭 (1305 年) になって，初めて英語の文献に現れたようである．それでは，11 世紀におけるラテン語 appropinquare ad と古英語 (ge)nealaecan to の対応関係が，数世紀を経過した中英語の頃には，一体全体どのように変化していたであろうか．以下では，イギリス初の印刷業者であり，同時に自ら外国語による文献の翻訳も手掛けた Caxton (1422?-91) の作品とそのオリジナル（に近い）と考えられる中フランス語原典とを，動詞 approach に注目し，比較・検討

する．

4.3. 中フランス語原典の approcher の Caxton 作品における翻訳方法

今回の調査対象として取り上げた，中フランス語で書かれた文献は，以下の諸作品である：*Paris et Vienne*『パリスとヴィエンヌ』，Julien Macho による *Esope*『エゾペ』，および *Blancandin et l'Orgueilleuse d'amours*『ブランカンダンと傲慢姫』．これらを底本として Caxton が中英語に翻訳した作品は，それぞれ一般に *Paris and Vienne*『パリスとヴィエンナ』，*Aesop*『イソップ寓話集』，および *Blanchardyn and Eglantine*『ブランカルダンとエグランティヌ』と呼ばれている．なお，以下の例文直後の < > 内の数字は，それぞれの校訂本におけるページ番号を指すものである．

Paris and Vienne

(21)　Et lors le filz du duc de Bourgoine et l'evesque de Saint Laurens s'**approcherent de** Vienne,　<115>
　　　And the sone of the duke of bourgoyne & the bysshop of saynt laurence **approuched vnto** vyenne
　　　（ブルゴーニュ伯の息子とサン・ロレンスの司祭がヴィエンヌに近づくと）

(22)　Et lors Ysabel s'**approcha de** luy　<136>
　　　Thenne ysabeau **approched ner to** hym
　　　（そしてイサベルが彼に近づき）

底本における approcher の生起数は 6 で，そのうち，前置詞 de を伴うものは 5 例である．Caxton はこの 5 例のうち，4 例は approach near to で，そして，1 例は approach unto を使って翻訳している．

Esope

(23)　(les hommes) ... et ne se ousoyent **aproucher d'**icelle montaigne. <097> 961
　　　(the folke) ... and durst not wel come ne **approche** the hylle
　　　（人々はその丘にわざわざ近づこうとはしなかった）

(24)　se tu te **approches de** moy,　<187> 1865
　　　yf thow **come nyghe** me
　　　（もしあなたが私に近づくなら）

(25) Et, quant le regnart commença a **approcher de** celluy arbre, <266> 2724

And when the foxe beganne t**approche to** the said tree

（狐がその木に近づき始めると）

底本における approcher の生起数は 6 で，そのすべてが前置詞 de を伴っている．Caxton は 6 例のうち，1 例は approach で，4 例は approach to で，もう 1 例は come nigh を用いて翻訳している．

Blancandin et l'Orgueilleuse d'amours

(26) sy s'**aprocha de** Blanchandin <160>

So **aproched** him self **nygh** blanchardyn

（それで彼はブランカルダンとに近づき）

(27) Sadoine et sa bataille s'**aprocherent de** leurs anemis, <206>

sadoyne & his bataylle **dyde approche** their enmyes;

（ソドインとその軍勢は敵に近づいた）

(28) que si pres **approcherent des** terres. <235>

that they **cam** so **nyghe** the lande,

（彼らはその陸地に近づいた）

底本における approcher の生起数は 12 で，そのうち，前置詞 de を伴うものは 5 例である．Caxton はこの 5 例中 2 例は approach で，1 例は approach nigh で，さらに 1 例では come nigh を使用して訳しているが，もう 1 例では無視している．

以上見てきたように，Caxton は，フランス語 approcher de に対して，approach という借用語の動詞を積極的に採用しながらも，補部に副詞 nigh や前置詞 to と共に使ったり，直接目的語を伴う他動詞として用いたりして，自分の語感に適応するように工夫している．彼は，訳語として *approach of（あるいは from）という機械的な「なぞり」は一度も使用していない．

そもそも，*OED2* によれば，動詞 approach が前置詞 to を伴う，いわゆる自動詞用法（ただし，現在では擬古体）の初出例は 1325 年頃ということである．

(29) 1b. with *to*. arch. c1325 E.E. Allit. P. B. 1781 To þe palays pryncipal þay **aproched**. (*approach* 1b, *OED*2)

（彼らは第一宮殿に近づいた）

第4章　l'approche de l'ennemi は of the enemy か to the enemy か？

これは，14世紀に活躍した *Gawain*-Poet が残した *Cleanness* 1781 行目からの引用である．ちなみに，同じ詩人が書いたとされる *Sir Gawain and the Green Knight* (*SGGK*) にも，また，ほぼ同時期の作家である Geoffrey Chaucer (1340?-1400) や，John Gower (1330?-1408) にも同様の用例が見られる．

(30)　[he] Preuély **aproched to** a prest and prayed hym there
　　　（彼は密かに司祭に近づき，そこで頼んだ）　　　　　　　　　(*SGGK* 1877)
(31)　How I gan **to** thys place **aproche**　　　(*The House of Fame* 117)
　　　（どのようにして私がこの場所に近づいたのか）
(32)　And fyr, whan it **to** tow **aprocheth**, / To him anon the strengthe acrocheth,　　　(*Confessio Amantis* Liver Quintus 5623-4)
　　　（火は灯心に近づくと，火の強さはそれを引きつける）

したがって，14世紀には，approach to が一定の頻度で広く使用されていたことになる．

4.4.　古フランス語作品の異読に見る **approcher** の後続表現

仏・英対訳を資料として，フランス語 approcher de が，中英語において「なぞり」の approach of ではなくて，approach to と訳された実例を見てきた．以下では，前置詞 de に対して of ではなくて to が選択された理由を探るが，恐らく，次の二通りが考えられるのではないだろうか．一方は，「～に近づく」という文脈で of「～から」を当てることに対する矛盾によるもので，他方は動詞 approach をフランス語から借用した時期に起因するものである．換言すれば，その当時のフランス語（厳密には，中英語話者が直接体験した一方言）では，実際に前置詞 à が好まれていたのかも知れないのである．そこで，以下では，これまでと少し視点を変えて，古フランス語作品の成立年代および写本の相違に注目する．なお，今回は限られた調査対象ながら，中世フランスの韻文物語作家 Chrétien de Troyes (1135?-1185?) の諸作品（アーサー王伝説に基づいて愛と冒険を描いた韻文詩群）と，13世紀に Guillaume de Lorris および Jeande Meun の手により成立したとされる，中世フランスの教訓寓意詩 *Le Roman de la Rose* を選択した．特に後者は，Langlois (1910) による詳しい研究書もあり，Lecoy (1983: xxxv-xxxvi) が述べるように，現在でもおびただしい数の写本が残っている．このような場合，写本間の異読（variants）

を通して方言差を含めたことばの揺れを検討することが可能となり，本研究の調査には最適である．[26]

Chrétien de Troyes の *Le conte du Graal*（『ペルスヴァルまたは聖杯の物語』，1190 年頃に成立）における approcher の生起数は 10 で，そのうち，前置詞を伴うものは 2 例である．そのうちの 1 例を以下に示す．

(33)　*Le conte du Graal*, 123-4
　　　Lecoy 版（1973-5）　　　　　　Roach 版（1959）
　　　que ja n'**aprocheront de** moi 　que ja n'**aprochera vers** moi
　　　nus des altres, si com je croi.　nus des autres, si com je croi.
　　　（そうすれば，私が考えている通り，彼らのうちの誰も私に**近づか**ないだろう）

左側に挙げた Lecoy 版と，右側に挙げた Roach 版を比較すると，前者では現代語と同じように，前置詞 de が使われているが，後者では vers（～のほうに）が用いられている．したがって，どのような作品であっても，写本間の異同によって前置詞の違いを把握できるのではないかと十分に予測される．さらに，以下の用例が示す通り，どちらの校訂本でも，前置詞には à が選択されている．

(34)　*Le conte du Graal*, 2986-87
　　　Lecoy 版（1973-5）　　　　　　Roach 版（1959）
　　　Ensi s'an va selonc la rive　　　Ensi s'en va selonc la rive
　　　tant que **a** une roche **aproiche**　Tant que **a** une roche **aproce**,
　　　（このように，彼が岸を伝って行くと，やがて岩に**近づく**が）

したがって，現代と異なり，中世にはフランス語話者も英語 to に相当する前置詞 **à** や **vers** を使用するのが通常であった可能性が高いことがわかる．

次に，*Le chevalier de la charrette*（『ランスロまたは荷車の騎士』，1180 年頃に成立）における approcher の頻度数は 11 で，そのうち，前置詞を伴うのは 2 例である．

(35)　Et einsi com il **aprochoient / vers** la forest, issir an voient / le cheval
　　　　　　　　　　　　（*Le chevalier de la charrette*, 257-9（同様に，830, 5180））

---

[26] 本来であれば，校訂版ではなく諸写本の異読を比較すべきであるが，本研究の範囲を超えるので，これは次の機会に譲る．

(そして，このように彼らが森**のほうに近づく**と，馬が走っているのが見えた)

(36) Et quant il **au** passage **aproche**,/cil qui l'esgarde li reproche/la charrete molt laidemant,.
(*Le chevalier de la charrette*, 2211-13)

(彼が通り道**に近づく**と，そこを守っていた者が彼に対して荷車のことを醜く非難して)

それぞれ (35) では vers が，(36) では à が使われていて，de の使用例は皆無である．

Erec et Enide(『エレックとエニード』；1170 年頃に成立) における approcher の生起数は 6 で，そのうち，前置詞を伴う環境は 2 例のみであり，両者とも **vers** が用いられている．

(37) Et li nains hauce la corgiee,/quant **vers** lui la vit **aprochiee**;
(*Erec et Enide*, 179-80)

(そして，彼女が自分**のほうに近づく**のを見ると，彼はむちを上げた)

(38) Mien escîant, tant ne valez/que **vers** li doiez **aprochier**.
(*Erec et Enide*, 5860-61)

(私には，あなたが彼女**のほうに近づいて行く**に値する人だとは思えません)

Le chevalier au lion(『イヴァンまたは獅子の騎士』；1180 年頃に成立) における approcher の頻度数は 11 で，そのうち，前置詞を伴うものは 5 例である．

(39) An piez sailli li vilains, lués/qu'il me vit **vers** lui **aprochier**;
(*Le chevalier au lion*, 312-13 (同様に，292, 4869, 5438))

(私が自分**のほうに近づく**のを見ると，彼はすぐに跳び上がった)

(40) et fet un molt grant hardemant/que **del** forsené tant s'**aproche**/qu'ele le menoie et atoche;
(*Le chevalier au lion*, 2984-86)

(そして，彼女は非常に大胆にも，その気のふれた人**に近づく**と，彼をその手で直接，扱うことができた)

(40) で de の使用が見られるものの，この作品でもやはり vers のほうが優勢である．

最後に，*Roman de la Rose*『薔薇物語』における approcher ＋ 前置詞を考察する．前述のように，これは中世で最も人気があった作品の 1 つで，数多く

の写本が現存する．以下にわずかながら用例を挙げるが，やはり写本間の異同によって，今回の調査に関する格好の証拠が提供される（なお，左側に F. Lecoy 版（1982-85）を，右側に Strubel 版（1992）による校訂本を挙げる．ただし，行数は前者に従うものとする．まず，12 世紀の Chrétien de Troyes の諸作品と同様，13 世紀のフランス語でも approcher の後ろでは，(41) が示す通り，vers が使われており，また，(42) で見る通り，写本によっては à が現れている．

(41)　Lecoy 版（1982-85）　　　　　　Strubel 版（1992）
　　　Sovent me semont d'**aprochier**　　ovant me loe d'**aprochier**
　　　vers le bouton et d'atouchier　　　**Vers** le bouton et de touchier
　　　au rousier qui estoit chargié.　　　 Au rosier qui l'avoit chargié;
　　　　　　　　　　　　　　　　　　　　　　　　　　(*RR*, 2855-57)
　　　（しばしば彼は私に蕾のほうに近づいて，支えているバラの木に触れるように勧めた）

(42)　Lecoy 版（1982-85）　　　　　　Strubel 版（1992）
　　　que ja mot n'isse de ma boiche　　Que ja mot n'isse de ma bouche
　　　qui **de** ribaudie s'**aproiche**.　　　 Qui **a** ribaudie s'**aprouche**.
　　　　　　　　　　　　　　　　　　　　　　　　　　(*RR*, 5685-86)
　　　（私の口から下品に近づく言葉が出てこないように）

ところが，*Roman de la Rose* で **vers** および **à** が出現するのは，上掲の箇所だけである．他方，以下の例文に見られるように，この作品では **de** の使用が非常に顕著であり，それまでの形勢が一気に逆転しているのである．

(43)　Lecoy 版（1982-85）　　　　　　Strubel 版（1992）
　　　conbien que **du** fleuve　　　　　 Com bien qu'il **dou** fleuve
　　　s'**aprochent**,　　　　　　　　　　 s'**aprouchent**;
　　　　　　　　　　　　　　　　　　(*RR*, 5980（同様に，16579, 19255, 20615））
　　　（そのため，彼らは河に近づくと）

この原因の 1 つとして推測されるのが，古フランス語 aprocier と同義の動詞である apresser（現代の oppresser を参照）および aprimer（同じく opprimer を参照）の台頭である．次例では，apessie と aprochie が交替しており，同義の動詞として使用されていたことがわかる．

(44) Lecoy 版（1982-85）　　　　Strubel 版（1992）
　　Si con j'oi la rose **apressie**　　Ainsi com j'oi la rose **aprochie**,
　　un poi la trovai engroisie　　　Un po la trové engroissie,
　　　　　　　　　　　　　　　　　　　　　　　　(*RR*, 3339-40)
（私がバラに近づくと，少し大きくなっていたのが分かり）

apresser と aprimer の 2 つの動詞が，しばしば前置詞句として de + 目的語を取っていることは注目すべきであろう．例えば，apresser de は，5764, 12498, 18908, 21571, 21666 行目を参照のこと．したがって，approcher de が好まれるようになった背景には，同義の動詞による「類推」作用があったことが推測できる．

以上見てきたように，本節で調査対象とした，12 世紀の Chrétien de Troyes による『ペルスヴァルまたは聖杯の物語』，『ランスロまたは荷車の騎士』，『エレックとエニード』，および『イヴァンまたは獅子の騎士』（合計およそ 30000 行）と，13 世紀の『薔薇物語』（およそ 22000 行）において，非常に興味深い事実が判明した．前置詞 de に関して言えば，前者では 2 例しかなかったが，後者では 5 例見られた．他方，前置詞 vers および à についてはまったく逆で，12 世紀では優勢を保っていたが，13 世紀になると徐々に衰退してゆき，やがて動詞 approcher に続く前置詞は de に固定されていったと結論付けられる．

4.5. まとめ

本節では，他言語から自言語に翻訳する際の「なぞり」と呼ばれる現象を，特に，フランス語 approcher de と英語 approach to に焦点を当てながら考察してきた．一見したところ，de "of/from" と to はまったく逆の意味を持つ前置詞であるため，動詞 approach が借用された時，それに続く前置詞が，中英語話者にとって不自然に感じられたため，なぞることはせず，「英語風」にアレンジしたのだろうと考えていた．ところが，今回の調査で明らかになったように，実際には古フランス語でも初期の頃は，中英語と同じように「方向」を表す前置詞 à（あるいは vers）が使われていた．したがって，動詞 approach の後ろに to が続く原因として，英語に適応させるために英語話者が修正したというよりは，むしろこの語彙が借用された「時期」と借用先の「方言」が挙げられる．*OED2* によれば，他動詞用法の初出例は 1305 年で，to を伴う自動

詞用法は 1325 年ということだが，これは文献上の場合である．例えば，ノルマン人による英国征服以降であれば，実際にはもっと早い「時期」に口伝えで借用されていたかも知れない．もしそうであれば，この動詞は，中央フランス語からではなくて，ノルマンディー「方言」から直接借用されたことになる．

　本節の調査は言語資料も限られていたため，中途半端な結果で終わったことが残念である．Chrétien de Troyes の *Cligés* および，韻文・散文を問わず，12 世紀に書かれたその他の作品についても未調査である．また，古フランス語で動詞 approcher と共起していた前置詞 à および vers が，なぜ de と交代する必要があったのかを，さらに究明する必要がある．今回の調査で提案した「類推作用」以外に，主観的・客観的視点などを考慮に入れてみるのもよいかも知れない．したがって，本論では，以上の調査結果を可能性のいくつかとして示唆するに留める．

第 5 章

Caxton における中フランス語 Composite Predicates の翻訳について

5.1.　Caxton 訳 *Paris and Vienne* について

　当時の騎士たちの花形であったパリスと見目麗しい乙女ヴィエンナが互いに抱いた愛を主題とした物語 *Paris and Vienne*『パリスとヴィエンヌ』(以下，*Paris*) は中世ヨーロッパで一世を風靡し，フランス語，イタリア語，Caxton による英語，オランダ語をはじめとするさまざまな言語で翻訳が現存しており，言語により韻文訳や散文訳も存在する (Babbi (1991: 29-55, 57-121, 123-153))．本節では，Caxton が中フランス語から翻訳した英語版と中フランス語原典を対象に，後述する合成述語について比較調査を行う．

　Paris には最初にグループ 1（あるいは α）と呼ばれるものがあり，それからグループ 2（あるいは β）が生じたと考えられる．グループ 1 とグループ 2 とでは登場人物の名前などに矛盾もあるが (Babbi (1991:39))，フランス語を含む前述の言語による版はすべて後者から派生したと考えられている．これらのうち，本稿にとって重要なフランス語写本は以下の 3 つである (Babbi (1991: 35, 45, 124))：(1) S-Parigi, Bibliotheque Nationale, Fr. 20044, (2) Anversa, Gherard Leeu, 1487, (3) Westminster, William Caxton, 1485. Leach (1957: xxiv) によれば，3 つのうちで原典に最も近いのは Bibliotheque Nationale, Fr. 20044 (以下，B. N. Fr. 20044) ということである．また，Caxton の章見出しが B. N. Fr. 20044 や Leeu (1487) と一致しない場合があるが，Leach (1957) の説に従い，今回の調査では B. N. Fr. 20044 を Caxton が *Paris* を翻訳する際に利用した原典（に近い言語資料）と考えて，彼の言語を考察する上での比較対象とする．なお，B. N. Fr. 20044 については，Babbi (1991)

の校訂版を利用した．また，今回の調査には Leach（1957）の英語版と，Babbi（1991）の中フランス語版を電子化したパラレルテキストを利用した．

5.2. Composite Predicates について

have a talk のような，それ自体あまり意味を持たず人称・数・時制などの文法的特徴を担う軽動詞（以下 CP 動詞）と，実質的な語彙的意味を担う動詞派生名詞（以下 CP 名詞）からなる合成述語（composite predicates，以下 CP）については，さまざまな史的研究が行われてきた．特に，中英語での詳細な調査としては，中英語の CP について，Helsinki Corpus を用いて，統語的特質，種類，テキストタイプによる分布，一語の動詞との使用の相違を調査した Gárate（2003）や，一語の動詞から CP を含む迂言的動詞表現への移行を調査した Matsumoto（2008）が存在する．[27] また，動詞 take と niman を含む CP に焦点をあて，フランス語の句形成での英語への影響を念頭に置き調査した Iglesias-Rábade（2000）がある．[28] これらの研究は英語の中での CP という視点でなされている．それ以前の研究，Sykes（1899），Prins（1952）や Orr（1962（2008））では CP という枠組みではないものの，CP とそれ以外の類似表現をフランス語の phraseology の影響という視点から論じる．ただ，これらの研究も，英語の表現とそれに元になるであろうと想定されるフランス語の表現の対応関係という形で議論されている．

実は，CP の枠組みが借用と関係することは，最近の CP 研究においては等閑視されてきたようである．[29] Burnley（1992: 430）は Prins（1952）の研究を

---

[27] CP の歴史的研究として，秋元編（1994）と Brinton and Akimoto eds.（1999）に含まれる諸論考がある．

[28] take はバイキングの言語である古ノルド語 taka から 1100 頃に後期古英語に取り入れられた借用語で，英語の本来語 niman（ドイツ語 nehmen を参照）の同義語として，徐々に中英語期の間に niman に取って変わった（take v. OED2 の語源欄を参照せよ）．その過程で，これを含むコロケーションで動詞の交替を示す一例として次のものがある：nim ʒeme ～ take ʒeme "take heed"（yeme n. b OED2 を参照）．この 2 動詞の交替については，Rynell（1948）および山内（1994，特に pp. 49-58）を参照せよ．

[29] 古英語にも CP に類する表現形式は存在するが，古英語期の CP 研究が少ないことを山内（1994: 22）は指摘する．これは古英語の現存する文書のジャンルが聖書関係のものに偏っており，古英語の CP がラテン語からの「なぞり」なのか，英語自体の本来的な表現であるのかを区別するのが困難なためであると考えられる（小倉（1994: 70-71）も参照せよ）．古英語の CP の研究については，山内（1994）と Akimoto and Brinton（1999）を参照せよ．なお，

踏まえ，「非常に多くのフランス語が主題にふさわしい句の一部として借用される．その句には本来語が組み込まれ，1つまたは複数のフランス語を英語に翻訳せずに残すが，これはコミュニケーションの方便や文体向上のためである」と述べる．Bunrley (1992: 430) はさらに，CP の例を挙げて，次のように述べている．

> phrases probably modelled on French, with partial (*iustise ne dide*; *makede pais*) or complete substitution (*manred makede* from French *faire hommage*)

言い換えれば，フランス語をモデルとしながら，名詞はフランス語（借用語）を保持する一方で動詞は本来語を利用する部分的交替の CP と，名詞も動詞も本来語を利用する完全な交替の CP の存在があることを指摘している．今回の調査でも，これら両方のタイプの CP が出現する．

このように，CP 研究において手薄であった問題，つまり，英語とそのモデルになるフランス語の CP の比較の研究は，CP と借用（「なぞり」を含め）の考察に重要な手がかりを提供してくれると言える．また，原典とその翻訳を考察した CP 研究は存在せず，英語とフランス語の直接の対応関係を観察できる点でも意義がある．その点，尾崎 (2007) はそのような視点を取った希有な研究である．[30]

また，言語資料としての翻訳について，家入・内田 (2015: 118-119) は，翻訳者を「多言語使用者の典型」で「言語接触の担い手」とみなすことができ，翻訳を「借用の入り口のひとつである」とより積極的に考慮できるとする．このような見方は先の Burnley (1992) の見解と軌を一にするものである．このような観点から，CP を言語接触・借用との関係で考察することも可能であることを示す．

5.3. Caxton 版 CP の概観

まず，CP について検討を行う前に，CP を含む箇所の Caxton 版と中フラ

中英語以降に CP が興隆した理由として，英語の歴史的変化で頻繁に論じられる「総合的傾向」から「分析的傾向」への変化が1つの要因としてあり，また，フランス語からの借用がその傾向を促進したと言えよう（山内 (1994: 22) を参照せよ）．

[30] 第5章は尾崎 (2007) と同じデータを用いながらも，谷が新たにデータ収集から調査し直した．したがって，尾崎 (2007) と数値，主張等が異なる場合がある．

ンス語版での対応関係を検討する．その対応関係を表5にまとめた．

フランス語版	CP	一語動詞	異なる表現等	該当箇所なし	計
Caxton 版の CP	276	27	39	30	372

表5：Caxton 版 CP のフランス語での対応表現

Caxton 版の *Paris* において CP を持つ用例の総数は 372 例で，そのうち，原典の中フランス語版で CP 構造に対応する用例が 276 例，対応しない用例が 96 例ある．まず，対応する例をあげる．

(45) wherof the doulphyn <u>had moche grete dysplaysyr</u> and not wythoute cause　　　　　　　　　　　　　　　　　　　　　　　　(52/9-11)

　　de quoy le Dauphin <u>avoit moult desplaisir</u>, et non pas sans cause

　　（王太子はそのことを非常に不快に思ったが，それは故なくもないことであった）

(46) Parys was he whome she had so moche desyred to knowe and that <u>soo moche honour had doon</u> to hyr　　　　　　　　　　　(23/13-4)

　　que Paris estoit celluy qui tant avoit desiré de scavoir et que <u>tant d'onneur</u> luy avoit fait

　　（パリスこそが，彼女が知り合いになりたいと思い，彼女に大いなる名誉を授けた人でした）

(47) O veray god of heuen wherfore hast thou not <u>doon</u> to me <u>soo moche grace</u>　　　　　　　　　　　　　　　　　　　　(58/3-4)

　　O, sire Dieu, et pourquoy ne me <u>feistes</u> vous <u>celle grace</u>

　　（天の神よ，あなたはなぜそのような恩寵を私にお与えにならないのですか）

CP 構造に対応しない用例のうち，対応があるものの Caxton 版の CP が中フランス語では一語の動詞に対応する例が 27 例，表現などが異なる場合が 39 例，対応する該当箇所自体がないものが 30 例である．Caxton 版の CP がフランス語の一語の動詞に対応する例としては次のものがある．

(48) wherfore I <u>haue grete desplaysyr</u> and that for the loue of you　　　　　　　　　　　　　　　　　　　　　　　　　　(53/33-54/1)

　　de quoy <u>me desplaist</u> moult fort pour l'amour de vous

　　（そのため私はとても不愉快です．それもあなた様が故にそうでございます）

(49) Neuertheles I praye the that thou gyue me counceyl what is beste that I doo　(20/26-7)
me conseilliez que vous vueillés que je fasse
（しかしながら，どうぞ私が何をするのが最良か助言ください）

(50) vyenne hath had so moche Ioye and so grete playsyr whan / she had knowleche that ye were a lyue　(48/24-5)
Vienne a eu si grant plaisir et grant joye quant a sceu que vous estiez vif
（ヴィエンヌさまは，あなた様が生きておられると知って，大喜びでした）

また，対応があるものの表現などが異なる用例として次のような例がある．

(51) For in hym I haue my thought　(42/21)
tant que en luy est toult mon entendement et toult mon couraige)
（私は彼のことを想っています）

(52) my fader hath wylle to hurte you　(34/4)
mon pere est en voullenté de vous faire tuer
（父はあなたに危害を加えるつもりです）

(53) I wyl that ye say to me / yf ye wanne the Iustes the xviij day of septembre whyche were made in the cyte of parys　(28/31-2)
aussi vueil que deissiés se gaagnastes les joustes le viiie jour de septembre en la cité de Paris
（9月17日にパリの街で行われた馬上槍試合であなたがお勝ちになったのか，私にお教えください）

このように，Caxtonの英語版に最も近いとされる中フランス語のBabbi版でさえ，テキスト間の対応は完全ではない．ただ，全体的には対応関係が十分に存在するため（該当部分がない例を除外すれば91.9％の対応），調査を行うことは可能である．ただし，ここでは特定表現（構文）の対応関係を議論するが，当該部分の内容が微妙に変わっている場合もあり，表現の対応関係というだけではとらえきれない問題も含んでいる．

5.4.　Caxton版CP動詞

Caxton版ParisのCPで代表的な動詞（以下，CP動詞）として用いられる

don, yeven, haven, maken, taken の頻度数は，それぞれ 224, 75, 571, 115, 105 である．これらのうち，don の助動詞用法，代動詞用法，使役用法など，haven の助動詞用法，所有の用法など，maken の使役用法などを除外し，調査対象である CP の用法に限定すると，CP で利用される主要な CP 動詞の総数は 372 例で，それぞれの生起数は以下のようになる：don 73 例，yeven 24 例，haven 164 例，maken 63 例，taken 48 例．

頻度から言えば，haven が最も頻繁に動作名詞を伴うことになり，don, maken, taken, yeven と続く．この頻度がどの程度なのか判断しがたいが，幸いにも，Gárate (2003: 41) が Helsinki Corpus の ME1-ME4 期の各時期の生起数と 1 千語あたりの正規化頻度を与えている．また，田辺 (1994: 161) も *Paston Letters* 中の Margaret Paston の V＋N（＋P）の構造の生起数と総語数を与えている．Gárate (2003) の ME4 の散文についての数値と田辺 (1994) の数値，および Caxton 版 *Paris* の CP 動詞の生起数と 1 千語あたりの正規化頻度（括弧内の数字）を比較するために，表 6 を示しておく．

	Paris	Helsinki Corpus ME4	Margaret Paston
Don	73(2.34)	121(0.57)	69(1.01)
Yeven	24(0.77)	90(0.42)	9(0.13)
Haven	164(5.26)	266(1.24)	232(3.38)
Maken	63(2.02)	171(0.80)	99(1.44)
Taken	48(1.54)	106(0.50)	62(0.9)
計	372(11.92)	754(3.53)	471(6.87)

表 6：Caxton 版 Paris と Helsinki Corpus ME4 と Margaret Paston の書簡での CP 動詞の生起数と正規化頻度

田辺 (1994) が対象とするのは V（＝主要 5 動詞）＋N＋(P) で，動詞派生名詞を含む CP より対象が広く，また，*Paston Letters* は書簡で散文ロマンスである *Paris* と異なるジャンルである．また，Helsiki Corpus はさまざまなジャンルを含み，その時期（1420-1500）の一般的な傾向を示す．表 6 からは，Caxton 版 *Paris* での CP の頻度が高いことが理解できる．

次に Caxton 版と Babbi 版の CP 動詞について，Caxton 版と中フランス語版の両方で CP である用例に限定して，その対応関係を調査した．その結果をまとめて表 7 とした．

	don	yeven	haven	maken	taken	総計
avoir	3		104		3	110
faire	50	2	6	46	1	105
prendre			2		21	23
doner	2	14	4		1	21
porter			5			5
tenir				2		2
その他	1	2	6	1		9
総計	56	18	127	49	26	276

表7：Caxton 版と中フランス語版の CP 動詞の対応関係

表7では，フランス語版の CP 動詞の生起数が2以上のもののみ示す．生起数1の中フランス語の「その他」の動詞は，enporter "win, carry off," gaaignier "gain, earn," metre "place, put, lay," obtenir "obtain, acquire," passer "undergo, go through," rendre "give; make, render," soner "utter, say," souferre "suffer, bear, endure," trover "find, come across" の9個である．

まず，この調査結果から明らかなことは，中フランス語の CP を Caxton が英語の対応する CP に訳す場合，動詞に関して avoir―haven, faire―don/maken, doner―yeven, prendre―take という明白な対応関係が存在し，それが全体の85.1%を占めていることである．また，Caxton はフランス語原典で上記の主要な動詞以外の動詞を含む CP も，英語の CP で用いられる主要な動詞に訳していた．つまり，Caxton は原典の CP を訳す場合，仏英共通のこの構造を用い，かなり自動的に翻訳をしたと考えられる．

このような対応関係の中でも，特に相関性が強いのは avoir―haven と prendre―taken の対応である．avoir を伴う CP を英語に訳す場合94.5%の例で haven が利用され，prendre の場合も91.3%が taken で訳される．一方，doner の CP を yeven で訳すのは66.7%である．また，faire を伴う CP は，英語に訳す際に用いられる動詞が don (50), maken (47) がそれぞれ47.2%と44.3%を占め，2つの動詞に大きく分かれる．

また，縦の列を見れば明らかなように，英語の CP 動詞を生起数順に並べると，haven (127), don (56), maken (49), taken (26), yeven (18) となり，haven が圧倒的に用いられている．ただ，この結果により，Caxton の CP で

利用される動詞の割合がこの順であると性急には言えない．なぜなら，表7の横の行を見れば明らかなように，Caxton 版 CP に対応する中フランス語原典での動詞の生起数は avoir (110)，faire (105)，prendre (23)，doner (21) であり，haven に対応する avoir が最も生起数が多く，原典の CP 動詞の生起数が Caxton での haven の生起数に影響を与えていると考えられるからである．しかし，Helsinki Corpus の CP を調査した Gárate (2003: 41) は，ME4 期 (1420-1500) について，これらの動詞の頻度を次のよう示している．

(1) haven 266　　(2) maken 171　　(3) don 121　　(4) taken 106　　(5) yeven 90

したがって，原典の影響もあるとは言え，maken と don の頻度順を除けば，CP 動詞の全体的分布は *Paris* と Helsinki Corpus ME4 期でそれほど異ならないことがわかる．[31]

さて，中英語では使役の maken が don より優勢になると通常主張され，また Gárate (2003) の上記の結果でもそうであるが，*Paris* の CP では don (56) と maken (49) であり，当てはまらない．[32] さらに，原典の中フランス語 faire に対応する英語の動詞を検討した場合も，don と maken の生起数は don : maken = 50 : 46 である．なお，*Paston Letters* での使役の don と maken についての田辺 (1994: 168) の調査によれば，don 使役：maken 使役 = 45 : 17 で，*Paston Letters* においてもまだ使役 don のほうが maken よりも頻度が高い．

5.5. Caxton 版 CP 名詞

次に CP 内の動詞派生名詞（以下，CP 名詞）を考察する．中フランス語の CP 内の名詞が Caxton 版でどのように訳され，どのようなな対応するのかを検討するために，Caxton 版と Babbi 版の両方で対応関係が存在する CP の用例に限定して，調査を行った．その結果を表8に示す．すべての例を示すのは紙幅の関係で不可能であるので，Caxton 版での生起数が4以上のものだけ

---

[31] なお，*MED* と Chaucer と *OED* を調査した松本 (1994: 102) によれば，動詞は頻度順に maken, taken, haven, don, yeven の順である．

[32] Gárate (2003: 41) によれば Helsinki Corpus の ME1/ME2 期には don のほうが優勢であるが，ME3/ME4 期には生起数が逆転し maken が優勢になる．

を示し，代表例を示すことで全体的な傾向を示す．なお，語の後の括弧内の数字は生起数を示し，表中の名詞の形態は代表形である．

N in Caxton	Total	N in MF
desplaysyr	20	desplaisir (14), confusion et vergoigne (1), deshonneur ne desplaisir (1), mal (maus) (3)
playsyr "pleasure"	19	plaisir(s) (15), bien (1), joye (1), joye et plaisir (1), plaisir et l'onneur (1)
leue "leave"	12	congié (12)
ioye "joy"	11	joye (8), joye et consolacion (1), joye et plaisir (1), plaisir (1)
honour	11	honneur (11)
desyre "desire"	7	desir (5), envye (1), vollenté (1)
ansuer "answer"	7	responce (7)
semblant	6	semblant (6)
sorowe "sorrow"	6	deul (3), douleur (3)
grace	6	grace (6)
countenance	5	contenance(s) (5)
counsel	5	conseil (5)
loue "love"	5	amour (5)
pyte "pity"	4	conscience et compassion (1), pitié (3)
ioye & playsyr	4	joye (1), joye et plaisir (1), plaisir et joye (2)

表8：Caxton 版と中フランス語版での CP 中の名詞の対応関係

表8は中フランス語の15の名詞を含む．そのうち，congié, mal, responce, douleur などはそれぞれ，leue, harm （一部），answer, sorrow という本来語で訳されているが，それ以外の大多数は中フランス語の名詞がそのまま利用されていることがわかる．このことは，生起数が3以下の名詞についても当てはまる．つまり，Caxton 版 *Paris* の CP は，その動詞こそ中フランス語に対応する本来語で交替させるものの，CP 名詞については大多数がフランス語からの借用語を流用している．このことは，名詞の語源を検討することでも間接的に観察できる．CP 全例の名詞を語源により分類し，さらにそれを異なり語

数 (type) と延べ語数 (token) に分け，その結果を表9に示す（複数の語源が並ぶものはワードペアを構成する）．

Etym of N	Type	Token
Fr	76	224 (60.2%)
Ger	30	92 (24.7%)
Fr-Fr	28	35 (9.4%)
G-Fr	11	13 (3.5%)
Fr-G	5	5 (1.3%)
Fr-Fr-Fr-Fr	1	1 (0.3%)
G-G	1	1 (0.3%)
Fr-Fr-Fr	1	1 (0.3%)
総計	153	372

表9：Type と token 別による CP 名詞の語源

Fr, すなわちフランス語借用語は type は76で token は224である．一方，Ger, すなわち本来語の名詞は type は30で，token は92である．フランス語借用語のほうが type, token とも多く，全体の70％以上をしめる．[33]

中フランス語の CP 名詞を導入するかどうかは，そのフランス語が英語にすでに導入されているかどうか，また，英語で対応する定着した表現が存在したかどうかに依存したと言える．例えば，次例では原典の mal は使用されず，harm という本来語で翻訳されている．

(54) his hert shal not suffre to do/you ony harme （38/29-30）
le cuer luy souffre de vous faire nul mal!
（彼（＝お父様）もお心のうちでは，あなた様に如何なる害も加えることなどできないでしょう）

OED2 によれば，mal という語は1745年の Pococke と1756年の A. Russell の2例のみが記載されており，実質的に英語には導入されなかったと言える．

---

[33] 各 CP 動詞でフランス語系借用語 CP 名詞が占める割合は，don 82.2%, yeven 60.4%, haven 70.1%, maken 83.3%, taken 58.3%（全体72.60%）となり，don と maken でフランス語借用語の割合が高い．

一方，do harm は a 1123 の *O.E. Chron* の初出例があり，英語で確立した表現であった．このような事情で，mal は借用されず，本来語 harm が使用されたと言えよう．

Caxton 版での CP の概観を行ったので，以下のセクションでは，全体像を示したあと，動詞ごとに CP 名詞に検討を加える．その際，CP 名詞については，代表形をあげ，本来語の名詞については，下線を引く．

5.6. 各 CP 動詞に後続する CP 名詞

CP の動詞ごとの名詞を列挙することもできるが，頻度の高い名詞とその動詞の分布を示すことで全体像を示す．Caxton 版 CP で頻度 4 以上の CP 名詞と CP 動詞の分布を，表 10 として示す．

	have	take	do	make	give	計
displeasure	14	7	6			27
pleasure	12	5	6			23
leave		14				14
joy	12					12
honour	5		5	1	1	12
answer	3			6		9
counsel		4		1	3	8
sorrow	5	1		2		8
desire	8					8
grace			6		2	8
love	8					8
knowledge	5			1		6
semblant				6		6
arms			6			6
feat of arms			5			5
countenance				5		5
feste				4		4

pity	4					4
joust				4		4
joy & pleasure	4					4
marriage	2			3		5
will	2		2			4
acquaintance	2	2				4
計	86	33	36	33	6	194

表10：生起数4以上のCPの名詞と動詞による分布[34]

繰り返しになるが，この表から明らかなのは，Caxton版 *Paris* のCPは動詞こそ本来語だが，名詞は元のフランス語を用いていることが大多数であることである．この表では，「人から〜される」という受動的な意味の stative use を持つ傾向にある haven と taken を左に，「〜する」という能動的な意味の dynamic use の do, make, yeven を右に配置した．[35] 通常，どの名詞がどの動詞と用いられるか，また，stative か dynamic のどちらの用法を用いるかは綺麗に分かれて分布している．

以下，動詞ごとに CP 動詞が取る名詞のリストをあげる．名詞の後の括弧内の数字は生起数を，下線は本来語の名詞を示す．

5.6.1. Don の CP

don の CP の特徴は，他の動詞と比べて，good, goodness, harm, shame, sin, song, will, work, worship, wrong という本来語の CP 名詞の割合が高く，古くからの表現を保持していることである．[36] しかし，これら本来語 CP 名詞の生起数は全体として多くない．逆に，表10が示すように，(dis)pleasure, honour, grace, (feat of) arms のような借用語 CP 名詞との結合が高いことは興味深い．こういった CP 名詞は宮廷風イメージを想起させるが，これらの CP 名詞と don が結合した理由は，口語起源の maken に比べて don のほうが Caxton の頃はまだ文体価が高く，これらの CP 名詞が伴う宮廷

---

[34] 表中の灰色の網がけは本来語を示す．
[35] dynamic use と stative use については松本 (1994: 108-109) を参照のこと．
[36] wrong は ON 起源であるが，便宜上，本来語として扱った．

第 5 章　Caxton における中フランス語 Composite Predicates の翻訳について　249

風イメージと合致したからではなかろうか.[37]

　なお，本作品で見られるフランス語借用語の CP 名詞を持つ don seruyce に相当する don hiersumnes / ðenung / ðeowdom, don honour に相当する don mærsung, don hurte に相当する don teona, don payne に相当する don wite などの表現が古英語にも見られることを想起する必要がある．また，don gōd / syn / weorc "do good / sin / work" が古英語からの表現であることにも注意する必要がある．

　don と共に用いられる CP 名詞は，以下の通りである： arms (6), commandment (2), devoir (1), displeasure (6), feat of arms (5), foly (1), grace (6), harm (3), honour (5), hurt (1), inobedience (1), pain (1), pleasure (6), presentation (1), prowess (1), punition (1), reverence (1), service (2), sin (1), song (1), will (2), work (1), worship (1), wrong (1)（以上 24 種類）と，ワードペアとなる armsand chivalry (1), displeasure and shame (1), feast and cheer (1), feat of arms and chivalry (1), feat of chivalry and joust (1), good and honour (2), goodness and diligence (1), grief and harm (1), harm & pain (1), honour and company (1), honour, courtesy & gentleness (1), pleasure and solace (1), reverence & honour (1), service ne pleasure (1)（以上 14 種類）．以下に用例を挙げる．

(55)　but parys / dyd thenne more of **armes** shewyng his meruayllous prowesse　　　　　　　　　　　　　　　　　　　　　　(8/22-3)
　　　mais Paris fust plus fort et fist plus merveilleusement armes
　　　（しかしそのときパリスは武勲をあげ，類い希なる武勇を示した）

(56)　yf it were not for the grete **seruyces** that he hath doon to me
　　　si ne fust le grant service qu'il m'a fait　　　　　　　　(33/14-5)
　　　（あの方が私にしてくださった尽力がなければ）

(57)　for they thought he wold haue doon to them somme **harme** (64/4-5)
　　　car il avoient paour que Paris ne fist quelque mal.
　　　（というのは，彼が自分たちに何か危害を与えるのではないかと思ったからである）

---

[37] Kuhn (1986: 52) は古英語で頻度が低い macian が Old Saxon からの借用語であるという仮説と，古英語に口語に存在したが文語に登場するのが遅かったという仮説を提示し，前者を支持する．しかし，後の発達を考慮すると，macian が口語起源であった可能性も否定しきれないと考えられる．

(58) the admyral/the whyche anon after he had seen it dyd grete **honour** to Parys (65/28-9)
tentost qu'il vit le commandement, il fist grant honneur a Paris
（指揮官はそれを見てすぐに，パリスに敬意を表した）

5.6.2. Yeven の CP

既述のように，yeven の生起数は5つの CP 動詞の中で一番低い．なお，古英語にも yeven comaundement に相当する sellan bod が見られることを注意する必要がある．

yeven と共に用いられる CP 名詞は，以下の通りである：benediction (2), blessing (1), commandment (1), counsel (3), deth (1), goods (1), grace (2), honour (1), living (1), penance (1), puissance (1), salvation (1), stroke (3), thanking (1), word (1) (15種類) と，ワードペアをなす counsel and remedy (1), good & honour/joy & excellence (1), good will & pleasure (1) (3種類)．以下に用例を示す．

(59) wherupon he requyred hym that he wold gyue to hym **counceyll** in thys mater (43/13-4)
pour quoy luy prioit qu'il luy donnast conseil en tel fait)
（それで，この問題で助言をくれるようにと彼に要求した）

(60) they gaf so grete **strokes** that the knyghtes and horses wente al to therthe (15/34-16/1)
et se donnarent si grans coups que toulx deulx, hommes et chevaulx, tumberent a terre en ung monceau:
（彼らは非常に強く打ったので，人馬もろとも地面に落ちた）

5.6.3. Haven の CP

既述のように，この動詞は一番生起数が多く，一番多くの type と token の CP 名詞と生起する．

haven と共に用いられる CP 名詞は，以下の通りである：acquaintance (2), adventure (1), affection (1), amity (2), answer (3), belief (1), blame (1), compassion (1), confidence (1), conscience (1), desire (8), displeasure (14), doubt (2), dread (1), faith (1), fear (2), feates of armes (1), good will (3), goods (1), honour (5), hope (2), intention (1), joy

(12), knowledge (5), living (1), lordshyp (1), love (8), mandment (1), marriage (2), marvel (2), melancoly (2), necessity (1), pain (1), parliament (2), passage (1), pity (4), pleasure (12), posession (1), power (2), regard (1), remembrance (1), renomee (1), seigniory (1), seygnourye (1), sickness (1), solace (1), song (1), sorrow (5), thought (3), token (1), tribulation (1), will (2), word (1), worship (1) (以上54種類), ワードペアを構成するのは amity & love (1), doubt and fear (1), good & honour (1), good & virtue (1), honour & fame (1), joy & consolation (1), joy & pleasure (4), nobleness & genleness (1), pleasance and lybertee (1), pleasure ne joy (1), price and honour (3), price and worship (1), privity and promise (1), reason & cause (2), sorrow & mervel (1), strength & courage (1), talent and desyre (1), thought & courage (1), thought and sorrow (1), virtue or courage (1), visage ne cheer (1), weel and renomee (1), wrath & rancour (1) (23種類).

なお，haven affectyon に相当する habban lufe, haven necessyte に相当する habban nied(ðearf)/ðearf, haven parlament に相当する habban spræc 等の表現が古英語にも見られる．また，古英語の habban geleafa/ege/kythth "have belief/fear/knowledge" などの表現も参照のこと．

(61) yet therfore he shal not put me to deth / consydered the grete **loue** that he hath alway had toward me (39/19-21)
onobstant que j'aye failli contre mon pere, pour ce ne m'y fera mourir, voyant la grant amour que tousjours m'a portee
（私に対して常に抱いていた愛情を考えると，父が私を死刑にすることはありません）

(62) the doulphyn/whyche had souerayn **playsyr** (75/34-5)
Dauphin lequel eust souverain plaisir
（非常に喜んだ王太子）

(63) they had grete **Ioye** and took grete playsyr at it (3/28-9)
avoient grant joye et y prenoyent tresgrant plaisir
（彼らはそれに大喜びした）

(64) I haue had grete **desyre** that thys maryage shold be made
j'avoye grant desir que se mariage se fist, (53/31-32)
（この結婚が行われるのを私は非常に望んでいる）

(65) and is departed alle secretly that no man knewe hym ne the kyng of fraunce hath no **knowleche** of hym (18/29-30)
et s'en est parti si secretement que ame ne l'a sceu, ainsy que le roy de France n'a sceu qu'il estoit.[38]
(誰にも，フランス王にも知られず，彼は秘密裏に去った)

(66) he wrote a letter vnto Edward/doyng hym to wyte how he had souerayn/**sorowe** for vyenne whiche was in pryson/ (58/10-12)
il escript une lettre a Odouard lui faisans scavoir comment il avoit souveraine douleur que Vienne demouroit en prison
(彼はエドワードに手紙を書き，投獄されたヴィエンヌのため，自分がどれだけ悲しんでいるのかを知らせた)

5.6.4. Maken の CP 名詞

表10が示すように，頻度の高い本来語CP名詞は，実はdonではなくmakenと結合する．また，donとmakenと結合するCP名詞は，honourを除いて，どちらかの動詞との結合に限定されている．さらには，先に述べたように，Parisにおいては，donは宮廷風イメージを喚起するCP名詞と共起し，一方makenはそれ以外のCP名詞と結合するようである．ただ，歴史的に見た場合，CP動詞としてdonよりmakenが優勢になった要因として，(1) makenが文体的に口語的から中立的になるにつれて通常のフランス語借用語との結合が拡大したこと，(2) もともと文体価が高かったdonが特に本来語の一部のCP名詞との結合に限定されるようになったがために，さまざまな名詞と結合することが困難になったこと，(3) don の使役的な用法が縮小したこと，(4) さらには疑問・否定文での迂言的 do の用法が増加したことの4つが考えられよう．

なお，後期古英語におけるdonとmacianの競合は一般によく知られているが，それは単語レベルに留まらず，熟語レベルにまで達していた（例えば，don wundor と macian wundor).[39] そこで，古英語don+CP名詞が部分的に中英語 maken+CP 名詞の下地を成しているとも十分に考えられる．ちなみに，古英語にも maken oryson/prayer に相当する don bed, maken promesse

---

[38] 一語の動詞 savoir に対応．
[39] 山内 (1994: 42) を参照せよ．なお，古英語期の (ge)don と (ge)macian のコロケーションならびにその競合については，特に山内 (1994: 24-42) が詳しい．

第5章　Caxton における中フランス語 Composite Predicates の翻訳について　253

に相当する don behat, maken sacrefyse に相当する don onsægdnes などの表現が見られる.

　maken と共に用いられる CP 名詞は，以下の通りである：semblant (6), answer (6), countenance (5), feste (4), joust (4), marriage (3), chere (3), request (2), sorrow (2), mention (2), provision (2), promise (2), muster (2), mandment (2), counsel (1), knowledge (1), chivalry (1), journey (1), peace (1), honour (1), complaint (1), haste (1), trait (1), token (1), sacrifice (1), default (1)（以上 26 種類）. また，ワードペアをなす CP 名詞は feste and honour (1), fault and trespass (1), feast and honor (1), orison and prayer (1), solace and joy (1), gladness and joy (1)（以上 6 種類）. 以下，用例をいくつか示す.

(67) And vyenne salewed parys wythoute to make ony **semblaunte** of loue　(27/17-8)
et Vienne salua Paris moult courtoysement sans luy faire semblant d'amour.
（ヴィエンヌは愛しているそぶりは見せず，パリスに挨拶した）

(68) Parys made to hym **ansuer**/that he shold kepe stylle hys londe　(70/35-6)
Et Paris luy fist response qu'il tienge sa terre en bonne heure
（パリスは自分の領土をまだ持っていると，彼に答えた）

(69) For I wyl see what **countenaunce** she wyl make of the rynge　(74/11-12)
car je vueil veoir quelles contenances elle fera de l'anneau
（というのは，この指輪を見て，彼女がどんな表情をするのかがわります）

(70) Whan the **feste** was made　(17/30)
Quant la feste fust faicte
（祝祭が行われた時に）

(71) & alwaye he demaunded tydynges of the **Iustes** that were made in fraunce　(17/27-9)
et toujours demandoit nouvelles des joustes qui se estoient festes en France,
（フランスで行われた馬上試合の知らせを彼はいつも尋ねていた）

5.6.5. Taken の CP 名詞

Sykes (1899) での議論の中心になるのは take と，それに相当する本来語 niman と共起する句動詞表現である．

ちなみに，古英語にも taken playsyr に相当する niman lustfullng の表現が見られる．また，take heed/leave に相当する niman waru/leafe が古英語に存在したことに注意をする必要がある．

taken と共に用いられる CP 名詞は以下の通りである：leave (14), displeasure (7), pleasure (5), counsel (4), heed (3), acquaintance (2), shipping (2), example (2), effect (1), regard (1), charge (1), place (1), solace (1), sorrow (1), vengeance (1) (以上 15 種類)，ワードペアをなすものは，acquaintance & amity (1), pleasure and joe (1) (2 種類)．

(72) Thenne they took **leue** hauyng grete compassyon on hyr (56/2-3)
 Et lors prindent congié en grant conpassion qu'ils avoyent en elle
 (それから，彼らは彼女に大いに同情を寄せ，暇乞いをした)

(73) And thus I praye you that ye take noo **desplaysyr** (54/6-7)
 et pour ce vous prie, mon doulx filz, que ne prenés a desplaisir
 (あなた様がご不快になりませんように，お願い申し上げます)

5.7. Caxton 版 CP は「なぞり」か

前の節で見た中フランス語と中英語での CP の動詞と名詞の対応関係を考慮すれば，動詞だけを本来語にして，名詞はできるだけ元のフランス語を借用語として取り入れるという形式で翻訳していることが見て取れた．動詞と名詞を別々に扱ったので，ここで，フランス語 faire の CP とそれに対応する make の CP を代表形で一部あげる：faire chiere > make chere, faire chevalerie > make chivalry, faire countenance > make countenence, faire feste et honneur > make feast and honour, faire feste > make feste などである．このように faire を make に変更し，名詞はそのまま中フランス語の名詞に対応する例は，26 types, 49 tokens のうち，17 types, 32 tokens にのぼる．名詞を本来語に変更しているのは，faire responce > make answer (5), faire dueil > make sorrow (1), faire signe > make token (1) の 3 types に過ぎない．

また，これらの中フランス語由来の CP 名詞は借用語と言え，OED2 や MED によれば Caxton 以前に借用されており，英語にすでに導入されていた

と考えられる借用語ばかりである．Caxton に年代的に一番近いものでも，例えば，displeasure は MED によれば 1427 年が初出であるので，Caxton 版 Paris より 50 年前に導入されていたことになる．動詞と，名詞に続く前置詞・接続詞こそ本来語で入れ替えるものの，名詞自体はフランス語をそのまま流用している場合がほとんどである．[40] つまり，急いで翻訳をしたと言われる Caxton にとって，CP という枠組みは非常に便利な翻訳手段であり，さらには don + honour / (dis)pleasure などやワードペアの CP 名詞を持つ例は文体的効果もあったと考えられる．

5.8. まとめ

Caxton 版 Paris の CP を原典と比較調査した結果，原典との対応関係が綺麗に見られない場合もあるものの，基本的には原典の CP は，CP 動詞をそれに対応する本来語の動詞で訳し，CP 名詞については原典と同じフランス語借用語の名詞をそのまま導入している場合がほとんどであった．また，フランス語借用語の名詞も Caxton がはじめて導入したものではなく，すでに英語での初出例が見られるものばかりであった．したがって，これらの部分的交替を伴う CP は，フランス語表現の「なぞり」であると言える．ただし，全体的交替を示す，つまりすべて本来語から構成される CP，例えば take leue (< prendre congié) は，「なぞり」というよりも古くから存在する等価的表現による翻訳と言ったほうがよいであろう．

このような「なぞり」ができた背景には，古英語にすでに並行的な本来語による表現が存在していたために CP 導入の素地が形成されていたこと，言語接触はもちろん，英語とフランス語が特にノルマン人による英国征服のあとの政治的地理的な繋がりに由来する Sprachbund を形成していたという背景を前提としなければならない．

急いで翻訳をしていた Caxton にとっては，CP という枠組みは便利な翻訳のための表現形式であったと言える．また，単に翻訳手段としてだけでなく，文体的効果をもたらすという機能もあったと考えられる．なぜなら，ワードペアの CP 名詞を含む用例（Fr + Fr は 35 例で全体の 9.4%）があることや，CP

---

[40] もちろん，take leue (< prendre congié) のような例もあるが例外的で，本来語の名詞を含む CP は，それが英語で根深く定着していたことを示すもので，これらについて「なぞり」という用語を適用するのは問題である．

名詞の語源が Fr：Ger＝270：102 と圧倒的にフランス語借用語であるからである．この点について言えば，Burnley (1992) が主張するように，CP はフランス語の語彙を英語に取り込む装置の1つであったとも言える．

　結論として，ある表現が「なぞり」であると主張するのは難しい場合があるものの，本章の調査から，Iglesias-Rábade (2000) の主張と同じように，Caxton 版 *Paris* に見られる大多数の CP はフランス語のモデルに基づいた「なぞり」（翻訳借用）であると結論づけられる．また，Iglesias-Rábade (2000: 104) が主張する翻訳を通してフランス語モデルの CP が導入されたという結論を，本研究は支持すると思われる．なぜなら，表6で示したように，本作品での CP 使用頻度が，さまざまなジャンルから成る Helsiki Corpus での結果と比べてかなり高いからである．

　いずれにせよ，ワードペアと同様に CP も，Caxton にとっては，文体的価値を高める便利な翻訳表現であったと結論づけられる．

第 6 章

複合形容詞概観

　初期の英語から現代英語にいたるまで複合語（compound）で最も多く使われているのが複合名詞（compound noun）であり，次いで複合形容詞（compound adjective）が多い．しかし，複合名詞に関する研究は多く見られるが，複合形容詞についての考察は多いとは言えない．ただ，最近では影山（2009），由本（2009），Nagano（2013），Bauer et al.（2013）などで複合形容詞についての研究や考察が見られる．

　一方，初期の英語における複合形容詞に関しては Kastovsky（1992: 372-374），Burnley（1992: 443-444），Nevalainen（1999: 417-419）の概説以外は筆者の知る限りほとんどないようである．[41] これには古英語（Old English）や中英語（Middle English）では圧倒的に複合名詞が多く[42]複合形容詞の使用はまれであることから，複合語の考察は複合名詞中心となるということがあるのであろう．[43] しかし，初期近代英語（Early Modern English）になると複合形容詞がかなりみられるようになる．[44] そこで，本稿では形態的・統語的・意

---

[41] 現代英語の場合も複合形容詞に関する文献は極めて少ない（影山（2009: 232））．

[42] 古英語の複合名詞については韻律の観点からの研究に Terasawa（1994）がある．中英語の複合名詞を論じた研究には Smith（1971），Sauer（1992），Yonekura（2011）がある．

[43] 米倉（2006: 36-59 & 133-144 & 173-186）および米倉（2015: 18-36 & 146-184）では古英語，中英語，初期近代英語（Shakespeare が中心）の複合語の型と特徴を簡単に述べている．これらの考察のうち本論考では複合形容詞に限定してさらに詳細な分析を試みる．

[44] Shakespeare の複合語を概観している研究には Franz（1939），Salmon（1970），Brook（1976），Scheler（1982）がある．また，主に文体的視点から Shakespeare の複合語に簡単に言及しているものに，Hussey（1892）および Blake（1983）がある．

味的観点から初期近代英語の複合形容詞の特徴を考察することを目的とする.

まず,第7章では現代英語における複合形容詞の型について Marchand (1969), Adams (1973), 並木 (1985), Quirk et al. (1985), 大石 (1988) などの研究に基づいて概観する.第8章では古英語と中英語の複合形容詞の型について *Beowulf* と Chaucer からの例で概要を述べる.[45] 第9章では初期近代英語における複合形容詞について,その形態的・統語的・意味的観点からの考察をする.第10章では複合形容詞のタイプ頻度について述べる.第11章は初期近代英語にみられる複合形容詞の特徴についての「まとめ」である.

---

[45] 詳細な記述は米倉 (2006: 36-59 & 133-144) を参照.

第 7 章

現代英語における複合形容詞

　複合形容詞とは形容詞の特徴を持った複合語のことであるが，複合名詞と同様，第 1 要素である規定要素 (determinant) と第 2 要素である被規定要素 (determinatum) からなる．例えば，*crystal-clear*（水晶のように透き通った）の例では，*crystal* が *clear* の意味を規定または限定しているので，*crystal* が規定要素であり，*clear* が被規定要素である．また，複合形容詞でもこの第 2 要素の被規定要素が主要語となる．このことは，Marchand (1969: 3) が指摘しているように，複合語全体に言えることである．以下に古英語から現代英語における複合形容詞を［規定要素＋被規定要素］という観点から図示しておく．

	規定要素	被規定要素	
古英語	deorc（＝dark）	græg（＝grey）	deorc-græg（＝dark grey）
中英語	fyr（＝fire）	reed（＝red）	fyr-reed（＝as red as fire）
近代英語	dog	weary	dog-weary（＝weary like a dog）
現代英語	crystal	clear	crystal-clear（＝as clear as crystal）

表 11：規定要素と被規定要素

　したがって，複合形容詞はこの主要語に基づいて大きく第 2 要素が動詞の現在分詞または過去分詞である場合と第 2 要素が本来の形容詞である場合に分けられる．
　なお，複合名詞には内心複合語 (endocentric compound) と外心複合語

(exocentric compound) があるが，複合形容詞は基本的に内心複合語である．[46] 内心複合語とは *small talk*（世間話）が *talk*（話）の一種であり，*fact-finding*（実情調査の）が *finding*（調査の）一種とみなされる複合語である．これに対して，外心複合語とは，例えば *turn-key*（看守）が *key*（鍵）の一種とは解釈されない複合語である．

7.1. 第2要素が動詞の現在分詞または過去分詞

第2要素が形容詞化した動詞の現在分詞あるいは過去分詞からなる複合形容詞には，次のようなものがある：名詞＋現在分詞，名詞＋過去分詞，形容詞＋現在分詞，形容詞＋過去分詞，副詞＋現在分詞，副詞＋過去分詞．これらの型について実例をあげながら少し詳しくみてみる．[47]

7.1.1. 名詞＋現在分詞

この型は内部構造の統語的関係から，動詞と目的語からなる場合と動詞と前置詞の目的語からなる場合がある．

(74) *heart-breaking* grief（悲痛な悲しみ）
(75) *freedom-loving* people（自由を愛する人たち）
(76) the *ocean-going* ship（外洋航路の船）

(74) と (75) はそれぞれ 'grief broke his/her heart', 'people love freedom' と書き換えられることから明らかなように，第1要素は動詞 *break* および *love* の目的語になっている．(76) は書き換えた場合，第1要素の前に前置詞が必要な複合形容詞である：'the ship goes to the ocean' と書き換えられ，第1要素 *ocean* の前に前置詞 *to* が現れる．

7.1.2. 名詞＋過去分詞

名詞と形容詞化した過去分詞の結合であるが，この型で用いられる動詞はほとんど他動詞である．

(77) the *fire-gutted* house（火事によって内部が破壊された家）

---

[46] 大石 (1988: 100) を参照．
[47] 実例については，その都度明記しないが，上に示した Marchand (1969), Adams (1973), Quirk et al. (1985), 並木 (1985), 大石 (1988) から引用している．

(78) the *home-made* wine（自家製のワイン）

（77）と（78）を書き換えるとそれぞれ 'the house was gutted by fire', 'the wine was made at home' となり，第 1 要素の前に前置詞 *by* と *at* が現れる．この型の複合形容詞で隠れている前置詞は *at, by, in, to, with* などさまざまであるが，*by* が最も多く，次いで with である．[48]

Marchand (1969: 93) が第 2 要素に自動詞が現れる例は 16 世紀末以前にはないと言っているが，現代英語においてもほとんどみられない．わずかに次のような例があるのみである．

(79) the *crest-fallen* man（意気消沈している人）
(80) the *tip-tilted* nose（先のそり返った鼻）

これらの複合形容詞をパラフレーズするとそれぞれ 'the man's crest has fallen', 'the tip of the nose tilts' と書き換えられる．

7.1.3. 形容詞＋現在分詞

第 1 要素が形容詞で第 2 要素が形容詞化した現在分詞からなる複合形容詞である．この型に現れる動詞は *look, seem, sound, smell, taste* などの知覚動詞であり，第 1 要素の形容詞を補語にとるものに限られる．

(81) the *nice-looking* woman（器量のよい女性）
(82) the *good-tasting* soup（いい味のスープ）

これらの例はパラフレーズすれば，それぞれ 'the woman looks nice', 'the soup tastes good' となることから明らかなように，第 1 要素の *nice* および *good* が第 2 要素の動詞 *look* と *taste* の補語になっている．第 2 要素が上記以外の動詞の場合も若干みられる．

(83) the *rich-acting* man（＝the man acts rich）
  （金持ちを装う男）
(84) the *red-turning* leaves（＝the leaves turn red）
  （赤く色づき始めた葉）
(85) the *green-growing* meadow（＝the meadow grows green）
  （緑が濃くなりつつある草原）

---

[48] 並木 (1985: 97) を参照．

7.1.4. 形容詞＋過去分詞

　第 1 要素が形容詞で第 2 要素が形容詞化した動詞の過去分詞からなる構造である．この型は，現代英語では極めてまれとされているが，実際にはかなりみられる．ただし，多くの場合この複合形容詞は語彙化している．

(86)　the *high-born* man（高貴な生まれの人）
(87)　a *new-born* infant（新生児）
(88)　a *far-gone* village（はるか遠くの村）
(89)　a *dead-drunk* person（酔いつぶれた，泥酔した人）
(90)　the *wide-spread* wings（いっぱいに広げた翼）

　これらの例では，第 2 要素にくる動詞は他動詞の場合も自動詞の場合もある．問題は第 1 要素の形容詞が本来の形容詞なのか副詞なのかという点である．上記の例で，the *high-born* man は 'the man who was born high' と書き換えられることから明らかなように，*high* は *born* の補語になっているので形容詞と考えられる．しかし，a *new-born* infant では *new* が *newly* で置き換えられる場合もあることから副詞とも考えられる．

7.1.5. 副詞＋現在分詞

　第 1 要素が副詞で第 2 要素が形容詞化した現在分詞からなる複合形容詞であるが，形態上，副詞が随意的に -*ly* をとる場合と副詞が -*ly* をとれない場合に分けられる．[49]

(91)　a *rapid*(*ly*)-*rising* river（急速に水かさが増す川）
(92)　a *light*(*ly*)-*stepping* cat（足取りが軽やかな猫）
(93)　a *hard-working* woman（勤勉な女性）
(94)　a *far-seeing* woman（先見の明がある女性）

7.1.6. 副詞＋過去分詞

　第 1 要素が副詞で第 2 要素が形容詞化した過去分詞からなる複合形容詞であるが，この型も「副詞＋現在分詞」型と同様極めて生産性に富む複合語であ

---

[49] ただし，並木（1985：103）によれば，-*ly* が付加されている場合と付加されていない場合では意味の違いが生じることがある．例えば，a *rapid-rising* river では「一般に急に水かさが増す川」であるが，a *rapidly-rising* river では「一時的に急に水かさが増す川」の意味となる．

る．また，この型も，以下の例に見られるように，副詞が -ly を随意的にとれる場合と -ly をもたない場合とに分かれる．

(95) *new-laid* eggs（産みたての卵）
(96) the *carefully-considered* plan
（注意深く検討された計画）
(97) the *frequently-noticed* problem
（しばしば言及される問題）

ただし，並木（1985:104）が指摘しているように，-ly のない形のほうが -ly のある形より多く見られる．-ly をとらない場合としては次の例がある．

(98) the *ill-judged* behavior（無分別な振る舞い）
(99) the *well-formed* contour（形のよい輪郭）

上記のように，第2要素の過去分詞は受身の意味を有する場合が普通であるが，(100) のように能動的な意味を表す例も若干見られる．[50]

(100) a *well-behaved* child（行儀のよい子供）

7.2. 第2要素が本来の形容詞

この型は，その内部構造を書き換えたとき，第1要素の名詞が第2要素の前置詞の目的語になる場合と，第1要素の名詞が第2要素の比較の対象となる場合，そして2つの形容詞が意味的に対等になっている場合，とに分けられる．

7.2.1. 名詞＋形容詞

次の例は第1要素の名詞が主要語である第2要素の形容詞がとる前置詞の目的語になる場合である．

(101) a *duty-free* shop（免税店）
(102) an *oil-rich* nation（産油国）

---

[50] いわゆる middle verb も基本的には副詞を義務的にとる．例えば，a *well-read* book や a *well-sold* book など（遊佐典昭氏のご指摘による）．

(101) は 'a shop free of duty', (102) は 'a nation rich in oil' と書き換えられることから, 第1要素の名詞は第2要素の形容詞がとる前置詞の目的語となっている.

さらに, 次の例は第1要素の名詞が第2要素の形容詞の比較の対象になっている場合である.

(103)　the *snow-white* feathers（雪のように白い羽根）
(104)　the *ice-cold* water（氷のように冷たい水）

この2例をパラフレーズすれば, (103) は 'the feathers as white as snow', (104) は 'the water as cold as ice' となる. つまり,「白い」とはどの程度白いのか,「冷たい」とはどの程度冷たいのかがそれぞれ第1要素の名詞によって限定されている. この構造ではそれぞれ *white* が *snow* によって, *cold* が *ice* によって強調されているともいえる. したがって, これらの意味は「非常に白い」,「非常に冷たい」という意味にもなる.

7.2.2. 形容詞＋形容詞

第1要素も第2要素も本来の形容詞からなる構造であり, この2つの形容詞は意味的には対等の関係を表している.

(105)　*visual-auditory* teaching materials（視聴覚教材）
(106)　*bitter-sweet* chocolate
　　　　（ほろ苦い（苦くて甘い）チョコレート）

つまり, (105) は 'visual and auditory' な教材であり, (106) は 'bitter and sweet' なチョコレートという意味になる. なお, この型では2つの形容詞の順序は固定されている.

7.3. まとめ

これまで現代英語における複合形容詞を主に形態的観点から概観してきた. これらの型のなかで大きな生産性をもつのは「名詞＋現在分詞」,「名詞＋過去分詞」,「副詞＋現在分詞」,「副詞＋過去分詞」,「名詞＋形容詞」形である. 一方で, 現代英語ではほとんど使われない型に, 例えば *green-grown* meadows, *the dark-gotten* sky のような「形容詞＋過去分詞」形があるが, なぜ

用いられないのかその理由はよくわからない.[51]

　次の章では，初期近代英語の複合形容詞を考察する前に，古英語および中英語における複合形容詞の型を簡単にみておきたい.

---

[51] 並木 (1985: 101-102) を参照.

第8章

古英語および中英語における複合形容詞

　古英語と中英語における主な複合形容詞の型を以下にあげる．

8.1. 古英語における複合形容詞

　古英語の複合形容詞も第2要素が形容詞化した分詞形と本来の形容詞からなる場合に分類される．第2要素が分詞形の複合形容詞には以下の型がある．

8.1.1. 名詞＋現在分詞

(107)　Ic　hine　cuðe　*cnihtwesende*
　　　 I 　 him　 know　youngman-being　　　　　　　　(*Beowulf* 372)[52]
　　　（私は彼を知っている，子供だったころの）

複合形容詞 *cnihtwesende* は 'a young man' を意味する名詞 *cniht* と，'being' を意味する現在分詞 *wesende* からなっている．統語上は *hine ... cnihtwesende* というネクサス目的語（nexus-object）の構造である．

8.1.2. 名詞＋過去分詞

(108)　ceol　…　*lyftgeswenced*　on　lande　stod
　　　 ship　　 wind-impelled 　 on 　land 　stood　　　(*Beowulf* 1913a)

---

[52] 数字は該当する行を指す．以下同じである．

(風にあおられた船は陸に乗り上げた)

名詞 *lyft*（= wind（風））と *swencan*（= impel（あおる））の過去分詞 *geswenced* からなる複合形容詞で名詞 *ceol*（= ship（船））を修飾している．

8.1.3. 形容詞＋現在分詞

(109)　ge ... *heardhicgende*　　hider　wilcuman
　　　　you　brave-intending　here　welcome　　　　　　　(*Beowulf* 394)
　　　　(あなたたちは勇敢だ，よくここに来られた)

複合形容詞 *heardhicgende* は形容詞 *heard*（= brave（勇敢な））と *hycgan*（= intend）の現在分詞 *hicgende* からなっており，主語の *ge*（= you）を説明している．

8.1.4. 形容詞＋過去分詞

(110)　oðer　　　*earmsceapen*
　　　　another　misery-shaped　　　　　　　　　　　　　(*Beowulf* 1351b)
　　　　(もう一匹の惨めな生き物)

この複合形容詞 *earmsceapen* は形容詞 *earm*（= misery（惨めな））と動詞 *scyppan*（= shape, create）の過去分詞からなっているが，統語的には名詞の働きをしているとも解釈できる．また，*earmsceapen* は 'misery-shaped' の意味であり，*earm* は副詞的な働きをしている．

8.1.5. 副詞＋過去分詞

(111)　flotan　eowerne, ...　*niwtyrwydne*
　　　　ship　　your　　　　new(ly)-tarred　　　　　　　(*Beowulf* 295a)
　　　　(新しくタールを塗ったあなたの船)

この例は，副詞 *niw*（= new, newly）と動詞 *tyrwan*（= tar（タールを塗る））の過去分詞からなる複合形容詞であり，名詞 *flotan*（= ship）を修飾している．
　第2要素が本来の形容詞からなっている構造には次の型がみられる．

8.1.6. 名詞＋形容詞

(112)　*sigoreadig*　　　secg
　　　victory-blessed warrior　　　　　　　　　(*Beowulf* 1311a)
　　　（勝ち誇った兵士）

名詞 *sigor*（＝victory（勝利））と形容詞 *eadig*（＝blessed（幸運な，恵まれた））からなる複合形容詞で，名詞 *secg*（＝warrior（兵士））を修飾している．

8.1.7. 副詞＋形容詞

(113)　*foresnotre* men
　　　very-wise people　　　　　　　　　　　(*Beowulf* 3162a)
　　　（賢人たち）

副詞 *fore*（＝very）と形容詞 *snotre*（＝wise）からなる複合形容詞で名詞 *men*（＝people）を修飾している．

8.1.8. 形容詞＋形容詞

(114)　*nearofages*　　　nið
　　　cruel-hostile hostility　　　　　　　　　(*Beowulf* 2317a)[53]
　　　（残忍な敵対者の暴力）

形態的には2つの形容詞 *nearo*（＝cruel）と *fages*（＝hostile）からなる構造であるが，この複合形容詞は統語的には後ろの名詞 *nið*（＝hostility）を修飾している．また，'cruel and hostile' の意味であるが，*cruel* で十分なところをさらに *hostile* を用いている付加的用法である．

(115)　frod　　　　　　　*felageomor*
　　　wise (one) (was) very sad　　　　　　　　(*Beowulf* 2950a)
　　　（賢明なる（王）はひどく悲しんだ）

この例も「形容詞＋形容詞」の構造になっている複合形容詞であるが，第1要素の形容詞 *fela* は第2要素の形容詞 *geomor* の意味を強める強意的表現で

---

[53] ここでの *nearofages* は属格形であり，次の名詞 *nið* を修飾している 'of cruel-hostile (one)' の意味である．

ある．

8.1.9. まとめ

古英語においては，複合語は特に詩の最も重要な文体的工夫の1つである．したがって，複合名詞はかなり多く見られる．しかし，複合形容詞はそれほど多くはない．型の種類でみると，第2要素が形容詞化した動詞の現在分詞または過去分詞の型および本来の形容詞の型がある．複合形容詞であるから第2要素はすべて形容詞になるのは当然のことであるが，次に示すように，形態上は第2要素が名詞からなる複合名詞が複合形容詞と同じ機能を有する場合がある．これについては，Kastovsky (1992: 372-374) はじめ他の研究書でも言及されていない．まず，次の例を見てみよう．

(116) Frofor　　　　eft　gelamp　*sarigmodum*
Reinforcements　back　happened　to sad-mind (people)
(*Beowulf* 2942a)
（援軍が心悲しい人たちのところに戻って来た）

この例では，第1要素の *sarig* は 'sad' の意味の形容詞であり，*modum* は 'mind' を意味する名詞である．したがって，形態的には「形容詞＋名詞」であるから複合名詞である．しかし，ここでは *sarigmodum* が 'sad-minded' の意味であり，'sad-minded people' の 'people' が省略されていると解釈される．したがって，複合形容詞と同じ働きをしていると考えられる．次の例はどうであろうか．

(117) ða wunde*n*mæl …　　　　　　on eorðan
the sword with wound markings … on the ground
læg,　　… *stylecg*
lay down　　steel-edge
(*Beowulf* 1533a)
（装飾を施された鋼鉄の刃の剣は地面に横たわっていた）

この例では，第1要素が名詞の *styl* (＝steel) であり，第2要素の *ecg* も 'edge' の意味の名詞である．この複合語は，統語的には前行の名詞 *wundenmæl* (＝sword with wound markings) を修飾する複合形容詞となっている．つまり，形態的には「名詞＋名詞」の構造が複合形容詞としての機能をもっていることになる．この「形容詞／名詞＋名詞」型については初期近代英語の複合形容詞のところでさらに詳しく述べる．

8.2. 中英語における複合形容詞

中英語においても，第 2 要素が形容詞化した動詞の現在分詞または過去分詞の場合と本来の形容詞の場合がある．以下に Chaucer から実例をあげて若干の説明を加える．[54]

8.2.1. 名詞＋過去分詞

(118)　　a quysshyn *gold-ybete*　　　　　　　　　　　(Tr 2.1229)
　　　　（金糸で飾られたクッション）

名詞 *gold*（＝gold（金糸））が第 1 要素であり，*ybete* は動詞 *beten*（＝adorn）の過去分詞である．この過去分詞が形容詞化して名詞 *quysshyn*（＝cushion（クッション））を修飾する複合形容詞となっている．

8.2.2. 副詞＋現在分詞

(119)　　A wonder *wel-farynge* knyght　　　　　　　　(BD 452)
　　　　（すばらしく立派な騎士）

第 1 要素が副詞 *wel*（＝well）で，第 2 要素が動詞 *faran*（＝behave）の現在分詞からなる複合形容詞である．したがって，*wel-farynge* を直訳すれば「立派に振る舞っている」となる．

8.2.3. 副詞＋過去分詞

(120)　　by the resouns *aforeseyd*　　　　　　　　　(Mel 1354)
　　　　（前に述べた理由により）

第 1 要素の *afore* は 'before' の意味の副詞であり，第 2 要素の *seyed* は動詞 *seyn*（＝say）の過去分詞である．この 2 つの要素が結合して前置されている名詞 *resouns*（＝reasons）を修飾している．

---

[54] 作品の省略形は Benson（1987）による．

8.2.4. 名詞＋形容詞

(121)　a *fyr-reed* cherubynnes face　　　　　　　　　　(GP 624)
　　　（天使のような赤ら顔）

この複合形容詞は，第1要素の名詞 *fyr*（＝fire）と第2要素の形容詞 *reed*（＝red）からなっている．この型は 'as red as fire' という基底構造をもつ複合語である．

8.2.5. 形容詞＋形容詞

(122)　is present Fortune *dereworth* to the　　　　　　(*Bo* 2 pr1.75)
　　　（現在の幸運はあなたに価値あるものです）

第1要素の *dere* は 'excellent' の意味の形容詞，第2要素の *worth* も 'worth' の意味の形容詞である．

8.2.6. 副詞＋形容詞

(123)　the *wel-willy* planete　　　　　　　　　　　　(*Tr* 3.1257)
　　　（情け深い金星）

第1要素の *wel* は 'very' の意味の副詞であり，第2要素の *willy* は 'gentle' の意味の形容詞である．

8.3. まとめ

　古英語の場合と同じように，中英語でも複合名詞に比べれば複合形容詞は散見されるのみである．例えば，Chaucer でみてみると，複合名詞は 553 例（タイプ頻度）用いられているが，複合形容詞はわずかに 41 例（タイプ頻度）である．[55] 古英語では語彙を増やす手段として中英語に比べて複合や派生の形成が多く見られたが，中英語になるとノルマン人による英国征服により複合語自体があまり使われなくなる．[56] そのような言語状況でも「副詞＋現在分詞」型，「形容詞＋形容詞」型，「形容詞/副詞＋過去分詞」型は比較的多く見られる．

---

[55] 米倉（2004: 619-620 & 631-632）参照．
[56] Burnley（1992: 441）を参照．

第 9 章

初期近代英語における複合形容詞[57]

　古英語および中英語における複合形容詞の使用は，上記に示した通り決して多くないが，初期近代英語になると，複合形容詞の使用が多く見られるようになる.[58] そこで，以下では初期近代英語の複合形容詞の形態的・統語的・意味的特徴を明らかにするためにできるだけ多くの例をあげて考察する.

9.1. 複合形容詞の形態—第 2 要素が分詞形または本来の形容詞

　まず，大きく第 2 要素が形容詞化した現在分詞および過去分詞の場合と本来の形容詞の場合に分けられる.

9.1.1. 第 2 要素が分詞形

　この型ではさらに第 1 要素の種類によって「名詞＋現在分詞」，「名詞＋過去分詞」，「形容詞＋現在分詞」，「形容詞＋過去分詞」，「副詞＋現在分詞」，「副詞＋過去分詞」に下位分類される．以下の節でこれらの形について具体例をあげながら説明を加える．

---

[57] Shakespeare における複合形容詞の形態的・統語的・意味的特徴につては，すでに米倉 (2015: 156-164 & 175-184) で概観しているが，本稿では Shakespeare の作品を含めて初期近代英語の主な作品における複合形容詞を形態的・統語的・意味的観点からより詳細に考察する．調査対象にした作品については参考文献を参照．

[58] Barber (1976: 192) および米倉 (2015: 30-36) を参照．

9.1.1.1. 名詞＋現在分詞
第1要素が名詞で第2要素が形容詞化した現在分詞からなる形である．

(124)   *woe working* jarre   (*FQ* 2.5.16.3)[59]
       （悲しみを引き起こす不和）
(125)   *heart-breaking* sobs   (*Edward II* 5.3.21)[60]
       （悲痛なすすり泣き）
(126)   these *swine-eating* Christians   (*Malta* 2.3.7)[61]
       （豚を食うこれらのキリスト教徒たち）
(127)   a *counsel-keeping* cave   (*Tit* 2.3.24)[62]
       （秘密を守る洞穴）
(128)   the *honey-flowing* speech   (*Arcadia* 63.20)[63]
       （密が溢れるような言葉）

上記の例をそれぞれパラフレーズすると，(124) が 'work woe'，(125) が 'break heart'，(126) が 'eat swine'，(127) が 'keep counsel' となり，第1要素は第2要素の直接目的語となっている．この第2要素の動詞はすべて他動詞である．いっぽう，(128) をパラフレーズすると 'honey flows' となる．つまり，第1要素は第2要素の主語となっている．したがって，この第2要素の動詞は自動詞である．初期近代英語では「名詞＋現在分詞」型に現れる第2要素の動詞はほとんどが他動詞であり，(128) のような自動詞の例はあまりみられない．

ただし，第2要素が自動詞である例には，次のように (128) とは異なるような場合がある．

(129)   a *dust-creeping* worm   (*Arcadia* 213.25)
       （塵の上を這う虫けら）
(130)   with *love-longing* Desire   (*Arcadia* 537.28)
       （愛に対する憧憬で）

---

[59] 数字は巻・篇・節・行を指す．ただし行数は当該の行のみを示す．他の作品も同様である．
[60] 数字は幕・場・行を指す．
[61] 数字は幕・場・行を指す．
[62] 数字は幕・場・行を指す．
[63] 数字はページ・行を指す．

(131)　*ear-[bussing]* arguments　　　　　　　　　　　　　　(*Lr* 2.1.8)
　　　　（耳もとでささやく内緒話）

それぞれをパラフレーズすると，(129) が 'creep on dust'，(130) が 'long for love'，(131) が 'buss at ear' となる．この種の複合形容詞の意味は前置詞を介して理解されているのである．なお，第2要素が他動詞でありながら前置詞を必要とする場合が1例のみみられる．

(132)　an *heart-robbing* eye　　　　　　　　　　　　　　(*FQ* 5.8.1.6)
　　　　（心を奪う目）

この複合形容詞の基底構造は 'rob one of heart' と解釈できよう．また，(125) の *heart-breaking* に対して次のような例がある．

(133)　I that was ... *Heart-broken*　　　　　　　　　　　(*Arcadia* 413.30)
　　　　（悲しみに打ちひしがれた私）

(133) の *Heart-broken* は「（私が）悲しみに打ちひしがれた」の意味であるが，(125) の *heart-breaking* は「胸の張り裂けるような」の意味である．どちらも「悲しみ」を含意した複合形容詞であるが，第2要素が *breaking* と *broken* では意味の違いが生じるのかについては後にふれる．

9.1.1.2.　名詞＋過去分詞

　第1要素が名詞で第2要素が形容詞化された過去分詞からなる構造であるが，この第2要素に現れる動詞はほとんど他動詞である．

(134)　a *canker-eaten* skull　　　　　　　　　　　(*Elizabethan Prose* 229.28)[64]
　　　　（腫瘍にかかった頭骨）
(135)　One of your eyes is *bloodshot*　　　　　　　　　(*Malfi* 1.1.395)[65]
　　　　（片方の目が充血している）
(136)　such *earth-fed* minds　　　　　　　　　　　　　(*Volpone* 3.7.139)[66]
　　　　（このような卑しい俗物ども）
(137)　heavens *bras-paved* way　　　　　　　　　　　　(*FQ* 1.4.17.7)

---

[64] 数字はページ・行を指す．
[65] 数字は幕・場・行を指す．
[66] 数字は幕・場・行を指す．

(真鍮で舗装された天の道)

(138) the *woodborne* people　　　　　　　　　　　　(*FQ* 1.6.16.1)
(森に生まれた人々)

以上の例の意味を解釈するには前置詞が必要となる．つまり，'eaten by canker' (134)，'shot with blood' (135)，'fed in earth' (136)，'paved with brass' (137)，'born in wood' (138) となる．次の例は第2要素の動詞が自動詞の場合である．

(139) a *night-grown* mushroom　　　　　　　　　　(*Edward II* 1.4.284)
(夜大きくなったキノコ)

この例では'grew at night'と書き換えが可能である．「名詞＋過去分詞」型では，形容詞化した第2要素の動詞が他動詞であろうと，自動詞であろうと，意味的には前置詞が必要であり，その前置詞も多様であると言える．

9.1.1.3.　形容詞＋現在分詞

第1要素が形容詞で第2要素が形容詞化した動詞の現在分詞からなる構造である．現代英語におけるこの型の複合形容詞では，第2要素に現れる動詞は第1要素の形容詞を補語とする *look*, *seem*, *sound*, *smell*, *taste* にほとんど限られている．しかし，初期近代英語では，*seem*, *look*, *smell* 以外の動詞との共起はみられない．

(140) so *true-seeming* grace　　　　　　　　　　　(*FQ* 1.5.27.4)
(あまりにも本物らしい気品)

(141) A needy, hollow-ey'd, *sharp-looking* wretch　　(*Err* 5.1.241)
(貧乏で，目はくぼみ，あやしき目つきの哀れな人)

(142) [this] ... *tender-smelling* knight　　　　　　(*LLL* 5.2.566)
(この花かおる騎士)

上記の動詞以外では，次のような自動詞との結合がかなりみられる．

(143) the *old-growing* world　　　　　　　　　　　(*Arcadia* 115.11)
(古びてゆく世)

(144) that *dead-living* swayne　　　　　　　　　　(*FQ* 2.11.44.7)
(あの死んで生きてる男)

(145) her *tender-feeling* feet　　　　　　　　　　　(*2H6* 2.4.9)

（彼女の傷つきやすい素足）

ここにあげた例は，限定的（attributive）用法に限られ，叙述的（predicative）には用いられないという点では（例えば，(140) *true-seeming* grace を grace that is *true-seeming* とはできない）Bauer et al. (2013: 437-438 & 453) および Nagano (2013: 117-119) が指摘している非正準複合形容詞（non-canonical adjective compound）[67] と言えよう．

9.1.1.4. 形容詞＋過去分詞

第1要素が形容詞で第2要素が形容詞化した動詞の過去分詞からなる構造であるが，この型は現代英語ではほとんどみられないようである．[68] 初期近代英語でも極めてまれであるが，次のような例がある．

(146) his *new-become* subject　　　　　　　　　　(*Arcadia* 281.15)
（新しくなった臣下）

(147) The young gentleman seemed *dumb-stricken* with admiration
　　　　　　　　　　　　　　　　　　　　　　　(*Arcadia* 510.27)
（若い郷士は驚嘆のあまり言葉もないようでした）

(148) *cold congealed* feare　　　　　　　　　　　(*FQ* 1.11.13.5)
（血も凍りつく恐ろしさ）

(149) His griesie lockes, *long growen*　　　　　　(*FQ* 1.9.35.4)
（長々と伸びた白髪）

(150) *grim-look'd* night　　　　　　　　　　　　(*MND* 5.1.170)
（恐ろしげな夜）

(151) *elvish-mark'd*, abortive ... hog　　　　　　(*R3* 1.3.227)
（妖精のようにいたずらなやつ）

上記の例で明らかなように，第2要素が自動詞である場合が普通であるが，(147) や (151) では他動詞が見られる．ただ，(151) の *elvish-mark'd* は *mark* を名詞と解釈して「形容詞＋名詞」の *elvish mark*「妖精のような特徴」に形容詞を派生する接尾辞 *-ed* が付加された例とみなすこともできる．[69]

---

[67] 正式な日本語訳はないが，「非正準複合形容詞」とする．
[68] 並木 (1985: 101) および大石 (1988: 103) を参照．
[69] Franz (1939: 147) を参照．

ただし，Marchand（1969: 94）は「形容詞＋過去分詞」[70]の典型的な例として *high-born* をあげて，この型は歴史的にみると次のようないくつかの古い統語的構造の集合されたものとしている：1）第1要素の語は歴史的には副詞（例えば，*new-born*），2）第1要素の語は歴史的には副詞の機能を持つ形容詞（例えば，*fresh-clad*），3）第1要素の語は歴史的には補部としての機能を有する形容詞（例えば，*dead-born*）．古英語の副詞は形容詞に副詞を派生する接辞 *-e* が付加されて形成されていた：形容詞 *deop*（＝deep（深い））＋*-e* → *deope*（＝deeply（深く））．ところが，*clæne*（＝clean（きれいな））や *deore*（＝dear（親愛な））のように *-e* の語尾で終わる形容詞と *-e* 付加による副詞との区別がつかなくなった．この言語変化が本来は *-e* を持たない形容詞にも及び，その結果形容詞と副詞の形態上の相違が消滅した（例えば，*heah*（＝high）は形態上は形容詞でもあり副詞でもある）．この形態的融合により，中英語になるとますます形容詞と副詞の形態上の区別はなくなり，その後「形容詞＋過去分詞」からなる複合形容詞が確立したと Marchand（1969）は主張している．

このような根拠に基づいて，彼は中英語から次のような例をあげている：*new-born*（1300），*new-clad*（1300），*high-born*（1300），*dead-born*（1300），*free-born*（1340），*new-sown*（1375），*hard-set*（1387），*high-set*（1382）．ただし，「形容詞＋過去分詞」型の複合形容詞が本格的にみられるのは16世紀後半からであり，現代英語においてさらに多くなるとして，Marchand（1969）は以下の例を列挙している：*clean-cut, clean-shaven, deep cut, deep-drawn, deepread, deepseated, deepset, far fetched, fargone, foreign built, fresh clad, freshoiled, high set, high strung, lowbred, modern built, new laid, ready made, still born, true born, widespread*.

この Marchand（1969）が列挙している複合語が表す意味をみてみると，*clean cut*（輪郭がはっきりした）（例えば，a face with *clean-cut* features（目鼻立ちが整っている顔）），*deepset*（深くくぼんだ）（例えば，*deep-set* eyes（深くくぼんだ目）），*high strung*（ひどく神経質な）（例えば，a *high-strung* person（神経過敏な人）），*ready made*（既製品の）（例えば，a *ready-made* coat（既製品のコート）），*still born*（死産の）（例えば，a *still-born* baby（死産の赤ん坊）），*true born*（生粋の，嫡出の）（例えば，a *true-born* Parisian（生粋のパリっ子））など，語彙化されていている場合が多い．

---

[70] Marchand（1969: 94）は第2要素を second participle としているが「過去分詞」の意味である．

以下に，Marchand (1969) の説明に基づいて，初期近代英語の例をみてみると次のようなものがある．

(152)　*deepe dinted* furrows　　　　　　　　　　　　　　(*FQ* 1.5.6.8)
　　　　（深いくぼみのある溝）
(153)　their *wrong-caused* sorrow　　　　　　　　　　　(*Arcadia* 69.25)
　　　　（彼らの不幸な悲しみ）
(154)　her *new-scoured* face　　　　　　　　　　　　　(*Arcadia* 443.7)
　　　　（彼女の新たに磨き立てた顔）
(155)　his *high-prized* courtesan　　　　　　　　　　　(*Malfi* 2.1.42)
　　　　（安くもない娼婦）
(156)　a *new-come* doctor　　　　　　　　　　　　　(*Whore* 2.6.86)[71]
　　　　（新米のお医者さん）
(157)　a *true-born* child　　　　　　　　　　　　　(*Alchemist* 4.7.2)[72]
　　　　（嫡出の子供）

これらの例の第1要素に現れている語に注目すると，(156) と (157) の *new* および *true* 以外は統語的・意味的観点から形容詞とも副詞とも解釈できる．「意味的観点から」とは，(156) では *new-come* は 'come new'「新しくなった」の意味であり，(157) の *true-born* は 'born true'（正統な子として生まれた）の意味であることを指している．また，上記の例における第1要素の語は，Marchand (1969) のいう歴史的な観点からの3つの言語事実からも，統語的に形容詞か副詞か決めがたいと言える．[73]

9.1.1.5.　副詞＋現在分詞

第1要素が副詞で第2要素に形容詞化した現在分詞が現れる構造であるが，この副詞が接尾辞 *-ly* をもつ副詞と置き換え可能か，それとも不可能かに区分される．

(158)　*ever-moving* spheres of heaven　　　　　　　　(*Faustus* 5.2.135)[74]

---

[71] 数字は幕・場・行を指す．
[72] 数字は幕・場・行を指す．
[73] Brook (1976: 138), Scheler (1982: 120) および Nevalainen (1999: 419) でもこの型は「形容詞／副詞＋過去分詞」として記述されている．
[74] 数字は幕・場・行を指す．

(休みなく動く天体)

(159) thys *long-lingering* Phoebus　　　　　　　(*Calender* O.3)[75]
　　　(このいつまでも暮れぬ太陽（ヒーバス））

(160) *never-dying* deaths　　　　　　　　　　　(*Whore* 3.6.15)[76]
　　　(死ぬことなき死)

(161) her *often-staying* speeches　　　　　　　　(*Arcadia* 120.26)
　　　(たびたび中断する彼女の言葉)

(162) *well-paying* passengers　　　　　　　　　(*Arcadia* 145.20)
　　　(金離れのよい客)

　以上の例では，第1要素の副詞はすべて -ly 形で置き換えられないものである．また，第2要素の形容詞化した現在分詞はすべて自動詞である．初期近代英語では，この種の複合形容詞が一般的であり，次の例にあるような第2要素の動詞が他動詞である場合はごくわずかである．

(163) our *best-moving* fair solicitor　　　　　　　(*LLL* 2.1.28)
　　　(説得するには最高の適任者)

(164) his own *near-threatening* death　　　　　　(*Arcadia* 542.38)
　　　(容赦なく迫っている彼自身の死)

　また，次の例のように，第1要素の副詞が -ly 形でも置き換え可能な副詞でも初期近代英語では -ly 形は1例も使われていない．

(165) *sweet-breathing* panthers　　　　　　　　　(*Elizabethan Prose* 272.26)
　　　(気持ちよく息をしている豹たち)

(166) her *bright blazing* beautie　　　　　　　　　(*FQ* 1.4.8.7)
　　　(彼女の燦然たる美しさ)

(167) his *new-appearing* sight　　　　　　　　　(*Son* 7.3)[77]
　　　(新たに現れたその姿)

　この「副詞＋現在分詞」型の第1要素に現れる副詞は，時間 (158, 159, 167)，様態 (163, 164, 165, 166)，程度 (162)，頻度 (160, 161) などの意味を示している．

---

[75] 月名・行を指す．
[76] 数字は幕・場・行を指す．
[77] 数字は巻・行を指す．

9.1.1.6. 副詞＋過去分詞

　第 1 要素が副詞で第 2 要素が形容詞化した過去分詞からなる複合形容詞である．この型も，「副詞＋現在分詞」型と同様，副詞を派生する -ly を随時的にとる副詞と -ly をとらない副詞に分かれる．まず，第 1 要素の副詞が -ly 形をとれない例をあげる．

(168)　*far-fetched* inventions　　　　　　　　　　　(*Arcadia* 330.15)
　　　（こじつけの作り話）
(169)　these *ill-changed* forests　　　　　　　　　　(*Arcadia* 414.15)
　　　（おかしな変わり方をしたこれらの森）
(170)　his *well-driven* sword　　　　　　　　　　　(*Volpone* 3.8.3)[78]
　　　（さっと切り込んできた彼の剣）
(171)　an *oft-dyed* garment　　　　　　　　　　　　(*Malfi* 5.2.109)
　　　（何度も染め直した着物）
(172)　*evill gotten* masse　　　　　　　　　　　　　(*FQ* 3.9.4.2)
　　　（不正で手に入れた富）
(173)　*never-broken* jades　　　　　　　　　　　　(*Tamburlaine* 2.4.3.45)[79]
　　　（決して傷つかない翡翠）
(174)　that *halfe-gnawen* snake　　　　　　　　　　(*FQ* 5.12.39.3)
　　　（半分かじられた蛇）
(175)　an *old-sayd* sawe　　　　　　　　　　　　　(*Calendar* Jul.98)
　　　（昔からの格言）
(176)　my *much-loved* brother　　　　　　　　　　(*Whore* 5.4.39)
　　　（親愛なる兄上）
(177)　our *fast-knit* affections　　　　　　　　　　　(*Whore* 5.5.69)
　　　（固く結ばれた愛）
(178)　a *full-charg'd* confederacy　　　　　　　　　(*H8* 1.2.3)
　　　（十分に準備された陰謀）
(179)　his *everdamned* hedd　　　　　　　　　　　(*FQ* 1.1.38.3)
　　　（永遠に呪われた頭）

以上の例で明らかなように，さまざまな副詞が第 1 要素に現れている．また，

---

[78] 数字は幕・場・行を指す．
[79] 数字は部・幕・場・行を指す．

第9章　初期近代英語における複合形容詞　　　281

この場合の第2要素の形容詞化した過去分詞の動詞はすべて他動詞である．次は，第1要素の副詞が -ly 形が可能であるにもかかわらず，-ly 形で現れていない例である．

(180) 　his *deepe rooted* ill 　　　　　　　　　　　　　　(*FQ* 1.11.22.8)
　　　　（深く根を下ろした彼の病）
(181) 　my *long-cherished* ... inclination 　　　　　(*Elizabethan Prose* 215.16)
　　　　（長い間抱いていた好み）
(182) 　the *false instilled* fire 　　　　　　　　　　　　(*FQ* 3.1.56.4)
　　　　（よこしまな血を徐々に染み込ませた火）
(183) 　the *new-found* world 　　　　　　　　　　　　(*Faustus* 1.1.82)
　　　　（新大陸）
(184) 　a *strange-disposed* time 　　　　　　　　　　　(*JC* 1.3.33)
　　　　（わけのわからぬ時世）
(185) 　a *strong-built* citadel 　　　　　　　　　　　　(*Malta Prol.* 22)
　　　　（堅固な砦）
(186) 　a *thick-pleach'd* alley 　　　　　　　　　　　　(*Ado* 1.2.9)
　　　　（木の葉に覆われた小道）
(187) 　the *late-felt* frowns 　　　　　　　　　　　　(*Tamburlaine* 1.3.2.85)
　　　　（先ほどの不機嫌な顔）
(188) 　my master's *true confirmed* love 　　　　　　　(*TGV* 4.4.103)
　　　　（ご主人の忠実な恋人）
(189) 　the *wide embayed* Mayre 　　　　　　　　　　(*FQ* 4.11.44.1)
　　　　（広い入り江をもつメイヤー）
(190) 　*Low-crooked* curtsies 　　　　　　　　　　　　(*JC* 3.1.43)
　　　　（頭を地面にすりつける会釈）
(191) 　her *deare loved* knight 　　　　　　　　　　　(*FQ* 1.3.15.6)
　　　　（彼女の最愛の騎士）
(192) 　love's *wrong-order'd* lot 　　　　　　　　　　(*Arcadia* 197.33)
　　　　（愛の間違って定められた運命）

ここでも第1要素に使われている副詞は多岐にわたる．また，第2要素に現れている動詞は，(168) から (178) にあげられている例と同じように他動詞である．このように，「副詞＋過去分詞」型では第2要素の動詞は，現代英語の場合と同様，ほとんど他動詞で受け身の意味を持っている．もちろん，次の

ように，初期近代英語においても第 2 要素に自動詞が用いられている場合もあるが，ごく少数である．

(193) the *high-grown* field　　　　　　　　　　　　(Lr 4.4.7)
　　　（生い茂る畑）
(194) the *new-come* spring　　　　　　　　　　　　(R2 5.2.47)
　　　（新しく来た春）
(195) as *new-fall'n* snow　　　　　　　　　　　　(Ten 354)[80]
　　　（新しく積もった雪のように）

これまでの例で明らかなように，初期近代英語では第 1 要素の副詞は -ly 形でない場合が一般的であるが，-ly で現れている例も若干みられる．

(196) *truly-affected* mind　　　　　　　　　　　　(Arcadia 473.32)
　　　（まさしく恋に捕らわれた心）
(197) *justly-conceived* hate　　　　　　　　　　　(Arcadia 542.37)
　　　（もっともな嫌悪感）
(198) their *lately bruised* parts　　　　　　　　　(FQ 3.9.19.9)
　　　（先ほど傷をつけられた部分）
(199) *strangely-visited* people　　　　　　　　　　(Mac 4.3.150)
　　　（不思議な病にかかった人たち）
(200) so *wrongly-consorted* a power　　　　　　　(Arcadia 468.22)
　　　（分裂した力）

次の例は第 2 要素の形容詞化している動詞が自動詞の場合である．

(201) a *timely-parted* ghost　　　　　　　　　　　(2H6 3.2.161)
　　　（時の流れのなかで亡くなった人）
(202) His *newly budded* pineons　　　　　　　　　(FQ 1.11.34.7)
　　　（新しく生えた翼）

この型に現れる副詞も，「副詞＋現在分詞」型と同じようにさまざまな意味を表している．例えば，(170)，(172)，(185)，(190) は様態を，(171) は頻度を，(175)，(179)，(181)，(183)，(187)，(194)，(195)，(198)，(201)，(202) は時間を，(177)，(180)，(191) は程度をそれぞれ表しているが，時

---

[80] 数字は行を指す．

間を示す副詞が最も多い．

9.1.2. 第2要素が本来の形容詞

第2要素に形容詞が用いられている場合は，第1要素の種類に基づいて，「名詞＋形容詞」，「形容詞＋形容詞」，「副詞＋形容詞」に分けられる．

9.1.2.1. 名詞＋形容詞

第1要素が名詞で第2要素が本来の形容詞からなる複合形容詞であるが，初期近代英語ではあまりみられない．第1要素と第2要素の関係を基底構造の観点からみると，第1要素の名詞が第2要素の形容詞の比較の対象を示す場合（as A as N あるいは A like N)[81] と，第1要素の名詞が第2要素の形容詞がとる前置詞の目的語になる場合（A Preposition N）がある．まず，第1要素の名詞が第2要素の形容詞の比較の対象になる例をあげる（各例のあとにその基底構造を示す）．

(203)　That *blood-red* billowes　　　　　　　　　　　(*FQ* 1.10.53.3)
　　　（あの血のように赤い（海の）大波）[as red as blood]

(204)　*coal-black* faces　　　　　　　　　　　(*Tamburlaine* 2.1.3.142)
　　　（石炭のように真っ黒な顔）[as black as coal]

(205)　I am *dog-weary*　　　　　　　　　　　　　　　(*Shr* 4.2.60)
　　　（犬のようにへとへとです）[weary like dog]

(206)　his *froth-fomy* steed　　　　　　　　　　　　(*FQ* 1.11.23.3)
　　　（泡を吹く馬）[as foamy as froth]

(207)　*grass-green* emeralds　　　　　　　　　　　　(*Malta* 1.1.26)
　　　（草色のエメラルド）[as green as grass]

(208)　*honey-sweet* mistress　　　　　　　　　　　　(*Whore* 2.4.21)
　　　（蜜のように甘い恋人）[as sweet as honey]

(209)　Poor *key-cold* figure　　　　　　　　　　　　　(*R3* 1.2.5)
　　　（哀れなかなめ石のように冷たい姿）[as cold as key (＝keystone)]

(210)　a *milk white* Lamb　　　　　　　　　　　　(*Calendar* Ap.96)
　　　（乳白色の子羊）[as white as milk]

---

[81] N は noun を，A は adjective を指す．

(211) your *orange-tawny* bread　　　　　　　　　　(*MND* 1.2.94)
　　　（オレンジのような黄褐色の髭）［as tawny as orange］
(212) our *sun-bright* armour　　　　　　　　　　(*Tamburlaine* 1.2.3.22)
　　　（我々の燦然たる輝きの甲冑）［as bright as sun］

以上で明らかなように，基底構造からみた場合，as A as N 形が最も多い．次は，第1要素の名詞が第2要素の形容詞がとる前置詞の目的語になっている例である．

(213) his *tear-thirsty* and unquenched hate　　　　(*Tamburlaine* 2.5.3.222)
　　　（涙の乾いた癒しがたい憎しみ）［thirsty for tear］
(214) In maiden meditation, *fancy-free*　　　　　　(*MND* 2.1.164)
　　　（乙女の思いに包まれて，恋する心を抱かずに）［free from fancy］
(215) *fancy-sick* she is　　　　　　　　　　　　　(*MND* 3.2.96)
　　　（恋の病にとりつかれている）［sick with fancy］
(216) *heart-sore* sighs　　　　　　　　　　　　　(*TGV* 2.4.132)
　　　（胸絞る溜息）［sore in heart］
(217) his *love-open* eye　　　　　　　　　　　　(*Arcadia* 207.36)
　　　（彼の愛に寛容な目）［open for love］
(218) I am not mad—Not *horn-mad*　　　　　　　(*Volpone* 3.7.30)
　　　（気が違っていない．嫉妬で狂ってなんかいない）［mad with horn］

ただ，次の例の基底構造は as A as N/A like N あるいは A Preposition N にはならないと考えられる．

(219) these *head-strong* steeds　　　　　　　　　(*FQ* 5.8.41.1)
　　　（これらの強情な馬）
(220) And *thred-bare* cote　　　　　　　　　　　(*FQ* 1.4.28.2)
　　　（そしてすり切れた上衣）
(221) fortunes *headlong* wheele　　　　　　　　　(*FQ* 5.10.20.7)
　　　（運命の頭を先にした車）

これらの例で，*head-strong* の基底構造は 'one's head is strong'（頭が固い，強情な）であり，*thred-bare* の基底構造は 'the thread is bare'（糸が見えるくらいにすり切れた）であり，*headlong* の基底構造は 'one's head is long'（頭が先にある）である．このような例は，現代英語と同じように，語彙化しているこ

とが多い.[82] なお，現代英語では第2要素が「動詞＋-able」からなる複合形容詞がしばしば見られるが（例えば，*tax-deductible*（税控除の），*machine-readable*（コンピュータで読み取ることができる）），初期近代英語にはみられない.

　タイプ頻度からみると，現代英語の場合と同じように，第1要素が形容詞の比較の対象になる構造に比べると，前置詞の目的語になる例は多くないといえる.

9.1.2.2. 形容詞＋形容詞

　第1要素も第2要素も本来の形容詞からなる複合形容詞であるが，この型は生産的な複合語ではない.

(222) a foule *blacke pitchy* mantle　　　　　　　　　　(*FQ* 1.5.20.3)
　　　（汚い真っ黒なマント）

(223) His steed was *bloody red*　　　　　　　　　　　(*FQ* 2.5.2.8)
　　　（彼の馬は血のように赤く見えた）

(224) *fiery fierce* disdaine　　　　　　　　　　　　　(*FQ* 1.2.8.4)
　　　（火のような猛烈な侮辱）

(225) sparcles *fiery red*　　　　　　　　　　　　　　(*FQ* 1.4.33.5)
　　　（真っ赤な火花）

(226) Nor *heady-rash*, provok'd with raging ire　　　　(*Err* 5.1.216)
　　　（怒りにまかせて性急に言っているのではない）

(227) thy sea-marge … *rocky-hard*　　　　　　　　　(*Tmp* 4.1.69)
　　　（岩のごとく頑丈な岸辺）

(228) Sinon is … / So *sober-sad*　　　　　　　　　　(*Luc* 1542)
　　　（サイノンはかくも慎み深く真面目である）

(229) she saw Duessa, … *sunny bright*　　　　　　　　(*FQ* 1.5.21.1)
　　　（彼女は太陽のように輝いているデュエッサを見た）

次の例も，第1要素の形容詞と第2要素の形容詞が，ほとんど同義で並列されていると考えられる.

(230) wings … *momentary-swift*　　　　　　　　　　(*Tro* 4.2.14)
　　　（一瞬の早さの翼）

---

[82] 由本 (2009: 210) 参照.

(231) their *pale-dead* eyes　　　　　　　　　　　　　(H5 4.2.48)
　　　（死んだように青ざめた目）
(232) their *pale-dull* mouths　　　　　　　　　　　　(H5 4.2.49)
　　　（生気を失った口）
(233) he …/Found it *precious-princely*　　　　　　　(JN 4.3.40)
　　　（それが稀にみる高貴な素性とわかった）

　以上の例では，ほぼ同じ意味の形容詞を並列して用いることで，第1要素の形容詞が主要語である第2要素の形容詞の意味をさらに強めているといえる．[83] 例えば，(222) では *blacke* も *pitchy* も「黒い」の意味であり，(226) の *heady* と *rash* はどちらも「性急な」を意味している．これらの例は，意味的には9.1.2.1節の「名詞＋形容詞」型で取り上げた複合形容詞と似ているといえる．例えば，(203) の *blood-red* も (223) の *bloody red* も「血のように赤い」の意味である．
　この「形容詞＋形容詞」には，次のように，意味的には相反する語を並列している場合がある．

(234) love is … *foolish-witty*　　　　　　　　　　　　(Ven 838)
　　　（愛は愚かにして賢い）
(235) Be not so *holy-cruel*　　　　　　　　　　　　　(AWW 4.2.32)
　　　（そんなに神聖で残忍になるな）
(236) This *live-dead* man　　　　　　　　　　　　　　(Arcadia 421.27)
　　　（生きながら死んでいる男）
(237) this *poor rich* gain　　　　　　　　　　　　　　(Luc 140)
　　　（この貧しくも豊かなもうけ）
(238) The *still-discordant* … multitude　　　　　　　(2H4 Induction 19)
　　　（静かにしてざわついている大衆）

　以上の例で明らかなように，「形容詞＋形容詞」型では第1要素が意味的にみてかなり副詞に近いために，複合語とすべきか2つの形容詞の単なる並列による形容詞句なのか区別できない場合もある．

(239) old Northumberland,/Lies *crafty-sick*　　　　　(2H4 Induction 36)
　　　（ノサンバランド伯は病気の振りをして横たわっている）

---

[83] Marchand (1969: 88-89) および Scheler (1982: 120-123) を参照.

(240)　Methinks the ground is even./ *Horrible steep*　　　(*Lr* 4.6.3)
　　　　（平らなように見えるが．恐ろしく険しいですよ）

なお，「形容詞＋形容詞」型は，上記の (236) 以外は，すべて韻文で現れている．つまり，この複合語は韻文で好んで使われる詩語といえる．

9.1.2.3.　副詞＋形容詞

　第 1 要素が副詞で主要語である第 2 要素が本来の形容詞からなる複合形容詞である．

(241)　ye love to be *double-diligent*　　　(*Elizabethan Prose* 293.1)
　　　　（大変勤勉なのがよい）
(242)　his *else-unconceivable* beauty　　　(*Arcadia* 553.25)
　　　　（ほかに表しえない美しさ）
(243)　his garlond *ever greene*　　　(*FQ* 3.11.37.8)
　　　　（常緑の花輪）
(244)　the *ever-noble* nature　　　(*Arcadia* 282.23)
　　　　（変わることのない高潔な気質）
(245)　and *half-angry* with himself　　　(*Elizabethan Prose* 178.36)
　　　　（自分自身に半ば腹を立てて）
(246)　a *new-sad* soul　　　(*ALL* 5.2.731)
　　　　（新たな悲しみに打ちひしがれた心）
(247)　a *plain-sufficient*, naked man　　　(*Whore* 1.2.104)
　　　　（赤裸々な完全な男）
(248)　thou *too-proud* pedlar　　　(*Bartholmew* 2.2.12)[84]
　　　　（お前は傲慢な行商人か）

この型は，現代英語でも *evergreen*（常緑の）や *wide-awake*（すっかり目を覚ました，油断のない）のように，ごく限られた例に見られるだけであるが，初期近代英語でもあまり使われていない．また，(242) の *else-unconceivable* のような第 2 要素が動詞からの派生形容詞になっている場合はこの例のみである．

---

[84] 数字は幕・場・行を指す．

9.2. ［X＋名詞］＋ -ed

第1要素Xが名詞，形容詞または副詞で第2要素が名詞からなる複合名詞に形容詞を派生する接尾辞 -ed が付加された複合形容詞の型である．

9.2.1. ［名詞＋名詞］＋ -ed

第1要素も主要語である第2要素も名詞であり，［名詞＋名詞］からなる複合名詞に形容詞を派生する接尾辞 -ed が付加されて複合形容詞になっている構造である．この型は，次の［形容詞＋名詞］+-ed と同じように，Franz (1939: 147) や Scheler (1982: 120–122) で「名詞/形容詞＋過去分詞」として扱われている複合語である．しかし，第2要素を統語的に動詞の過去分詞と分析するのは適切なのか．つまり，これらの型は［名詞＋名詞］および［形容詞＋名詞］からなる複合名詞に接尾辞 -ed が付加されて複合形容詞となっていると解釈すべきであろう．Adams (1973: 99–100) も，複合名詞の語幹（［名詞＋名詞］および［形容詞＋名詞］）と形容詞派生接尾辞 -ed からなる派生的な複合形容詞（derivational adjective compound）だとしている．まず，次の例をみてみよう．

(249) those *sapphire-coloured* brooks　　　　　　(*Arcadia* 291.3)
　　　（サファイア色の小川）
(250) that *sea-walled* fort　　　　　　(*FQ* 4.12.18.5)
　　　（海に囲まれた砦）

この2例は第2要素の語が物あるいは物質を表している．しかし，以下の例では，第2要素に現れる語は心的なものであれ，身体的なものであれ，人間あるいは動物の属性を意味している場合が多い．

(251) A whoreson, *beetle-headed*, flap-ear'd knave　　(*Shr* 4.1.157)
　　　（トンカチ頭の間抜け面のろくでなし野郎）
(252) the ... *bottle-nosed* knave　　　　　　(*Malta* 3.3.10)
　　　（徳利鼻の奴）
(253) thou *clay-brain'd* guts　　　　　　(*1H4* 2.4.227)
　　　（粘土頭の大飯食らい）
(254) his *dog-hearted* daughters　　　　　　(*Lr* 4.3.45)
　　　（犬にも劣る娘たち）

(255)　*eagle-sighted* eye　　　　　　　　　　　　　(*LLL* 4.3.222)
　　　　（鷲のような視力の目）
(256)　the *fire-ey'd* maid　　　　　　　　　　　　(*1H4* 4.1.114)
　　　　（災の目をした少女）
(257)　You *goat-bearded* slave　　　　　　　　　(*Bartholmew* 5.4.274)
　　　　（お前はヤギのような髭をたくわえた奴隷だ）
(258)　the *lether-winged* Batt　　　　　　　　　　(*FQ* 2.12.36.6)
　　　　（皮の翼を持ったコウモリ）
(259)　Thou *lily-liver'd* boy　　　　　　　　　　　(*Mac* 5.3.15)
　　　　（ユリのように白い肝臓の若者）
(260)　the *marble-breasted* tyrant　　　　　　　　(*TN* 5.1.124)
　　　　（大理石の心を持った暴君）
(261)　thou *paper-fac'd* villain　　　　　　　　　(*2H4* 5.4.10)
　　　　（紙のような薄っぺらな野郎）
(262)　*Spring-headed* Hydres　　　　　　　　　　(*FQ* 2.12.23.6)
　　　　（頭に噴水を持つ海蛇）
(263)　*tiger-footed* rage　　　　　　　　　　　　(*Cor* 3.1.310)
　　　　（虎のように突っ走る怒り）
(264)　thou damn'd *tripe-visag'd* rascal　　　　　　(*2H4* 5.4.8)
　　　　（牛の胃袋のような顔をした野郎）
(265)　with *steele-headed* dartes　　　　　　　　(*FQ* 2.3.29.3)
　　　　（鉄の矢じりのついた矢）

以上の例で明らかなように，この型の第2要素には *head*, *heart*, *brain*, *face*, *eye*, *foot*, *breast*, *beard*, *nose*, *liver*, *sight*, *visage*, *wing* が現れている．なかでも多いのは *head*, *face*, *eye* である．

9.2.2.　[形容詞＋名詞] ＋ -ed

　第1要素が本来の形容詞で，第2要素が名詞からなる複合名詞に形容詞を派生する接尾辞 -ed が付加された複合形容詞である．[85] まず，次の4例をみてみよう．

---

[85] Lieber (2009: 363) は *long-legged* を例にあげて [long] [[leg]ed] と分析し第2要素は名詞から派生した形容詞だとしている．この解釈で言えば，(266) の *broad-leaved* は [broad-leaf] ではなく [broad] [[leaf]ed] とすべきである．

(266) a *broad-leaved* sycamore　　　　　　　　(*Arcadia* 625.17)
　　　　（広い葉をしたシカモア）
(267) like *ill grounded* seeds　　　　　　　　(*FQ* 4.4.1.9)
　　　　（やせ地に蒔かれた種のように）
(268) his *sharp-pointed* speare　　　　　　　(*FQ* 6.4.5.6)
　　　　（鋭い穂先の槍）
(269) your own *weak-hing'd* fancy　　　　　　(*WT* 2.3.119)
　　　　（ちょうつがいの外れた妄想）

　これら4例にみられる第2要素の名詞は，それぞれ leaf（木の葉），ground（土地），point（穂先），hinge（（扉などの）ちょうつがい）である．［形容詞＋名詞］からなる複合名詞に形容詞を派生する接尾辞 -ed が付加されている複合形容詞で，その第2要素に人間や動物に関する語以外からなる語が用いられている場合はこの4例のみである．

　いっぽう，第2要素に人間または動物の心的あるいは身体的なものを意味する名詞が使われている例は多く見られる．

(270) a *bare-bon'd* death　　　　　　　　　　(*Luc* 1761)[86]
　　　　（骨もあらわな死神）
(271) my *black-browed* Diamante　　　　　　(*Elizabethan Prose* 296.33)
　　　　（濃い眉毛のディアマンテ）
(272) A whoreson, beetle-headed, *flap-ear'd* knave　(*Shr* 4.1.157)
　　　　（このトンカチ頭の間抜け面のろくでなし野郎）
(273) He hath studied himself half *blear-eyed*　(*Malfi* 3.3.45)
　　　　（ほとんどかすみ目になるほど勉強した）
(274) that *delicate-handed* devil　　　　　　(*Bartholmew* 3.5.31)
　　　　（きゃしゃな手をした悪魔）
(275) his *fyrie-footed* teeme　　　　　　　　(*FQ* 1.12.2.2)
　　　　（火の脚をもつ馬）
(276) the *foul-mouthed* mastiffs　　　　　　(*Elizabethan Prose* 236.2)
　　　　（口汚ない番犬のようなひとたち）
(277) *Hard-hearted* father　　　　　　　　　(*Malta* 3.3.36)
　　　　（冷酷な父）

---

[86] 数字は行を指す．

(278) that *high-minded* earl　　　　　　　　　　　　(*Edward II* 1.1.149)
　　　（高潔な伯爵）
(279) *grey-headed* project　　　　　　　　　　　　　(*Volpone* 2.1.9)
　　　（陳腐な計画）
(280) The *leaden-headed* Germans　　　　　　(*Elizabethan Prose* 245.11)
　　　（頭の鈍いドイツ人）
(281) *rare-witted* gentlemen　　　　　　　　　　　　 (*Malta* 3.1.7)
　　　（すっごく頭のいい紳士たち）
(282) the *rich fleeced* flocke　　　　　　　　　　　　(*FQ* 1.2.16.2)
　　　（豊かな毛をした羊の群れ）
(283) a *shag-hair'd* crafty kern　　　　　　　　　　(*2H6* 3.1.367)
　　　（毛もくじゃらの悪党）
(284) *short-arm'd* ignorance　　　　　　　　　　　　 (*Tro* 2.3.14)
　　　（寸足らずの無知）
(285) the *shrill-gorg'd* lark　　　　　　　　　　　　 (*Lr* 4.6.58)
　　　（甲高い声でさえずるヒバリ）
(286) that *smooth-cheeked* Virtue　　　　　　　　　(*Whore* 1.2.235)
　　　（猫かぶりの美徳）
(287) that *smooth-tongued* scholar　　　　　　　　(*Edward II* 4.6.57)
　　　（能弁で説得力のある学者）
(288) Your ... *smoky-bearded* compeer　　　　　　 (*Alchemist* 4.6.41)
　　　（煙色の髭をたくわえた親友）
(289) her *soft fethered* nest　　　　　　　　　　　　(*FQ* 3.1.58.7)
　　　（やわらかい羽根の巣）
(290) that *stiff-necked* generation　　　　　　　　(*Bartholmew* 2.1.86)
　　　（強情な種族）
(291) a *sweet-faced* youth　　　　　　　　　　　　　(*Malta* 4.2.39)
　　　（ハンサムな若者）
(292) *swift-footed* time　　　　　　　　　　　　　　 (*Malta* 2.1.7)
　　　（足早な時間）

この［形容詞＋名詞］からなる複合名詞に -ed が付加されて複合形容詞になっている場合も、第2要素の名詞は *arm*, *beard*, *born*, *brow*, *cheek*, *ear*, *eye*, *fether* (=feathe), *fleece*, *foot*, *gorge*, *hand*, *head*, *heart*, *mind*, *mouth*, neck, tongue, wit になっている．これらの名詞も，9.2.1 節の［名詞＋名詞］＋-ed の型と同じように，人間または動物の心的あるいは身体的な属性を表している．特に，foot, head, heart, mind が使われている場合が多い．また，意味的にも［形容詞＋名詞］＋-ed 型と同じ場合が多い．例えば，(257) の goat-bearded（ヤギのような髭をたくわえた）も (288) の smoky-bearded（煙色の髭をたくわえた）も，どちらも髭の状態を意味している．統語的にみれば，第 1 要素の名詞 goat は形容詞と同じ振る舞いをしている．このことは (251) の beetle-headed と (272) の flap-ear'd にも言える．同一の文の中で，第 1 要素に名詞 beetle と形容詞 flap がそれぞれ使われているが，形態的・統語的にはどちらも名詞 knave を修飾する複合形容詞である．

9.3. X＋名詞

第 1 要素 X が，名詞，形容詞，過去分詞，動詞または前置詞で，第 2 要素が名詞からなる複合形容詞である．形態的には複合名詞であるが，この複合名詞が名詞を修飾しており，統語的には，複合形容詞の機能を有する型である．

9.3.1. 名詞＋名詞

これまで考察した複合形容詞は，第 2 要素が形容詞化した分詞形あるいは本来の形容詞からなる複合語（9.1.1.1 節から 9.1.2.3 節）および複合名詞に形容詞を派生する接尾辞が付加された複合語（9.2.1 節から 9.2.2 節）であった．しかし，この節から 9.3.5 節でとりあげる複合語は Bauer et al. (2013: 437–438 & 453) および Nagano (2013: 117–119) が指摘している非正準複合形容詞である．doctor-patient dialogue (Nagano (2013: 117))「医師と患者の間のやりとり」における doctor-patient は形態的には「名詞＋名詞」からなる構造であるが，統語的には名詞 dialogue を修飾する複合形容詞の働きをしている．以下に，この非正準複合形容詞に属すると考えられる例をあげる．

(293) their *court-dog*-tricks　　　　　　　　　　　(*Volpone* 3.1.20)
　　　（ご機嫌うかがいに尻尾を振って食いついないでいるやつら）
(294) an huge great *Earth-pot* steane　　　　　　　(*FQ* 7.42.8)
　　　（途方もなく大きな陶器の壺のような水差し）
(295) my *foot-cloth* horse　　　　　　　　　　　　(*R3* 3.4.84)
　　　（飾り立てた馬）

(296) my *gingerbread*-wife   (*Bartholmew* 4.2.19)
       （生生姜風味の菓子パンを売る女）

(297) my lord's *goose-turd* bands   (*Alchemist* 4.4.50)
       （鵞鳥の排泄物のような一団）

(298) the *hate-spot* ermelin   (*Arcadia* 290.27)
       （憎悪という斑点をつけたイタチ）

(299) a *hobby-horse*-man   (*Bartholmew* Induction 19)
       （愚か者）

(300) Scurvy *Jack-dog* priest   (*Wiv* 2.3.63)
       （下劣な雑種犬のような牧師）

(301) a *shag-rag* knave   (*Malta* 4.3.60)
       （汚らしい悪党）

(302) a doublet of *sky-colour* satin   (*Arcadia* 130.33)
       （空色の繻子の胴衣）

(303) his *stair-foot* door   (*Elizabethan Prose* 31.7)
       （階段の上がり場の扉）

(304) his *steelhead* dart   (*FQ* 2.6.40.1)
       （鉄の矢じりのついた投槍）

(305) the *swanskin* coverlid   (*Alchemist* 3.2.48)
       （白鳥の皮でできている蓋）

(306) the *tag-rag* people   (*JC* 1.2.258)
       （ぼろくずのような平民）

(307) The *vine-propp* Elme   (*FQ* 1.1.8.7)
       （葡萄の支柱にする檜）

以上の例は，第1要素も第2要素も名詞からなる複合語である．これらの例は，(293) *court-dog*, (295) *foot-cloth*, (299) *hobby-horse*, (300) *Jack-dog* のように語彙化している場合もある．また，この「名詞＋名詞」型の表す意味は，9.2.1 節にあげた［名詞＋名詞］＋*-ed* 型と同じといえる．例えば，(265) の *steele-headed* と (304) の *steelhead* はともに「鉄の矢じりのついた」の意味である．なお，この「名詞＋名詞」型については，これまでは大石 (1988: 106-107) らが複合名詞の転換による複合形容詞として数例をあげている以外の説明はない．

9.3.2. 形容詞＋名詞

　第1要素が形容詞で第2要素が名詞からなる構造であり，形態上は複合名詞である．この型も統語上は名詞を修飾する複合形容詞である．したがって，上記の「名詞＋名詞」型と同じように，非正準複合形容詞である．この「形容詞＋名詞」型は，次の例にあるように，古英語でもしばしば用いられている．

(308) þa　wæs on salum sinces　 brytta
　　　Then　was　in　joy of treasure distributor
　　　gamolfeax　ond guðrof
　　　grey-haired and battle-brave　　　　　　(*Beowulf* 608b)
　　　[then a distributor of treasure was in joy, grey-haired and battle-brave]
　　　（この時髪白き戦いに名高き宝の配分者は喜びにあふれた）

　この *gamolfeax* は，形容詞 *gamol*（＝grey）と名詞 *feax*（＝hair of the head）からなる複合名詞が複合形容詞として使われている例である．Franz（1939: 147）は，この種の複合語を転換複合語（conversion compound）と名付けて，初期近代英語の「形容詞＋名詞」からなる複合形容詞は上記のような古英語の「形容詞＋名詞」の類推形であるとしている．

(309)　That *bare-head* knight　　　　　　　　(*FQ* 1.9.34.7)
　　　（兜をつけていない騎士）
(310)　a *black-silk* cap　　　　　　　　　　　(*Arcadia* 199.34)
　　　（黒い絹の帽子）
(311)　a *blue-starch*-woman　　　　　　　　　(*Bartholmew* 1.3.118)
　　　（青糊を使う洗濯女）
(312)　our *faint-heart* agony　　　　　　　　(*Elizabethan Prose* 259.1)
　　　（臆病者の苦悩）
(313)　a *false-heart* traitor　　　　　　　　(*2H6* 5.1.143)
　　　（信義のない反逆者）
(314)　the *great belly* doublet　　　　　　　(*H5* 4.7.48)
　　　（肥満型の胴衣）
(315)　*high-country* wines　　　　　　　　　　(*Alchemist* 4.1.157)
　　　（牧草地産のワイン）

(316)　such *high-day* wit　　　　　　　　　　　　(*MV* 2.9.98)
　　　　（そのようなよそ行きの知恵）
(317)　the *left-hand* way　　　　　　　　　　　　(*Malfi* 3.1.29)
　　　　（陰険な方法）
(318)　his *light-foot* steede　　　　　　　　　　　(*FQ* 1.2.8.3)
　　　　（脚の速い馬）
(319)　a *mad-brain* rudesby　　　　　　　　　　　(*Shr* 3.2.10)
　　　　（頭のおかしい乱暴者）
(320)　His *raw-bone* cheekes　　　　　　　　　　(*FQ* 1.9.35.8)
　　　　（彼の痩せこけた頬）
(321)　*snaky-locke* Medusa　　　　　　　　　　　(*FQ* 3.11.42.8)
　　　　（蛇の巻き毛を持つメデューサ）
(322)　somebody's old *two-hand* sword　　　　(*Epicoene* 4.5.94)[87]
　　　　（誰かの両手用の剣）

　この型も，9.2.2節であげた［形容詞＋名詞］＋-ed の場合と同じように，(310)，(311)，(315)，(316) 以外は第 2 要素はすべて人または動物の心的または身体的なものを意味する語が用いられている．この型でも，(312) *faint-heart*，(313) *false-heart*，(314) *great belly*，(315) *high-country*，(316) *high-day*，(317) *left-hand*，(320) *raw-bone* は語彙化していると考えられる．
　また，以下の例はここにあげた身体を示す例と競合しているが意味はまったく同じである．

(323)　he … *Bare-headed*, lower than his proud steed's neck, bespake
　　　　them　　　　　　　　　　　　　　　　　　(*R2* 5.2.19)
　　　　（彼は帽子を脱いで誇らしげな馬の首より低く頭を下げて挨拶をした）
　　　　［(309) *bare-head*］
(324)　a *false-hearted* rouge　　　　　　　　　　(*Tro* 5.1.190)
　　　　（信義のない悪党）［(313) *false-heart*］
(325)　*great-bellied* women　　　　　　　　　　　(*Faustus* 4.6.12)
　　　　（妊娠中のご婦人）［(314) *great belly*］
(326)　This *mad-brain'd* bridegroom　　　　　　(*Shr* 3.2.163)
　　　　（この頭のおかしい男）［(319) *mad-brain*］

---

[87] 数字は幕・場・行を指す．

このような事例をみると，[形容詞＋名詞]＋-ed と「形容詞＋名詞」型の複合語は，意味上の違いもなくかなり自由に用いられていたといえる．

9.3.3. 過去分詞＋名詞

次の例は，第 1 要素が形容詞化した動詞の過去分詞であり，第 2 要素が名詞からなる複合語であるが，統語上は名詞を修飾している構造なので，複合形容詞といえよう．

(327)　your *pinched-horn*-nose　　　　　　　　　　(*Alchemist* 1.1.28)
　　　（痛めつけられた角のような鼻）

9.3.4. 動詞＋名詞

第 1 要素が動詞で第 2 要素が名詞からなる複合語である．形態上は複合名詞であるが，統語上は名詞を修飾する複合形容詞である．この種の型も限定的な場合に限られる．

(328)　the *hold-[door]* trade　　　　　　　　　　　(*Tro* 5.10.51)
　　　（客引き商売）
(329)　a *leap-frog* chance　　　　　　　　　　　(*Bartholmew* 1.1.8)
　　　（一足飛びの躍進の機会）
(330)　thou, *seek-sorrow* Claius　　　　　　　　　(*Arcadia* 203.23)
　　　（悲しみを求めるクライアスよ）

これらの例の基底構造は，それぞれ 'hold the door', 'leap a frog', 'seek sorrow' と考えられる．特に，意味的にみると，*hold-[door]* と *leap-frog* は語彙化している．

9.3.5. 前置詞＋名詞

第 1 要素が前置詞で第 2 要素が名詞からなる複合語であり，形態的には複合名詞であるが，統語的には名詞を修飾している複合形容詞である．

(331)　such giants and monsters as *before-time* armies
　　　　　　　　　　　　　　　　　　　　　　　　(*Arcadia* 275.2)
　　　（昔の大軍のような巨人や怪物）
(332)　no *without-book* prologue　　　　　　　　　(*Rom* 1.4.72)
　　　（台本なしの前口上）

(333)　her *without-door* form　　　　　　　　　　　　　　(*WT* 2.1:69)
　　　　（表向きの外見）

この 3 例にみられる *before-time* は「昔の」，*without-book* は「台本なしの」，*without-door* は「表向きの」の意味であることから，それぞれ語彙化していると考えられる．

9.4. 副詞＋副詞，動詞＋動詞，過去分詞＋前置詞，現在分詞／過去分詞＋不変化詞

　第 1 要素に副詞，動詞，現在分詞または過去分詞が現れ，第 2 要素には副詞，動詞，前置詞または不変化詞が用いられている構造である．このなかで，「副詞＋副詞」型と「過去分詞＋前置詞」型は初期近代英語にしかみられない．

9.4.1. 副詞＋副詞
　第 1 要素も第 2 要素も副詞から形成されている複合語がある．

(334)　*hereafter* ages may behold
　　　What ruin happened in revenge of him　　　　(*1H6* 2.2.10)
　　　（彼の恨みを晴らすべくどのような破壊がなされたか後の世の人々が注視するために）

この例は形態的には「副詞＋副詞」の構造である．しかし，統語的にみると，名詞の *ages* を修飾していることから，複合形容詞と考えられる．また，この *hereafter* は，意味的には，「これから先の，未来の」を表しており，語彙化しているといえよう．

9.4.2. 動詞＋動詞
　第 1 要素も第 2 要素も，動詞からなる複合語であるが，それぞれ統語的には名詞を修飾している複合形容詞である．この型も Bauer et al. (2013) および Nagano (2013) が論じている非正準複合形容詞である．

(335)　a *cut-work* handkercher　　　　　　　　　　　(*Bartholmew* 4.2.72)
　　　（カットワークのハンカチ職人）
(336)　With *hear-say* pictures　　　　　　　　　　　　(*Arcadia* 201.17)
　　　（うわさによる絵画で）

9.4.3. 過去分詞＋前置詞

第1要素が過去分詞で，第2要素が前置詞からなる構造であり，形態上は複合形容詞ではない．しかし，いずれの場合も名詞の前に現れて統語上および意味上はその名詞を修飾している．

(337)　His *sought-for* father　　　　　　　　　　　　(*Volpone* 4.5.137)
　　　　（探し求めた父親）
(338)　an *unthought-on* song　　　　　　　　　　　　(*Arcadia* 84.24)
　　　　（推敲の足りない歌）
(339)　with *unlooked-for* success　　　　　　　　　　(*Arcadia* 94.37)
　　　　（思いがけない勝利で）

初期近代英語でも，現代英語の場合と同じように，この種の複合形容詞はまれであるが，上記の例のように接頭辞 *un-* を伴う場合が多い．

9.4.4. 現在分詞／過去分詞＋不変化詞

第1要素が現在分詞または過去分詞で第2要素が不変化詞からなる構造であるが，初期近代英語ではあまり使われていない．

(340)　a more *coming-on* disposition　　　　　　　　(*AYL* 4.1.112)
　　　　（もっと従順な気質）
(341)　The *fall'n-off* Britains　　　　　　　　　　　　(*Cym* 3.7.6)
　　　　（嫌悪を抱いたブリテン）
(342)　that *hissed-out* opinion of chance　　　　　　(*Arcadia* 490.12)
　　　　（あのうるさく述べている偶然）
(343)　thy *given-away* liberty　　　　　　　　　　　(*Arcadia* 661.13)
　　　　（ただで与えられた自由）
(344)　a *made-up* villain　　　　　　　　　　　　　(*Tim* 5.1.98)
　　　　（完璧な悪党）

Coming-on は「従順な」，*fall'n-off* は「嫌悪を抱いた」，*hissed-out* は「うるさい」，*given-away* は「ただで」，*made-up* は「完璧な」の意味であることから，これらの例はいずれも語彙化している場合に限られるようである．

第 10 章

複合形容詞のタイプ頻度

　Shakespeare および *Whore* には一部散文も含まれているが韻文作品とする．したがって，*The Duchess of Malfi*, *The Jew of Malta*, *Edward II*, *Doctor Faustus*, *Tamburlaine the Great*, *The Shepherd's Calendar*, *Faerie Queene*, *Alchemist*, *Whore*, Shakespeare は韻文作品，*Volpone*, *Bartholmew Fair*, *Epicoene*, *Elizabethan Prose Fiction*, *Arcadia* は散文作品である．

複合形容詞の型	韻文	散文
名詞＋現在分詞	63	23
名詞＋過去分詞	69	22
形容詞＋現在分詞	16	2
形容詞＋過去分詞	5	4
副詞＋現在分詞	70	21
副詞＋過去分詞	209	79
名詞＋形容詞	47	7
形容詞＋形容詞	26	1
副詞＋形容詞	11	7
［名詞＋名詞］＋-ed	45	3
［形容詞＋名詞］＋-ed	151	38
名詞＋名詞	23	6

形容詞＋名詞	18	9
過去分詞＋名詞	2	0
動詞＋名詞	1	1
前置詞＋名詞	2	0
副詞＋副詞	1	0
動詞＋動詞	0	1
過去分詞＋前置詞	0	2
現在分詞／過去分詞＋不変化詞	3	2
合計	762	228

表12：複合形容詞の型

詳しくは次の「まとめ」で述べるが，このタイプ頻度でみると，複合形容詞は散文より韻文に圧倒的に多く用いられている．また，複合語の型としては韻文，散文とも「副詞＋現在分詞/過去分詞」，「名詞＋現在分詞/過去分詞」および［名詞/形容詞＋名詞］＋*-ed* が多く見られる．

第 11 章

第 7 章～第 10 章のまとめ

　複合形容詞は散文より韻文に多く見られる．これは複合語が本来は詩的表現であることに起因する．[88] 特に，複合形容詞は，複合名詞に比べて，その構成要素からその意味が容易に推測できる．つまり複合語の意味の透明性が高いと言える．このため，初期近代英語では Shakespeare（425 例）や Spenser（262 例）[89] が複合形容詞を頻繁に用いている．
　第 2 要素が動詞から派生された現在分詞および過去分詞からなる複合形容詞は生産性が非常に高い．なかでも，第 1 要素が副詞の場合（9.1.1.5 節と 9.1.1.6 節）が最も高い生産性を示しており，次いで名詞の場合（9.1.1.1 節と 9.1.1.2 節）である．「名詞＋現在分詞」型では，第 1 要素の名詞が動詞（この場合の動詞は他動詞）の目的語（例えば，(125) の *heart-breaking* → break heart）あるいは前置詞の目的語（例えば，(129) の *dust-creeping* → creep on dust）となっている（この場合の動詞は自動詞）．「名詞＋過去分詞」型の場合も，第 1 要素の名詞は前置詞の目的語（例えば，(137) の *bras-paved* → paved with brass）になる．この点では，現代英語の「名詞＋現在分詞」型と「名詞＋過去分詞」型と同じである．[90] ただ，ここにあげた (125) の *heart-*

---

[88] Elliott (1986: 174) は，Hardy の韻文作品の英語について Hardy は複合形容詞を多用することで統語的に長い句を使わずに，"economy of diction" を実践していると指摘している．米倉 (2010) も参照．

[89] 米倉 (2015: 35) では，Spenser での複合形容詞の使用は多くないと述べている．しかし，ここに示したように，実際は Shakespeare に次いで Spenser も複合形容詞を頻繁に用いている．

[90] 影山 (2009: 233) を参照．

breaking sobs (*Edward II* 5.3.21) (悲痛なすすり泣き) に対して, (133) の I that was ... *Heart-broken* (*Arcadia* 413.30) (悲しみ打ちひしがれた私) がある. (125) の例は第 2 要素が現在分詞であり, (133) の例は第 2 要素が過去分詞という統語的違いはあるが, 意味はほとんど同じと考えられる. 統語的違いとは, *break* は他動詞なので (125) の第 1 要素の名詞 *heart* は *breaking* の目的語であり, (133) の第 1 要素の名詞 *Heart* は *broken* の目的語ではないということである. しかし, (133) の *Heart-broken* の意味は *heart-breaking* とほとんど同じである.[91] ということは, (125) の *heart-breaking* は 'break heart' であり, (133) の *Heart-broken* は 'break in heart' と解釈できる.[92]

　複合名詞, 特に「形容詞+名詞」形に形容詞を派生する接尾辞 -*ed* が付加された複合形容詞も極めて生産性が高い. なかでも, 第 2 要素が人間または動物の心的あるいは身体的なものを意味する名詞が最も多く用いられている (例えば, (254) の *dog-hearted* や (291) の *sweet-faced*).

　9.3.1 節から 9.3.5 節にあげた複合語は, これまで複合名詞からの転換 (conversion) と説明されている. しかし, これらの例は限定的にしか用いられない. 例えば, (322) の somebody's old *two-hand* sword (*Epicoene* 4.5.94) (誰かの両手用の剣) における *hand* は複数形になっていない点からみて, 明らかに限定的用法に限られているといえる. したがって, Bauer et al. (2013) および Nagano (2013) が指摘している非正準複合形容詞と考えられる.

---

[91] *Longman Dictionary of Contemporary English* によれば, *heart-breaking* adj. は 'making you feel extremely sad or disappointed' であり, *heart-broken* adj. は 'extremely sad because of something that has happened' である.

[92] 現代英語の場合は, 第 2 要素が受身分詞である場合, 複合される名詞は目的語以外の要素である (影山 (2009: 233)).

第 12 章

おわりにかえて

　ノルマン人による英国征服がもたらした言語接触が中英語以降にいかなる影響を及ぼしたかという視点から，1 つは古フランス語から借用された depend と approach に後続する前置詞，および，後期中英語の Caxton 版 *Paris and Vienne* における composite predicates について考察した．もう 1 つは，古フランス語やラテン語から多くの語が借用されたことにより衰退したと言われている複合語の中でも，特に初期近代英語における複合形容詞の形態的・統語的・意味的特徴について考察した．

　古フランス語の表現が英語に直訳された場合，違和感があったと考えられる dépendre de は，一時的に depend of という表現で英語に導入されたものの，その他の同義的表現との類推により，depend on に取って代わられた．また，approcher de は，初めから違和感があったため，借用された時から approach to という表現であった．ただ，後者の場合は，古フランス語の方言である approcher à/vers という英語の approach to に近い表現も見られたが，フランス語自体が de に変化したため，明確な調査結果はえられなかった．

　Caxton 版での CP については，原典の古フランス語版の CP 名詞をそのまま利用し，動詞や後続の前置詞は英語の本来語で交替させる例が大多数を占めており，「なぞり」であると言えよう．しかし，逆に take leave のように英語の本来語ですべてが構成される CP は，「なぞり」とは言えるが，単に既存の表現に置き換えたとも言え，事態は複雑である．いずれにせよ，CP は古フランス語でも中英語でも表現形式として共通のものであったため，急いで翻訳をしていた Caxton にとっては便利な表現形式であったと言える．

　dépendre と approcher の英語への導入の際の反応と CP での反応はかなり

異なる．前者のほうが意識下での変容であり，いっぽう後者の場合は，Caxton がかなりの程度自動的に翻訳をしていたとは言え，それは意識上の変容である．いずれにせよ，言語項目の単位の大きさがそのような反応に影響を与えているのではという疑念が残るが，今後の課題としたい．

第6節以降でとりあげた複合形容詞であるが，初期近代英語においても現代英語に見られる複合形容詞のほんとんどの型が用いられている．ただ，例えば，a *mad-brain* rudesby (*Shr* 3.2.10)（頭のおかしい乱暴者），the *great belly* doublet (*H5* 4.7.48)（肥満型の胴衣），a *false-heart* traitor (*2H6* 5.1.143)（信義のない反逆者）に対して，それぞれ This *mad-brain'd* bridegroom (*Shr* 3.2.163)（この意気地のない騎士），*great-bellied* women (*Faustus* 4.6.12)（妊娠中のご婦人たち），a *false-hearted* rogue (*Tro* 5.1.90)（信義のない悪党）が使われているように，ほとんど同じ意味で「形容詞＋名詞」型と「［形容詞＋名詞］＋-ed」型が用いられている．つまり，初期近代英語では構成要素が異なっても同じ意味を表す複合形容詞が見られる．ということは，初期近代英語ではさまざまな複合形容詞がかなり自由に用いられているとも言える．

多くの複合形容詞は第2要素が形容詞化した分詞形および本来の形容詞であり，制限的にも叙述的にも用いられる正準複合形容詞 (canonical adjective compound)[93] であるが，複合形容詞には非正準複合形容詞 (non-canonical adjective compound) と呼ばれる複合語がある．例えば，現代英語では次のような例が見られる．

  a *ten-year-old* girl（10歳の少女）
  suspicious-looking package（怪しそうな荷物）
  doctor-patient dialogue（医師と患者の間の会話）
           （以上は Nagano (2013: 117)）

  a *go-go* dancer（ゴーゴーダンサー）
  a *no-go* area（入るのに特別な許可が必要な地域）
  a *pass-fail* test（合格・不合格だけをつける評価方式のテスト）
  a *tow-away* zone（〈駐車違反車の〉強制撤去区域）
  before-tax profits（税込みの利益）
          （以上は Bauer et al. (2013: 437–438)）

---

[93] canonical adjective compound と non-canonical adjective compound の正式な日本語訳は見当たらないので，それぞれ「正準複合形容詞」，「非正準複合形容詞」としておく．

これらの例では，例えば，数の一致は見られず（*a *ten-years-old* girl とはならない），また叙述的用法も見られない（*profits that *are before-tax* とはならない）．この点で canonical adjective compound とは異なる種類の複合語であり，non-canonical adjective compound と呼ばれている．初期近代英語でも，9.3.1 節から 9.4.2 節にあげた例のように，non-canonical adjective compound と考えられる場合がある．この種の複合形容詞については今後さらなる検討が必要であろう．

　古フランス語やラテン語が複合名詞や複合形容詞の形成にどのような影響を及ぼしたかについてはこれまでの節で言及していないので，ここで簡単に述べておく．

　まず，後期中英語の場合であるが，Chaucer からの例でみてみよう．Chaucer が初例の *fool-largesse* (*men oghten eschue* **fool-largesse** (ParsT 813)（**ばかげた気前のよさは避けるべきだ**))は OF *fol* (n.)（= fool）+ OF *largesse* (n.)（= generosity）から成っている．[94] 同じ初例の *herde-gromes* (thise lytel **herde-gromes** (HF 1225)（これらの子供の**羊飼いたち**)) は OE *heord* (n.)（= shepherd）+ OE *gromes* (n.)（= boys）から形成された複合語である．Chaucer が初例とみられる複合名詞 148（タイプ頻度）のうちで OF + OF から成る場合はわずかに 11 例であり，OE + OE の場合が 98 例と圧倒的に多い．[95] もう 1 つは，古フランス語やラテン語の複合語をそのまま英語に借用しているかである．Chaucer からの例でいえば，*maletalent* (For angre and for **maletalent** (*Rom* 330)（怒りと**悪意**に満ちた））[OF *mal* (adj.)（= evil）+ OF *talent* (n.)（= temper)] は原典の *mautalent* (De **mautalent** e de corroz (*Le Roman de la Rose* 322))から借用されている．この *mautalent* も複合語であるから，Chaucer は古フランス語から借用したことになる．いっぽう，*woe-begon* (So **woe-begon** a thing was she (*Rom* 336)（それほど彼女は**悲嘆にくれる**生きものだった）) は OE *wa* (n.) + *begon* (ppl.adj of OE *began*) から成る複合形容詞であるが，原典の *Le Roman de la Rose* にはこれに相当する語はない．つまり，*woe-begon* は原典に関係なく Chaucer が創作した複合語である．このことからも明らかように，古フランス語が Chaucer の複合語形成に大きな影響を及

---

[94] OF はラテン語も含む．また，OE とは ON 起源も含める．
[95] もちろん，*foot-mantel* (A **foot-mantel** aboute hir hipes (GP 472)「お尻のまわりの**乗馬袴**」) [OE *fot* + OF *mantel*] や *gowne-clooth* (for a **gowne-clooth** (SumT 2247)（ガウン用の布地と引き換えに）) [OF *goune* + OE *cloþ*] という語源的構成要素の組み合わせも若干ある（詳しくは米倉 (2004: 612–621) および Yonekura (2011: 229–259) を参照）．

ぼしたとは言えない．

　初期近代英語の場合はどうであろうか．例えば，Shakespeare 初例の *pity-pleading* (Her **pity-pleading** eyes (*Luc* 561) (憐れみを請うような彼女の目)) は OF *pité* + OF *plaideor* から成っており，*pity-wanting* (my **pity-wanting** pain (*Son* 140.4) (憐れんでほしい私の苦悩)) は OF *pité* + OE *vant* から成っている．[96] このような語源的要素についてはすでに米倉（2015: 165-167）で述べているので，第9章では言及していない．ただ，フランス語やラテン語の影響があるかといえば，語源的構成要素が OF + OF から成っている複合語は極めて少なく，[97] ほとんどは OE + OE から成る複合語である．この意味では初期近代英語の複合語形成にフランス語はほとんど影響していないといえよう．

---

[96] 厳密にいえば，*vant* は ON であるが，同じゲルマン語なので OE とする．

[97] Shakespeare についてのみいえば，複合形容詞は 610 例（タイプ頻度）みられるが，このうちで 327 例が OE + OE からなり，OF + OF は 38 例に過ぎない（米倉（2015: 167）参照）．

参考文献

第 I 部

Abney, Steven P. (1987) "Licensing and Parsing," *Proceedings of NELS 17 (Vol. 1)*, ed. by Joyce McDonough and Bernadette Plunkett, 1-15, GLSA, Amherst, MA.

Abney, Steven P. (1989) "A Computational Model of Human Parsing," *Journal of Psycholinguistic Research* 18, 129-144.

Agüero-Bautista, Calixto (2012) "Team Weak Crossover," *Linguistic Inquiry* 43, 1-41.

Altmann, Gerry T. M. and Mark J. Steedman (1988) "Interaction with Context During Human Sentence Processing," *Cognition* 30, 191-238.

Aoshima, Sachiko, Colin Phillips and Amy Weinberg (2004) "Processing Filler-Gap Dependencies in a Head-Final Language," *Journal of Memory and Language* 51, 23-54.

Baker, Mark (1996) *The Polysynthesis Parameter*, Oxford University Press, New York.

Baker, Mark (2001) *The Atoms of Language: The Mind's Hidden Rules of Grammar*, Basic Books, New York.

Berwick, Robert (1985) *The Acquisition of Syntactic Knowledge*, MIT Press, Cambridge, MA.

Bever, Thomas G. (1970) "The Cognitive Basis for Linguistic Structures," *Cognition and the Development of Language*, ed. by John R. Hayes, 279-362, Wiley, New York.

Bialystok, Ellen, Fergus I. Craik and Giri Luk (2012) "Bilingualism: Consequences for Mind and Brain," *Trends in Cognitive Sciences*, 16(4), 240-250.

Bley-Vroman, Robert (1990) "The Logical Problem of Foreign Language Learning," *Linguistic Analysis* 20, 3-49.

Bloomfield, Leonard (1933) *Language*, Holt Rinehart Winston, New York.

Boeckx, Cedric (2016) "Considerations Pertaining to the Nature of Logodiversity," *Rethinking Parameters*, ed. by Luis Eguren, Olga Fernández-Soriano and Amaya Mendikoetxea, 64-104, Oxford University Press, New York.

Borer, Hagit (1984) *Parametric Syntax: Case Studies in Semitic and Romance Languages*, Foris, Dordrecht.

Carlson, Gregory (1977) *Reference to Kinds in English,* Doctoral dissertation, University of Masachusetts, Amherst.

Cheng, Lisa Lai-Shen (1997) *On the Typology of Wh-Questions*, Garland, New York.
Chomsky, Noam (1981) *Lectures on Government and Binding*, Foris, Dordrecht.
Chomsky, Noam (1995) *The Minimalist Program*, MIT Press, Cambridge, MA.
Chomsky, Noam (2000) *The Architecture of Language*, Oxford University Press, Oxford.
Chomsky, Noam (2004) "Beyond Explanatory Adequacy," *Structures and Beyond: Cartography of Syntactic Structures*, vol. 3, ed. by Adriana Belletti, 104–131, Oxford University Press, Oxford.
Chomsky, Noam (2005) "Three Factors in Language Design," *Linguistic Inquiry* 36, 1–22.
Chomky, Noam (2010) "Some Simple Evo-devo Theses: How True Might They be for Language?" *The Evolution of Human Language: Biolinguistic Perspectives*, ed. by Richard K. Larson, Viviane Déprez and Hiroko Yamakido, 45–62, Cambridge University Press, Cambridge.
Chomsky, Noam (2013) "Problems of Projection," *Lingua* 130, 33–49.
Chomsky, Noam (2015) "Some Core Contested Concepts," *Journal of Psycholinguistic Research* 44, 91–104.
Chomsky, Noam and and James McGilvray (2012) *The Science of Language: Interviews with James McGilvray*. Cambridge University Press, Cambridge.
Clahsen, Harald and Pieter Muysken (1986) "The Availability of Universal Grammar to Adult and Child Learners—A Study of the Acquisition of German Word Order," *Second Language Research* 2, 93–119.
Clahsen, Harald and Claudia Felser (2006) "Grammatical Processing in Language Learners," *Applied Psycholinguistics* 27, 3–42.
Cook, Vivian (1991) "The Poverty-of-the-Stimulus Argument and Multi-Competence," *Second Language Research* 7, 103–117.
Cook, Vivian (2003) *Effects of the Second Language on the First*, Multilingual Matters, Clevedon.
Cook, Vivian (2016) "Premises of Multi-Competence," *The Cambridge Handbook of Linguistic Multi-Competence*, ed. by Vivian Cook and Li Wei, 1–25, Cambridge University Press, Cambridge.
Crain, Stephen and Cecile McKee (1985) "The Acquisition of Structural Restrictions on Anaphora," *The Proceedings of the North-Eastern Linguistic Society 15 (NELS 15)*, ed. by Stephen Berman, Jae-Wong Choe and Joyce McDonough, 94–110, GLSA Publications, Amherst, MA.
Crain, Stephen and Mark J. Steedman (1985) "On Not Being Led Up the Garden Path: The Use of Context by the Psychological Parser," *Natural Language Parsing*, ed. by David R. Dowty, Lauri Karttunen and Arnold M. N. Zwicky, 320–358, Cambridge University Press, Cambridge.
Crain, Stephen and Mineharu Nakayama (1987) "Structure Dependence in Grammar

Formation," *Language* 63, 522-543.

Crain, Stephen, Loes Koring and Rosalind Thornton (2017) "Language Acquisition from a Biolinguistic Perspective," *Neuroscience and Biobehavioral Reviews* 81, 120-149.

Curtiss, Susan (1977) *Genie: A Psycholinguistic Study of Modern-Day "Wild Child,"* Academic Press, New York.

Dehaene-Lambertz, Ghislaine, Emmanuel Dupoux and Ariel Gout (2000) "Electrophysiological Correlates of Phonological Processing: A Cross-Linguistic Study," *Journal of Cognitive Neuroscience* 12, 635-647.

Dekydtspotter, Laurent, Rex A. Sprouse and Bruce Anderson (1998) "Interlanguage A-Bar Dependencies: Binding Construals, Null prepositions and Universal Grammar," *Second Language Research* 14, 341-358.

Desmet Timothy and Duyck Wouter (2007) "Bilingual Language Processing," *Language and Linguistics Compass* 1(3), 168-194.

De Vincenzi, Marica (1991) *Syntactic Parsing Strategies in Italian*, Kluwer, Dordrecht.

Diamond, Jared (2012) *The World until Yesterday: What Can We Learn from Traditional Societies?* Penguin, London.

Duvernoy, Henri M. (1999) *The Human Brain: Surface, Three-Dimensional Sectional Anatomy with MRI, and Blood Supply*, Springer, New York.

Everaert, Martin B. H., Marinus A. C. Huybregts, Noam Chomsky, Robert C. Berwick and Johan J. Bolhuis (2015) "Structures, Not Strings: Linguistics as Part of the Cognitive Sciences," *Trends in Cognitive Sciences* 19, 729-743.

Fischer, Susan (2017) "Crosslinguistic Variation in Sign Language Syntax," *Annual Review of Linguistics* 3, 125-147.

Fukui, Naoki (1986) *A Theory of Category Projection and Its Applications*, Doctoral dissertation, MIT.

福井直樹（2005）「現代言語学と言語障害」『コミュニケーション障害学』2, 85-92.

Frazier, Lyn (1979) *On Comprehending Sentences: Syntactic Parsing Strategies*, Indiana University Linguistics Club, Bloomington.

Frazier, Lyn (1987) "Sentence Processing: A Tutorial Review," *Attention and Performance, XII: The Psychology of Reading*, ed. by Max Coltheart, 559-586, Lawrence Erlbaum, Hillsdale, NJ.

Frazier, Lyn (2013) "Syntax in Sentence Processing," *Sentence Processing*, ed. by Roger P. G. van Gompel, 21-50, Psychology Press, New York.

Frazier, Lyn and Giovanni B. Flores d'Arcais (1989) "Filler Driven Parsing: A Study of Gap Filling in Dutch," *Journal of Memory and Language* 28, 331-344.

Frazier, Lyn and Charles Clifton (1989) "Successive Cyclicity in the Grammar and the Parser," *Language and Cognitive Processes* 4, 93-126.

Gibson, Edward (1991) *A Computational Theory of Human Linguistic Processing: Memory Limitations and Processing Breakdown*, Doctoral dissertation, Carnegie

Mellon University.

Goro, Takuya and Sachie Akiba (2004) "The Acquisition of Disjunction and Positive Polarity in Japanese," *Proceedings of the 23rd West Coast Conference on Formal Linguistics (WCCFL 23)*, ed. by Vineeta Chand, Ann Kelleher, Angelo J. Rodríguez and Benjamin Schmeiser, 101-114, Cascadilla Press, Somerville, MA.

Greenberg, Joseph H. (1963) "Some Universals of Grammar with Particular Reference to the Order of Meaningful Elements," *Universals of Language*, ed. by Joseph H. Greenberg, 73-113, MIT Press, Cambridge, MA.

Grodner, Daniel and Edward Gibson (2005) "Some Consequences of the Serial Nature of Linguistic Input," *Cognitive Science* 29, 261-290.

Grosjean, François (1989) "Neurolinguists, Beware! The Bilingual is not Two Monolinguals in One Person," *Brain and language* 36, 3-15.

Grosjean, François and Ping Li (2013) *The Psycholinguistics of Biligualism*, Wiley-Blackwell, Oxford.

Guasti, Maria T. (2017) *Language Acquisition: The Growth of Grammar*, MIT Press, Cambridge, MA.

Gualmini, Andrea and Stephen Crain (2005) "The Structure of Children's Linguistic Knowledge," *Linguistic Inquiry* 36, 463-474.

Hale, Ken (1996) "Can UG and L1 be Distinguished in L2 Acquisition?" *Behavioral and Brain Sciences* 19, 728-730.

Harada, Tetsuo (2007) "The Production of Voice Onset Time (VOT) by English-Speaking Children in a Japanese Immersion Program," *IRAL-International Review of Applied Linguistics in Language Teaching* 45, 353-378.

Hawkins, Roger and Cecilia Yuet-Hung Chan (1997) "The Partial Availability of Universal Grammar in Second Language Acquisition: The 'Failed Functional Features Hypothesis,'" *Second Language Research* 13, 187-226.

Hawkins, Roger and Hajime Hattori (2006) "Interpretation of English Multiple Wh-Questions by Japanese Speakers: A Missing Uninterpretable Feature Account," *Second Language Research* 22, 269-301.

広瀬友紀（2017）『ちいさい言語学者の冒険： 幼児に学ぶことばの秘密』岩波書店，東京．

Hirose, Yuki and Atsu Inoue (1998) "Ambiguity of Reanalysis in Parsing Complex Sentences in Japanese," *Syntax and Semantics, Vol. 31: Sentence Processing: A Crosslinguistic Perspective*, ed. by Dieter Hillert, 71-93, Academic Press, New York.

Hoff, Erika (2006) "How Social Contexts Support and Shape Language Development," *Developmenta Review* 26, 55-88.

Hyams, Nina (1986) *Language Acquisition and the Theory of Parameters*, D. Reidel, Dordrecht.

井上雅勝（2003）「日本語文理解におけるガーデンパス効果」『武庫川女子大紀要（人文・

社会科学)』第 51 巻,57-66.
Ivanonva Ivan and Albert Costa (2008) "Does Bilingualism Hamper Lexical Access in Speech Production?" *Acta Psychologica* 127, 277-288.
Jeong, Hyeonjeong, Motoaki Sugiura, Yuko Sassa, Keisuke Wakusawa, Kaoru Horie, Shigeru Sato and Ryuta Kawashima (2010) "Learning Second Language Vocabulary: Neural Dissociation of Situation-Based Learning and Text-Based Learning," *Neuroimage* 50, 802-809.
Just, Marcel A., Patricia A. Carpenter and Jacqueline D. Woolley (1982) "Paradigms and Reading in Comprehension," *Journal of Experimental Psychology: General* 111, 228-238.
Kahn, Daniel (1976) *Syllable-Based Generalizations in English Phonology*, Doctoral dissertation, MIT. [Reprented by Garland, New York, (1980).]
梶田優 (1977-1981)「生成文法の思考法 (1)-(48)」『英語青年』,123 巻 5 号-127 巻 4 号.
Kanno, Kazue (1997) "The Acquisition of Null and Overt Pronominals in Japanese by English Speakers," *Second Language Research* 13, 265-287.
Kazanina, Nina, Ellen F. Lau, Moti Lieberman, Masaya Yoshida and Colin Phillips (2007) "The Effect of Syntactic Constraints on the Processing of Backwards Anaphora," *Journal of Memory and Language* 56, 384-409.
Kimball, John (1973) "Seven Principles of Surface Structure Parsing in Natural Language," *Cognition* 2, 15-47.
Kim Boyoung and Grant Goodall (2016) "Islands and Non-Islands in Native and Heritage Korean," *Frontiers in Psychology* 7, 134.
Klein, Elaine (1993) *Toward Second Language Acquisition: A Study of Null-Prep*, Kluwer, Dordrecht.
Kluender, Robert and Marta Kutas (1993) "Bridging the Gap: Evidence from ERPs on the Processing of Unbounded Dependencies," *Journal of Cognitive Neuroscience* 5, 196-214
小泉英明 (2010)『脳科学と学習・教育』明石書店,東京.
Konieczny, Lars and Philipp Döring (2003) "Anticipation of Clause-Final Heads: Evidence from Eye-Tracking and SRNs," *Proceedings of the 4th International Conference on Cognitive Science*, 330-335, University of New South Wales, Sydney.
Krcmar, Marina, Bernard Grela ann d Kristen Lin (2007) "Can Toddlers Learn Vocabulary from Television? An Experimental Approach," *Media Psychology* 10, 41-63.
Kuhl, Patricia, Feng-Ming Tsao and Huei-Mei Liu (2003) "Foreign-Language Experience in Infancy: Effects of Short-Term Exposure and Social Interaction on Phonetic Learning, *Proceedings of the National Academy of Sciences* 100, 9096-9101.
Kush, Dave (2013) *Respecting Relations: Memory Access and Antecedent Retrieval in*

Incremental Sentence Processing. Doctoral dissertation, University of Maryland, College Park.

Lardiere, Donna (2009a) "Some Thoughts on a Contrastive Analysis of Features in Second Lanauge Acquisition," *Second Language Research* 25, 173-227.

Lardiere, Donna (2009b) "Further Thoughts on Parameters and Features in Second Language Acquisition," *Second Language Research* 25, 409-422.

Levy, Roger P. and Frank Keller (2013) "Expectation and Locality Effects in German Verb-Final Structures," *Journal of Memory and Language* 68, 199-222.

Lewis, Richard L. (1996) "Interference in Short-Term Memory: The Magical Number Two (or Three) in Sentence Processing," *Journal of Psycholinguistic Research* 25, 93-115.

Lewis, Richard L. and Shravan Vasishth (2005) "An Activation-Based Model of Sentence Processing as Skilled Memory Retrieval," *Cognitive Science* 29, 375-419.

Lewis, Richard L., Shravan Vasishth and Julie A. Van Dyke (2006) "Computational Principles of Working Memory in Sentence Comprehension," *Trends in Cognitive Sciences* 10, 447-454.

Lillo-Martin, Diane, Ronice Müller de Quadros and Deborah Chen Pichler (2016) "The Development of Bimodal Bilingualism," *Linguistic Approaches to Bilingualism* 6, 719-755.

Lukyanenko, Cynthia, Anastasia Conroy and Jeffrey Lidz (2014) "Is She Patting Katie? Constraints on Pronominal Reference in 30-Month-Olds," *Language Learning and Development* 10, 328-344.

松岡和美 (2015)『日本手話で学ぶ手話言語学の基礎』くろしお出版, 東京.

Martohardjono, Gita (1993) Wh-Movement in the Acquisition of a Second Language: A Crosslinguistic Study of Three Languages with and without Movement, Doctoral dissertation, Cornell University.

Mazuka, Reiko and Kenji Itoh (1995) "Can Japanese Speakers Be Led Down the Garden-Path?" *Japanese Sentence Processing*, ed. by Reiko Mazuka and Noriko Nagai, 295-329, Lawrence Erlbaum, Mahwah, NJ.

MacWhinney, Brian (2000) *The CHILDES Project: Tools for Analyzing Talk*, Lawrence Erlbaum Associates, Mahwah, NJ.

Meisel, Jürgen (1997) "The Acquisition of the Syntax of Negation in French and German: Contrasting First and Second Language Development," *Second Language Research* 13, 227-263.

Miyagawa, Shigeru (1989) *Structure and Case Marking in Japanese*, Academic Press, New York.

Miyamoto, Edson T. (2002) "Case Markers as Clause Boundary Inducers in Japanese," *Journal of Psycholinguistic Research* 31, 307-347.

Montalbetti, Mario M. (1984) *After Binding. On the Interpretation of Pronouns*, Doctoral dissertation, MIT.

Montrul, Silvia (2016) *Heritage Language Acquisition*, Cambridge University Press, Cambridge.

村端五郎・村端佳子 (2016)『第二言語ユーザーのことばと心——マルチコンピテンスからの提言』開拓社, 東京.

Musso, Mariacristina, Andrea Moro, Volkmar Glauche, Michael Rijntjes, Jürgen Reichenbach, Christian Büchel and Cornelius Weiller (2003) "Broca's Area and the Language Instinct," *Nature Neuroscience* 6, 774–781.

O'Grady, William (2012) "Three Factors in the Design and Acquisition of Language," *Wiley Interdisciplinary Review: Cognitive Science* 3, 493–99.

Ono, Hajime (2006) *An Investigation of Exclamatives in English and Japanese: Syntax and Sentence Processing*, Doctoral dissertation, University of Maryland, College Park.

Ono, Hajime, Miki Obata and Noriaki Yusa (2013) "Interference and Subcategorization Information: A Case of Pre-Verbal NPs in Japanese," *Proceedings of Formal Approaches to Japanese Linguistics 6 (FAJL-6)*, ed. by Kazuko Yatsushiro and Uli Sauerland, 133–144, MIT Working Papers in Linguistics.

Ono, Hajime and Kentaro Nakatani (2014) "Integration Costs in the Processing of Japanese Wh-Interrogative Sentences," *Studies in Language Sciences* 13, 13–31.

小野創・小畑美貴・中谷健太郎 (2014)「文解析と記憶システム: 文法的依存関係構築における干渉効果の検討」『言語の設計・発達・進化：生物言語学探求』藤田耕司・福井直樹・遊佐典昭・池内正幸（編）, 174–203, 開拓社, 東京.

Otsu, Yukio (1994) "Notes on the Structural Distinction between Case Markers and Postpositions in the Acquisition of Japanese Grammar," *Synchronic and Diachronic Approaches to Language: A Festschrift for Toshio Nakao on the Occasion of his Sixtieth Birthday*, ed. by Shuji Chiba et al., 503–507, Liber Press, Tokyo.

Pavlenko, Aneta, ed. (2011) *Thinking and Speaking in Two Languages*, Multilingual Matters, Bristol.

Pérez-Leroux, Anna T and William R. Glass (1997) "Null Anaphora in Spanish Second Language Acquisition: Probabilistic versus Generative Approaches," *Second Language Research* 15, 220–249.

Petitto, Laura A. and Paula F. Marentette (1991) "Babbling in the Manual Mode: Evidence for the Ontogeny of Language, *Science* 251, 1493–1496.

Phillips, Colin (1996) *Order and Structure*, Doctoral dissertation, MIT.

Phillips, Colin (2006) "The Real-Time Status of Island Constraints," *Language* 82, 795–823.

Phillips, Colin and Matthew Wagers (2007) "Relating Structure and Time in Linguistics and Psycholinguistics," *The Oxford Handbook of Psycholinguistics*, ed. by Gareth Gaskell, 739–756. Oxford University Press, Oxford.

Piske, Thorsten and Martha M. Young-Scholten, eds. (2009) *Input Matters in SLA*, Multilingual Matters, Bristol.

Popper, Karl (1959) *The Logic of Scientific Discovery*, Hutchinson, London.

Rankin, Tom and Sharon Unsworth (2016) "Beyond Poverty: Engaging with Input in Generative SLA," *Second Language Research* 32, 1-10.

Rayner, Keith (2012) *Psychology of Reading*, Psychology Press, New York.

Rayner, Keith, Marcia Carlson and Lyn Frazier (1983) "The Interaction of Syntax and Semantics During Sentence Processing: Eye Movements in the Analysis of Semantically Biased Sentences," *Journal of Memory and Verbal Behavior* 22, 358-374.

Rizzi, Luigi (1982) *Issues in Italian Syntax*, Foris, Dordrecht.

Rizzi, Luigi (2011) "Minimality," *The Oxford Handbook of Linguistic Minimalism*, ed. by Cedric Boeckx, 220-238, Oxford University Press, Oxford.

Roeper, Thom (1999) "Universal Bilingualism," *Bilingualism: Language and Cognition* 2, 169-186.

Roseberry, Sarah, Kathy Hirsh-Pasek, Julia Parish-Morris and Roberta M. Golinkoff (2009) "Live Action: Can Young Children Learn Verbs from Video?" *Child Developemnt* 80, 1360-1375.

Rothman, Jason and Roumyana Slabakova (2017) "State of the Scholarship: The Generative Approach to SLA and its Place in Modern Second Language Studies," *Studies in Second Language Acquisition*, 1-26.

Sachs, Jacqueline, Barbara Bard and Marie L. Johnson (1981) "Language Learning with Restricted Input: Case Studies of Two Hearing Children of Deaf Parents," *Applied Psycholinguistics* 2, 33-54.

Sakai, Kuniyoshi L., Yoshinori Tatsuno, Kei Suzuki, Harumi Kimura and Yasuhiro Ichida (2005) "Sign and Speech: Amodal Commonality in Left Hemisphere Dominance for Comprehension of Sentences," *Brain* 128, 1407-1417.

Sakai, Kuniyoshi L., Arihito Nauchi, Yoshinori Tatsuno, Kazuyoshi Hirano, Yukimasa Muraishi, Masakazu Kimura, Mike Bostwick and Noriaki Yusa (2009) "Distinct Roles of Left Inferior Frontal Regions that Explain Individual Differences in Second Language Acquisition," *Human Brain Mapping* 30, 2440-2452.

Sandler, Wendy and Diane Lillo-Martin (2006) *Sign Language and Linguistic Universals*, Cambridge University Press, Cambridge.

Schütze, Carson T. and Edward Gibson (1999) "Argumenthood and English Prepositional Phrase Attachment," *Journal of Memory and Language* 40, 409-431.

Schwartz, Bonnie D. (1993) "On Explicit and Negative Data Effecting and Affecting Competence and Linguistic Behavior, *Studies in Second Language Acquisition* 15, 147-163.

Schwartz, Bonnie D. and Rex A. Sprouse (1994) "Word Order and Nominative Case in Nonnative Language Acquisition: A Longitudinal Study of (L1 Turkish) German Interlanguage," *Language Acquisition Studies in Generative Grammar*, ed. by Teun Hoekstra and Bonnie D. Schwartz, 317-368, John Benjamins, Amsterdam.

Schwartz, Bonnie D. and Rex A. Sprouse (1996) "L2 Cognitive States and the Full Transfer/Full Access Model," *Second Language Research* 12, 40-72.

Schwartz, Bonnie D. and Rex A. Sprouse (2013) "Generative Approaches and the Poverty of the Stimulus," *The Cambridge Handbook of Second Language Acquisition*, ed. by Julia Herschensohn and Martha Young-Scholten, 137-158, Cambridge University Press, Cambridge.

Slabakova, Roumyana (2008) *Meaning in the Second Language*, Mouton de Gruyter, New York/Berlin.

Slabakova, Roumyana (2016) *Second Language Acquisition*, Oxford University Press, London.

Smith, Neil and Ianthi-Maria Tsimpli (1996) *The Mind of a Savant: Language, Learning and Modularity*, Blackwell, Oxford.

Snyder, William (2001) "On the Nature of Syntactic Variation: Evidence from Complex Predicates and Complex Word-Formation," *Language* 77, 324-342.

Son, Minjeong (2006) "Directed Motion and Non-Predicative Path P," *Nordlyd: Tromsø University Working Papers on Language and Linguistics 33*, ed. by Peter Svenonius, 176-199.

Sprouse, Jon, Shin Fukuda, Hajime Ono and Robert Kluender (2011) "Reverse Island Effects and the Backward Search for a Licensor in Multiple Wh-Questions," *Syntax* 14, 179-203.

Sprouse, Jon and Norbert Hornstein (2013) *Experimental Syntax and Island Effects*, Cambridge University Press, Cambridge.

Stowell, Timothy (1981) *Origins of Phrase Structure*, Doctoral dissertation, MIT.

Sugisaki, Koji (2016) "Quantifier Float and Structure Dependence in Child Japanese," *Language Acquisition* 23, 75-88.

Sugisaki, Koji and William Snyder (2002) "Preposition Stranding and the Compounding Parameter: A Developmental Perspective," *Proceedings of the 26th Annual Boston University Conference on Language Development*, ed. by Barbora Skarabela, Sarah Fish and Anna H.-J. Do, 677-688, Cascadilla Press, Somerville, MA.

Tanenhaus, Michael K., Michael J. Spivey-Knowlton, Kathleen M. Eberhard and Julie C. Sedivy (1995) "Integration of Visual and Linguistic Information in Spoken Language Comprehension," *Science* 268, 1632-1634.

Thornton, Rosalind (1990) *Adventures in Long-Distance Moving: The Acquisition of Complex Wh-Questions*, Doctoral dissertation, University of Connecticut.

Tokimoto, Shingo (2004) "Reanalysis Costs in Processing Japanese Sentences with Complex NP Structures and Homonyms: Individual Differences and Verbal Working Memory Constraints," 日本認知科学会テクニカルレポート 53.

Tokizaki, Hisao (2013) "Deriving the Compounding Parameter from Phonology," *Linguistic Analysis* 38, 275-304.

Trueswell, John C. and Michael K. Tanenhaus (1991) "Tense, Temporal Context and Syntactic Ambiguity Resolution," *Language and Cognitive Processes* 6, 303-338.

Traxler, Matthew, J. (2011) *Introduction to Psycholinguistics: Understanding Language Science*, Wiley-Blackwell, Malden, MA.

Umeda, Mari, Neal Snape, John Wiltshier and Noriaki Yusa (in press) "The Long-Term Effect of Explicit Instruction on Learners' Knowledge on English Articles," *Language Teaching Research*.

Van Dyke, Julie A. and Richard L. Lewis (2003) "Distinguishing Effects of Structure and Decay on Attachment and Repair: A Cue-Based Parsing Account of Recovery from Misanalysed Ambiguities," *Journal of Memory and Language* 49, 285-316.

van Gompel, Roger P. G., Martin H. Fischer, Wayne S. Murray and Robin L. Hill (2007) *Eye Movements: A Window on Mind and Brain*, Elsevier, Amsterdam, The Netherlands.

van Gompel, Roger P. G., ed. (2013) *Sentence Processing*, Psychology Press, New York.

VanPatten, Bill (2010) "The Two Faces of SLA: Mental Representation and Skill," *International Journal of English Studies* 10, 1-18.

VanPatten, Bill and Jessica Williams (2015) *Theories in Second Language Acquisition: An Introduction*, Routledge, New York.

VanPatten, Bill and Jason Rothman (2015) "What does Current Generative Theory Have to Say about the Explicit-Implicit Debate?" *Implicit and Explicit Learning of Languages*, ed. by Patrick Rebuschat, 89-116, John Benjamins, Amsterdam.

Verga, Laura and Sonja A. Kotz (2013) "How Relevant is Social Interaction in Second Language Learning?" *Frontiers in Human Neuroscience* 7, 550.

Wagers, Matthew W. (2008) *The Structure of Memory Meets Memory for Structure in Linguistic Cognition*, Doctoral dissertation, University of Maryland, College Park.

Werker F. Janet and Richard C. Tees (1984) "Cross Language Speech Perception-Evidence for Perceptual Reorganization during the First Year of Life," *Infant Behaviour and Development* 7, 49-63.

White, Lydia (1989) *Universal Grammar and Second Language Acquisition*, John Benjamins, Amsterdam.

White, Lydia (2003) *Second Language Acquisition and Universal Grammar*, Cambridge University Press, Cambridge.

Whong, Melinda, Kook-Hee Gil and Heather Marsden (2013) *Universal Grammar and the Second Language Classroom*, Springer, Dordrecht.

Winawer, Jonathan, Nathan Witthoft, Michael C. Frank, Lisa Wu, Alex R. Wade and Lera Boroditsky (2007) "Russian Blues Reveal Effects of Language on Color Discrimination," *Proceedings of the National Academy of Sciences* 104, 7780-7785.

Yager, Lisa, Nora Hellmold, Hyoun-A Joo, Michael T. Putnam, Eleonora Rossi, Catherine Stafford and Joseph Salmons (2015) "New Structural Patterns in Moribund Grammar: Case Marking in Heritage German," *Frontiers in Psychology* 6, 1716.

Yang, Charles D. (2003) *Knowledge and Learning in Natural Language*, Oxford University Press, New York.

Yang, Charles D., Stephe Crain, Robert C. Berwick, Noam Chomsky and Johan J. Bolhuis (2017) "The Growth of Language: Universal Grammar, Experience, and Principles of Computation," *Neuroscience and Biobehavioral Reviews* x, xxx.

Yang, Charles D. and Silvia Montrul (2017) "Learning Datives: The Tolerance Principle in Monolingual and Bilingual Acquisition," *Second Language Research* 33, 119-144.

Yoshida, Masaya (2006) *Constraints and Mechanisms in Long-Distance Dependency Formation*, Doctoral dissertation, University of Maryland, College Park.

Yusa, Noriaki (1999) "Multiple-Specifiers and Wh-Island Effects in L2 Acquisition," *The Development of Second Language Grammars: A Generative Aproach*, ed. by Klein, Elaine and Martohardjono Gita, John Benjamins, Amsterdam.

Yusa, Noriaki, Kuniya Nasukawa, Masatoshi Koizumi, Jungho Kim, Naoki Kimura and Kensuke Emura (2009) "Unexpected Effects of the Second Language on the First," *Proceedings of the 6th International Symposium on the Acquisition of Second Language Speech*, ed. by K. Dziubalska-Ko laczyk, M. Wrembel and M. Kul, 580-584.

遊佐典昭 (2010)「第二言語獲得」, 遊佐典昭 (編),『言語と哲学・心理学』193-218, 朝倉書店, 東京.

遊佐典昭 (2012)「ブローカ野における階層構造と回帰的計算」『進化言語学の構築―新しい人間科学を目指して』藤田耕司・岡ノ谷一夫 (編), 77-94. ひつじ書房, 東京.

遊佐典昭 (2014)「言語進化研究への覚え書き」『言語の設計・発達・進化―生物言語学探究』藤田耕司・福井直樹・遊佐典昭・池内正幸 (編), 128-155, 開拓社, 東京.

Yusa, Noriaki, Masatoshi Koizumi, Jungho Kim, Noki Kimura, Shinya Uchida, Satoru Yokoyama, Naoki Miura, Ryuta Kawashima and Hiroko Hagiwara (2011) "Second-Language Instinct and Instruction Effects: Nature and Nurture in Second-Language Acquisition," *Journal of Cognitive Neuroscience* 23, 2716-2730.

Yusa, Noriaki, Masatoshi Koizumi, Jungho Kim, Motoaki Sugiura and Ryuta Kawashima (2017) "Social Interaction Affects Neural Outcomes of Sign Language Learning as a Foreign Language in Adults," *Frontiers in Human Neuroscience* 11, 115.

第 II 部

Alexiadou, Artemis (2010) "On the Morphosyntax of (Anti)Causative Verbs," *Lexical Semantics, Syntax, and Event Structure*, ed. by Malka Rappaport Hovav, Edit Doron and Ivy Sichel, 177-203, Oxford University Press, Oxford.

Arbib, Michael A. and Derek Bickerton, eds. (2010) *The Emergence of Protolanguage: Holophrasis vs Compositionality*, John Benjamins, Amsterdam.

Armitage, Simon, Sabah Jasim, Anthony Marks, Adrian Parker, Vitaly Usik and Hans-Peter Uerpmann (2011) "The Southern Route 'Out of Africa': Evidence for an Early Expansion of Modern Humans into Arabia," *Science* 331, 453-456.

Arnold, Kate, and Klaus Zuberbühler (2006) "Semantic Combinations in Primate Calls," *Nature* 441, 303.

Bachrach, Asaf (2008) *Imaging Neural Correlates of Syntactic Complexity in a Naturalistic Context*, Doctoral dissertation, MIT.

Bae, Christopher, Wei Wang, Jianxin Zhao, Shengming Huang, Feng Tian and Guanjun Shen (2014) "Modern Human Teeth from Late Pleistocene Luna Cave (Guangxi, China)," *Quaternary International* 354,169-183.

Balter, Michael (2013) "Archaeologist Hammers Away at 'Modern' Behavior," *Science* 339, 642-643.

Behar, Doron, Richard Villems, Himla Soodyall, Jason Blue-Smith, Luisa Pereira, Ene Metspalu, ... The Genographic Consortium (2008) "The Dawn of Human Matrilineal Diversity," *The American Journal of Human Genetics* 82, 1130-1140.

Benítez-Burraco, Antonio and Cedric Boeckx (2014) "Universal Grammar and Biological Variation: An EvoDevo Agenda for Comparative Biolinguistics," *Biological Theory* 9, 122-134.

Berwick, Robert C. (2011) "All You Need Is Merge: Biology, Computation and Language from the Bottom Up," *The Biolinguistic Enterprise: New Perspectives on the Evolution and Nature of the Human Language Faculty*, ed. by Anna Maria Di Sciullo and Cedric Boeckx, 461-491, Oxford University Press, Oxford.

Berwick, Robert C. and Noam Chomsky (2011) "The Biolinguistic Program: The Current State of Its Development," *The Biolinguistic Enterprise: New Perspectives on the Evolution and Nature of the Human Language Faculty*, ed. by Anna Maria Di Sciullo and Cedric Boeckx, 19-41, Oxford University Press, Oxford.

Berwick, Robert C. and Noam Chomsky (2016) *Why Only Us: Language and Evolution*, MIT Press, Cambridge, MA.

Berwick, Robert C. and Noam Chomsky (2017) "Why Only Us: Recent Questions and Answers," *Journal of Neurolinguistics* 43B, Language Evolution: On the Origin of Lexical and Syntactic Structures, 166-177.

Berwick, Robert C., Noam Chomsky and Massimo Piattelli-Palmarini (2013) "Poverty of the Stimulus Stands: Why Recent Challenges Fail," *Rich Languages from Poor Inputs*, ed. by Massimo Piattelli-Palmarini and Robert C. Berwick, 19-42, Oxford University Press, Oxford.

Berwick, Robert C., Kazuo Okanoya, Gabriel J. L. Beckers, and Johan J. Bolhuis (2011) "Songs to Syntax: The Linguistics of Birdsong," *Trends in Cognitive Sciences* 15(3), 113-121.

Bickerton, Derek (1990) *Language and Species,* University of Chicago Press, Chicago.

Boeckx, Cedric (2012) "The I-language Mosaic," *Language, from a Biological Point of View: Current Issues in Biolinguistics,* ed. by Cedric Boeckx, María del Carmen Horno-Chéliz and José-Luis Mendívil-Giró, 23-51, Cambridge Scholars Publishing, Newcastle, UK.

Boeckx, Cedric (2015) *Elementary Syntactic Structures: Prospects of a Feature-free Syntax,* Cambridge University Press, Cambridge.

Boeckx, Cedric and Antonio Benítez-Burraco (2014a) "Biolinguistics 2.0," *The Design, Development and Evolution of Language: Explorations in Biolinguistics,* ed. by Koji Fujita, Naoki Fukui, Noriaki Yusa and Masayuki Ike-uchi, 8-30, Kaitakusha, Tokyo.

Boeckx, Cedric and Antonio Benítez-Burraco (2014b) "The Shape of the Human Language-ready Brain," *Frontiers in Psychology* 5, Article 282.

Boeckx, Cedric and Kleanthes K. Grohmann (2007) "The Biolinguistics Manifesto," *Biolinguistics* 1, 1-8.

Boeckx, Cedric and Koji Fujita (2014) "Syntax, Action, Comparative Cognitive Science and Darwinian Thinking," *Frontiers in Psychology* 5, Article 627.

Boeckx, Cedric, Anna Martinez-Alvarez and Evelina Leivada (2014) "The Functional Neuroanatomy of Serial Order in Language," *Journal of Neurolinguistics* 32, 1-15.

Bretzke, Knut, Simon Armitage, Adrian Parker, Helen Walkington and Hans-Peter Uerpmann (2013) "The Environmental Context of Paleolithic Settlement at Jebel Faya, Emirate Sharjah, UAE," *Quaternary International* 300, 83-93.

Bronowski, Jacob (1977) *A Sense of the Future: Essays in Natural Philosophy,* MIT Press, Cambridge, MA.

Cai, Yanjun, Xiaoke Qiang, Xulong Wang, Changzhu Jin, Yuan Wang, Yingqi Zhang, Erik Trinkaus and Zhisheng An (2017) "The Age of Human Remains and Associated Fauna from Zhiren Cave in Guangxi, Southern China," *Quaternary International* 434, 84-91.

Chomsky, Noam (1965) *Aspects of the Theory of Syntax,* MIT Press, Cambridge, MA.

Chomsky, Noam (1981) *Lectures on Government and Binding,* Foris, Dordrecht.

Chomsky, Noam (1995) *The Minimalist Program,* MIT Press, Cambridge, MA.

Chomsky, Noam (2005) "Three Factors in Language Design," *Linguistic Inquiry* 36, 1-22.

Chomsky, Noam (2007) "Approaching UG from Below," *Interfaces + Recursion = Language?: Chomsky's Minimalism and the View from Syntax-Semantics,* ed. by Uli Sauerland and Hans-Martin Gärtner, 1-29, Mouton de Gruyter, Berlin.

Chomsky, Noam (2008) "On Phases," *Foundational Issues in Linguistic Theory: Es-

says in Honor of Jean-Roger Vergnaud, ed. by Robert Freidin, Carlos P. Otero and Maria Luisa Zubizarreta, 133-166, MIT Press, Cambridge, MA.

Chomsky, Noam (2013) "Problems of Projection," *Lingua* 130, 33-49.

Chomsky, Noam (2014) "Minimal Recursion: Exploring the Prospects," *Recursion: Complexity in Cognition*, ed. by Tom Roeper and Margaret Speas, 1-15, Springer, New York.

Chomsky, Noam (2015) "Problems of Projection—Extensions," *Structures, Strategies and Beyond: Studies in Honour of Adriana Belletti*, ed. by Elisa Di Domenico, Cornelia Hamann and Simona Matteini, 1-16, John Benjamins, Amsterdam.

Chomsky, Noam (2017) "Language Architecture and Its Import for Evolution," *Neuroscience & Biobehavioral Reviews* 81B, 295-300.

Choy, Jungwon Janet, and Cynthia K. Thompson (2010) "Binding in Agrammatic Aphasia: Processing to Comprehension," *Aphasiology* 24, 551-579.

Cona, Giorgia and Carlo Semenza (2017) "Supplementary Motor Area as Key Structure for Domain-general Sequence Processing: A Unified Account," *Neuroscience and Biobehavioral Reviews* 72, 28-42.

Coolidge, Frederick, Miriam Haidle, Marlize Lombard and Thomas Wynn (2016) "Bridging Theory and Bow Hunting: Human Cognitive Evolution and Archaeology," *Antiquity* 9, 219-228.

Coolidge, Frederick, and Thomas Wynn (2009) *The Rise of Homo Sapiens: The Evolution of Modern Thinking*, Wiley-Blackwell, Oxford.

Corballis, Michael C. (2002) *From Hand to Mouth: The Origins of Language,* Princeton University Press, Princeton.

Corballis, Michael C. (2017) *The Truth about Language: What It Is and Where It Came from,* University of Chicago Press, Chicago.

Cruciani, Fulvio, Beniamino Trombetta, Andrea Massaia, Giovanni Destro-Bisol, Daniele Sellitto and Rosaria Scozzari (2011) "A Revised Root for the Human Y Chromosomal Phylogenetic Tree: The Origin of Patrilineal Diversity in Africa," *The American Journal of Human Genetics* 88, 814-818.

Culotta, Elizabeth (2016) "A Single Wave of Migration from Africa Peopled the Globe," *Science* 354, 1522.

Dawkins, Richard (2009) *Growing Up in the Universe*, W.W. Norton & Co., New York.

Dediu, Dan and D. Robert Ladd (2007) "Linguistic Tone Is Related to the Population Frequency of the Adaptive Haplogroups of Two Brain Size Genes, ASPM and Microcephalin," *Proceedings of the National Academy of Sciences* 104, 10944-10949.

Dediu, Dan and Stephen Levinson (2013) "On the Antiquity of Language: The Reinterpretation of Neandertal Linguistic Capacities and Its Consequences," *Frontiers in Psychology* 4, Article 397.

deMenocal, Peter and Chris Stringer (2016) "Climate and the Peopling of the World," *Nature* 538, 49-50.

Dennell, Robin (2014) "Smoke and Mirrors: The Fossil Record for *Homo sapiens* between Arabia and Australia," *Southern Asia, Australia and the Search for Human Origins*, ed. by R. Dennell and M. Porr, 33-50, Cambridge University Press, Cambridge.

Dennett, Daniel (1995) *Darwin's Dangerous Idea: Evolution and the Meanings of Life,* Simon & Schuster, New York.

Di Sciullo, Anna Maria and Cedric Boeckx (2011) "Introduction: Contours of the Biolinguistc Research Agenda," *The Biolinguistic Enterprise: New Perspectives on the Evolution and Nature of the Human Language Faculty*, ed. by Anna Maria Di Sciullo and Cedric Boeckx, 1-16, Oxford University Press, Oxford.

Embick, David, and Rolf Noyer (2007) "Distributed Morphology and the Syntax-Morphology Interface," *The Oxford Handbook of Linguistic Interfaces,* ed. by Gillian Ramchand and Charles Reiss, 289-324, Oxford University Press, Oxford.

Everett, Caleb, Damián E. Blasi and Seán G. Roberts (2015) "Climate, Vocal Folds, and Tonal Languages: Connecting the Physiological and Geographic Dots," *Proceedings of the National Academy of Sciences* 112, 1322-1327.

Everett, Daniel L. (2005) "Cultural Constraints on Grammar and Cognition in Pirahã," *Current Anthropology* 464, 621-646.

Everett, Daniel L. (2012) *Language: The Cultural Tool*, Pantheon Books, New York.

Faisal, Aldo, Dietrich Stout, Jan Apel and Bruce Bradley (2010) "The Manipulative Complexity of Lower Paleolithic Stone Toolmaking," *PLoS ONE* 5(11), e13718.

Fitch, W. Tecumseh (2010) *The Evolution of Language*, Cambridge University Press, Cambridge.

Fitch, W. Tecumseh (2016) "Reinventing Linguistics—Again," *Inference* 2(3), http://inference-review.com/article/reinventing-linguistics-again

Frey, Stephen, Scott Mackey and Michael Petrides (2014) "Cortico-cortical Connections of Areas 44 and 45B in the Macaque Monkey," *Brain and Language* 131, 36-55.

Friederici, Angela (2016) "Evolution of the Neural Language Network," *Psychonomic Bulletin & Review* 24, 41-47.

Fu, Qiaomei, Alissa Mittnik, Philip Johnson, Kirsten Bos, Martina Lari, Ruth Bollongino, … Johannes Krause (2013) "A Revised Timescale for Human Evolution Based on Ancient Mitochondrial Genomes," *Current Biology* 23, 553-559.

Fujita, Koji (1996) "Double Objects, Causatives, and Derivational Economy," *Linguistic Inquiry* 27, 146-173.

藤田耕司（2012）「統語演算能力と言語能力の進化」『進化言語学の構築――新しい人間科学を目指して』藤田耕司・岡ノ谷一夫（編），53-73，ひつじ書房，東京．

藤田耕司（2013）「生成文法から進化言語学へ――生成文法の新たな企て」『生成言語研究

の現在』池内正幸・郷路拓也（編），95-123，ひつじ書房，東京．

Fujita, Koji (2014) "Recursive Merge and Human Language Evolution," *Recursion: Complexity in Cognition*, ed. by Tom Roeper and Margaret Speas, 243-264, Springer, New York.

藤田耕司（2014）「投射の進化的問題」『言語の設計・発達・進化——生物言語学探究』藤田耕司・福井直樹・遊佐典昭・池内正幸（編），279-307，開拓社，東京．

Fujita, Koji (2016) "On Certain Fallacies in Evolutionary Linguistics and How One Can Eliminate Them," *Advances in Biolinguistics: The Human Language Faculty and Its Biological Basis*, ed. by Koji Fujita and Cedric Boeckx, 141-152, Routledge, New York.

藤田耕司（2016）「受動動詞の日英比較——生物言語学的アプローチの試み——」『日英対照 文法と語彙への統合的アプローチ——生成文法・認知言語学と日本語学』藤田耕司・西村義樹（編），116-142，開拓社，東京．

Fujita, Koji (2017) "On the Parallel Evolution of Syntax and Lexicon: A Merge-only View," *Journal of Neurolinguistics* 43B, Language Evolution: On the Origin of Lexical and Syntactic Structures, 178-192.

藤田耕司（2017）「経済性理論から極小主義まで」『理論言語学史』畠山雄二（編），57-114，開拓社，東京．

Fujita, Koji, and Haruka Fujita (2016) "Integration or Disintegration?" *The Evolution of Language: Proceedings of the 11th International Conference* (EVOLANG11), ed. by Seán Roberts, Christine Cuskley, Luke McCrohon, Lluís Barceló-Coblijn, Olga Fehér and Tessa Verhoef, 430-432, http://evolang.org/neworleans/papers/16.html

Gause, Georgii Frantsevich (1934) *The Struggle for Existence*, Williams & Wilkins, Baltimore, MD.

Gibbons, Ann (2012) "Turning Back the Clock: Slowing the Pace of Prehistory," *Science* 338, 189-191.

Gibbons, Ann (2013) "Clocking the Human Exodus Out of Africa," *Science NOW*: 21 March.

Gibbons, Ann (2017) "Oldest Members of Our Species Discovered in Morocco," *Science* 356, 993-994.

Goldin-Meadow, Susan, Wing Chee So, Aslı Özyürek, and Carolyn Mylander (2008) "The Natural Order of Events: How Speakers of Different Languages Represent Events Nonverbally," *Proceedings of the National Academy of Sciences* 105(27), 9163-9168. doi:10.1073/pnas.0710060105

Goucha, Tomás, Emiliano Zaccarella and Angela D. Friederici (2017) "A Revival of the Homo Loquens as a Builder of Labeled Structures: Neurocognitive Considerations," *Neuroscience and Biobehavioral Reviews* 81B, 213-224.

Greenberg, Joseph (1966) *Universals of Language* (2nd ed.), MIT Press, Cambridge, MA.

Greenfield, Patricia M. (1991) "Language, Tools, and Brain: The Ontogeny and Phylogeny of Hierarchically Organized Sequential Behavior," *Behavioral and Brain Sciences* 14, 531-595.

Greenfield, Patricia M. (1998) "Language, Tools, and Brain Revisited," *Behavioral and Brain Sciences* 21, 159-163.

Greenfield, Patricia (2006) "Implications of Mirror Neurons for the Ontogeny and Phylogeny of Cultural Processes: The Examples of Tools and Language," *Action to Language via the Mirror Neuron System*, ed. by Michael A. Arbib, 501-533, Cambridge University Press, Cambridge.

Greenfield, Patricia M., Karen Nelson and Elliot Saltzman (1972) "The Development of Rulebound Strategies for Manipulating Seriated Cups: A Parallel between Action and Grammar," *Cognitive Psychology* 3, 291-310.

Grodzinsky, Yosef (2004) "Variation in Broca's Region: Preliminary Cross-Methodological Comparisons," *Variation and Universals in Biolinguistics*, ed. by Lyle Jenkins, 171-193, Elsevier, New York.

Gronau, Ilan, Melissa Hubisz, Brad Gulko, Charles Danko and Adam Siepel (2011) "Bayesian Inference of Ancient Human Demography from Individual Genome Sequences," *Nature Genetics* 43, 1031-1034.

Grossman, Murray (1980) "A Central Processor for Hierarchically Structured Material: Evidence from Broca's Aphasia," *Neuropsychologia* 18, 299-308.

Groucutt, Huw, Michael Petraglia, Geoff Bailey, Eleanor Scerri, Ash Parton, Laine Clark-Balzan, … Aylwyn Scally (2015) "Rethinking the Dispersal of *Homo sapiens* out of Africa," *Evolutionary Anthropology* 24, 149-164.

Hargus, Sharon and Ellen M. Kaisse, eds. (1993) *Phonetics and Phonology* 4: *Studies in Lexical Phonology,* Academic Press, San Diego.

Harley, Heidi (2009) "Compounding in Distributed Morphology," *The Oxford Handbook of Compounding*, ed. by Rochelle Lieber and Pavol Štekauer, 129-144, Oxford University Press, Oxford.

Hauser, Marc D., Noam Chomsky and W. Tecumseh Fitch (2002) "The Faculty of Language: What Is It, Who Has It, and How Did It Evolve?" *Science* 298, 1569-1578.

Hauser, Marc D. and Jeffrey Watumull (2017) "The Universal Generative Faculty: The Source of Our Expressive Power in Language, Mathematics, Morality, and Music," *Journal of Neurolinguistics* 43B, Language Evolution: On the Origin of Lexical and Syntactic Structures, 78-94.

Hauser, Marc D., Charles Yang, Robert C. Berwick, Ian Tattersall, Michael J. Ryan, Jeffrey Watumull, Noam Chomsky and Richard C. Lewontin (2014) "The Mystery of Language Evolution," *Frontiers in Psychology* 5, Article 401.

Hockett, Charles F. (1960) "Logical Considerations in the Study of Animal Communication," *Animal Sounds and Communication*, ed. by Wesley E. Lanyon and William N. Tavolga, 392-430, American Institute of Biological Sciences, Washington, D.C.

星野悦子・宮澤史穂 (2016)「音楽と言語の比較研究」『音楽知覚認知研究』22, 11-31.

Hublin, Jean-Jacques, Abdelouahed Ben-Ncer, Shara Bailey, Sarah Freidline, Simon Neubauer, Matthew Skinner, ... Philipp Gunz (2017) "New Fossils from Jebel Irhoud, Morocco and the Pan-African Origin of *Homo sapiens*," *Nature* 546, 289-292.

Hutchinson, George E. (1961) "The Paradox of the Plankton," *The American Naturalist* 95(882), 137-145.

池内正幸 (2010)『ひとのことばの起源と進化』開拓社，東京．

Ike-uchi, Masayuki (2012) "Recent Archaeological Evidence Suggests Much Earlier Emergence of Human UG," *Proceedings of the 9th International Conference on the Evolution of Language*, ed. by Thomas Scott-Phillips, Mónica Tamariz, Erica Cartmill, and James Hurford, 454-455, World Scientific, Singapore.

池内正幸 (2014)「FLN と FLB の創発に関する覚書：ミニマリスト・プログラムに拠るアプローチ」藤田・福井・遊佐・池内（編），214-238.

Ike-uchi, Masayuki (2016) "Proposing the Hypothesis of an Earlier Emergence of the Human Language Faculty," *Advances in Biolinguistics: The Human Language Faculty and Its Biological Basis*, ed. by Koji Fujita and Cedric Boeckx, 187-197, Routledge, New York.

池内正幸 (2016)「ヒトのことばは，「どのようにして」，「いつ」起源したのか？ ミニマリスト・プログラムに拠る進化生成言語学のアプローチ」慶應言語学コロキアムに於ける講演，2016 年 2 月，慶應大学．

池内正幸 (2017)「ヒトは，いつ，どのようにして言語を持つようになったのか──言語の起源と進化をめぐって」日本言語学会第 154 回大会公開シンポジウム「言語への脳遺伝学的接近」における講演，2017 年 6 月，首都大学東京．

Jackendoff, Ray (2009) "Compounding in the Parallel Architecture and Conceptual Semantics," *The Oxford Handbook of Compounding*, ed. by Rochelle Lieber and Pavol Štekauer, 105-128, Oxford University Press, Oxford.

Jackendoff, Ray (2010) "Your Theory of Language Evolution Depends on Your Theory of Language," *The Evolution of Human Language: Biolinguistic Perspectives*, ed. by Richard K. Larson, Viviane Déprez and Hiroko Yamakido, 63-72, Cambridge University Press, Cambridge.

Jackendoff, Ray and Eva Wittenberg (2016) "Linear Grammar as a Possible Stepping-stone in the Evolution of Language," *Psychonomic Bulletin & Review* 24, 219-224.

Jakobson, Roman (1968) *Child Language, Aphasia and Phonological Universals*, Mouton, The Hague.

Jenkins, Lyle (2000) *Biolinguistics: Exploring the Biology of Language*, Cambridge University Press, Cambridge.

Jenkins, Lyle (2013) "Biolinguistics: A Historical Perspective," *The Cambridge Handbook of Biolinguistics*, ed. by Cedric Boeckx and Kleanthes K. Grohmann, 4-11, Cambridge University Press, Cambridge.

Johansson, Sverker (2013) "Biolinguistics or Physicolinguistics?: Is the Third Factor Helpful or Harmful in Explaining Language?" *Biolinguistics* 7, 249-275.

海部陽介 (2016) 『日本人はどこから来たのか？』文藝春秋社，東京．

Kanwisher, Nancy (1987) "Repetition Blindness: Type Recognition without Token Individuation," *Cognition* 27, 117-143.

Katz, Jonah, and David Pesetsky (2011) "The Identity Thesis for Language and Music," http://ling.auf.net/lingbuzz/000959

Kayne, Richard S. (1994) *The Antisymmetry of Syntax*, MIT Press, Cambridge, MA.

Klein, Richard (2017) "Language and Human Evolution," *Journal of Neurolinguistics,* 43B, Language Evolution: On the Origin of Lexical and Syntactic Structures, 204-221.

Kuhlwilm, Martin, Ilan Gronau, Melissa Hubisz, Cesare de Filippo, Javier Prado-Martinez, Martin Kircher, … Sergi Castellano (2016) "Ancient Gene Flow from Early Modern Humans into Eastern Neanderthals," *Nature* 530, 429-433.

Lashley, Karl S. (1951) "The Problem of Serial Order in Behavior," *Cerebral Mechanisms in Behavior: The Hixon Symposium*, ed. by Lloyd A. Jeffress, 112-136, John Wiley and Sons, New York.

Lenneberg, Eric (1967) *Biological Foundations of Language*, John Wiley & Sons, New York.

Lerdahl, Fred and Ray Jackendoff (1983) *A Generative Theory of Tonal Music*, MIT Press, Cambridge, MA.

Liu, Wu, Chang-Zhu Jin, Ying-Qi Zhang, Yan-Jun Cai, Song Xing, Xiu-Jie Wu, … Xin-Zhi Wu (2010) "Human Remains from Zhirendong, South China, and Modern Human Emergence in East Asia," *Proceedings of the National Academy of Sciences* 107, 19201-19206.

Liu, Wu, María Martinón-Torres, Yan-jun Cai, Song Xing, Hao-wen Tong, Shu-wen Pei, … Xiu-jie Wu (2015) "The Earliest Unequivocally Modern Humans in Southern China," *Nature* 526, 696-699.

Malaspinas, Anna-Sapfo, Michael Westaway, Craig Muller, Vitor Sousa, Oscar Lao, Isabel Alves, … Eske Willerslev (2016) "A Genomic History of Aboriginal Australia," *Nature* 538, 207-214.

Mallick, Swapan, Heng Li, Mark Lipson, Iain Mathieson, Melissa Gymrek, Fernando Racimo, … David Reich (2016) "The Simons Genome Diversity Project: 300 Genomes from 142 Diverse Populations," *Nature* 538, 201-206.

Marantz, Alec (1997) "No Escape from Syntax: Don't Try Morphological Analysis in the Privacy of Your Own Lexicon," *University of Pennsylvania Working Papers in Linguistics* 4(2), 201-225.

Maricic, Tomislav, Viola Günther, Oleg Georgiev, Sabine Gehre, Marija Ćurlin, Christiane Schreiweis, ... Svante Pääbo (2012) "A Recent Evolutionary Change Affects a Regulatory Element in the Human *FOXP2* Gene," *Molecular Biology and Evolution* 30, 844-852.

Martins, Pedro Tiago and Cedric Boeckx (2016) "What We Talk about When We Talk about Biolinguistics," *Linguistics Vanguard* 2(1), 20160007.

Matsuzawa, Tetsuro (1991) "Nesting Cups and Metatools in Chimpanzees," *Behavioral and Brain Sciences* 14, 570-571.

Matsuzawa, Tetsuro (2001) "Primate Foundations of Human Intelligence: A View of Tool Use in Nonhuman Primates and Fossil Hominids," *Primate Origins of Human Cognition and Behavior*, ed. by Tetsuro Matsuzawa, 3-25, Springer-Verlag, Tokyo.

松沢哲郎 (2011)『想像するちから——チンパンジーが教えてくれた人間の心——』岩波書店，東京.

Maynard Smith, John and Eörs Szathmáry (1995) *The Major Transitions in Evolution*, Oxford University Press, Oxford.

McBrearty, Sally (2007) "Down with the Revolution," *Rethinking the Human Revolution: New Behavioral and Biological Perspectives on the Origin and Dispersal of Modern Humans*, ed. by Paul Mellars, Katherine Boyle, Ofer Bar-Yosef and Chris Stringer, 133-51, McDonald Institute for Archaeological Research, Cambridge.

McCarthy, John J. (1986) "OCP Effects: Gemination and Antigemination," *Linguistic Inquiry* 17(2), 207-263.

Michel, Véronique, Hélène Valladas, Guanjun Shen, Wei Wang, Jian-xin Zhao, Chuan-Chou Shen, Patricia Valensi and Christopher Bae (2016) "The Earliest Modern *Homo sapiens* in China?" *Journal of Human Evolution* 101, 101-104.

Mithen, Steven (1996) *The Prehistory of the Mind: A Search for the Origins of Art, Religion and Science*, Thames and Hudson, London.

Mithen, Steven (2006) *The Singing Neanderthals: The Origins of Music, Language, Mind and Body,* Harvard University Press, Cambridge, MA.

Miyagawa, Shigeru, Robert Berwick and Kazuo Okanoya (2013) "The Emergence of Hierarchical Structure in Human Language," *Frontiers in Psychology* 4, 71.

Miyagawa, Shigeru, Shiro Ojima, Robert Berwick and Kazuo Okanoya (2014) "The Integration Hypothesis of Human Language Evolution and the Nature of Contemporary Languages," *Frontiers in Psychology* 5, 564.

Moore, Mark W. (2010) "'Grammar of Action' and Stone Flaking Design Space," *Stone Tools and the Evolution of Human Cognition*, ed. by In April Nowell and Iain Davidson, 13-43, University Press of Colorado, Colorado.

Moro, Andrea (2000) *Dynamic Antisymmetry*, MIT Press, Cambridge, MA.

Moro, Andrea (2014) "On the Similarity between Syntax and Actions," *Trends in Cognitive Sciences* 18, 109-110.

Mozzi, Alessandra, Diego Forni, Mario Clerici, Uberto Pozzoli, Sara Mascheretti, Franca Guerini, ... Manuela Sironi (2016) "The Evolutionary History of Genes Involved in Spoken and Written Language: Beyond *FOXP2*," *Scientific Reports* 6, Article 22157.

Nóbrega, Vitor A., and Shigeru Miyagawa (2015) "The Precedence of Syntax in the Rapid Emergence of Human Language in Evolution as Defined by the Integration Hypothesis," *Frontiers in Psychology* 6, 271.

Odden, David (1986) "On the Role of the Obligatory Contour Principle in Phonological Theory," *Language* 62(2), 353-383.

Okanoya, Kazuo (2007) "Language Evolution and an Emergent Property," *Current Opinion in Neurobiology* 17, 271-276

岡ノ谷一夫 (2010) 「言語起源の生物学的シナリオ」『認知神経科学』12(1), 1-7.

Okanoya, Kazuo and Bjorn Merker (2007) "Neural Substrates for String-Context Mutual Segmentation: A Path to Human Language," *Emergence of Communication and Language*, ed. by Caroline Lyon, Chrystopher L. Nehaniv and Angelo Cangelosi, 421-434, Springer Verlag, New York.

Pagani, Luca, Daniel Lawson, Evelyn Jagoda, Alexander Mörseburg, Anders Eriksson, Marino Mitt, ... Mait Metspalu (2016) "Genomic Analyses Inform on Migration Events during the Peopling of Eurasia," *Nature* 538, 238-242.

Parton, Ash, Tom White, Adrian Parker, Paul Breeze, Richard Jennings, Huw Groucutt, and Michael Petraglia (2015) "Orbital-scale Climate Variability in Arabia as a Potential Motor for Human Dispersals," *Quaternary International* 382, 82-97.

Parton, Ash, Andrew Farrant, Melanie Leng, Matt Telfer, Huw Groucutt, Michael Petraglia and Adrian Parker (2015) "Alluvial Fan Records from Southeast Arabia Reveal Multiple Windows for Human Dispersal," *Geology* 43, 295-298.

Patel, Aniruddh D. (2003) "Language, Music, Syntax and the Brain," *Nature Neuroscience* 6, 674-681.

Patel, Aniruddh D. (2012) "Language, Music, and the Brain: A Resource-sharing Framework," *Language and Music as Cognitive Systems*, ed. by Patrick Rebuschat, Martin Rohrmeier, John A. Hawkins and Ian Cross, 204-223, Oxford University Press, Oxford.

Patel, Aniruddh D., John R. Iversen and Peter Hagoort (2004) "Musical Syntactic Processing in Broca's Aphasia: A Preliminary Study," *Proceedings of the 8th International Conference on Music Perception & Cognition*, 797-800.

Phillips, Steven and William H. Wilson (2016) "Commentary: Experimental Evidence for Compositional Syntax in Bird Calls," *Frontiers in Psychology* 7, 1171.

Piattelli-Palmarini, Massimo (2013) "Biolinguistics Yesterday, Today, and Tomorrow," *The Cambridge Handbook of Biolinguistics*, ed. by Cedric Boeckx and Kleanthes K. Grohmann, 12-21, Cambridge University Press, Cambridge.

Pinker, Steven (2010) "The Cognitive Niche: Coevolution of Intelligence, Sociality, and Language," *Proceedings of the National Academy of Sciences* 107, Suppl 2, 8993-8999.

Poznik, David, Brenna Henn, Muh-Ching Yee, Elzbieta Sliwerska, Ghia Euskirchen, Alice Lin, ... Carlos Bustamante (2013) "Sequencing Y Chromosomes Resolves Discrepancy in Time to Common Ancestor of Males Versus Females," *Sceince* 341, 562-565.

Progovac, Ljiljana (2015) *Evolutionary Syntax*, Oxford University Press, Oxford.

Pulvermüller, Friedemann (2014) "The Syntax of Action," *Trends in Cognitive Sciences* 18, 219-220.

Putt, Shelby S., Sobanawartiny Wijeakumar, Robert G. Franciscus and John P. Spencer (2017) "The Functional Brain Networks that Underlie Early Stone Age Tool Manufacture," *Nature Human Behaviour* 1, Article 0102.

Pylkkänen, Liina (2008) *Introducing Arguments*, MIT Press, Cambridge, MA.

Qiu, Jane (2016) "The Forgotten Continent: Fossil Finds in China Are Challenging Ideas about the Evolution of Modern Humans and Our Closest Relatives," *Nature* 535, 218-220.

Ramchand, Gillian Catriona (2008) *Verb Meaning and the Lexicon*, Cambridge University Press, Cambridge.

Reyes-Centeno, Hugo (2016) "Out of Africa and into Asia: Fossil and Genetic Evidence on Modern Human Origins and Dispersals," *Quaternary International* 416, 249-262.

Reyes-Centeno, Hugo, Silvia Ghirotto, Florent Détroit, Dominique Grimaud-Hervé, Guido Barbujani and Katerina Harvati (2014) "Genomic and Cranial Phenotype Data Support Multiple Modern Human Dispersals from Africa and a Southern Route into Asia," *Proceedings of the National Academy of Sciences* 111, 7248-7253.

Reyes-Centeno, Hugo, Mark Hubbe, Tsunehiko Hanihara, Chris Stringer and Katerina Harvati (2015) "Testing Modern Human Out-of-Africa Dispersal Models and Implications for Modern Human Origins," *Journal of Human Evolution* 87, 95-106.

Richards, Norvin (2010) *Uttering Trees*, MIT Press, Cambridge, MA.

Richter, Daniel, Rainer Grün, Renaud Joannes-Boyau, Teresa Steele, Fethi Amani, Mathieu Rué, ... Shannon McPherron (2017) "The Age of the Hominin Fossils from Jebel Irhoud, Morocco, and the Origins of the Middle Stone Age," *Nature* 546, 293-296.

Roeper, Thomas and William Snyder (2005) "Language Learnability and the Forms of Recursion," *UG and External Systems: Language, Brain and Computation*, ed. by Anna Maria Di Sciullo, 155-169, John Benjamins, Amsterdam.

Rose, Jeffrey, Vitaly Usik, Anthony Marks, Yamandu Hilbert, Christopher Galletti, Ash Parton, ... Richard Roberts (2011) "The Nubian Complex of Dhofar, Oman: An

African Middle Stone Age Industry in Southern Arabia," *PLoS ONE* 6, e28239.
Rosenberg, Thomas, Frank Preusser, Ingo Blechschmidt, Dominik Fleitmann, Reto Jagher and Albert Matter (2012) "Late Pleistocene Palaeolake in the Interior of Oman: A Potential Key Area for the Dispersal of Anatomically Modern Humans Out-of-Africa?" *Journal of Quaternary Science* 27, 13-16.
Rugani, Rosa, Koleen McCrink, Maria-Dolores de Hevia, Giorgio Vallortigara and Lucia Regolin (2016) "Ratio Abstraction over Discrete Magnitudes by Newly Hatched Domestic Chicks (*Gallus Gallus*)," *Scientific Reports* 6, 30114.
Scally, Aylwyn and Richard Durbin (2012) "Revising the Human Mutation Rate: Implications for Understanding Human Evolution," *Nature Reviews Genetics* 13, 745-753.
Schlenker, Philippe, Emmanuel Chemla, Kate Arnold and Klaus Zuberbühler (2016) "*Pyow-hack* Revisited: Two Analyses of Putty-nosed Monkey Alarm Calls," *Lingua* 171, 1-23.
Schlenker, Philippe, Emmanuel Chemla, Anne M. Schel, James Fuller, Jean-Pierre Gautier, Jeremy Kuhn, Dunja Veselinović, Kate Arnold, Cristiane Cäsar, Sumir Keenan, Alban Lemasson, Karim Ouattara, Robin Ryder and Klaus Zuberbühler (2016) "Formal Monkey Linguistics," *Theoretical Linguistics* 42, 1-90.
Schlenker, Philippe, Emmanuel Chemla and Klaus Zuberbühler (2016) "What Do Monkey Calls Mean?" *Trends in Cognitive Sciences* 20, 894-904.
Schouwstra, Marieke, and Henriëte de Swart (2014) "The Semantic Origins of Word Order," *Cognition* 131, 431-436.
Shea, John (2011) "*Homo sapiens* Is as *Homo sapiens* Was," *Current Anthropology* 52, 1-35.
Shea, John (2017) *Stone Tools in Human Evolution: Behavioral Differences among Technological Primates*, Cambridge University Press, Cambridge.
Shen, Guanjun, Xianzhu Wu, Qian Wang, Hua Tu, Yue-xing Feng and Jian-xin Zhao (2013) "Mass Spectrometric U-series Dating of Huanglong Cave in Hubei Province, Central China: Evidence for Early Presence of Modern Humans in Eastern Asia," *Journal of Human Evolution* 65, 162-167.
Shriner, Daniel, Fasil Tekola-Ayele, Adebowale Adeyemo and Charles Rotimi (2014) "Genome-wide Genotype and Sequence-based Reconstruction of the 140,000 Year History of Modern Human Ancestry," *Scientific Reports* 4, Article 6055.
篠田謙一 (2015)『DNA で語る日本人起源論』岩波書店, 東京.
Smith, Carolynn L. and Jane Johnson (2012) "The Chicken Challenge: What Contemporary Studies of Fowl Mean for Science and Ethics," *Between the Species* 15, 75-102.
Smith, Tanya, Paul Tafforeau, Donald J. Reid, Rainer Grün, Stephen Eggins, Mohamed Boutakiout and Jean-Jacques Hublin (2007) "Earliest Evidence of Modern Human Life History in North African Early *Homo sapiens*," *Proceedings of the*

National Academy of Sciences 104, 6128-6133.

Storm, Paul and John de Vos (2006) "Rediscovery of the Late Pleistocene Punung Hominin Sites and the Discovery of a New Site Gunung Dawung in East Java," *Senckenbergiana lethaea* 86, 271-281.

Stout, Dietrich (2010) "Possible Relations between Language and Technology in Human Evolution," *Stone Tools and the Evolution of Human Cognition*, ed. by April Nowell and Iain Davidson, 159-184, University Press of Colorado, Colorado.

Stout, Dietrich (2011) "Stone Toolmaking and the Evolution of Human Culture and Cognition," *Philosophical Transactions of the Royal Society* B 366, 1050-1059.

Stout, Dietrich, Nicholas Toth, Kathy Schick and Thierry Chaminade (2008) "Neural Correlates of Early Stone age Toolmaking: Technology, Language and Cognition in Human Evolution," *Philosophical Transactions of the Royal Society* B 363, 1939-1949.

Stringer, Chris (2014) "Why We Are Not All Multiregionalists Now," *Trends in Ecology and Evolution* 29, 248-251.

Stringer, Chris and Julia Galway-Witham (2017) "On the Origin of Our Species," *Nature* 546, 212-214.

Suzuki, Toshitaka N., David Wheatcroft and Michael Griesse (2016) "Experimental Evidence for Compositional Syntax in Bird Calls," *Nature Communications* 7, 10986.

Suzuki, Toshitaka N., David Wheatcroft and Michael Griesser (2017) "Wild Birds Use an Ordering Rule to Decode Novel Call Sequences," *Current Biology* 27, 1-6.

田中伸一 (2009)『日常言語に潜む音法則の世界』開拓社，東京．

田中伸一 (2016a)「OCP の定式化の再検討：その理論的位置付けと生物言語学的意味合い」，平成 24 〜 27 年度科学研究補助金（基盤研究（B））『必異原理の射程と効力に関する研究』研究成果報告書，37-60，日本学術振興会．

田中伸一 (2016b)「言語にも化石はある：音韻論で生物・進化言語学に貢献する方法」『現代音韻論の動向：日本音韻論学会の歩みと展望』日本音韻論学会（編），132-135, 開拓社，東京．

Tanaka, Shin-ichi (2017a) "The Shape and Function of Phonology in Evolutionary Linguistics: Why We Can Explore Language Origin from Extant Languages, and How," An invited lecture delivered at the colloquium of the department of linguistics held on March 2, 2017, in Robert C. Brown Hall 7402, Simon Fraser University.

Tanaka, Shin-ichi (2017b) "The Shape and Function of Phonology in Evolutionary Linguistics: Why We can Explore Language Origin from Extant Languages, and How," *Excavating Phonetic/Phonological Fossils in Language: Current Trends in Evolutionary Linguistics* (Special Issue of the Journal of the Phonetic Society of Japan 21(1)), ed. by Shin-ichi Tanaka, 88-104, The Phonetic Society of Japan.

Tattersall, Ian (2017a) "How Can We Detect When Language Emerged?" *Psychonomic Bulletin & Review* 24, 64-67.

Tattersall, Ian (2017b) "The Material Record and the Antiquity of Language," *Neuroscience and Biobehavioral Reviews* 81B, 247-254.

Tattersall, Ian (2017c) "Why Was Human Evolution So Rapid?" *Human Paleontology and Prehistory: Contributions in Honor of Yoel Pak*, ed. by Assaf Marom and Erella Hovers, 1-9, Springer, Cham, Switzerland.

Thompson, D'Arcy Wentworth (1917) *On Growth and Form*, Cambridge University Press, Cambridge.

東条敏 (2012)「われらの脳の言語認識システムが生み出す音楽」『進化言語学の構築――新しい人間科学を目指して』藤田・岡ノ谷 (編), 197-217.

Tokizaki, Hisao (2017) "Righthand Head Rule and the Typology of Word Stress," *KLS 37: Proceedings of the 41st Annual Meeting of the Kansai Linguistic Society*, 253-264.

Walter, Mary A. (2007) *Repetition Avoidance in Human Language*, Doctoral dissertation, MIT.

Wynn, Thomas and Frederick Coolidge (2016) "Archeological Insights into Hominin Cognitive Evolution," *Evolutionary Anthropology* 25, 200-213.

Wynn, Thomas, Miriam Haidle, Marlize Lombard and Frederick Coolidge (2017) "The Expert Cognition Model in Human Evolutionary Studies," *Cognitive Models in Palaeolithic Archaeology*, ed. by Thomas Wynn and Frederick Coolidge, 21-43, Oxford University Press, Oxford.

山内肇 (2012)「パリ言語学会が禁じた言語起源」藤田・岡ノ谷 (編), 35-53.

Yang, Charles, Stephen Crain, Robert C. Berwick, Noam Chomsky and Johan J. Bolhuis (2017) "The Growth of Language: Universal Grammar, Experience, and Principles of Computation," *Neuroscience and Biobehavioral Reviews* 81B, 103-119.

Yip, Moira (1988) "The Obligatory Contour Principle and Phonological Rules: A Loss of Identity," *Linguistic Inquiry* 19(1), 65-100.

Yip, Moira (2014) "Linguistic and Non-linguistic Identity Effects: Same or Different?" *Identity Relations in Grammar*, ed. by Henk Van Riemdijk and Kuniya Nasuakwa, 323-340, Mouton de Gruyter, Berlin and New York.

遊佐典昭 (2012)「ブローカ野における階層構造と回帰的計算」藤田・岡ノ谷 (編), 77-94.

遊佐典昭 (2014)「言語進化研究への覚え書き」藤田・福井・遊佐・池内 (編), 128-155.

第 III 部

1. 調査したテクスト

Babbi, A. ed. (1992) *Paris et Vienne*, Franco Angeli, Milan.

Benson, Larry Dean (1987) *The Riverside Chaucer*, 3rd edition, Houghton Mifflin, Boston; Oxford University Press, London, 1988.

Bevington, David and Eric Rasmussen eds. (1998) *Christopher Marlowe: Doctor Faustus and Other Plays*, Oxford University Press, Oxford. [*Tamburlaine, Faustus, Malta, Edward II*]

Evans, Blakemore ed. (1997) *The Riverside Shakespeare*, Houghton Mifflin, Boston.

Evans, Maurice ed. (1977) *The Countess of Pembroke's Arcadia*, Penguin Books, London. [*Arcadia*]

Fulk, R. D., Robert E. Bjork and John D. Niles eds. (2008) *Klaeber's Beowulf*, 4th edition, University of Toronto Press, Toronto & Others. [*Beowulf*]

Gordon, E. V. ed. (1980) *Pearl*, Clarendon Press, Oxford.

Greco, R. ed. (2002) *Blancandin et l'Orguelleuse d'amours*, Edizioni dell'Orso, Alessandria.

Kaske, Carol V., Erik Gray, Dorothy Stephens, Abraham Stoll and Andrew Hadfield eds. (2006-2007) *Edmund Spenser: The Faerie Queene*, 5 vols., Hackett, Indianapolis/Cambridge. [*FQ*]

Kastan, David Scott ed. (2005) *Christopher Marlow Doctor Faustus*, W. W. Norton, New York & London. [*Faustus*]

Kellner, L. ed. (1890) *Caxton's Blanchardyn and Eglantine*, (EETS ES 58), Oxford University Press, Oxford.

Leach, M. ed. (1957) *Paris and Vienne: Translated from the French and Printed by William Caxton*, (EETS OS 234), Oxford University Press, London & Others.

Lecoy, F. ed. (1973-1975) *Les romans de Chétien de Troyes V-VI: Le conte du Graal (Perceval)*, 2 vols., Les Classiques Français du Moyen Age 100, 103, Champion, Paris.

Lecoy, F. ed. (1982-1985) *Le Roman de la Rose*, 3 vols., Les Classiques Français du Moyen Age 92, 95, 98, Champion, Paris.

Lenaghan, R. ed. (1967) *Caxton's Aesop*, Harvard University Press, Cambridge, MA.

Macaulay, G. C. ed. (1900-1901) *The English Works of John Gower*, 2 vols., (EETS ES 81 & 82), Oxford University Press, London & Others.

Mante, A. ed. (1965) *Paris und Vienna: Eine Niederdeutsche Fassung vom Jahre 1488*, Gleerup, Lund.

Massai, Sonia ed. (2011) *'Tis Pity She's A Whore*, Methuen, London. [*Whore*]

Neill, Michael ed. (2015) *The Duchess of Malfi*, W.W.Norton, New York & London. [*Malfi*]

Roach, W. ed. (1956) *Le roman de Perceval, ou Le conte du Graal*, (Textes littéraires

français 71), Droz, Genève.
Robinson, Eric, Geoffrey Summerfield and David Powell eds. (2014) *The Shepherd's Calendar*, Oxford University Press, Oxford. [*Calendar*]
Rogers, T. N. R. ed. (2003) *The Jew of Malta*, Dover, London. [*Malta*]
Roques, M. ed. (1981) *Les romans de Chrétien de Troyes I: Erec et Enide*, Champion, Paris.
Roques, M. ed. (1982) *Les roman de Chrétien de Troyes IV: Le chevalier du lion (Yvain)*, champion, Paris.
Roques, M. ed. (1983) *Les romans de Chrétien de Troyes III: Le chevalier de la charrete*, Champion, Paris.
Ruelle, P. ed. (1982) *Recueil général des Isopets,* Vol. 3: *L'Esope de Julien Macho*, 3 vols., Société des anciens français, Paris.
Salzman, Paul ed. (1998) *An Anthology of Elizabethan Prose Fiction*, Oxford University Press, Oxford. [*Elizabetan Prose*]
Strubel, A. ed. (1992) *Le Roman de la Rose*, Librairie Générale Française, Paris.
Tolkien, J. R. and E. V. Gordon eds. Norman Davis rev. (1967) *Sir Gawain and the Green Knight*, 2nd edition, Clarendon Press, Oxford.
Watson, Robert N. ed. (2014) *Ben Jonson Four Plays: Volpone, Epicoene, The Alchemist, Bartholmew Fair*, Methuen Drama, London. [*Volpone, Epicoene, Alchemist. Bartholomew*]

2. 日本語訳

千葉孝夫（訳）（1987）『タムバレイン大王』中央書院, 東京.
福井秀加・宮川朝子・田口まゆみ（訳）（1992）『ウイリアム・キャクストン　ブランカルダンとエグランティヌ』英潮社，東京.
福井秀加・和田章（監訳）（1997）『マンデヴィルの旅』英宝社，東京.
樋口昌幸（訳）（1991）『チョーサー　哲学の慰め』渓水社，広島.
礒部初枝・小塩トシ子・川井万里子・土岐知子・根岸愛子（訳）（1999）『サー・フィリップ・シドニー：アーケイディア』九州大学出版会，福岡.
伊藤正義（訳）（1980）『恋する男の告解』篠崎書林，東京.
伊藤正義（訳）（1995）『ウィリアム　キャクストン　イソップ寓話集』岩波ブックサービスセンター，東京.
木村建夫（訳）（2001）『ウイリアム・キャクストン　きつね物語』南雲堂，東京.
熊本大学スペンサー研究会（訳）（1969）『スペンサー　妖精の女王』文理書院，東京.
熊本大学スペンサー研究会（訳）（1974）『スペンサー　羊飼の暦』文理，東京.
中島邦男・小川睦子・遠藤幸子（訳）（1995）『完訳　アーサー王物語』青土社，東京.
大塚定徳・村里好俊（訳）（2011）『新訳　シェクスピア詩集』大阪教育図書，大阪.
忍足欣四郎（訳）（1990）『ベーオウルフ』岩波書店，東京.
小田島雄志（訳）（1983）『シェイクスピア全集』白水社，東京.
小田島雄志（訳）（1995）『クリストファー・マーロー：マルタ島のユダヤ人・フォース

タス博士』(エリザベス朝演劇集 (I)), 白水社, 東京.
小津次郎・小田島雄志 (訳) (1974)『エリザベス朝演劇集』筑摩書房, 東京.
境田進 (訳) (1997)『チョーサー 薔薇物語』小川図書, 東京.
笹本長敬 (訳) (1998)『チョーサー 初期夢物語と教訓詩』大阪教育図書, 大阪.
笹本長敬 (訳) (2002)『カンタベリー物語』英宝社, 東京.
笹本長敬 (訳) (2012)『トロイルスとクリセイデ』英宝社, 東京.
吉田秀生 (訳) (2008)『シェイクスピアのソネット集』南雲堂, 東京.

3. 論文・研究書・辞書

Adams, Valerie (1973) *An Introduction to Modern English Word-Formation*, Longman, London.

Akimoto, Minoji and Laurel J. Brinton (1999) "The Origin of the Composite Predicate in Old English," *Collocational and Idiomatic Aspects of Composite Predicates in the History of English*, ed. by Laurel J. Brinton and Minoji Akimoto, 21-58, John Benjamins, Amsterdam/Philadelphia.

Barber, Charles (1976) *Early Modern English*, Andre Deutsch, London.

Bauer, Laurie, Rochelle Lieber and Ingo Plag eds. (2013) *The Oxford Reference Guide to English Morphology*, Oxford University Press, Oxford.

Baugh, Albert and Thomas Cable (1978) *A History of the English Language*, 3rd edition, Routledge, London.

Blake, Norman F. (1983) *Shakespeare's Language: An Introduction*, Macmillan, London.

Blake, Norman F. (1969) *Caxton and His World*, André Deutsch, London.

Brinton, Laurel J. and Minoji Akimoto eds. (1999) *Collocational and Idiomatic Aspects of Composite Predicates in the History of English*, John Benjamins, Amsterdam/Philadelphia.

Brook, G. L. (1976) *The Language of Shakespeare*, André Deutsch, London.

Burnley, David (1992) "Lexis and Semantics," *The Cambridge History of the English Language*, Volume II: 1066-1476, ed. by Norman F. Blake, 409-499, Cambridge University Press, Cambridge.

Durkin, Philip (2014) *Borrowed Words: A History of Loanwords in English*, Oxford University Press, Oxford.

Elliott, Ralph W. Victor (1986) *Thomas Hardy's English*, Basil Blackwell, Oxford.

Franz, Wilhelm (1939) *Die Sprache Shakespeares in Vers und Prosa*, Max Niemeyer, Halle.

Gárate, Teresa Moralejo (2003) *Composite Predicates in Middle English*, LINCOM GmbH, München.

Haspelmath, Martin (2009) "Lexical Borrowing: Concepts and Issues," *Loanwords in the World's Languages: A Comparative Handbook*, 35-54, De Gruyter Mouton, Berlin.

Haugen, Einar (1950) "The Analysis of Linguistic Borrowing," *Language* 26 (2), 210-231.

平塚徹 (2010)「懸垂および依存を表す動詞が取る前置詞について」『京都産業大学論集 人文科学系列』41, 212-240. <https://ksurep.kyoto-s.ac.jp /dspace/bilstream/10965/ 335/1/AHSUK_HS_41_212.pdf>

Hornby, A. S. et al., eds. (2010) *Oxford Advanced Learner's Dictionary of Current English*, 8th edition, Oxford University Press, Oxford.

堀田隆一 (2016)『英語の「なぜ？」に答えるはじめての英語史』研究社，東京．

Hussey, S. S. (1982) *The Literary Language of Shakespeare*, Longman, London.

Iglesias-Rábade, Luís (2000) "French Phrasal Power in Late Middle English: Some Evidence Concerning the Verb *nime(n)/take(n)*," *Multilingualism in Later Medieval Britain*, ed. by D. A. Trotter, 93-130, D. S. Brewer, Cambridge.

家入葉子・内田充美 (2015)「15 世紀の英語とフランス語の接触―キャクストンの翻訳を通して」『歴史社会言語学入門』高田博行・渋谷勝巳・家入葉子（編），116-133, 大修館書店，東京．

影山太郎 (2009)『日英対照：形容詞・副詞の意味と構文』大修館書店，東京．

Kastovsky, Dieter (1992) "Semantics and Vocabulary," *The Cambridge History of the English Language*, Volume I: The Beginnings to 1066, ed. by Richard M. Hogg, 290-408, Cambridge University Press, Cambridge.

Kay, Christian, Jane Roberts, Michael Samuels and Irené Watherspoon eds. (2009) *Historical Thesaurus of the Oxford English Dictionary*, 2 vols., Oxford University Press, Oxford.

Kuhn, Sherman M. (1986) "Old English *macian*: Its Origin and Dissemination," *Journal of English Linguistics* 19.1, 49-93.

Kurath, Hans, Sherman M. Kuhn et al. eds. (1952-2001) *Middle English Dictionary*, University of Michigan Press, Ann Arbor. [MED]

Langlois, Ernest (1910) *Les manuscrits du Roman de la Rose: description et classement*, Tallandier, Lille; Champion, Paris.

Lewis, C. T. ed. (1989) *A Latin Dictionary*, Clarendon Press, Oxford.

Lieber, Rochelle (2009) "IE, Germanic: English," *The Oxford Handbook of Compounding*, eds. by Rochelle Lieber and Pavol Stekauer, 357-366, Oxford University Press, Oxford.

Marchand, Hans (1969) *The Categories and Types of Present-Day English Word-Formation: A Synchronic-Diachronic Approach*, C. H. Beck'sche Verlag, München.

松本明子 (1990)「Chaucerian English における Composite Predicates について」『英語文献学研究―小野茂博士還暦記念論文集』秦宏一・他（編），331-352, 南雲堂，東京．

Matsumoto, Meiko (1994) "Making of the Middle English Composite Predicates,"『コロケーションとイディオム―その形成と発達』秋元実治（編），101-158, 英潮社，東京．

Matsumoto, Meiko (2008) *From Simple Verbs to Periphrastic Expressions: The Historical Development of Composite Predicates, Phrasal Verbs, and Related Constructions in English*, Peter Lang, Bern.

Mayor, Michael, et al. eds. (2009) *Longman Dictionary of Contemporary English*, Pearson Education, Harlow.

Nagano, Akiko (2013) "Morphology of direct modification," *English Linguistics* 30, 111-150.

並木崇康 (1985)『語形成』大修館書店，東京．

Nevalainen, Terttu (1999) "Early Modern English Lexis and Semantics," *The Cambridge History of the English Language*, Volume III: 1476-1776, ed. by Roger Lass, 332-458, Cambridge University Press, Cambridge.

大石強 (1988)『形態論』開拓社，東京．

小倉美知子 (1994)「古英語にイディオムはあるのか」『コロケーションとイディオム——その形成と発達』秋元実治（編），70-100，英潮社，東京．

Orr, John (1962) *Old French and Modern English Idiom*, Blackwell, Oxford.［ジョン・オー（著），大高順雄・和田章（訳述）『古フランス語と近代英語の慣用法』大手前大学交流文化研究所，西宮．］

尾崎久男 (2007)「キャクストン訳『パリスとヴィエンナ』における「動作名詞」——中期フランス語による原典との比較」，『言語文化研究』（大阪大学言語文化研究科）33, 3-19.

尾崎久男 (2009a)「英語における借用翻訳の通時的考察：dépendre de は depend of か depend on か？」*Sprachwissenschaft Kyoto*（京都ドイツ語研究会）8, 1-16.

尾崎久男 (2009b)「仏・英語間の「なぞり」（Calques）に関する一考察：l'approche de l'ennemi は of the enemy か to the enemy か？」『言語文化共同研究プロジェクト2008：言語の歴史的変化と認知の枠組み』（大阪大学言語文化研究科），59-68.

Prins, A. A. (1952) *French Influence in English Phrase*, Universitaire Pers, Leiden.

Quirk, Randolph, Sidney Greenbaum, Geoffrey Leech and Jan Svartvik (1985) *A Comprehensive Grammar of the English Language*, Longman, London.

Raymo, Robert R. (1986) "Works of Religious and Philosophical Instruction," *A Manual of the Writings in Middle English 1050-1500*, Volume 7, ed. by Albert E. Hartung, 2255-2378, The Connecticut Academy of Arts and Sciences, Hamden, CT.

Rynell, Alarik (1948) *The Rivalry of Scandinavian and Native Synonyms in Middle English, Especially* Taken *and* Nimen, C.W.K. Gleerup, Lund.

Salmon, Vivian (1970) "Some Functions of Shakespearian Word-Formation," *Shakespeare Survey* 23, 13-26.

Sauer, Hans (1992) *Nominalkomposita in Frühmittelenglischen*, Max Niemeyer, Tübingen.

Scheler, Manfred (1982) *Shakespeares Englisch: Eine sprach-wissenschaftliche Einführung*, Erich Schmidt, Berlin.

Simpson, John A. and Edmund S. C. Weiner prepd. (1989) *The Oxford English Dictionary*, Second Edition on CD-ROM (Version 4.0, 2009), Oxford University Press, Oxford. [OED]

Smith, Charles Campbell (1971) *Noun + Noun Compounds in the Works of Geoffrey Chaucer*, Ph.D. dissertation, New York University.

Sykes, F. H. (1899) *French Elements in Middle English: Chapters Illustrative of the Origin and Growth of Romance Influence on the Phrasal Power of Standard English in its Formative Period*, H. Hart, Oxford.

田辺春美 (1994)「*Paston Letters* におけるコロケーション・イディオム・句動詞」『コロケーションとイディオム――その形成と発達』秋元実治 (編), 159-186, 英潮社, 東京.

Terasawa, Jun (1994) *Nominal Compounds in Old English*, Rosenkilde and Bagger, Copenhagen.

寺澤芳雄 (編) (2002)『英語学要語辞典』研究社, 東京.

Trotter, D. A. and William Rothwell eds. (2006) *Anglo-Norman Dictionary*, 2nd edition, Modern Humanities Research Association in conjunction with the Anglo-Norman Text Society, London. Anglo-Norman Hub, http://www.anglo-norman.net/

Winford, D. (2010) "Contact and borrowing," *The Handbook of Language Contact*, ed. by Raymond Hickey, 170-187, Blackwell, Oxford.

山内一芳 (1994)「OE のコロケーションとイディオムの形成」秋元実治 (編), 22-69, 英潮社, 東京.

米倉綽 (2004)『チョーサーにおける語形成についての記述的研究』博士論文 (筑波大学).

米倉綽 (編) (2006)『英語の語形成――通時的・共時的研究の現状と課題』英潮社, 東京.

米倉綽 (2010)「Thomas Hardy の英語と文体――その統語法と語形成」, 英語史研究会 (編) *Studies in the History of the English Language*, 2006-2009, Osaka Books, Osaka.

Yonekura, Hiroshi (2011) "Compound Nouns in Late Middle English: Their Morphological, Syntactic and Semantic Description," *From* Beowulf *to Caxton: Studies in Medieval Languages and Literature, Texts and Manuscripts*, ed. by Matsushita Tomonori, A. V. C. Schmidt, and David Wallace, 229-259, Peter Lang, Frankfurt am Main and Others.

米倉綽 (2015)『歴史的にみた英語の語形成』開拓社, 東京.

由本陽子 (2009)「複合形容詞形成に見る語形成のモジュール性」『語彙の意味と文法』由本陽子・岸本秀樹 (編), 209-229, くろしお出版, 東京.

索　引

1. 日本語は五十音順に並べてある．英語（などで始まるもの）はアルファベット順で，最後に一括してある．
2. 〜は直前の見出し語を代用し，数字はページ数を示す．

[あ行]

一時的（局所的）曖昧性（temporary/local ambiguity）　37-41
遺伝子突然変異率　193
移入（importation）　210
意味借用（semantic loan）　207, 210
意味役割（semantic role）　49, 51
韻律構造（metrical structure）　177-179
運動制御　171, 176, 179, 182, 184
運動制御起源仮説（Motor Control Origin Hypothesis）　128, 142, 160, 170
音節融合（syllable coalescence）　186
音列・状況相互分節化仮説（String-Context Mutual Segmentation Hypothesis）　158

[か行]

ガーデンパス効果　37, 47
回帰（再帰）（recursion）　100, 165-170
外在化（externalization）　66, 118-120, 176, 180
解釈可能性仮説（Interpretability Hypothesis）　76
外心（的）複合語（exocentric compound）　121-122, 259-260
階層構造（hierarchical structure）　70, 74-75, 82, 88, 114, 120, 157, 164-165
概念意図システム（conceptual-intentional system）　100
ガウゼの法則（相互排除の法則）（Gause's Law, competitive exclusion）　174, 176, 179
学習可能性（learnability）　74
格助詞からの予測メカニズム　51
含意の法則　173-175, 178-181
感覚運動システム（sensory-motor system）　74, 100, 171, 176, 180, 182
間接否定証拠（indirect negative evidence）　78
擬古体（archaism）　230
規定要素（determinant）　259
起点言語（source language）　209
機能的磁気共鳴画像法（functional magnetic resonance imaging, fMRI）　82-85, 89, 143
機能範疇素性欠陥仮説（Failed Functional Features Hypothesis）　76
球状（globular）　197
教授効果　92
虚辞（expletive）　15
距離の効果（locality effect）　55-56
空主語（null subject）　72
空主語パラメータ（null-subject parameter）　16
空前置詞（null preposition）　80
空目的語（null object）　72
継承語（heritage language）　65

形態的融合　277
軽動詞（light verb）　206, 238
形容詞化　262
ゲノム研究　194
ゲルマン・ロマンス諸語　206
ゲルマン語　217
原型言語（protolanguage）　111, 155, 170
原型語彙（proto-lexicon）　158
言語獲得原理（language acquisition principle）　78
言語獲得装置（language acquisition device, LAD）　78
言語獲得の論理的問題（logical problem of language acquisition）　6, 9
言語獲得の瞬時的モデル（instantaneous model of language acquisition）　77
言語機能（faculty of language）　2-3, 71, 74, 77, 86
　〜の基本特性（Basic Property）　74
言語経験　4, 77, 86
　〜（第二要因）　74, 77-78, 85, 91-93
言語進化の論理的問題（ダーウィンの問題）（logical problem of language evolution, Darwin's problem）　108, 170
言語設計（language design）　70
言語接触（language contact）　65, 209, 239
言語早期発現仮説（Hypothesis of an Earlier Emergence of Human Language）　195, 200
（言語の）生物進化　96, 171, 180
（言語の）文化進化　96, 171, 180, 186-187
言語併合（linguistic Merge）　161, 189
顕在代名詞制約（overt pronoun constraint, OPC）　72-76
現代英語（Present-Day English）　206, 257
原理（principle）　10, 13-14, 22-23, 71-78, 83, 93
原理とパラメータのアプローチ（Principles and Parameters Approach, P&P）　73-77
語彙化（lexicalization）　262
語彙拡大　207
口蓋音の配列制限（palatal phonotactics）　185
口蓋化（palatalization）　181, 184
後期古英語（Late Old English）　238
交互作用モデル（interactive model）　42
合成述語（composite predicate）　238
項選好方略（Argument Preference Strategy, APS）　43
構造（への）依存性（structure dependence）　8, 23-29, 80-85, 113, 164
構造的（統語的）曖昧性（structural ambiguity）　36, 49
行動文法（action grammar）　128, 170-171, 174-175
古英語（Old English）　206, 257
コード切り替え（code-switching）　209
語源的構成要素　305-306
異なり語数（type）と延べ語数（token）　246
古フランス語（Old French）　207
コロケーション（collocation）　225, 238
根本的相違仮説（Fundamental Difference Hypothesis, FDH）　73

[さ行]

最少付加の原則（Principle of Minimal Attachment）　36, 38
再設定（resetting）　73
サイワン古代湖　193
作業記憶（working memory）　58, 199
サブアセンブリ型併合（Sub-Merge）

130, 134, 169-170, 181, 183-186
三角部（pars triangularis）　82
使役用法（causative）　242
ジェベル・イルード（Jebel Irhoud）　197
刺激の貧困（poverty of the stimulus, PoS）　6, 9, 33, 70-71, 163
自己ペース読文課題（self-paced reading task）　45, 49-50, 53
視線計測実験　40
実在論的立場（realist position）　69
詩的表現　301
自動詞　273
島の制約（island constraint）　34, 91
社会言語学・心理言語学　93, 209
社会性　78, 86, 89
借用（borrowing）　209
借用語（loanword）　206, 210
借用混成語（loanblend）　210
借用代用（loanshift）　210
写真選択法（picture selection task）　26
ジェベル・フェイ（Jebel Faya）　191, 193
写本間の異読　231
シャロー・ストラクチャー仮説（Shallow Structure Hypothesis）　76
出アフリカ（Out of Africa）　192
受容言語（recipient language）　209
初期近代英語（Early Modern English）　207, 257
序列の法則　173-175, 177-178
進化可能性（evolvability）　108
真偽値判断法（truth-value judgment task）　14, 24
人種分岐　197
数量詞（quantifier）　6, 26
正規化頻度（normalized frequency）　242
正準複合形容詞（canonical adjective compound）　305
生成文法（generative grammar）　9-10,
　　33, 65, 67, 69-73, 76-77, 90, 93, 103-105, 201
　　〜に基づいた SLA（generative approaches to SLA, GenSLA）　67-76, 91-92
生得性　71
生物言語学（biolinguistics）　69, 97, 104-106
節境界　52, 60
接頭辞（prefix）　207, 214
接尾辞（suffix）　207
節約の原理（Principle of Parsimony）　45
前駆体（precursor）　127, 170-171, 173-174, 179-180
線形化（linearization）　122-124, 176
選言（disjunction）　30
選好性　39
選好注視法（preferential looking method）　28
潜在的能力としての言語　199
漸増的（incremental）　37
全体的な曖昧性（global ambiguity）　36
総合的傾向　239
相対的最小性（relativized minimality）　76
素性再配置仮説（Feature Reassembly Hypothesis, FRH）　90

[た行]

対格形（accusative form）　227
第三要因（Third Factor）　23, 109, 170-174, 180
代動詞用法　242
多言語使用（multilingualism）　65, 91
中英語（Middle English）　206, 257
　　〜話者　235
中間 WH 疑問文（medial WH question）

81
中間言語 (interlanguage) 68, 77, 92
中世フランス語 (medieval French) 225
中フランス語 (Middle French) 229, 237
跳躍性 (saltation) 170
智人洞 (Zhirendong) 191
強い極小主義の命題 (strong minimalist thesis, SMT) 74
でたらめな文法 (rogue grammar) 80-81
デフォルト値 (default value) 16
転位 (displacement) 67
転移 (言語間影響) (transfer, cross-linguistic influence) 68-69
転換 (conversion) 294
転換複合語 (conversion compound) 294
伝達手段様式 (modality) 65
統合仮説 (Integration Hypothesis) 144
動作名詞 (action verb) 242
同時二言語使用 (simultaneous bilingualism) 68
動詞派生名詞 (deverbal noun) 242

[な行]

内在化 (internalization) 118-120
内心複合語 (endocentric compound) 259
なぞり (calque) 207, 210
二言語使用 (bilingualism) 65
日本手話 88
認知症 (dementia) 92
ネアンデルタール人 (*Homo neanderthalensis*) 189
ネクサス目的語 (nexus object) 266
脳内言語 (internalized language, I-言語) 66
ノルマンディー「方言」 236

[は行]

バイモーダル・バイリンガル (bimodal bilingual) 65
裸複数名詞 (bare plural noun) 46
発話の引き出し法 (elicited production) 11
早口言葉 177
パラメータ (parameter) 10, 14, 16-23, 29-33, 73, 108, 119
反語彙主義 (Anti-Lexicalism) 151
反証可能性 (falsifiability) 70
反対称性 (anti-symmetry) 166-170, 173-175
汎用併合 (Generic Merge) 142
被規定要素 (determinatum) 259
非正準複合形容詞 (non-canonical adjective compound) 276, 304
左下前頭回 (left inferior frontal gyrus) 82, 85
必異原理 (同一性回避) (Obligatory Contour Principle, identity avoidance) 174, 176-177, 186
否定証拠 (negative evidence) 73
否定倒置構文 (negative inversion, NI) 83-85
非母語 (non-native language) 65
標準語化 (standardization) 222
複合語形成パラメータ (compounding parameter) 19, 21-22, 31-32
複合形容詞 (compound adjective) 207, 257
複合語 (compound) 207, 257
複合的言語能力 (multi-competence) 68
複合名詞 (compound noun) 17, 207, 257
袋小路文 (ガーデンパス文) (garden-path sentence) 37
部分集合の原理 (Subset Principle) 78

普遍的二言語使用（universal bilingualism） 67
普遍文法（Universal Grammar, UG） 9, 71, 97, 107, 165-166, 171, 174
プラトンの問題（Plato's problem） 6
プランクトンのパラドックス 175
フランス語写本 237
フランス語法（Gallicism） 222
ブローカ野（Broca's area） 82-85, 89
ブロードマン領域（Brodmann area, BA） 82
分析的傾向 239
文体価 248, 252
文体的工夫 269
文法的依存関係（grammatical dependency） 55
分離仮説（Disintegration Hypothesis） 147
併合（Merge） 75, 116, 165-171, 174, 180-181
弁蓋部（pars opercularis） 82, 143
母音挿入（vowel epenthesis） 69
ポット型併合（Pot-Merge） 130, 169-170, 181-182, 184-186
ホモ・サピエンス（*Homo sapiens*） 188
ホモ・サピエンスの拡散 197
翻訳借用（loan translation） 207, 210
本来語 245

［ま行］

マイクロパラメータ（micro-parameter） 21
マクロパラメータ（macro-parameter） 21
右頭頂連合野（right supramarginal gyrus） 88-89
ミニマリスト・プログラム（極小主義） (Minimalist Program, MP) 23, 103, 109
ミラーニューロンシステム（mirror neuron system） 89
模倣学習 90

［や行］

有限状態文法（finite-state grammar） 164-166
有声音開始時間（voice onset time, VOT） 69
ユニモーダル・バイリンガル（unimodal bilingual） 65
弓と矢の技術（bow-and-arrow technology） 190
与格形（dative form） 227

［ら行・わ行］

ライマンの法則（Lyman's Law） 177, 186-187
離散無限性（discrete infinity） 67
リズム規則（Rhythm Rule） 178
領域固有性（domain-specificity） 71, 73, 115
理論的構築物（theoretical construct） 70
臨界期仮説（Critical Period Hypothesis） 73
類義語（synonym） 220
類似性に基づく干渉効果（similarity-based interference effect） 59, 61
類推（analogy） 5, 222, 235
類推作用 236
連続性（continuity） 101, 170-171
ロマンス語派 217
ワードペア 255

[英語]

Babbi 版　242
Beowulf　258
Caxton　206
Caxton 版　243
Chaucer　258
CHILDES データベース　20
DVD 群　89
FOXP2 遺伝子　189
Fuyan 洞窟　192
GALA (Generative Approaches to Language Acquisition)　93
Helsinki Corpus　238
LIVE 群　89
NP 接続　36
NP 付加　36, 43
Shakespeare　272, 301
SLA における UG 利用可能性　75
Spenser　301
Sprachbund　255
verb-particle 構文　18
VP 接続　36
VP 付加　36, 43
WH 分裂文 (wh-cleft)　89
yes/no 疑問文　8

【執筆者紹介】（掲載順）

遊佐　典昭（ゆさ　のりあき）　1955 年生まれ［編者］
宮城学院女子大学英文学科 教授．専門分野は言語理論，言語獲得，認知脳科学．
主要業績：『言語と哲学・心理学』（編，朝倉出版，2010），"Second language instinct and instruction effects: nature and nurture in second language acquisition"（共著，*Journal of Cognitive Neuroscience*, 2011），"Social interaction affects neural outcomes of sign language learning as a foreign language in adults"（共著，*Frontiers in Human Neuroscience*, 2017），など．

杉崎　鉱司（すぎさき　こうじ）　1972 年生まれ．
関西学院大学文学部 教授．専門分野は生成文法理論に基づく母語獲得．
主要業績："On the acquisition of prepositions and particles"（Oxford University Press, 2016），『はじめての言語獲得——普遍文法に基づくアプローチ』（岩波書店，2015），"Quantifier float and structure dependence in child Japanese"（*Language Acquisition*, 2015），など．

小野　創（おの　はじめ）　1974 年生まれ．
津田塾大学学芸学部 准教授．専門分野は心理言語学，統語論．
主要業績："Reverse island effects and the backward search for a licensor in multiple wh-questions"（共著，*Syntax*, 2011），「カクチケル語 VOS 語順の産出メカニズム：有生性が語順の選択に与える効果を通して」（共著，『認知科学』, 2015），"Make a good prediction or get ready for a locality penalty: Maybe it's coming late."（共著，Routledge, 2016），など．

藤田　耕司（ふじた　こうじ）　1958 年生まれ．
京都大学大学院人間・環境学研究科 教授．専門分野は生物言語学，進化言語学．
主要業績："Recursive Merge and human language evolution"（*Recursion: Complexity in Cognition*, ed. by T. Roeper and M. Speas, Springer, 2014），*Advances in Biolinguistics: The Human Language Faculty and Its Biological Basis*（共編著，Routledge, 2016），"On the parallel evolution of syntax and lexicon: A Merge-only view"（*Journal of Neurolinguistics* 43B, 2017），など．

田中　伸一（たなか　しんいち）　1964 年生まれ．
東京大学大学院総合文化研究科 教授．専門分野は理論言語学（音韻論・音韻理論），日英比較音韻論，進化言語学，生物言語学．
主要業績：『アクセントとリズム』（英語学モノグラフシリーズ 14, 研究社, 2005），『日常言語に潜む音法則の世界』（開拓社言語・文化選書 10, 開拓社, 2009），*Special Issue—Excavating Phonetic/Phonological Fossils in Language: Current Trends in Evolutionary Linguistics*（編著，日本音声学会機関紙『音声研究』, 2017），など．

池内　正幸（いけうち　まさゆき）　1949 年生まれ．
名古屋外国語大学外国語学部 教授．専門分野は言語進化学，生成文法理論．
主要業績：『言語と進化・変化』（シリーズ 朝倉〈言語の可能性〉3，編著，朝倉書店，2009），『ひとのことばの起源と進化』（開拓社，2010），『言語の設計・発達・進化 生物言語学探求』（共編著，開拓社，2014），など．

谷　明信（たに　あきのぶ）　1964 年生まれ．
兵庫教育大学 教授．専門分野は英語史，中英語，コーパス言語学．
主要業績：*Word Pairs in Late Middle English Prose* (PhD thesis, University of Glasgow, 2010)，『15 世紀の英語： 文法からテキストへ』（共著・共編，大阪洋書，2013），「英語教員養成課程における英語史」（『これからの英語教育——英語史研究との対話——』大阪洋書，2016），など．

尾崎　久男（おさき　ひさお）　1964 年生まれ，2016 年没．
元大阪大学言語文化研究科 准教授．専門分野は英語史，古英語，ゲルマン語．
主要業績：*Old English Cognate Objects: Anglo-Saxon Tradition and Latin Influence in their Development*（博士論文，関西外国語大学，1997），「Rotes Gold か aurum rutilum か？——中世ゲルマン諸語における「赤い黄金」について——」(*Sprachwissenschaft Kyoto* 5, 2006)，"Le livre des Eneydes compile par Virgille, lequel a este translate de latin en francois (1) ——Imprime a Lyon par Guillaume le Roy l'an 1483. (Bibliothèque nationale de France, Rés. g-Yc-312) ——"（『言語文化共同研究プロジェクト 2015： 言語文化の比較と交流 3』，2016），など．

米倉　綽（よねくら　ひろし）　1941 年生まれ．
京都府立大学 名誉教授．専門分野は英語史・歴史英語学．
主要業績："Compound nouns in late Middle English: Their morphological, syntactic and semantic description" (*From* Beowulf *to Caxton: Studies in Medieval Languages and Literature, Texts and Manuscripts*, Peter Lang, 2011)，『歴史的にみた英語の語形成』（開拓社，2015），"Some considerations of affixal negation in Shakespeare" (*Studies in Middle and Modern English: Historical Variation*, Kaitakusha, 2017)，など．

【監修者紹介】

西原哲雄（にしはら　てつお）宮城教育大学教育学部 教授
福田　稔（ふくだ　みのる）宮崎公立大学人文学部 教授
早瀬尚子（はやせ　なおこ）大阪大学大学院言語文化研究科 准教授
谷口一美（たにぐち　かずみ）京都大学大学院人間・環境学研究科 教授

言語研究と言語学の進展シリーズ　第 3 巻
言語の獲得・進化・変化
――心理言語学，進化言語学，歴史言語学――

監修者	西原哲雄・福田　稔・早瀬尚子・谷口一美
編　者	遊佐典昭
著作者	遊佐典昭・杉崎鉱司・小野　創
	藤田耕司・田中伸一・池内正幸
	谷　明信・尾崎久男・米倉　綽
発行者	武村哲司
印刷所	日之出印刷株式会社

2018 年 6 月 20 日　第 1 版第 1 刷発行ⓒ

発行所　株式会社　開拓社

〒 113-0023　東京都文京区向丘 1-5-2
電話　(03) 5842-8900（代表）
振替　00160-8-39587
http://www.kaitakusha.co.jp

ISBN978-4-7589-1373-7　C3380

JCOPY ＜出版者著作権管理機構 委託出版物＞
本書の無断複製は，著作権法上での例外を除き禁じられています．複製される場合は，そのつど事前に，出版者著作権管理機構（電話 03-3513-6969, FAX 03-3513-6979, e-mail: info@jcopy.or.jp）の許諾を得てください．